pfSense 마스터

pfSense 마스터

네트워크 및 보안 담당자를 위한 고급 방화벽 구축

데이빗 지엔타라 지음 | 이정문 옮김

지은이 소개

데이빗 지엔타라 David Zientara

북부 뉴저지에 거주하는 소프트웨어 엔지니어 및 IT 전문가다. IT 분야에서 20년 간 경험을 쌓았으며, 1995년 슬랙웨어 리눅스로 오픈소스 세계에 발을 들인 이 후, 오픈소스 소프트웨어 커뮤니티를 열정적으로 지지해왔다.

1990년대 중반에는 뉴저지에 본사를 둔 디지털 이미징 기업인 옥스베리Oxberry LLC 의 수석 소프트웨어 엔지니어가 됐다. 이 시기에는 SGI IRIX 플랫폼용으로 개발 된 기존 소프트웨어를 유지하는 동시에 윈도우용 필름 스캐너를 위한 소프트웨 어 패키지를 신규 개발하는 데 중요한 역할을 했다. 수년에 걸쳐 이 역할을 계속 했으며, 현재도 옥스베리의 기업용 후속 제품 개발에 참여한다.

2000년대 중반부터 컴퓨터 네트워킹에 관심을 갖게 되면서 m0n0wall과 m0n0wall 프로젝트의 파생인 pfSense도 접했다. pfSense에 대한 흥미를 바탕 으로 2013년 6월 pfSense를 전문적으로 다루는 웹사이트를 개설했다(http:// pfsensesetup.com/).

직업 윤리뿐만 아니라 배움에 대한 열정을 전해주신 부모님께 감사의 말씀을 전합니다. 또한 초보 저자였던 저와 함께 일하면서 많은 인내심을 보여주신 편집자님께도 감사드 리고 싶습니다. 마지막으로, 오랜 기간에 걸쳐 전문적인 도움을 제공해준 많은 동료들 에게 감사합니다.

5

기술 감수자 소개

브라이언 스콜러^{Brian Scholer}

뉴욕에 거주하며 서버, 클라우드, 인프라 관리, 자동화, 가상화, 소프트웨어 개발, 웹 운영, 네트워킹 등에서 14년 이상의 경험을 쌓은 시스템 엔지니어다. https:// www.briantist.com/에서 블로그를 운영하고 있다.

옮긴이 소개

이정문(kamui73@hotmail.com)

컴퓨터공학 전공으로 대학원을 졸업하고 다양한 분야에서 쌓은 경험을 바탕으로 다수의 원서를 번역했다. 번역서로는 에이콘출판사에서 펴낸『비기닝 ANSI C++』(2008),『안드로이드 앱 마케팅』(2011),『데이터 과학으로 접근하는 정보보안』(2016),『파이썬 플레이그라운드』(2016) 등이 있다.

옮긴이의 말

pfSense(피에프센스)는 FreeBSD 운영체제에 기반한 오픈소스 방화벽 소프트웨어입니다. 그리 높지 않은 사양의 PC에서도 pfSense는 무리 없이 실행될 수 있으며, 네트워크의 방화벽 혹은 라우터로서 구현된 pfSense 시스템은 FreeBSD 기반이니만큼 높은 신뢰성을 보여줍니다(다만, VMWare나 VirtualBox 등의 가상화 소프트웨어상에서 pfSense를 실행하는 경우라면 다소 높은 사양의 PC가 필요합니다).

그렇지만 웹 인터페이스를 통해 모든 설정이 가능하기 때문에 FreeBSD에 대한 사전 지식은 굳이 필요하지 않습니다. pfSense 시스템은 방화벽, 라우터, 무선 액세스 포인트, DHCP 서버, DNS 서버 등 다양한 용도로 사용될 수 있으며 VLAN, 종속 포털, 트래픽 셰이핑, VPN, 이중화 등의 고급 기능도 구현할 수 있습니다. 게다가 스노트, 스퀴드 등의 서드파티 패키지를 통해 침입 탐지 시스템, 프락시 서버 등을 설치하는 것도 가능합니다.

이 책은 2016년 4월 발표된 pfSense의 2.3 버전을 기준으로 pfSense 설치부터 고급 구현까지 폭넓게 설명하고 있습니다. 다만 설치 방법의 경우 단계별로 자세히 설명하는 대신에 중요한 부분만 짚어주며, 기초 설정의 경우에도 그리 많은 분량이 할애되지 않았으므로 네트워크 관리에 대한 사전 지식이 전혀 없다면 다소 이해하기 어려울 수도 있습니다.

3장부터 다루는 고급 구현의 경우에는 구체적인 설정 방법을 세부적으로 살펴봅니다. pfSense를 이미 자유롭게 다루는 고급 사용자라면 다소 지루하게 느껴질지 모르지만, 이제 막 pfSense를 시작한 중급 사용자라면 이 책의 설명을 통해 pfSense에 대한 이해도를 높일 수 있을 것입니다.

언제나 지원을 아끼지 않으시는 에이콘출판사의 권성준 사장님께 감사드립니다. 그리고 저에게 건강한 신체를 물려주신 부모님, 언제나 후원을 아끼지 않는 아내와 두 아들에게도 고마움을 전하고 싶습니다.

차례

들어가며

FreeBSD 기반의 오픈소스 라우터이자 방화벽 소프트웨어인 pfSense에 대한 관심은 새로운 버전이 나올 때마다 커지고 있으며 그 이유를 이해하기는 어렵지 않다. PF(pfSense가 이용하는 상태 기반stateful 방화벽)와 m0n0wall(pfSense의 원조가 되는 방화벽/라우터 프로젝트)의 성공을 바탕으로, pfSense는 재능 있는 자원자들의 지지하에 10년 이상 개발돼왔다. 그리고 이 기간 동안 기능 및 사용 편이성 측면에서 많은 개선이 이뤄졌다. 게다가 pfSense의 기능을 확장하는 서드파티 소프트웨어도 증가하고 있다. 이러한 장점들 덕분에 pfSense는 과거에는 엔터프라이즈급 네트워크 장비에서만 찾을 수 있었던 기능을 제공하는 강력한 도구로 성장했다.

pfSense라는 이름은 FreeBSD의 방화벽인 PF를 일반인도 이해할 수 있도록 한다는 의미에서 유래했다. 이러한 의도는 2016년 4월 발표된 pfSense 2.3 버전에서도 여전히 살아있다. 웹 인터페이스는 새로운 CSS 기반 테마로 대체됐다. 브라우저 창의 크기가 바뀌면 페이지도 함께 조정되며, 방화벽 규칙은 드래그앤드롭으로 손쉽게 정렬할 수 있다. 최신 버전으로의 업그레이드도 불필요하게 많은 시간을 낭비하지 않으면서 최신의 기능을 간단히 이용할 수 있도록 보장한다.

이 책에서는 pfSense를 사용할 때의 이점과 다양한 기능을 활용하는 방법을 알려준다. 설치 및 설정에 대해서도 간단히 다루겠지만, 주로 VLAN, VPN, 트래픽 셰이핑, 이중화, 고가용성 등 pfSense의 고급 기능에 초점을 맞출 것이다. 또한 동적 라우팅이나 스팸 차단과 같은 특정 요구 사항이 있을 경우 대단히 유용한 서드파티 패키지도 간단히 소개한다. 그리고 어떤 지점에서 뭔가 잘못됐을 가능성이 높은 부분을 확인하는 작업, 즉 상황별 문제 해결에 대해 다룰 것이다. 이 책을 다 읽고 나면, pfSense의 다양한 기능들을 여러분의 네트워크에 어떻게 구현하는지 완벽히 이해할 수 있을 것이다.

이 책은 뒤로 갈수록 좀 더 수준 높은 내용을 다룬다. 따라서 이 책을 처음부터 끝까지 순서대로 읽어나갈수록 어렵다는 느낌을 받을 수 있다. 하지만 특정한 주제에 흥미가 있어서 그 위치로 바로 건너뛰더라도 별 어려움은 없을 것이다. 내 경험상 실제로 해보면서 공부할 때 더 깊은 이해로 이어지는 경우가 많았다. 따라서 이 책에 설명된 기능들을 직접 구현하는 과정에서 pfSense뿐 아니라 네트워킹의 주요 이슈를 정확히 이해하게 될 것이다.

이 책에서 다루는 내용

1장. pfSense 핵심 pfSense의 개념 및 장점, 하드웨어 고려 사항 및 설치/설정 팁, 그리고 설치 및 업그레이드 시 자주 발생하는 문제에 대한 해결 방법을 살펴본다. 이 장에서는 pfSense 시스템을 가동하고 실행하는 데 도움이 되는 정보를 얻을 수 있다.

2장. 고급 설정 DHCP, 종속 포털^{captive portal}, DNS, 동적 DNS, NTP와 같이 널리 쓰이는 pfSense 서비스들의 설정 방법을 다룬다. 여기서 설명되는 서비스들은 수많은 네트워크 구성 시나리오에서 사용된다.

3장. VLAN 설정 가상 LAN의 장점과 pfSense에서 구현하는 방법을 설명한다. VLAN을 사용하기 위해서는 관리형^{managed} 스위치가 필요하므로 스위치 설정에 대해서도 간단히 논의한다. 그리고 VLAN 설정 시 자주 발생하는 문제 해결로 마무리한다.

4장. 방화벽으로서의 pfSense 방화벽 규칙을 작성하는 방법을 주로 설명하며, 인터페이스 지정 규칙과 유동 규칙을 모두 포함한다. NAT, 앨리어스, 스케줄 등의 관련 주제들도 다룬다.

5장. 트래픽 셰이핑 pfSense에서 트래픽 셰이핑을 구현하는 방법을 설명한다. 트래픽 셰이퍼 마법사를 이용한 설정뿐 아니라 수동으로 트래픽 셰이핑 규칙을 설정하는 방법도 설명한다.

6장. VPN VPN의 장점을 설명하고 몇 가지 기본 개념을 다룬 후 pfSense가 지원하는 세 개의 프로토콜(IPsec, L2TP, OpenVPN)을 사용해 VPN 터널을 구현하는 방법을 보여준다. 서버와 클라이언트 설정을 모두 포함할 것이다.

7장. 이중화와 고가용성 네트워크 내에서 단일 장애 지점을 제거하기 위해 pfSense를 사용하는 몇 가지 방법을 설명한다. 게이트웨이 그룹, 부하 분산, CARP(방화벽 이중화 설정을 가능케 하는 프로토콜)를 다룰 것이다.

8장. 라우터와 브리지 네트워크가 크고 복잡해짐에 따라 발생하기 쉬운 두 개의 주제를 다룬다. 인터페이스 간의 브리징, 정적 및 동적 라우팅이 설명되고, pfSense에서 브리지를 설정하는 것과 관련된 문제들이 논의된다.

9장. 패키지를 통한 pfSense 기능 확장 패키지 설치 방법과 유용한 패키지들에 관한 간략한 개요를 제공한다. pfSense 2.3 버전에서 패키지들의 목록이 상당히 정리됐지만 스퀴드Squid, pfBlocker, Nmap 등과 같은 나머지 패키지들도 여전히 유용한 기능을 제공하고 있다.

10장. pfSense 문제 해결 네트워크 문제를 해결하기 위한 프레임워크를 제공하고 일반적인 네트워킹 문제 중 일부를 설명한다. 그다음에는 pfSense가 제공하는, 문제 해결에 유용한 몇 가지 진단 도구들을 설명한다.

준비 사항

이 책은 중급 사용자를 대상으로 한다. 따라서 기본적인 네트워킹 개념이 필수적으로 요구된다. pfSense를 사용해본 경험이 있다면 도움이 되겠지만 필수 요건은 아니다. pfSense에 익숙해지기 위한 초급 수준의 책이 필요하다면, 맷 윌리엄슨Matt Williamson이 저술한 『pfSense 2 Cookbook』을 추천한다.

pfSense를 사용한 경험이 없거나 테스트도 없이 바로 네트워크에 pfSense를 설치하기가 꺼려진다면, 가상 머신에서 pfSense를 실행하는 것이 좋다. 이 책에서 제공되는 예제도 대부분 이렇게 테스트됐다. 나는 오라클의 버추얼박스^{VirtualBox}를 사용했으나, 여러분이 선호하는 어떤 가상화 소프트웨어를 사용해도 상관없다. 가상화는 컴퓨팅 자원을 많이 사용하므로, 적어도 8GB RAM과 쿼드코어 프로세서를 추천한다.

pfSense 프로젝트 웹사이트(http://pfsense.org)는 pfSense에 필요한 최소 사양을 다음과 같이 나열하고 있다.

- CPU: 500MHz
- RAM: 256MB
- 저장 공간(HDD 또는 SSD): 1GB

pfSense 실행은 그다지 많은 자원을 요구하지 않는다. 2000년대 초반 이후 제조된 거의 모든 컴퓨터가 위와 같은 요구 사항을 충족할 것이다. 따라서 구형 컴퓨터를 pfSense 시스템으로 용도 변경하는 것은 좋은 생각이다. 적은 전력을 소비하는 씬^{Thin} 클라이언트 또는 임베디드 시스템에서 pfSense를 실행하는 것도 좋다. 여러분이 선택할 수 있는 옵션이 매우 많다는 의미다.

이 책의 대상 독자

pfSense의 고급 기능 활용 방법에 대한 자세한 지식을 원하는 중급 pfSense 사용자를 위한 책으로, 컴퓨터 네트워킹에 익숙하고 네트워크 설정 경험이 있는 사람에게 알맞다. pfSense를 들어본 적이 있어야 하며, 이전에 pfSense를 설치하거나 설정해본 경험이 있다면 더욱 좋다.

편집 규약

이 책에서는 독자의 이해를 돕고자 다루는 정보에 따라 글꼴 스타일을 다르게 적용했다. 이러한 스타일의 예와 의미는 다음과 같다.

pfSense의 메뉴 항목, 페이지 섹션, 하위 섹션, 옵션은 다음 글꼴로 표시된다.

DNS 리졸버

특정 설정 페이지로 이동하는 방법을 설명할 때도 같은 글꼴을 사용하되, 메뉴와 메뉴 항목을 다음과 같이 구분한다.

Services ➤ DHCP Server

위 표기는 Services 메뉴로 이동한 후 그 아래 항목인 DHCP Server를 클릭함으로써 DHCP Server 설정 페이지로 이동할 수 있음을 나타낸다.

명령행 입력이나 출력은 다음과 같이 표기한다.

```
ls -al
ps -eaf
ssh-keygen -t rsa
```

화면상에 표시되는 메뉴나 버튼은 다음과 같이 표기한다. "Next 버튼을 클릭하면 그다음 화면으로 이동한다."

 경고나 중요한 노트는 이와 같이 나타낸다.

 팁과 요령은 이와 같이 나타낸다.

독자 의견

독자로부터의 피드백은 항상 환영이다. 이 책에 대해 무엇이 좋았는지 또는 좋지 않았는지 소감을 알려주길 바란다. 독자 피드백은 독자에게 필요한 주제를 개발하는 데 매우 중요하다. 일반적인 피드백을 우리에게 보낼 때는 간단하게 feedback@packtpub.com으로 이메일을 보내면 되고, 메시지의 제목에 책 이름을 적으면 된다. 여러분이 전문 지식을 가진 주제가 있고, 책을 내거나 책을 만드는 데 기여하고 싶다면 www.packtpub.com/authors에서 저자 가이드를 참조하길 바란다.

고객 지원

팩트출판사의 구매자가 된 독자에게 도움이 되는 몇 가지를 제공하고자 한다.

컬러 이미지 다운로드

이 책에서 사용된 스크린샷/다이어그램의 컬러 이미지를 PDF 파일로 제공한다. 컬러 이미지는 출력 결과의 변화를 이해하는 데 큰 도움이 될 것이다. 에이콘출판사의 도서정보 페이지인 http://www.acornpub.co.kr/book/pfsense-master에서 컬러 이미지를 다운로드할 수 있다.

정오표

내용을 정확하게 전달하기 위해 최선을 다했지만, 실수가 있을 수 있다. 팩트출판사의 도서에서 문장이든 코드든 간에 문제를 발견해서 알려준다면 매우 감사하게 생각할 것이다. 그런 참여를 통해 그 밖의 독자에게 도움을 주고, 다음 버전의 도서를 더 완성도 높게 만들 수 있다. 오탈자를 발견한다면 http://www.packtpub.com/submit-errata를 방문해 책을 선택하고, 구체적인 내용을 입력해주길 바란다. 보내준 오류 내용이 확인되면 웹사이트에 그 내용이 올라가거나 해당 서적의 정오표 부분에 그 내용이 추가될 것이다. http://www.packtpub.com/support에서 해당 도서명을 선택하면 기존 정오표를 확인할 수 있다. 한국어판은 에이콘출판사 도서정보 페이지 http://www.acornpub.co.kr/book/pfsense-master에서 찾아볼 수 있다.

저작권 침해

인터넷에서의 저작권 침해는 모든 매체에서 벌어지고 있는 심각한 문제다. 팩트출판사에서는 저작권과 사용권 문제를 아주 심각하게 인식한다. 어떤 형태로든 팩트출판사 서적의 불법 복제물을 인터넷에서 발견한다면 적절한 조치를 취할 수 있도록 해당 주소나 사이트명을 알려주길 부탁한다.

의심되는 불법 복제물의 링크는 copyright@packtpub.com으로 보내주길 바란다. 저자와 더 좋은 책을 위한 팩트출판사의 노력을 배려하는 마음에 깊은 감사의 뜻을 전한다.

질문

이 책과 관련해 질문이 있다면 questions@packtpub.com으로 문의하길 바란다. 최선을 다해 질문에 답하겠다. 한국어판에 관한 질문은 이 책의 옮긴이나 에이콘출판사 편집 팀(editor@acornpub.co.kr)으로 문의해주길 바란다.

1
pfSense 핵심

고속 인터넷 연결이 갈수록 일반화되고 있지만, 온라인 세상의 많은 사람들(특히 일반 가정이나 소규모 오피스 환경)은 속도의 이점을 완전히 누릴 만한 하드웨어를 사용하지 못하고 있다. 광섬유 기술은 기가비트 이상의 속도를 약속하고, 기존의 구리 네트워크 기술도 향상을 거듭하고 있다. 그러나 많은 사람들은 여전히 평범한 성능을 제공하는 보급형 라우터를 사용하고 있다.

오픈소스 라우터/방화벽 솔루션인 pfSense는 훨씬 더 나은 대안이 될 수 있다. 이미 가정 또는 사무실 환경에서 pfSense를 다운로드해 설치해본 경험이 있는 중급 수준의 pfSense 사용자에게는 pfSense의 장점을 굳이 소개할 필요가 없을 것이다. 그럼에도 불구하고, (예를 들면 기업 네트워크와 같은) 다른 환경에서 pfSense를 설치하거나 혹은 pfSense에 대한 지식을 향상시키고 싶다면, 이 책의 주제를 모두 마스터하는 것이 많은 도움이 될 수 있다.

이번 장은 pfSense 시스템을 실행하는 데 필요한 과정을 검토한다. 여러분의 환경에 적합한 하드웨어를 선택하는 과정을 주로 안내하며, 설치 및 초기 설정에 대한 세부 내용을 설명하지는 않을 것이다. 주로 설치 과정에서 발생할 수 있는 문제 해결 방법에 초점을 두며, 새로운 설정 옵션들도 일부 소개된다. 마지막으로, pfSense를 업그레이드, 백업, 복구하는 방법에 대한 간단한 요약을 제공할 것이다.

이 장에서 설명하는 항목은 다음을 포함한다.

- pfSense 프로젝트의 간략한 개요
- pfSense 설치 시나리오
- 최소 사양 및 하드웨어 규모 산정
- VLAN 및 DNS에 대한 소개
- 설치 및 설정의 모범 사례
- 콘솔 및 웹 GUI를 통한 기본 설정
- pfSense 업그레이드, 백업, 복구

pfSense 프로젝트 개요

pfSense의 기원은 PF라고 알려진 OpenBSD 패킷 필터로 거슬러 올라간다. PF는 2001년 FreeBSD에 통합됐는데, 당시에는 명령행 인터페이스만 존재했으므로 그래픽 인터페이스를 제공하기 위한 몇 개의 프로젝트들이 시작됐다. 2003년 발표된 m0n0wall은 이러한 프로젝트 중에서도 최초의 시도였다. pfSense는 m0n0wall 프로젝트의 파생으로서 시작됐다.

pfSense의 1.0 버전은 2006년 10월 4일, 2.0은 2011년 9월 17일 발표됐다. 2.1 버전은 2013년 9월 15일, 2.2는 2015년 1월 23일 세상에 모습을 드러냈다. 이 책을 저술하는 현재 시점에서는 (2015년 12월 21일 발표된) 2.2.6이 최신 버전이며, 곧 발표될 2.3 버전은 여러 면에서 분수령이 될 것이다. 웹 GUI는 완전히 모습을 일신했고, 일부 구식 기술들에 대한 지원이 단계적으로 중지되면서 WEP와 PPTP 프로토콜에 대한 지원이 중단됐다. pfSense의 현재 버전은 트래픽 셰이핑, VPN 클라이언트/서버, IPv6 지원 등의 기능을 내장하고 있으며, 서드파티 패키지를 통해 침입 탐지 및 방지, 프락시 서버, 스팸 및 바이러스 차단, 기타 다양한 기능들을 이용할 수 있다.

설치 시나리오

여러분의 네트워크에 pfSense 시스템을 추가하기로 결정했다면, 네트워크에서 어떤 역할을 맡도록 설치할지 다소 고민이 필요하다. pfSense는 소규모에서 대규모에 이르기까지 다양한 네트워크에 적합하며 다양한 시나리오에서 활용될 수 있기 때문이다. 이번 절에서는 pfSense의 용도를 다음과 같이 가정할 것이다.

- 경계 방화벽
- 라우터
- 스위치
- 무선 라우터/무선 액세스 포인트

가장 일반적인 pfSense의 용도는 경계 방화벽이다. 이 시나리오에서 pfSense 시스템의 한 포트에는 인터넷 회선이 접속되고, 다른 포트에는 내부 네트워크가 접속된다. 인터넷에 접속된 포트를 WAN 인터페이스라 부르고, 로컬 네트워크에 접속된 포트를 LAN 인터페이스라 부른다.

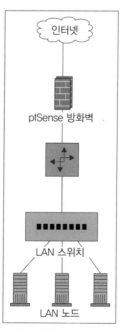

pfSense가 경계 방화벽으로서 설치된 그림

이때 pfSense 시스템을 방화벽 전용으로 설정할 수도 있고, 방화벽과 라우터의 두 가지 역할을 모두 수행하도록 설정할 수도 있다. 또 pfSense 시스템에서 두 개 이상의 인터페이스를 갖도록 설정할 수도 있다. 하지만 경계 방화벽으로서 동작하기 위해 pfSense 시스템은 최소한 WAN(외부 네트워크에 연결)과 LAN 인터페이스(내부 네트워크에 연결)가 적어도 하나씩 필요하다.

좀 더 복잡한 네트워크 설정에서는 pfSense 시스템이 네트워크상의 다른 라우터들과 라우팅 정보를 교환해야 한다. 이러한 정보를 교환하는 프로토콜에는 두 가지 종류가 있다. 거리-벡터 프로토콜vector-distance protocol은 인접 라우터들과 정보를 교환함으로써 라우팅 정보를 획득한다. 반면에 연결-상태 프로토콜link-state protocol은 다른 라우터로의 최단 경로를 계산하기 위해 네트워크 맵map(지도)을 구축하며, 이때 각각의 라우터들은 독립적으로 거리를 계산한다. pfSense는 두 가지 유형의 프로토콜을 모두 실행할 수 있다. RIP 혹은 RIPv2 등의 거리-벡터 프로토콜과 BGP 등의 연결-상태 프로토콜을 사용할 수 있는 패키지들이 존재하기 때문이다.

pfSense를 라우터로서 설치하는 시나리오도 널리 쓰인다. 가정이나 오피스 환경에서는 방화벽과 라우터 기능이 동일한 장치에서 수행되는 경우가 많다. 하지만 중간급 혹은 대규모 네트워크에서 라우터는 경계 방화벽과는 별개의 설비로서 운영된다.

여러 개의 네트워크 세그먼트를 가진 대규모 네트워크에서는 pfSense가 이러한 세그먼트들을 연결하는 용도로 사용될 수 있다. 기업 환경에서는 하나의 NIC^{Network Interface Card}(네트워크 인터페이스 카드)가 802.1Q 태그를 통해 다수의 브로드캐스트 도메인에서 동작할 수 있다. VLAN은 라우터-온-어-스틱router on a stick 설정으로 사용될 때가 많다. 이 설정에서 라우터와 스위치 간의 물리적 연결은 하나뿐이며, 하나의 이더넷 인터페이스가 다수의 VLAN으로 나뉘어 사용된다. 그리고 라우터가 VLAN 간에 패킷을 전달한다. 이 설정의 장점은 한 개의 포트만 필요하기 때문에 NIC를 새로 추가하기 번거롭거나 심지어 불가능할 경우(예를 들면 노트북이나 씬thin 클라이언트)에도 pfSense를 사용할 수 있다는 점이다. 3장에서 VLAN을 더 자세히 다룰 것이다.

pfSense가 중급 혹은 대규모 네트워크에 라우터로서 설치되는 경우는 주로 서로 다른 LAN 세그먼트들을 연결하는 용도로서 사용하기 위한 것이다. 하지만 WAN 라우터로서 사용할 수도 있으며, 이 경우 pfSense의 기능은 최종 사용자에게 사설 WAN 연결을 제공하는 것이다.

또한 스위치로서 pfSense를 사용할 수도 있다. pfSense 시스템에 존재하는 다수의 인터페이스들을 연결한다면 pfSense는 스위치로서 동작하는 것이다. 하지만 다음과 같은 이유로 그다지 일반적인 시나리오는 아니다.

- pfSense를 스위치로서 사용하는 것은 비용 측면에서 비효율적이다. 5포트 상용 스위치 제품의 가격이 pfSense 시스템으로 사용될 하드웨어 가격보다 저렴하기 때문이다. 또 스위치의 소비 전력은 컴퓨터보다 훨씬 적기 때문에 장기적으로도 저렴하다.

- 상용 스위치가 pfSense 시스템보다 좋은 성능을 낼 가능성이 높다. pfSense 는 포트 간에 지나는 모든 패킷을 처리하는 반면, 일반적으로 이더넷 스위치 는 포트 간에 전달되는 데이터 처리용으로 만들어진 전용 하드웨어를 사용해 내부적으로 처리하기 때문이다. pfSense에서 필터링을 하도록 설정할 수도 있지만, 여전히 PCI, PCI-X, PCI Express(PCI-e) 등의 네트워크 카드가 사용 하는 버스의 속도로부터 제한을 받는다.

- 또한 스위치로서 pfSense를 사용하면 관리하기도 어렵다. 단순 스위치는 플 러그 앤 플레이plug-and-play로 간단히 설치할 수 있으므로 이더넷 케이블과 전 원 코드를 꽂기만 하면 된다. 관리형managed 스위치의 경우는 콘솔이나 웹 인 터페이스를 통해 설정할 수 있으며, 스위치의 동작을 수정하고 싶을 때만 설 정 작업이 필요하다. 그러나 스위치로서 pfSense를 사용하는 경우에는 좀 더 많은 설정 작업이 반드시 요구된다.

위에서 설명한 제약들이 여러분에게 그다지 문제가 되지 않는다면, 스위치로서 pfSense를 자유롭게 이용해도 좋다. 시중에서 판매하는 스위치와 같은 수준의 성능과 비용 절감을 얻기는 어렵지만, 그 과정에서 pfSense 및 네트워킹의 원리는 많이 배울 수 있을 것이다. 또한 하드웨어 기술이 발전하고 있으므로 미래의 어떤 시점에는 pfSense를 스위치로서 사용하는 시나리오가 좀 더 합리적인 방법이 될 수도 있다. 예컨대 저전력 컴퓨터의 발전은 이러한 미래를 실현할 수 있는 한 가지 요인이 될 수 있다.

마지막으로, 무선 라우터/액세스 포인트로서 pfSense를 사용할 수 있다. 최근의 네트워크는 대부분 어떤 유형으로든 무선 연결이 통합되고 있다. 무선 연결은 더 쉬울 뿐만 아니라, 어떤 경우에는 이더넷 케이블을 사용할 수 없기 때문이다. pfSense를 사용하면 (FreeBSD를 지원하는) 무선 네트워크 카드를 추가하는 것만으로 시스템에 무선 네트워킹 기능을 추가할 수 있다.

그러나 일반적으로 무선 라우터 또는 액세스 포인트로서 pfSense를 사용하는 것은 가장 좋은 선택지는 아니다. FreeBSD의 무선 네트워크 카드 지원은 아직 충분하지 못하기 때문이다. IEEE 802.11b와 802.11g 표준 지원은 문제가 없지만, 802.11n과 802.11ac 지원은 아직 만족스럽지 못하다.

더 나은 방법은 (저가 보급형 제품이라도 상관없으니) 무선 라우터를 구입해 액세스 포인트로서만 동작하도록 설정한 후 pfSense 시스템의 LAN 포트에 연결해 pfSense가 DHCP 서버로서 동작하도록 구성하는 것이다. 일반적으로 상용 라우터는 전용 무선 액세스 포인트로서 문제없이 동작하며, 최신의 무선 네트워크 표준을 pfSense보다 잘 지원할 가능성이 높다. 또 다른 방법은 전용 무선 액세스 포인트를 구입하는 것이다. 이런 제품들은 일반적으로 값이 저렴하고 그중에는 다중 SSID를 지원하는 것도 있으므로 다수의 무선 네트워크를 설정할 수 있다(예를 들어, 기존 LAN과 완전히 분리된 별도의 게스트 네트워크를 구성할 수 있다). 라우터로서 pfSense를 사용하면서 상용 무선 액세스 포인트와 조합하는 방법은 문제를 가장 적게 일으키는 구성이다.

하드웨어 요구 사항 및 규모 산정 지침

어떤 용도로 pfSense를 설치할지 결정했다면, 이제 하드웨어 요구 사항을 이해해야 한다. 최소한 CPU, 메인보드, 메모리^{RAM}, 디스크 저장 장치, 그리고 (한 개의 인터페이스만 필요한 라우터-온-어-스틱 설정이 아닐 경우) 적어도 두 개의 네트워크 인터페이스가 필요하다. 또 기존 네트워크 환경에 따라서는 인터페이스가 추가로 필요할 수도 있다.

최소 사양

우선 pfSense 실행에 필요한 최소 사양부터 알아보자. 2016년 1월 현재, (pfSense 공식 사이트 https://www.pfsense.org/에 따르면) 최소 하드웨어 요구 사항은 다음과 같다.

- CPU: 500MHz(1GHz 권장)
- RAM: 256MB(1GB 권장)

 pfSense는 i386(32비트)과 AMD64(64비트) 아키텍처를 모두 지원한다. 그리고 각각의 아키텍처별로 CD, USB 메모리, 임베디드, 이렇게 세 가지 종류의 이미지 중에서 선택할 수 있다. 또한 Netgate RCC-VE2440 아키텍처용 이미지도 제공된다.

pfSense를 설치하려면 디스크 공간이 최소 1GB 필요하다. 임베디드 장치에 설치하는 경우는 직렬 포트나 VGA 포트를 통해 콘솔에 접근할 수 있다. 그리고 라이브 CD를 통한 설치 가이드는 공식 웹사이트 https://doc.pfsense.org/index.php/PfSense_IO_installation_step_by_step에서 찾을 수 있다.[1]

pfSense 2.3에서는 라이브 CD가 지원되지 않는데, 라이브 CD는 실제 설치하지 않고도 pfSense를 시험하는 데 사용된다. 그래도 라이브 CD를 사용하고 싶다면, 과거 버전(2.2.6 이하 버전)의 이미지를 사용할 수 있다. 그리고 과거 버전을 설치

---

1 현재는 이 페이지가 존재하지 않는다. – 옮긴이

한 후에도 언제든지 최신 버전으로 업그레이드할 수 있다.

pfSense 전체 설치Full install의 경우 주로 HDD 혹은 SSD에 설치되며, 임베디드 설치의 경우에는 CF, SD, USB 메모리가 주로 사용된다. 주의할 것은 1GB에 pfSense 전체 설치를 할 수는 있지만, 서드파티 패키지나 로그 파일이 저장될 공간은 거의 남지 않는다는 점이다. 또 프락시 서버는 캐시 저장이 필요하기 때문에 추가적인 디스크 공간이 필요하다.

임베디드 시스템 버전의 경우, 임베디드 시스템에 FreeBSD를 설치하기 위한 도구인 NanoBSD가 사용된다. 임베디드 설치는 (예를 들어, VPN 서버와 같이) 특정 용도의 기기에 적합하며, 파일 기록이 많지 않은 경우에 유용하다. 다만, 임베디드 버전은 기능이 제한적이어서 일부 서드파티 패키지를 실행하지 못할 수도 있다.

하드웨어 규모 산정 지침

최소 하드웨어 요구 사항은 어디까지나 일반적인 지침이며, 다양한 이유로 이를 초과하는 사양이 필요해진다. CPU, 메모리, 저장 장치를 결정할 때는 다음의 요인들을 고려하면 도움이 될 것이다.

- CPU의 경우, 인터넷 연결 속도가 빠를수록 더 좋은 CPU가 요구된다. CPU와 네트워크 카드에 대한 가이드라인은 공식 웹사이트 http://pfsense.org/hardware/#requirements에서 확인할 수 있다. 일반적으로 다음과 같이 말할 수 있다. 즉, 최소 하드웨어 사양(500MHz급 인텔/AMD CPU)은 인터넷 속도가 20Mbps까지 유효하며, 인터넷 속도가 20Mbps보다 빠르면 CPU 속도도 더 빨라야 한다.
- 인터넷 속도가 100Mbps 이상이라면, 네트워크 처리량에 보조를 맞추기 위해 PCI-E 네트워크 어댑터가 필요하다.

pfSense를 서로 다른 인터페이스를 브리지bridge로서 연결하는 용도로 사용하려는 경우(예를 들어 무선과 유선 네트워크를 연결하거나 pfSense를 스위치로서 사용하는 경우), PCI 버스의 속도가 고려돼야 한다. PCI 버스가 병목 현상의 원인이 될 수 있기 때문이다. 기본적인 PCI 버스가 533MB/s의 속도를 제공하는 반면, PCI-e 4.0은 (16레인 슬롯 구성에서) 최대 31.51GB/s의 속도를 제공할 수 있으므로 고려할 만한 가치가 있다.

VPN 서버로서 pfSense를 사용하려는 경우에는 VPN 사용이 CPU에 미칠 영향을 고려해야 한다. VPN 연결 시마다 트래픽 암호화를 위해 CPU가 필요하므로, 연결 개수가 늘어날수록 CPU 부하도 증가한다. 일반적으로 비용 측면에서 가장 효율적인 방법은 좀 더 강력한 CPU를 사용하는 것이지만, VPN 트래픽으로 인한 CPU 부하를 줄일 수 있는 몇 가지 방법이 있다. Soekris의 vpn14x1 제품군은 암호화 및 압축과 같이 컴퓨팅 파워를 집중적으로 요구하는 작업에서 CPU의 부담을 줄여준다. IPSec의 AES-NI 가속 기능도 CPU 부하를 의미 있게 줄일 수 있다.

동시에 수백 명이 접속하는 종속 포털^{captive portal}을 운영하는 경우도 CPU 성능을 좀 더 올릴 필요가 있다. VPN만큼 CPU에 많은 부하를 가하지는 않지만, 접속하는 사용자가 많은 경우에는 충분히 여유 있게 고려하는 것이 좋다.

파워 유저가 아니라면 256MB의 RAM은 pfSense 시스템에 충분하다. 하지만 (활성 상태의 연결 정보가 저장되는) 상태 테이블을 처리할 만한 여유는 없다. 하나의 상태마다 1KB 정도의 메모리를 필요로 하는데, 이것은 보급형 라우터 제품이 필요로 하는 것보다 적은 크기이지만 동시 접속이 많은 상황에서는 좀 더 많은 RAM이 필요해진다. pfSense의 다른 구성 요소들은 사용되는 기능에 따라 32~48MB 정도를 요구하므로, 최대 가용 메모리에서 이를 뺀 나머지 용량을 상태 테이블의 최대 크기로 간주할 수 있다.

RAM	최대 연결(상태) 개수
256MB	~22,000 연결
512MB	~46,000 연결
1GB	~93,000 연결
2GB	~190,000 연결

패키지도 RAM 요구 사항을 증가시킬 수 있다. 스노트^{Snort}와 ntop이 특히 그러하며, 디스크 공간이 적을 경우에도 패키지 설치를 자제하는 것이 좋다. 특히 프락시 서버는 상당한 저장 공간을 필요로 하므로, 스퀴드^{Squid}와 같은 프락시 서버의 설치 시에 반드시 고려해야 한다.

디스크 공간의 크기 및 디스크 유형을 결정할 때는 어떤 패키지를 설치하고 어떤 유형의 로깅을 활성화할 것이냐가 중요한 고려 요소다. 어떤 패키지는 많은 디스크 공간을 필요로 한다. 예를 들어, 스퀴드와 같은 프락시 서버는 웹 페이지를 저장해야 하고, pfBlocker와 같은 스팸 방지 프로그램은 차단시킬 IP 목록을 다운로드해야 하므로, 추가적으로 디스크 공간이 많이 필요하다. 프락시는 읽기 및 쓰기 작업도 대규모로 수행하므로, 디스크의 I/O 성능 역시 고려해야 한다.

여러분은 가장 저렴한 NIC를 선택하려는 유혹에 빠지기 쉽다. 그러나 저렴한 NIC는 부하의 상당 부분을 CPU에 맡기는 드라이버 소프트웨어를 사용할 때가 많은데, 잦은 인터럽트로 인해 CPU를 힘들게 하고 심지어 그 과정에서 패킷이 누락되기도 한다. 값이 저렴할수록 버퍼의 크기가 작은데(300KB 미만), 버퍼가 가득 차면 패킷이 폐기되기 쉽다. 또 1500바이트의 MTU(최대 전송 단위)보다 큰 이더넷 프레임을 지원하지 않는 경우가 많은데, 이러한 NIC는 크기가 큰 프레임(MTU가 1500바이트 이상인 프레임)을 송수신할 수 없으므로 대규모 프레임을 통한 성능 향상의 이점을 누릴 수 없다. VLAN 트래픽 처리에 문제가 발생하는 경우도 많은데, VLAN 태그는 이더넷 헤더의 크기를 전통적인 크기 제한 이상으로 증가시키기 때문이다.

pfSense 프로젝트는 인텔 칩셋을 기반으로 하는 NIC를 권장하며, 그러한 신뢰에는 몇 가지 이유가 있다. 대부분 적절한 크기의 버퍼를 갖고 있으므로 대규모 프레임 처리에 문제가 없고, 드라이버가 제대로 작성돼서 유닉스 기반 운영체제에서도 문제를 일으키지 않기 때문이다.

대부분의 pfSense 설치 시에는 WAN과 LAN 인터페이스가 각각 필요하고, 서브넷(예를 들어 게스트 네트워크)이 추가될 경우 인터페이스도 추가돼야 하며, WAN

이 추가될 경우에도 마찬가지다. 인터페이스 추가 시마다 NIC가 꼭 필요한 것은 아니라는 점에 주의하자. 시중에는 포트가 두 개 이상인 NIC(대부분 두 개 또는 네 개)도 판매되고 있기 때문이다. 심지어 pfSense 시스템을 구축하면서 NIC를 반드시 구입할 필요도 없다. 중고 제품을 구입하는 것이 경제적이며, 대부분의 경우 성능은 거의 동일하다.

네트워크에 무선 연결을 통합할 경우에 pfSense 시스템에 무선 NIC를 추가하는 방법도 있지만, 앞서 말했듯이 더 나은 방법은 별도의 무선 액세스 포인트를 pfSense 시스템과 조합해 사용하는 것이다. 하지만 그럼에도 불구하고 무선 NIC를 추가해 액세스 포인트로 설정하기로 결정했다면, NIC를 구입하기 전에 FreeBSD의 하드웨어 호환성 목록을 확인하는 것이 좋다.

노트북 사용하기

pfSense 라우터로서 오래된 노트북 컴퓨터를 사용하는 것이 좋은 생각일까? 여러 측면에서 노트북은 라우터 용도로 재탄생하기에 좋은 후보다. 크기가 작고, 에너지 효율적이며, 전원이 차단돼도 내장 배터리 전원으로 계속 실행되므로 UPS(무정전 전원 장치)를 내장하는 것이나 다름없다. 게다가 구형 노트북은 중고 매장과 온라인에서 저렴하게 구입할 수 있다.

하지만 라우터로서 노트북을 이용하기에 치명적인 문제점이 존재한다. 거의 대부분 이더넷 포트가 하나뿐인 것이다. 게다가 NIC를 추가할 방법이 없을 때가 많다. NIC를 추가할 수 있는 확장 슬롯이 없기 때문이다(일부 기종에는 NIC를 추가할 수 있는 PCMCIA 슬롯이 존재한다). USB-이더넷 변환 어댑터가 있지만, 해결책이 되지 못한다. 이러한 어댑터는 NIC만큼 신뢰성을 주지 못하기 때문이다. 또 대부분의 노트북에는 인텔의 NIC가 포함돼 있지 않으며, 일부 고가의 업무용 노트북에서만 찾아볼 수 있을 뿐이다.

이더넷 포트가 하나뿐인 노트북을 pfSense 라우터로서 사용하는 방법이 있는데, VLAN을 사용해 pfSense를 설정하는 것이다. 앞서 언급한 바와 같이, VLAN을 사용하면 하나의 NIC가 다수의 서브넷을 서비스할 수 있다. 따라서 하나의 포트에 두 개의 VLAN을 설정할 수 있다. WAN 인터페이스에 사용할 VLAN #1과 LAN 인터페이스에 사용할 VLAN #2로 설정하는 것이다. 이와 같은 설정의 단점은 반드시 관리형 스위치를 사용해야 한다는 것이다. 관리형 스위치는 그룹별로 설정 및 관리 가능한 스위치로서, 명령행 인터페이스와 웹 인터페이스 모두 제공하고 VLAN 등의 다양한 기능을 지원한다. 관리형 스위치가 아닌 일반 스위치는 트래픽을 다른 포트 전부로 전달하기 때문에 이와 같은 설정에 적합하지 않다. 그러나 일반 스위치를 관리형 스위치로 연결해 포트를 추가할 수는 있다. 주의할 것은 관리형 스위치는 가격이 비싸고(2포트 혹은 4포트 네트워크 카드보다 비싸다.), 하나의 링크에 복수의 VLAN이 설정될 경우 이 링크에 과부하가 걸리기 쉽다는 점이다. 따라서 네트워크 카드를 추가할 수 있다면 그것이 더 나은 방법이다. 다만 기존 노트북을 꼭 활용해야 하는 상황이라면 관리형 스위치와 VLAN 조합도 생각할 수 있다.

VLAN과 DNS 소개

pfSense의 장점으로 꼽히는 것들이 바로 VLAN 및 DNS 서버 통합이다. 우선 이 기능들에 대해 알아보자.

VLAN 소개

네트워크를 분할하는 표준적인 방법은 라우터를 사용해 네트워크 간에 트래픽을 전달하고 각 네트워크별로 스위치를 설정하는 것이다. 이러한 경우에 네트워크 인터페이스의 수와 물리적 포트의 수는 일대일로 대응한다.

이런 설정은 상당수의 네트워크에서 문제없이 동작하며, 특히 소규모 네트워크에 적합하다. 하지만 네트워크가 커질수록 문제가 발생한다. 사용자의 수가 증가하면, 우리는 서브넷별로 사용자의 수를 증가시킬지 아니면 서브넷 개수(라우터상의 네트워크 인터페이스의 개수)를 증가시킬지 하나를 선택해야 한다. 두 가지 방법 모두 새로운 문제를 일으킬 수 있다.

- 모든 서브넷은 자체적인 브로드캐스트 도메인을 구성한다. 따라서 서브넷상의 사용자의 수가 늘어나면, 브로드캐스트 트래픽의 양이 증가되며 네트워크의 성능 저하로 이어진다.
- 서브넷상의 사용자들이 네트워크 트래픽을 가로채는 패킷 스니퍼를 사용한다면 보안 문제가 발생할 수 있다.
- 서브넷을 추가해 네트워크를 분할하는 것은 비용이 많이 든다. 서브넷마다 별도의 스위치를 필요로 하기 때문이다.

VLAN을 사용하면 상대적으로 적은 단점만으로 이러한 딜레마를 해결할 수 있다. 네트워크(예를 들면 LAN)로 들어오는 프레임에 특수한 태그를 추가함으로써, 어떤 네트워크 인터페이스상의 트래픽을 서로 다른 네트워크로 구분할 수 있기 때문이다. 이 태그는 802.1q 태그라고도 불리는데, 장치가 어느 VLAN에 속하는지 식별할 수 있다. 이런 식으로 네트워크 트래픽을 분할하는 것은 여러 가지 장점을 제공한다.

- VLAN 단위로 브로드캐스트 도메인이 구성되므로, 브로드캐스트 도메인의 크기가 작아져서 네트워크 성능 저하를 막을 수 있다.
- 어떤 VLAN상의 사용자가 (물리적으로 동일한 인터페이스에 속하는) 다른 VLAN의 트래픽을 가로챌 수 없다. 따라서 보안 수준을 향상시킨다.
- VLAN을 사용하기 위해 관리형 스위치가 필요하고 관리형 스위치는 일반 스위치보다 더 비싸지만, 관리형 스위치와 일반 스위치 간의 가격 차이는 새로 서브넷을 추가하기 위해 스위치를 추가로 구입하는 것보다는 저렴하다.

이러한 이유로, VLAN은 네트워크의 확장성 개선에 가장 효율적인 방법일 때가 많다. 심지어 현재는 네트워크의 크기가 작더라도 미래의 확장 가능성을 고려해 VLAN을 구현하는 것이 유리할 수 있다.

DNS 소개

DNS는 숫자 주소[IP]를 기억하기 쉬운 도메인 이름으로 변환하는 수단을 제공한다. 어떤 의미에서는 인터넷의 전화번호부라고 말할 수 있는데, 계층적(모든 도메인 이름에 공통되는 루트[root] 노드가 있고, 그 아래에 .com이나 .net과 같은 최상위 도메인이 있으며, 그 아래에 하위 도메인 이름들이 존재)이면서 분산적이다(인터넷은 다수의 영역[zone] 으로 구분되며, 이름 서버는 특정 영역을 책임진다).

일반 가정이나 오피스 환경에서는 DNS 서버를 자체적으로 구현할 필요가 없다. 인터넷 제공 업체[ISP] 의 DNS 서버를 사용해서 호스트 이름을 알아낼 수 있기 때문이다. 로컬 호스트 이름의 경우, 윈도우에서는 NetBIOS, 리눅스에서는 (이름 서버를 사용하지 않도록 설정해) BIND[Berkeley Internet Name Domain], 맥 OS X에서는 OS 자체적으로 해결할 수 있다. 로컬 네트워크에서 IP 주소와 호스트 이름의 관계를 알아내는 또 다른 방법은 HOSTS.TXT 파일을 사용하는 것이다. 이 파일은 텍스트 파일로서, 호스트 이름과 그에 해당하는 IP 주소 목록을 포함한다. 하지만 다음과 같은 상황에서는 네트워크에 자체적으로 DNS 서버를 설정해야 한다.

- 네트워크의 모든 호스트에서 HOSTS.TXT 파일을 유지 관리하는 일은 매우 어려운 일이다. 로밍 클라이언트가 있을 경우는 심지어 불가능하다.
- 외부에서 접속 가능한 자원(예를 들면 FTP 서버나 공개 웹사이트)을 호스팅 중이며 이러한 자원의 IP 주소가 자주 바뀐다면, 매번 변경 내역을 제출해 반영되기를 기다리느니 차라리 여러분이 직접 업데이트하는 것이 훨씬 편하다.
- 자체 DNS 서버는 비록 여러분의 도메인만 관리할 수 있지만, 인터넷의 다른 DNS 서버부터 DNS 데이터를 가져와서 로컬 DNS 서버에 저장할 수 있다. 이렇게 로컬에 저장된 데이터는 원격 DNS 서버 검색 시보다 훨씬 빠르게 찾을 수 있고, 결과적으로 이름 변환이 효율적으로 이뤄진다.
- 자체 DNS 서버를 구축해보는 것은 좋은 경험이며, 설령 실수를 하더라도 공개 DNS 서버에서만큼 치명적이지는 않다.

pfSense로 DNS 서버를 구현하는 것은 그리 어렵지 않다. DNS 리졸버^{resolver}를 사용해 로컬 클라이언트로부터의 DNS 질의를 pfSense가 응답하도록 설정할 수 있고, 현재 서비스 중인 DNS 서버를 pfSense가 이용하도록 할 수도 있다. DNS 서버 기능을 추가하기 위해 (TinyDNS의 pfSense 버전인) dns-server와 같은 서드 파티 패키지를 사용할 수 있다. 2장에서 자세히 설명한다.

설치 및 설정 사례

어떤 하드웨어와 버전으로 설치할지 결정했다면, 이제 pfSense를 다운로드한다. https://www.pfsense.org/의 Download 섹션에서 적절한 컴퓨터 아키텍처(32 비트, 64비트, Netgate ADI), 적절한 플랫폼(CD, USB 메모리, 임베디드)을 선택하고 나면, 미러 사이트 목록이 표시될 것이다. 가장 가까운 서버를 선택해야 다운로드 속도가 빠를 것이다.

 다운로드한 이미지의 무결성을 확인하기 위해 MD5 체크섬 파일을 사용할 수 있다. 윈도우에는 MD5 해시를 보여주는 유틸리티가 많다.

BSD 및 리눅스에서 MD5 해시를 생성하려면 다음 명령을 입력한다.

```
md5 pfSense-LiveCD-2.2.6-RELEASE-amd64.iso
```

이 명령은 pfSense 2.2.6 버전의 64비트 CD 이미지에 대한 MD5 체크섬을 생성한다. 이 명령의 결과를 pfSense 웹사이트에서 다운로드한 .md5 파일의 내용과 비교하면 된다.

pfSense 설치 과정을 자세하게 설명하는 것은 이 책의 범위에 포함되지 않는다. CD나 USB 메모리로 전체 설치를 하는 경우, ISO 파일을 해당 매체에 기록한 후 그 매체로 부팅을 하고 몇 가지 기본적인 설정을 수행한 후 설치 프로그램을 호출하면 된다. 임베디드 설치는 CF 카드에서 가능하며 콘솔 데이터가 (다운로드 시 선택했던 옵션에 따라서) 직렬 포트 혹은 VGA 포트 중 하나로 전송된다. 직렬 포트 버전을 사용하는 경우, 널 모뎀 케이블을 사용해 임베디드 시스템을 다른 컴퓨터로 연결해야 한다.

설치 과정에서 자주 발생하는 문제들

대부분의 경우, 시스템에서 pfSense 설치 프로그램을 실행해 pfSense 설치를 문제없이 시작할 수 있을 것이다. 그러나 pfSense 시스템이 부팅되지 않거나 부팅 과정에서 멈춰버리는 경우가 가끔 있다. 부팅이 되지 않는 경우는 해당 매체로 부팅 가능하도록 설정돼 있는지 확인할 필요가 있다. 이 설정은 BIOS에서 확인할 수 있는데, 일반적으로 부팅 시 Delete 키를 눌러서 접근할 수 있다.

 대부분의 컴퓨터는 부팅 과정에서 어느 장치로 부팅할지 선택하는 기능을 제공한다. 자세한 방법은 메인보드의 설명서를 참조한다.

BIOS의 부팅 설정에 문제가 없음에도 부팅이 되지 않는다면, pfSense 이미지의 무결성을 다시 확인하거나 혹은 대상 매체에 이미지를 다시 기록해 재시도해본다.

CD 또는 USB로 부팅 시에 표시되는 초기 pfSense 부트 메뉴

시스템이 부팅 과정에서 멈춘다면, 몇 가지 방법을 시도할 수 있다. pfSense 부팅 시 표시되는 초기 메뉴에는 다수의 옵션이 있는데, 마지막 두 옵션은 Kernel과 Configure Boot Options다. Kernel은 부팅에 사용될 커널을 선택할 수 있으며, 선택된 FreeBSD 커널이 현재 하드웨어와 호환되지 않는 것으로 의심된다면 다른 버전으로 바꿔본다. Configure Boot Options를 선택하면 유용한 옵션들을 포함하는 메뉴가 나타나는데(위 화면을 참조한다.), 이 옵션들에 대한 상세한 설명은 http://www.freebsd.org/doc/handbook/book.html에서 찾을 수 있다. [A]CPI Support를 Off로 바꿔서 문제가 해결되기도 하는데, ACPI의 하드웨어 발견 및 설정 기능이 pfSense의 부팅을 중단시킬 때가 있기 때문이다. 이렇게 해도 해결이 되지 않으면, Safe [M]ode로 부팅을 시도한다. 이것조차 실패할 경우, 부팅 과정에서 자세한 메시지를 보기 위해 [V]erbose 모드를 On으로 전환한다.

부팅 후에는 [R]ecovery와 [I]nstaller 옵션이 나타난다. [R]ecovery 모드는 충돌이 일어난 드라이브에서 config.xml 파일을 찾아서 시스템을 복구할 수 있는 셸 스크립트를 제공한다. [I]nstaller는 하드디스크 드라이브 또는 기타 매체에 pfSense를 설치하며, 특정 시간이 지나면 자동으로 실행된다.

설치 옵션에는 빠른 설치^{quick install}와 사용자 지정 설치^{custom install}가 있다. 대부분의 경우 빠른 설치 옵션으로 충분하며, 사용자 지정 설치는 첫 번째 드라이브가 아닌 다른 드라이브에 pfSense를 설치하는 경우 혹은 시스템에 다수의 운영체제를 설치하는 경우에만 권장된다. pfSense를 시험 목적으로 설치하는 것이 아니라면 이럴 가능성은 별로 없을 것이다(그리고 시험 목적 사용이라면 가상 머신에 pfSense를 실행하는 것이 훨씬 간편하다).

원하는 매체에 pfSense를 설치할 수 없었다면, 시스템 또는 설치 매체에서 문제를 해결해야 한다. CD 설치 중이라면 광학 드라이브가 오작동하고 있거나 CD 손상일 수 있으므로, 정상적인 부팅 CD를 사용해 시스템을 부팅해봄으로써 시스템의 문제 여부를 판단할 수 있다. 이렇게 해서 부팅이 된다면 CD 디스크의 문제이므로 디스크를 다시 구워서 문제를 해결할 수 있다. 하지만 정상적인 부팅 CD로

부팅할 수 없다면, 광학 드라이브 자체의 문제이거나 메인보드에 광학 드라이브를 연결하는 케이블이 문제일 수 있다.

그러나 어떤 경우에는 지금까지 설명한 것에 하나도 해당되지 않고 실제로는 FreeBSD의 부트 로더가 해당 시스템에서 동작하지 않는 것이 원인일 수 있다. 이 경우는 다른 시스템에 pfSense를 설치하거나, 별도의 시스템에서 하드 드라이브에 pfSense를 설치한 후 해당 시스템으로 옮기는 방법이 있다. 이렇게 하기 위해서는 우선 별도의 시스템에서 Assign Interfaces 프롬프트가 나올 때까지 pfSense 설치를 진행한다. 설치 프로그램이 VLAN을 할당하겠느냐고 물어오면, n을 입력하고 Assign Interfaces 프롬프트에서 exit를 입력해 인터페이스 할당 부분을 건너뛴다. 나머지 설치 과정을 마친 후, 시스템의 전원을 끄고 하드 드라이브를 해당 시스템으로 옮긴다. 이제 pfSense 하드 드라이브가 부팅 순서에 들어있다면, 시스템은 pfSense로 부팅된 후 정확하게 시스템의 하드웨어를 탐지할 것이다. 그리고 여러분은 네트워크 인터페이스를 할당할 수 있다. 나머지 설정은 평소와 같이 진행할 수 있다.

지금까지 설명한 문제들이 발생하지 않았다면, 시스템에 소프트웨어가 정확히 설치되고 광학 드라이브에서 CD를 제거한 후 Enter 키를 누르라는 대화 상자가 화면에 표시된다. 이제 시스템이 재부팅될 것이고, 정상적으로 pfSense가 부팅되는 것을 바라보면 된다.

pfSense 설정

설정은 2단계로 이뤄진다. 인터페이스 설정 및 인터페이스 IP 주소 할당은 콘솔에서 해야 하며, VLAN과 DHCP 설정 등은 콘솔과 웹 GUI에서 모두 가능하다.

콘솔에서의 설정

부팅이 되면 CD 버전에서 봤던 것과 동일한 메뉴가 나타난다. 일정 시간이 지나면 자동으로 부팅이 진행되며, options 메뉴가 나타날 것이다. 인터페이스 할당을 시작하려면 메뉴에서 1을 선택해야 하다. 여기서는 시스템에 설치된 네트워크 카드에 WAN, LAN, 혹은 기타 인터페이스(OPT1, OPT2 등)로서의 역할을 부여할 수 있다.

이 옵션을 선택하면 네트워크 인터페이스의 목록이 표시된다. 이 목록에서는 네 개의 정보를 확인할 수 있다.

- 인터페이스에 대한 pfSense의 장치 이름(fxp0, ex1 등)
- 인터페이스의 MAC 주소
- 인터페이스의 링크 상태(탐지됐으면 up, 그렇지 않으면 down)
- 인터페이스의 제조업체와 모델(예를 들어 Intel PRO 1000)

일반적으로 두 개의 네트워크 카드가 동일한 MAC 주소를 가질 수 없기 때문에, 시스템에서 각각의 인터페이스는 고유한 MAC 주소를 가져야 한다. 설정을 시작하려면 1과 Enter를 눌러서 Assign Interfaces 옵션으로 들어간다. 그러면 VLAN 설정을 위한 프롬프트가 표시된다. VLAN 설정에 대해서는 4장에서 명령행 및 웹 GUI에서의 설정 방법을 설명하고 있으므로, 지금 VLAN을 설정하고 싶다면 4장을 참조한다. 그렇지 않다면 n을 입력하고 Enter 키를 누른다. 나중에 언제든지 VLAN을 설정할 수 있다는 점을 기억하자.

인터페이스 설정은 반드시 해야 하는 작업이며, 먼저 WAN 인터페이스를 입력하라는 메시지가 표시된다. 설정할 인터페이스가 하나뿐이라면 WAN으로 할당되고, 따라서 이 포트를 통해 pfSense에 로그인할 수 있다. 하지만 WAN 포트는 일반적으로 방화벽 건너편으로부터 접근 가능해야 하므로 이것은 일반적인 설정이 아닐 것이다. 적어도 하나의 다른 인터페이스가 설정되고 나면, 더 이상 WAN 포트로 pfSense에 로그인할 수 없다.

VLAN을 사용하지 않는다면, 적어도 두 개의 네트워크 인터페이스를 설정해야 한다. pfSense에서 네트워크 인터페이스에는 (fxp0, em1처럼) 다소 난해한 장치 이름이 할당되므로, 어느 포트가 어느 장치 이름에 대응하는지 알기가 쉽지 않다. 이 문제를 해결하는 한 가지 방법은 인터페이스 자동 할당 기능을 사용하는 것이다. 이 기능을 사용하려면, 시스템에서 모든 네트워크 케이블을 뽑은 후 a와 Enter를 눌러서 자동 탐지를 시작한다. WAN 인터페이스가 가장 먼저 탐지돼야 하므로, WAN 인터페이스로 사용할 포트에 케이블을 연결한다. 이러한 과정을 모든 인터페이스에 반복 수행한다. 즉, 다음에는 LAN 인터페이스를 설정하고, 이어서 다른 인터페이스(OPT1, OPT2)들을 설정하는 것이다. 자동 탐지가 제대로 동작하지 않거나 여러분이 이 기능을 사용하고 싶지 않다면, 언제든 수동 설정을 사용해도 좋다. 네트워크 인터페이스의 재할당은 언제든지 가능하므로 할당 과정에서 실수를 해도 별 문제는 되지 않는다. 설정이 모두 끝나면 Do you want to proceed? 프롬프트에서 y를 입력하고, 인터페이스를 재할당하고 싶다면 n과 Enter 키를 누른다.

메뉴의 두 번째 옵션인 Set Interface(s) IP address 설정도 하고 넘어가는 것이 좋다. 이 옵션에 들어가면 어느 인터페이스의 IP 주소를 설정할지 물어온다. WAN을 선택하면, DHCP를 통해 IP 주소를 설정할지 묻는 메시지가 나타날 것이다. 대부분의 경우에 DHCP를 사용하는 것이 바람직하며, 특히 pfSense가 방화벽 역할을 할 때는 더욱 그렇다. WAN 인터페이스는 ISP의 DHCP 서버로부터 IP 주소를 받아올 것이기 때문이다. 다른 인터페이스에 대해서는(혹은 WAN 인터페이스에서 DHCP를 사용하지 않을 경우), 인터페이스의 IPv4 주소를 입력하라는 메시지가 표시된다. IP 주소를 입력한 후에는 서브넷 비트 수를 입력해야 한다. 클래스 A 사설 주소를 사용하고 있다면 8, 클래스 B이면 16, 클래스 C이면 24를 입력하면 된다. 만일 클래스 없는classless 서브넷을 사용하고 있다면(예를 들어 한 개의 클래스 C 네트워크를 두 개의 네트워크로 분할해서 사용 중이라면), 그에 맞춰서 비트 수를 설정해야 한다. 또한 IPv4 게이트웨이 주소를 입력하라는 메시지도 나타나는데(게이트웨이가 설정되는 인터페이스는 모두 WAN이며, pfSense는 다수의 WAN을 지원한다), WAN 인터페이스를 설정 중인 것이 아니라면 그냥 Enter를 누르면 된다. 다음으로, IPv6를 위한 IP 주소, 서브넷 비트 수, 게이트웨이 주소를 입력하라는 메시

지가 표시되는데, IPv6 주소의 장점을 활용하겠다면 해당 값들을 입력한다. IPv4
와 비교한 IPv6의 장점은 2장에서 자세히 설명된다.

지금까지 콘솔에서 할 수 있는 설정을 최대한 알아봤다(사실, 꼭 알아야 할 것 이상
으로 배웠는데, 콘솔에서는 WAN 인터페이스만 설정하면 되기 때문이다). 나머지 설정
들은 웹 GUI에서 수행할 수 있다.

웹 GUI에서의 설정

pfSense의 웹 GUI는 다른 PC를 통해 접근할 수 있다. 초기 설정 시에 WAN 인터
페이스만 할당됐다면 이때 할당된 IP 주소를 통해 pfSense에 접근할 수 있다. 로
컬 인터페이스(일반적으로 LAN 인터페이스)가 할당되고 나면 더 이상 WAN 인터페
이스를 통해서는 pfSense에 접근할 수 없지만 (LAN 인터페이스를 통해) 방화벽의
내부로부터 pfSense에 접근할 수 있다. 어느 경우든 (크로스오버 케이블을 사용해)
직접 혹은 (스위치를 통해) 간접적으로 다른 컴퓨터를 pfSense 시스템에 연결한
후, 연결된 컴퓨터의 웹 브라우저에서 WAN 혹은 LAN IP 주소를 입력해 웹 GUI
를 열어볼 수 있다. 로그인 화면은 다음 화면과 비슷할 것이다.

pfSense 2.3 웹 GUI 로그인 화면

pfSense에 처음 로그인할 때의 사용자 이름/암호는 admin/pfsense다. 첫 번째 로그인 시에 설치 마법사^Setup Wizard가 자동으로 시작되며, Next를 클릭해 설정을 시작할 수 있다.

첫 번째 화면에는 pfSense Gold 회원 가입에 대한 자세한 내용을 담고 있는 링크가 보인다. 이 링크를 클릭해 가입하거나, Next 버튼을 클릭한다.

다음 화면에서는 도메인과 라우터의 호스트 이름을 입력하라는 메시지가 표시된다. 호스트 이름은 문자, 숫자, 하이픈을 포함할 수 있지만 문자로 시작해야 한다. 여러분이 운영 중인 도메인이 있다면, Domain 필드에 입력한다.

Primary DNS Server와 Secondary DNS Server 필드에는 DNS 서버 주소를 입력할 수 있다. WAN 인터페이스에 DHCP를 이용 중인 경우라면 ISP에 의해 자동으로 할당되므로 이 필드들을 비워도 되지만, 별도로 사용하는 DNS 서버가 있다면 여기에 입력한다.

나는 기본 및 보조 DNS 서버 주소로 8.8.8.8 및 8.8.4.4를 사용한다(이 기억하기 편리한 IP 주소는 구글^Google이 운영하는 DNS 서버다). ISP에 의해 할당된 것이 아닌 다른 DNS 서버를 사용할 이유가 없다면, Override DNS 체크박스를 켜진 채로 유지해도 된다. 입력이 모두 끝났으면 Next를 클릭하자.

다음 화면은 NTP^Network Time Protocol 서버와 표준 시간대를 묻는 메시지를 표시한다. NTP 서버 설정은 다음 장에서 좀 더 자세히 설명되므로, 지금은 일단 기본값을 건드리지 말자. Timezone 필드에는 여러분이 위치하는 지역을 선택한 후 Next를 클릭한다.

다음으로 보이는 화면은 WAN 설정 페이지다. 우선 WAN 유형을 선택해야 하는데, 일반적으로 DHCP와 Static 중에서 선택할 수 있다(기본값은 DHCP). pfSense 시스템이 다른 방화벽 뒤에 있으며 외부 DHCP 서버로부터 IP 주소를 받아오지 않는 경우는 Static을 선택해야 한다. 하지만 pfSense가 경계 방화벽일 경우는 DHCP가 올바른 선택일 가능성이 높다. 아마도 ISP가 여러분에게 IP 주소를 동적으로 할당할 것이기 때문이다(다만 항상 그런 것은 아니다. ISP가 여러분에게 고정 IP

주소를 할당하는 경우도 있기 때문이다).

WAN 유형을 무엇으로 선택해야 할지 확실히 모르겠다면, ISP에 문의해야 한다
(그 밖에 PPPoE, PPTP도 선택 가능하다. PPPoE는 이더넷을 통한 점대점 연결Point-to-Point
over Ethernet을, PPTP는 점대점 터널링 프로토콜Point-to-Point Tunneling Protocol을 의미한다).

MAC address 필드에는 WAN 인터페이스의 실제 MAC 주소가 아닌 다른 MAC 주
소를 입력할 수 있다. 이것은 이전에 접속했던 인터페이스와 다른 MAC 주소를
갖는 인터페이스를 ISP가 인식하지 못하거나, 새로운 IP 주소를 할당받고 싶을 때
(MAC 주소를 변경하면 DHCP 서버는 다른 IP 주소를 할당한다.) 유용하다. 이 방법을
사용할 때는 OUIOrganizationally Unique Identifier에 해당되는 주소 부분에 유효한 값을 입
력해야 한다. 즉, 네트워크 카드 제조사에 할당된 OUI를 입력해야 한다(OUI 부분
은 MAC-48 주소의 처음 3바이트 및 EUI-48 주소의 처음 5바이트다).

그다음 필드들은 일반적으로 비워둬도 좋다. MTUMaximum Transfer Unit는 최대 전송 단
위로서, 필요하다면 여기서 값을 지정할 수 있다. DHCP hostname은 DHCP 요청
시 ISP에 호스트 이름을 보내기 위한 것인데, 이 정보를 요구하는 ISP들이 있기
때문이다.

WAN 유형을 선택할 때 DHCP와 Static 이외에 PPTP 또는 PPPoE를 선택할 수
있다. PPPoE를 선택한 경우, PPPoE Username, PPPoE Password, PPPoE Server
Name 필드들에도 값을 입력해야 한다. PPPoE dial-on-demand 체크박스는 인
터넷 연결을 필요로 하는 요청이 있을 경우에만 ISP에 연결하기 위한 것이고,
PPPoE Idle timeout은 데이터가 전송된 후에 연결이 열려 있는 상태로 유지될 수 있
는 시간을 의미한다.

Block RFC1918 Private Networks 체크박스는 (RFC 1918에 정의된) 사설 네트워크가
WAN 인터페이스에 연결하지 못하도록 차단한다. Block Bogon Networks는 미리
지정된 또는 할당되지 않은 IP 주소에서 오는 트래픽을 차단한다. WAN 인터페이
스의 경우 특별한 이유가 없는 한, 이 옵션들을 모두 켜는 것이 바람직하다. 설정
이 완료되면 Next 버튼을 클릭한다.

그다음 화면에서는 LAN IP 주소와 서브넷 마스크를 변경할 수 있는데, 다만 앞서 LAN 인터페이스를 설정한 경우에만 가능하다.

기본값을 유지하거나, 사설 주소 블록 내의 다른 값으로 변경할 수 있다. 충돌을 피하기 위해 너무 흔한 192.168.1.x 이외의 주소 범위를 선택해도 좋다. 단 LAN IP 주소 값을 변경하는 경우, PC의 IP 주소를 그에 맞춰 변경하거나 DHCP 임대를 해제 및 갱신해야 하는 것에 주의하자. 또 웹 브라우저에서 바뀐 IP 주소를 사용해야 하다.

pfSense 설치 마법사의 최종 화면에서는 관리자 암호를 변경할 수 있는데, 변경을 하는 것이 바람직하다. 암호를 입력하고, 확인을 위해 다시 입력한 다음 Next를 클릭한다. 다음 화면에 보이는 Reload 버튼을 클릭하면 새로운 설정에 따라 pfSense가 새로고침된다.

마법사가 모두 완료되면 정상적으로 네트워크 연결이 이뤄지고, 다음 그림과 같이 대시보드가 화면에 나타날 것이다. (설치 마법사를 다시 실행하지 않아도 설정을 변경할 수 있지만) 만일 마법사를 다시 실행하고 싶다면 System ➤ Setup Wizard를 선택한다.

버전 2.3에서 새롭게 디자인된 pfSense 대시보드

추가 인터페이스 설정하기

현재 WAN과 LAN 인터페이스는 설정돼 있을 것이다. WAN과 LAN 이외의 다른 인터페이스 설정은 콘솔에서도 할 수 있고, 웹 GUI에서도 할 수 있다. 웹 GUI에서 인터페이스를 추가하기 위해 interfaces ➤ assign을 선택하면 Interface Assignments 탭에 현재 할당된 인터페이스들의 목록이 보이고 하단에 Available network ports: 옵션이 있다. 아직 할당되지 않은 네트워크 포트의 목록을 포함하는 드롭다운 박스가 있는데, fxp0, em1 등의 장치 이름이 보일 것이다. 미사용 포트를 할당하기 위해서는 드롭다운 박스에서 해당 포트를 선택한 후 오른쪽에 있는 + 버튼을 클릭한다.

페이지가 새로고침되고, 지금 막 추가된 인터페이스는 테이블의 가장 아래에 보인다. 인터페이스의 이름은 OPTx로서 x는 추가 인터페이스의 번호에 해당된다. 추가된 인터페이스의 이름을 클릭하면 인터페이스 설정 화면이 나타나는데, 대부분의 설정 옵션은 앞서 설치 마법사의 WAN 및 LAN 설정 페이지에서 봤던 것과 비슷하다. 다른 점은 General Configuration 섹션에 있는 MSS^{Maximum Segment Size}(최대 세그먼트 크기)와 Speed and duplex 옵션인데, 일반적으로 MSS는 건드릴 필요가 없지만, 인터넷 연결 특성에 따라 변경해야 할 경우가 가끔 있다. Speed and duplex 옆의 드롭박스에서는 인터페이스의 속도와 듀플렉스를 설정할 수 있다. 최근의 네트워크 하드웨어는 대부분 자동으로 속도와 듀플렉스를 올바르게 설정하기 때문에 이 설정 역시 바꾸지 않는 편이 바람직하다.

설정 유형으로서 DHCP를 선택했다면, 설치 마법사에서 제공된 옵션 이외에도 몇 개의 설정 옵션을 더 볼 수 있다. Alias IPv4 address는 DHCP 클라이언트에 고정 IP 주소를 지정할 수 있고, Reject Leases from 필드는 무시해야 할 DHCP 서버의 IP 주소 혹은 서브넷을 지정할 수 있다.

DHCP Client Configuration 섹션의 Advanced Configuration 체크박스를 클릭하면 몇 개의 옵션이 추가로 나타난다. 첫 번째로 Protocol Timing은 주소 임대를 요청할 때

DHCP 프로토콜 타이밍을 제어할 수 있다. 라디오 버튼들을 사용해 몇 가지 사전 설정된 값(FreeBSD, pfSense, Clear, Saved cfg)을 선택할 수 있다.

그 아래 Lease Requirements and Requests 섹션에서는 DHCP 임대를 요청할 때 ISP로 전송될 수 있는 옵션(Send options, Request options, Require options)을 입력할 수 있는데, 현재 이용 중인 ISP 업체가 이러한 옵션들을 사용하도록 요구하는 경우에 유용할 것이다. 마지막으로, Option Modifiers에서는 DHCP 옵션 변경자를 추가할 수 있는데 이미 받아온 DHCP 임대에 적용된다.

DHCP Client Configuration 섹션 상단의 두 번째 체크박스인 Configuration Override를 선택하면 DHCP 클라이언트 설정 파일을 지정할 수 있다. 이때 설정 파일의 절대 경로를 입력해야 한다.

pfSense는 2.2.5 버전부터 DHCP에서 IPv6(DHCP6)를 지원한다. 따라서 2.2.5 이상 버전을 실행하는 경우, DHCP6 Client Configuration이라는 섹션을 볼 수 있다. 우선, Use IPv4 connectivity as parent interface는 IPv4 네트워크에서 IPv6 주소를 요청할 수 있다. 그다음 Request only an IPv6 prefix는 여러분이 이용 중인 ISP 업체에서 SLAAC^{Stateless Address Auto Configuration}를 지원하는 경우에 유용하다. 이 설정을 사용하면 DHCP 서버가 클라이언트에게 IP 주소를 할당하는 일반적인 절차를 따르지 않고 DHCP 서버는 프리픽스^{prefix}만을 전송하며, 호스트가 스스로 IP 주소를 생성한 후 이 주소가 고유한지 여부를 테스트할 수 있다.

기본적으로 IPv6의 프리픽스 길이는 64비트지만, DHCPv6 Prefix Delegation size 드롭박스에서 이 값을 변경할 수 있다. 마지막으로 Send IPv6 prefix hint는 ISP에게 특정 프리픽스 크기를 요청할 수 있다.

Advanced DHCP6 Client Configuration

Information only	☐ Exchange Information Only
	Only exchange informational configuration parameters with servers.
Send options	
	DHCP send options to be sent when requesting a DHCP lease. [option declaration [, ...]]
	Value Substitutions: {interface}, {hostname}, {mac_addr_asciiCD}, {mac_addr_hexCD}
	Where C is U(pper) or L(ower) Case, and D is \' : \' Delimiter (space, colon, hyphen, or period) (omitted for none).
	Some DHCP services may require certain options be or not be sent.
Request Options	
	DHCP request options to be sent when requesting a DHCP lease. [option [, ...]]
	Some DHCP services may require certain options be or not be requested.
Scripts	
	Absolute path to a script invoked on certain conditions including when a reply message is received.
	[/][dirname/[.../]][filename[.ext]].

Identity Association Statement	☐ Non-Temporary Address Allocation			
	id-assoc na ID	IPv6 address	pltime	vltime
	☐ Prefix Delegation			
	id-assoc pd ID	IPv6 prefix	pltime	vltime

Prefix interface statement		
	Prefix Interface sla-id	sla-len

Authentication statement				
	Authname	Protocol	Algorithm	RDM

Keyinfo statement		
	Keyname	Realm

인터페이스 설정 페이지의 Advanced DHCP6 Client Configuration 섹션.
IPv6 설정 유형으로서 DHCP6가 선택된 경우에만 나타난다.

Advanced Configuration 체크박스를 선택하면, 고급 DHCP6 옵션들을 포함하는 Advanced DHCP6 Client Configuration 섹션이 나타난다. Exchange Information Only 체크박스를 켜면, pfSense는 무상태stateless DHCPv6 정보 요청을 전송한다. IPv4 와 마찬가지로 Send Options 및 Request Options를 지정할 수 있으며, Scripts 필드 에는 특정 조건에서 호출되는 스크립트의 절대 경로를 입력할 수 있다.

Identity Association Statement 영역에는 두 개의 체크박스가 있다. Non-Temporary Address Allocation 체크박스를 선택하면, 정상적인(즉, 임시적이지 않은) IP 주소가 인터페이스에 할당된다. Prefix Delegation 체크박스는 DHCP 서버로부터 할당받 을 IPv6 프리픽스들을 설정한다.

Authentication Statement 영역에는 DHCP 서버로 보내지는 인증 매개변수를 지정 할 수 있다. Authname 매개변수에는 문자열을 지정할 수 있으며, 이 문자열은 다 시 일련의 매개변수들을 지정한다. 나머지 Protocol, Algorithm, RDM 매개변수는 오 직 한 개의 값만 허용되기 때문에 그다지 쓸모는 없다. 공란으로 놔두면 자동으로 그 허용 값이 사용되기 때문이다. 이 값들이 무엇인지 궁금하면 다음 테이블에서 확인할 수 있다.

매개변수	허용 값	설명
Protocol	Delayed	DHCPv6 지연 인증 프로토콜
Algorithm	hmac-md5, HMAC-MD5, hmacmd5, HMACMD5	HMAC-MD5 인증 알고리즘
RDM	Monocounter	재전송 보호 메소드로서 Monocounter만 허용

마지막으로, Keyinfo Statement에는 비밀 키를 입력할 수 있다. 필수 입력 필드는 KeyID(키의 식별자)와 Secret(공유 암호)이고, 반면에 Keyname과 Realm은 임의의 문자열로서 생략해도 된다. Expire는 키의 유효 기간으로서 생략될 경우에는 키가 만료되지 않는다.

마지막 섹션은 설치 마법사의 인터페이스 설정 페이지와 동일하며, Block Private Networks와 Block Bogon Networks 체크박스가 있다. 일반적으로 이 체크박스들은 WAN 인터페이스에서만 설정되며 나머지 인터페이스들에는 사용되지 않는다.

일반 설정

System ➤ General Setup에서 다수의 설정 옵션들을 볼 수 있는데, 대부분은 설치 마법사에서 설정했던 것(호스트 이름, 도메인, DNS 서버, 시간대, NTP 서버)과 동일하지만 두 개의 추가 설정이 존재한다. Language 드롭다운 박스는 웹 설정기[web configurator]의 언어를 선택할 수 있다. 그리고 Web Configurator 섹션에서는 Theme 드롭다운 박스를 통해 테마를 선택할 수 있는데, pfSense의 기본 테마도 좋지만 여러분이 원하는 테마를 자유롭게 고를 수 있다.

pfSense 2.3에서 웹 인터페이스의 외관을 제어하는 옵션들이 새롭게 추가됐는데, 이러한 옵션들도 Web Configurator 섹션에서 설정할 수 있다. Top Navigation 드롭다운 박스에서는 페이지 스크롤 시에 상단 내비게이션이 함께 스크롤될지 아니면 상단에 계속 고정될지 선택할 수 있다. 그리고 Dashboard Columns 옵션을 사용하면 대시보드 페이지상의 열[column] 개수를 지정할 수 있다(기본값은 2).

Associated Panels Show/Hide의 옵션들은 대시보드 페이지와 System Logs 페이지에 표시되는 패널의 모양을 제어하며, 다음과 같은 옵션들이 있다.

- Available Widgets: 이 체크박스를 선택하면 Available Widgets 패널이 대시보드 페이지에 표시된다. 버전 2.3 이전에는 무조건 대시보드 페이지에 표시됐다.
- Log Filter: 이 체크박스를 선택하면 Advanced Log Filter 패널이 System Logs 페이지에 표시된다. Advanced Log Filter는 시간, 프로세스, PID, 메시지별로 시스템 로그를 필터링할 수 있다.
- Manage Log: 이 체크박스를 선택하면 Manage General Log 패널이 System Logs 페이지에 표시된다. 이 패널은 로그의 표시, 로그 파일의 크기, 로그 파일의 서식 등을 제어할 수 있다.

마지막으로 Left Column Labels 옵션의 Active 체크박스를 선택하면, 왼쪽 열을 클릭해 그룹 내의 첫 번째 항목을 선택하거나 전환할 수 있다. 지금까지의 변경 사항을 저장하려면 페이지 하단의 Save를 클릭한다.

고급 설정

System ➤ Advanced에는 초기 설정을 완료하기 전에 설정해주는 것이 바람직한 다양한 옵션들이 있다. 여섯 개의 탭이 존재하며 각각의 탭마다 다수의 옵션들이 있는데, 그중에서 자주 쓰이는 것 위주로 알아보자.

우선 Web Configurator에서 HTTP와 HTTPS 중 무엇을 사용할지 선택할 수 있다. WAN을 통해 웹 GUI에 접근하는 경우에는 HTTPS를 선택해 암호화 기능을 이용하는 것이 권장된다. 심지어, 로컬 네트워크를 통해 접근할 경우에도 HTTPS를 선택하는 것이 바람직하다. SSL 인증서가 필요하다는 메시지를 웹 브라우저가 표시하겠지만, 어렵지 않게 예외를 생성할 수 있다. SSL Certificate 옵션의 드롭다운 목록에서는 인증서를 선택할 수 있는데, Web Configurator default를 선택하거나 혹은 (System ➤ Cert Manager에서 인증서를 새로 추가한 후) 별도의 인증서를 선택할 수 있다.

Web Configurator 섹션에서 또 다른 중요한 설정은 Anti-lockout 영역의 Disable webConfigurator anti-lockout rule 옵션이다. 이 옵션을 켜지 않으면, 방화벽 규칙과 무관하게 LAN(LAN 인터페이스가 없을 경우는 WAN)에서 웹 GUI에 대한 접근이 무조건 허용된다. 반대로, 이 옵션을 선택했는데 접근을 허용하는 방화벽 규칙이 없다면 웹 GUI에 접근하지 못하게 된다. 몇 가지 방법으로 이러한 상황을 해결할 수 있는데, 아마도 콘솔상에서 과거 설정을 복구하도록 명령하는 것이 가장 쉬운 방법일 것이다. 공장 기본값으로 재설정하는 것도 한 가지 방법이지만, 너무 극단적이라고 생각된다면 셸에서 명령어를 입력하는 것이 바람직하다. 콘솔의 셸 프롬프트에서 다음과 같이 명령어를 입력해 WAN 인터페이스에 전부 허용allow all 규칙을 추가할 수 있다(콘솔 메뉴에서 8을 눌러서 셸을 호출할 수 있다).

```
pfSsh.php playback enableallowallwan
```

이 명령을 실행하면 WAN 인터페이스를 통해 웹 GUI에 접근할 수 있다. 그러고 나서 (DHCP를 사용한다면) WAN 포트를 DHCP를 실행 중인 네트워크에 연결하거나, (고정 IP를 사용한다면) 동일 네트워크상의 다른 컴퓨터에 연결하면 된다. 실제 네트워크 운영 시에는 전부 허용 규칙은 삭제해야 한다는 것에 주의하자.

또 다른 방법은 다음의 셸 명령을 입력해 방화벽 규칙을 일시적으로 비활성화시키는 것이다.

```
pfctl -d
```

일단 접근이 가능해지면, 다음 명령으로 방화벽 규칙을 다시 활성화할 수 있다.

```
pfctl -e
```

어느 경우든, 잠금 방지anti-lockout 기능이 실행되기 전에 방화벽 규칙이 정확한지 확인할 필요가 있다.

콘솔 메뉴에서 4를 선택하면 공장 기본값으로 pfSense가 재설정된다. 과거 설정으로 돌아가고 싶다면 콘솔 메뉴에서 15를 선택한다. 자동 저장된 복구 지점들 중에서 선택할 수 있다.

그다음 섹션은 Secure Shell이다. Enable Secure Shell 체크박스를 선택하면 SSH 연결을 통해 콘솔에 접근할 수 있다. 이 기능은 관리자에게 유용하지만 보안 강화를 위해서는 SSH의 포트 번호(기본값은 22)를 여기서 변경하는 것이 바람직하다. Disable password login for the Secure Shell 체크박스도 보안 강화에 유용한데, 이 옵션을 사용하면 SSH 접근을 하기 위해서는 반드시 인증된 SSH 키가 필요하다.

SSH 키를 생성하는 방법은 운영체제에 따라 다르며, 리눅스에서는 매우 간단하다. 우선 명령 프롬프트에서 다음과 같이 입력한다.

```
ssh-keygen -t rsa
```

다음과 같은 메시지가 나타날 것이다.

```
Enter file in which to save the key (/home/user/.ssh/id-rsa) :
```

괄호 안의 디렉터리는 홈 디렉터리의 하위 디렉터리다. 이 디렉터리를 변경하거나 그냥 Enter 키를 입력한다. 그다음에는 암호 입력을 요청하는 프롬프트가 나타난다.

```
Enter passphrase (empty for no passphrase) :
```

여기에 암호를 입력하거나 그냥 Enter 키를 누른다. (확인을 위해) 다시 암호를 입력하라는 메시지가 표시되며, 그러고 나서 공개 키/개인 키 쌍이 생성된다. 공개 키는 id-rsa.pub 파일에 저장될 것이다.

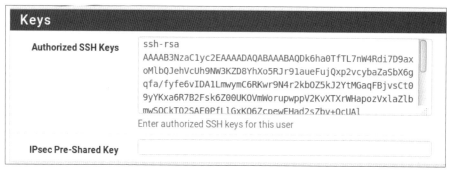

User Manager에서 사용자의 SSH 키를 입력

다음으로, 새롭게 생성된 공개 키를 관리자 계정에 추가해야 한다. 텍스트 편집기에서 공개 키 파일을 열고, 공개 키를 선택해 클립보드로 복사한 후 System ➤ User Manager로 이동해 해당 사용자의 Edit 아이콘(연필 모양)을 클릭한다. Keys 섹션으로 스크롤해 Authorized SSH keys 박스에 키를 붙여 넣는다. 그리고 페이지 하단의 Save를 클릭한다.

이제 암호를 입력하지 않고 관리자 계정에 SSH를 추가할 수 있다. 명령행에서 다음과 같이 입력한다.

```
ssh pfsense_address -ladmin
```

pfsense_address는 pfSense 시스템의 IP 주소다. 앞서 암호를 지정했다면 개인 키의 잠금을 해제하기 위해 암호를 입력하라는 메시지가 표시되며, 이후로는 로그인 시에 암호 입력을 요구받지 않을 것이다. 개인 키의 잠금을 해제하면 콘솔에 로그인된다.

Console Options 섹션에는 콘솔 로그인 시 암호를 요구함으로써 보안을 강화하는 설정이 존재한다. 다만 이 기능을 사용하면 암호를 잊어버린 경우 로그인이 불가능하다는 문제가 있다. 이런 때는 라이브 CD로 부팅한 후 PFI^Pre-Flight Install를 수행함으로써 복구할 수 있다.

Firewall/NAT 탭은 pfSense의 방화벽 기능과 관련된 중요한 설정들을 포함하고 있다. Firewall Optimization Options에서는 상태 테이블에 적용될 최적화 알고리즘을 선택할 수 있다. Normal은 평균적인 상황의 네트워크 사용을 위한 것이고, High latency는 이름에서 알 수 있듯이 요청과 응답 간에 오랜 시간이 걸릴 것으로 예상될 경우에 해당된다(위성 안테나를 사용하는 인터넷 연결이 좋은 예다). Aggressive 와 Conservative는 서로 반대다. Aggressive는 Normal보다 적극적으로 유휴idle 연결을 끊어버리고, Conservative는 Normal보다 유휴 연결을 오래 유지한다. 장단점이 분명한데, 너무 빨리 유휴 연결을 끊어버리면 정상적 연결임에도 불구하고 연결이 끊기는 경우가 증가하며 반대로 너무 오래 유지하면 컴퓨팅 자원(CPU 및 메모리) 관점에서 비용이 많이 든다.

Disable all packet filtering 체크박스를 선택하면 NAT를 포함한 모든 방화벽 기능이 비활성화된다. 주의해서 사용해야 하지만, 문제 발생 시에 원인을 찾는 과정에서 유용하게 쓰일 수 있다.

Firewall Maximum States와 Firewall Maximum Table Entries 옵션은 시스템 상태 테이블에 저장되는 최대 연결 개수와 최대 테이블 항목 개수를 각각 지정할 수 있다. 특별히 값을 지정하지 않으면 pfSense가 시스템에 메모리의 양에 근거해 적절한 기본값을 자동으로 할당한다. 이 값의 크기를 증가시키면, 다른 작업에 할당되는 메모리의 양이 크게 줄어들 수 있으므로 주의해서 사용할 필요가 있다.

Static routing filtering 옵션의 Bypass firewall rules for traffic on the same interface 체크박스가 선택되면, 동일 인터페이스를 통해 드나드는 트래픽에 대해 방화벽 규칙이 적용되지 않는다. 이것은 어떤 인터페이스를 통해 pfSense 시스템으로 들어오지만 출발지는 그 인터페이스와 동일하지 않은 트래픽이 존재하는 고정 경로가 있을 경우에 유용한 옵션이다. 이 옵션은 출발지와 목적지가 동일한 인터페이스인 트래픽에는 적용되지 않기 때문이다. 이러한 트래픽은 네트워크 내부 트래픽이므로 이 옵션의 실행 여부에 관계없이 방화벽 규칙은 적용되지 않는다.

그다음 Bogon Networks 섹션은 IANA에 의해 예약된 또는 아직 할당되지 않은 주소 목록의 업데이트 주기를 선택할 수 있다. 누군가가 새로 할당받은 IP 주소를 사용해 여러분의 네트워크에 접속하려고 하는데, 여러분의 Bogon Network 목록이 최신 상태가 아닐 경우 이 사용자의 접근이 차단될 수 있다. 이런 현상이 자주 발생한다면 업데이트 주기를 더 빠르게 변경하는 것이 좋다.

Networking 탭은 다수의 IPv6 관련 옵션들을 포함한다. IPv6 트래픽을 허용하려면 Allow IPv6 옆의 체크박스가 선택돼야 한다(기본적으로 선택돼 있다). IPv6 over IPv4 Tunneling은 IPv4를 통한 IPv6 사용을 활성화하며, Prefer IPv4 over IPv6 옵션은 어떤 호스트의 IP 주소로서 IPv4와 IPv6가 모두 가능할 때 IPv4를 사용하도록 한다.

Miscellaneous 탭의 Proxy Support 섹션에서는 원격 프락시 서버의 URL, 포트, 사용자 이름, 암호를 지정할 수 있다. Load Balancing 섹션에는 두 개의 설정이 있는데, Use sticky connections 체크박스가 선택되면 동일한 출발지로부터 수신되는 일련의 연결 요청들을 (일반적인 방식인 서버 풀pool 내의 다른 서버가 아니라) 동일한 서버로 보낸다. 그리고 이러한 연결의 타임아웃 시간은 그 옆에 있는 에디트 박스에서 조정할 수 있다. 기본값은 0이며, 출발지로부터의 가장 최근 연결이 만료되는 즉시 만료된다. Enable default gateway switching은 기본 게이트웨이가 다운됐을 때 기본 게이트웨이가 아닌 다른 게이트웨이로 전환시킨다. 이 설정을 군이 사용할 필요는 없는데, 게이트웨이 그룹을 설정해 이중화하는 편이 더 낫기 때문이다.

Schedules 섹션에는 규칙 스케줄링 기능을 사용할 경우 중요한 설정이 포함돼 있다. Do not kill connections when schedule expires 체크박스를 선택하면, 규칙이 허용하는 연결은 스케줄에 지정된 시간이 만료된 후에도 여전히 지속된다. 이 옵션을 설정하지 않으면 pfSense는 스케줄이 만료될 때 기존 연결을 모두 종료시킬 것이다.

업그레이드, 백업, 복구

플랫폼에 따라 방법은 조금씩 다르지만, pfSense를 새 버전으로 업그레이드하는 것은 일반적으로 가능하다. 별도로 명시되지 않는 한, 펌웨어를 과거 버전에서 신규 버전으로 업그레이드하면 pfSense의 정상적인 동작이 보장된다.

주요 변경을 하기 전에 백업을 미리 해놓는 것이 항상 바람직하다. 웹 GUI에서 Diagnostics ➤ Backup/Restore로 이동해 각종 설정을 백업할 수 있다. Backup Configuration 섹션에서 Backup Area를 ALL로 선택한 후 Download configuration as XML 버튼을 클릭해 파일을 저장한다.

업그레이드를 하기 전에 업그레이드가 잘못됐을 경우를 대비한 복구 계획을 미리 세우는 것이 좋다. 업그레이드 중에 pfSense가 사용 불가능한 상태가 될 가능성은 항상 존재한다. 이를 대비해 백업 시스템이 있으면 좋으며, 사전 준비를 잘 해 놓으면 방화벽도 신속하게 이전 상태로 복구될 수 있다.

pfSense 업그레이드 방법은 세 가지다. 첫 번째는 공식 사이트에서 업그레이드 바이너리를 다운로드하는 것이다. 전체 설치 시와 동일한 다운로드 옵션을 선택한 후, 해당 이미지 파일을 다운로드하고 그 이미지 파일을 적절한 매체에 기록한 후, 그 매체를 사용해 업그레이드하고자 하는 시스템을 부팅한다. 임베디드 시스템의 경우 1.2.3 이전 버전은 업그레이드가 불가능하다(이런 경우는 오직 전체 설치만이 유일한 방법이다). 그러나 새로운 NanoBSD 기반 임베디드 이미지는 업그레이드를 지원한다.

두 번째 방법은 콘솔에서 업그레이드하는 것이다. 콘솔 메뉴에서 13을 눌러서 Upgrade from Console 옵션을 선택한다. pfSense는 업데이트가 있는지 확인하기 위해 저장소를 검사하고, 업데이트가 발견되면 얼마나 디스크 공간이 필요한지 계산할 것이다. 또 업그레이드하려면 재부팅해야 한다는 메시지를 보여주고, 업그레이드를 정말로 진행할지 물어올 것이다. 여기서 y를 입력하고 Enter를 누르면 업그레이드가 진행된다. pfSense는 다운로드 및 업그레이드 설치가 끝나고 10초

후에 자동으로 재부팅된다. 부팅 과정에서 압축 파일로부터 새로운 바이너리를 추출해야 하기 때문에 재부팅은 평소보다 좀 더 오래 걸릴 수 있다.

```
        php56-dom: 5.6.17 -> 5.6.18 [pfSense]
        php56-curl: 5.6.17 -> 5.6.18 [pfSense]
        php56-ctype: 5.6.17 -> 5.6.18 [pfSense]
        php56-bz2: 5.6.17 -> 5.6.18 [pfSense]
        php56-bcmath: 5.6.17 -> 5.6.18 [pfSense]
        php56: 5.6.17 -> 5.6.18 [pfSense]
        pfSense-repo-devel: 2.3.b.20160206.1322 -> 2.3.b.20160212.0356 [pfSense-
core]
        pfSense-rc: 2.3.b.20160206.1322 -> 2.3.b.20160212.0356 [pfSense-core]
        pfSense-kernel-pfSense: 2.3.b.20160206.1322 -> 2.3.b.20160212.0356 [pfSe
nse-core]
        pfSense-default-config: 2.3.b.20160206.1322 -> 2.3.b.20160212.0356 [pfSe
nse-core]
        pfSense-base: 2.3.b.20160206.1322 -> 2.3.b.20160212.0356 [pfSense-core]
        pfSense: 2.3.b.20160205.0822 -> 2.3.b.20160212.0922 [pfSense]
        openldap-client: 2.4.43 -> 2.4.44 [pfSense]
        filterdns: 1.0_7 -> 1.0_8 [pfSense]
        ca_root_nss: 3.20.1 -> 3.21 [pfSense]

The process will require 706 KiB more space.
15 MiB to be downloaded.

**** WARNING ****
Reboot will be required!!
Proceed with upgrade? (y/N)
```

콘솔에서 pfSense 업그레이드

세 번째 방법은 가장 쉬운 업그레이드 방법으로서 웹 GUI를 이용하는 것이다. Status ➤ Dashboard로 이동하자(이 화면은 웹 GUI에 처음으로 로그인할 때 표시되는 화면이기도 하다). System Information 위젯에 Version이라는 섹션이 있고 다음의 정보를 볼 수 있다.

- pfSense의 현재 버전
- 업데이트가 있는지 여부

업데이트가 있는 경우 펌웨어 자동 업데이트 페이지로 연결되는 링크가 있으니 이 링크를 클릭한다. 또는 System ➤ Update로 이동해 System Update 탭을 클릭하는 방법으로도 이 페이지에 접근할 수 있다(2.3 버전 이전에 이 메뉴 옵션은 Update가 아니라 Firmware였다는 점에 유의하자). 업데이트가 있다면 페이지에 그 사실이 표시된다.

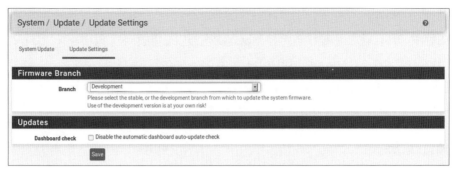

Update Settings 탭에서 펌웨어 브랜치를 선택

Update Settings 탭은 일부 상황에서 유용한 옵션들을 포함하고 있다. Firmware Branch 섹션의 드롭다운 박스에서는 Stable 브랜치와 Development 브랜치 중 하나를 선택할 수 있다. Dashboard check 옆의 체크박스는 대시보드 자동 업데이트 검사를 비활성화할 수 있다.

설정이 모두 끝났으면 System Update 탭의 Confirm 버튼을 클릭한다. 그러면 업데이트가 시작되는데 (백업 옵션을 선택한 경우) 백업부터 먼저 시작된다. 업그레이드는 15분 만에 끝나기도 하는데, 특히 마이너 버전 업그레이드일 때 그렇다. 실제 운영 환경에서 업그레이드할 때는 적절한 시간에 업그레이드가 이뤄지도록 시간을 예약해야 한다(예를 들어 주말 혹은 정상 근무 시간 이후). 웹 GUI에는 업데이트 과정의 진행 상태 및 종료가 알림으로써 표시된다.

웹 GUI에서 pfSense를 수동으로 업데이트할 수도 있다. System ➤ Update로 이동해 Manual Update 탭을 클릭한 후 Enable firmware upload 버튼을 클릭한다. 그러면 새로운 섹션이 페이지에 표시된다. Choose file 버튼을 클릭하면 펌웨어 이미지 파일을 지정할 수 있는 파일 대화 상자가 열리고, 여기서 파일을 선택한 후 Open을 클릭하면 대화 상자가 닫힌다. Perform full backup prior to upgrade 체크박스는 업그레이드를 시작하기 전에 전체 백업을 수행하고, Upgrade firmware 버튼을 클릭하면 업그레이드가 시작된다.

업데이트가 성공적으로 끝나면 대시보드의 System Information 위젯에서 현재 사용 중인 pfSense의 버전(수동 업데이트를 실행한 경우는 여러분이 지정한 버전)을 확인할 수 있다. 뭔가 문제가 있어서 pfSense가 제대로 동작하지 않더라도, 앞서 업그레이드 전에 백업해 놓았다면 이전 버전으로 복구할 수 있다. pfSense를 백업 및 복구하는 방법은 다음 절에서 설명한다.

백업 및 복구

다음 화면은 pfSense를 백업하고 복구하는 것과 관련된 옵션들을 보여준다.

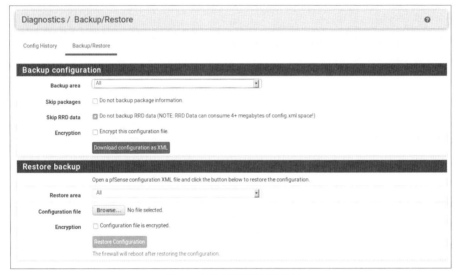

pfSense 2.3의 백업 및 복구 옵션

Diagnostics ➤ Backup/Restore로 이동해 config.xml 파일을 백업 및 복구할 수 있다. 첫 번째 섹션인 Backup configuration에서는 설정 데이터의 일부 또는 전부를 백업할 수 있다. 백업할 영역을 선택할 수 있는 드롭다운 박스가 있으며, Do not backup package information(패키지 정보를 백업하지 않음) 및 Encrypt this configuration file(이 설정 파일을 암호화) 체크박스도 있다. 마지막 체크박스를 선택하면(기본적으로 선택돼 있음) 라운드로빈 데이터베이스[RRD] 백업을 비활성화하는데, 이 데이터는 실시간 트래픽 데이터로서 일반적으로는 백업할 필요가 없다. Download Configuration as XML 버튼은 로컬 드라이브에 config.xml 파일을 저장한다.

설정을 복구하는 것도 간단하다. Restore Backup 섹션으로 이동한 후, 드롭다운 박스에서 복구할 영역을 선택하고 파일 선택 버튼을 클릭해 config.xml 파일을 찾는다. config.xml 파일이 암호화된 파일인지 여부를 확인한 후 Restore configuration 버튼을 클릭하면 된다.

PFI로 설정 복구

가끔 과거의 pfSense 설정을 복구해야 하는데, 콘솔이나 웹 GUI에서 과거 설정을 복구하는 것이 불가능한 경우도 가끔 발생한다. 이런 경우에 과거 설정으로 복구하는 또 하나의 방법이 바로 PFI^{Pre-Flight Install}다. PFI는 다음과 같은 과정을 포함한다.

1. FAT로 포맷된 USB 드라이브의 conf 디렉터리에 config.xml 파일을 복사해둔다.

2. 설정을 복구하고자 하는 시스템에 USB 드라이브를 연결한 후 라이브 CD로 부팅한다.

3. CD로 pfSense를 해당 시스템에 설치한다.

4. 시스템을 재부팅하고, pfSense를 (CD가 아닌) 매체로 부팅시킨다. 설정이 복구돼 있을 것이다.

pfSense 재설치 과정에서 설정을 유지하는 또 다른 방법은 설치 중에 Rescue config.xml 메뉴 옵션을 선택하는 것이다. 이를 통해 시스템에 연결돼 있는 임의의 저장 매체로부터 설정 파일을 선택하고 불러올 수 있다.

요약

이번 장의 목표는 pfSense를 설치해 실행하는 방법에 대한 전반적인 지식을 제공하는 것이었다. 이번 장을 읽고 여러분은 pfSense 시스템을 어디에 설치하고 어떤 하드웨어를 활용해야 할지 이해했을 것이다. 또 설치 과정에서 발생하는 일반적인 문제들을 해결하는 방법과 IPv4 및 IPv6 네트워크에서 기본적인 시스템 설정 및 인터페이스 설정을 수행하는 방법을 배웠다. 원격 접근이 가능하도록 pfSense를 설정하는 방법도 알게 됐다. 마지막으로, pfSense를 업그레이드, 백업, 복구하는 방법도 설명했다.

다음 장에서는 좀 더 고급의 설정 옵션들을 살펴볼 것이다. 우선 DHCP 및 DHCPv6를 자세히 다룬다. 이어서 DNS 및 동적 DNS를 설명하며, 그 밖에 종속 포털, NTP, SNMP^Simple Network Management Protocol를 활용하는 방법들도 논의할 것이다.

이제부터 다뤄질 주제들은 다소 어려울 수 있다. 그러나 여기까지 읽은 독자들이라면 어려운 내용을 흡수할 수 있는 기초를 갖췄을 것으로 믿는다. pfSense를 마스터하기 위한 여러분의 여정이 단순히 교육적인데 그치지 않고 재미도 느끼는 여행이 되는 것이 나의 바람이다.

2
고급 설정

1장의 내용을 토대로 네트워크에 pfSense 라우터/방화벽을 설치할 수 있었다. 이번 장에서는 대부분의 보급형 라우터가 제공하지 않지만 pfSense로는 구현할 수 있는 기능들을 알아볼 것이다. 특히 다음의 주제들에 집중한다.

- DHCP
- DNS
- 동적 DNS(DDNS)
- 종속 포털
- NTP
- SNMP

DHCP

DHCP 서버 역할을 하도록 라우터를 설정하는 경우가 많다. DHCP 서버로서 동작하도록 pfSense를 설정하는 것은 매우 쉬운 일이며, pfSense는 보급형 라우터가 제공하지 못하는 다양한 기능들도 제공한다. DHCP 설정은 콘솔과 웹 GUI에서 모두 가능하며, 이번 장에서는 두 가지 모두 설명한다.

콘솔에서 DHCP 설정

콘솔에서의 DHCP 설정은 다음과 같은 순서로 할 수 있다.

1. 메뉴에서 Set interface(s) IP address를 선택한다.

2. DHCP 서버가 실행될 인터페이스를 선택한다(일반적으로 LAN이지만, WAN 이외의 모든 인터페이스가 가능하다). 인터페이스의 IPv4 IP 주소를 입력하라는 메시지가 뜬다.

3. 주소를 입력하고(또는 공란으로 비워둔다.) Enter 키를 누른다.

4. 서브넷 비트 수를 입력하라는 메시지가 표시된다. 올바른 비트 수를 입력하고 Enter 키를 누른다.

5. 게이트웨이 주소를 입력하라는 메시지가 표시된다. 굳이 입력할 필요는 없으므로, Enter 키를 누른다, 이제 IPv4 주소 설정이 완료됐다.

```
>
Do you want to enable the DHCP server on LAN? (y/n) y
Enter the start address of the IPv4 client address range: 172.16.1.100
Enter the end address of the IPv4 client address range: 172.16.1.200

Do you want to enable the DHCP6 server on LAN? (y/n) y
Enter the start address of the IPv6 client address range: 1234:5678:9a::10
Enter the end address of the IPv6 client address range: 1234:5678:9a::100

Please wait while the changes are saved to LAN...
 Reloading filter...
 Reloading routing configuration...
 DHCPD...

The IPv4 LAN address has been set to 172.16.1.1/16

The IPv6 LAN address has been set to 1234:5678:9a::1/48
You can now access the webConfigurator by opening the following URL in your web
browser:
        http://172.16.1.1/
        http://[1234:5678:9a::1]/

Press <ENTER> to continue.
```

콘솔에서의 DHCP 설정. DHCP와 DHCP6 서버가 모두 활성화되고 있다.

6. 그다음부터는 IPv6 주소 설정이 나온다. 소규모 네트워크에서는 IPv6 설정이 필요 없을 수도 있지만, IPv6는 주소 자동 할당, 향상된 보안, 더 나은 모바일 지원 등의 장점이 있다. 인터페이스에서 IPv6를 사용하고자 한다면 IPv6 주소를 입력한다.

7. IPv6 주소를 입력한 후, 서브넷 비트 수를 입력하라는 메시지가 표시된다. 비트 수를 입력하고 Enter를 누른다. 게이트웨이는 지정할 필요가 없으므로 그냥 Enter 키를 누른다.

8. 이어서 IPv4와 IPv6상에서 DHCP 서버를 시작할지 여부를 묻는 두 개의 메시지가 표시된다. 어느 것에든 y를 입력하면 DHCP 주소 범위를 입력하라는 메시지가 표시된다. 여기서 현재 여러분이 사용 중인 서브넷에 유효한 주소 범위를 지정할 수 있다. 클라이언트들이 IPv6 주소를 할당받길 원하지 않는다면, IPv6 DHCP 서버는 실행하지 않아도 된다. 대신에 앞서 설명한 것처럼 클라이언트 주소를 별도로 설정할 수 있다.

이제 콘솔에서 DHCP를 활성화하고 주소 범위를 할당했으므로, DHCP를 통해 네트워크에 연결할 수 있다. 클라이언트에서 DHCP를 설정하는 방법은 플랫폼마다 다르지만, 대부분의 운영체제가 고정 IP 할당과 DHCP를 모두 지원한다(다만 DHCP가 아니라 자동 IP 할당과 같은 다른 이름을 사용하기도 한다). 설정을 입력한 후 네트워크 연결을 재시작해야 할 수도 있으며, 일단 모든 설정이 끝나면 DHCP 서버가 IP 주소를 할당하기 시작할 것이다.

웹 GUI에서의 DHCP 설정

웹 GUI에서 DHCP 서버를 설정하면 콘솔에서보다 더 많은 옵션을 이용할 수 있다. Services ➤ DHCP Server로 이동하자. WAN이 아닌 인터페이스마다 별도의 탭이 있을 것이다. 설정하고자 하는 인터페이스의 탭을 클릭하면 되는데, 다음 화면은 LAN 인터페이스의 설정 페이지를 보여준다.

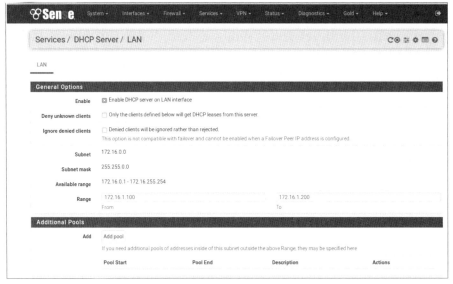

(IPv4) DHCP 설정 페이지

General Options 섹션의 Enable 체크박스는 (이미 짐작하겠지만) 인터페이스상에서 DHCP 서버를 활성화한다. Range 입력 박스에는 할당되는 주소의 범위를 입력하고, 설정이 끝난 후 페이지 하단의 Save 버튼을 클릭하면 DHCP 서버가 이제 실행되기 시작한다.

몇 개의 옵션들이 더 있다. Additional Pools 섹션에서는 General Options 섹션에서 지정했던 주소 범위 외부의 주소 풀pool을 추가로 지정할 수 있다. Add Pool 버튼을 클릭하고 추가 범위를 입력해 주소 풀을 추가하면 된다. 새로 추가된 풀은 Additional Pools 섹션에 나타나며, DHCP Server 페이지에서 이 풀을 편집 혹은 제거할 수 있다.

특정 MAC 주소를 갖는 장치만 DHCP 임대를 받도록 하고 싶다면, Deny unknown clients 체크박스를 선택한다. 그런 다음 화면을 아래로 내려서 Other options 섹션을 찾은 후 MAC Address Control 섹션 옆의 Advanced 버튼을 클릭한다. 접근을 허용할 장치들의 MAC 주소를 (콤마로 구별하며) MAC Allow 에디트 박스에 입력하고, 접근을 허용하지 않을 장치들의 MAC 주소는 MAC deny 에디트 박스에 입력한다.

MAC 주소를 통한 제어는 최소 수준의 보안을 제공할 뿐이라는 점에 주의하자. 자동 설정으로 인터넷에 연결하는 사용자는 막을 수 있지만, 숙련된 해커는 pfSense의 기능 중 하나인 MAC 주소 스푸핑(spoofing)을 이용할 수 있다. 따라서 보안 수단으로서 MAC 주소 제어에 의존하는 것은 좋은 생각이 아니다.

언제나 동일한 IP 주소를 가져야 하는 장치들이 있다면, 이러한 장치들에 대해 고정 매핑 기능을 이용할 수 있다. 페이지 하단에 DHCP Static Mappings for this Interface 섹션이 있다. 제목 아래 우측에 있는 Add 버튼을 클릭하면 매핑을 추가할 수 있는 페이지가 열린다.

가장 먼저 해야 하는 설정은 MAC controls다. 고정 매핑을 적용할 장치의 MAC 주소를 여기에 입력한다. MAC controls 에디트 박스의 오른쪽에 있는 Copy My Mac 버튼을 클릭하면, 현재 pfSense 연결에 사용되고 있는 장치의 MAC 주소가 복사된다. 이 기능은 여러분의 편의를 위해 제공되는 기능이다.

여기서 필수 입력 필드는 MAC 주소뿐이다. MAC 주소만 입력하면, 이 주소는 DHCP 서버의 허용 MAC 주소 목록에 추가될 것이다. 고정 매핑을 시키려면 IP Address 필드에 IP 주소를 입력해야 한다.

Hostname 필드에는 (도메인을 제외하고) 호스트 이름만 입력할 수 있다. 이 필드는 필수 입력 필드가 아니지만, 여기에 입력된 값은 DNS 서버로 전달돼 클라이언트 식별에 이용된다. Description 필드 역시 선택적 필드로서 고정 매핑에 관한 간단한 설명을 적어두는 용도로 사용된다. Client Identifier 필드는 DHCP 서버로 전송되는 클라이언트 식별자 문자열을 입력하는 곳인데, 여기에 입력된 문자열은 RFC 2131과 6842에 따라서 DHCP 서버가 클라이언트 식별 용도로 사용한다.

Server 섹션에서는 WINS 서버와 DNS 서버를 지정할 수 있다. WINS 서버는 윈도우 운영체제에서 NetBIOS 이름을 네트워크 주소로 매핑하는 역할을 하는데, 여러분의 네트워크에 WINS 서버가 없다면 공란으로 놔둬도 된다. DNS 서버의 필드들은 대부분의 경우에 입력할 필요가 없다. 이 필드들이 비어있고 DNS 전달자^{forwarder}가 실행 중이면, pfSense는 자동으로 자기 자신을 클라이언트 PC들의 DNS 서버로 할당한다. DNS 전달자가 비활성화되고 이 필드들이 비어있는 경우에는 System ➤ General Setup에 지정된 기본 DNS 서버가 사용된다. 하지만 다음과 같은 상황에서는 기본 DNS 서버 또는 DNS 전달자가 아닌 다른 DNS 서버를 사용해야 할 수 있다.

- 사용자 정의 DNS 서버를 지정해야 하는 경우(예를 들어, 액티브 디렉터리^{Active Directory}가 자체 DNS 서버를 갖도록 설정된 경우)

- DNS 전달자와 함께 CARP^{Common Address Redundancy Protocol}를 사용하는 경우에는 CARP의 IP를 여기에 지정해야 한다.

Other Options 섹션의 옵션들은 사용 빈도가 낮다. Gateway 필드는 pfSense가 인터페이스의 게이트웨이인 경우 비워두며, 그렇지 않다면 다른 게이트웨이 IP를 지정한다. CARP를 사용하는 경우에는 여기에 CARP의 IP 주소를 입력해야 한다. Default Lease time 및 Maximum Lease Time은 DHCP 임대 시간의 기본값 및 최댓값을 제어하는데, 전자는 임대 시간을 명시적으로 요청하지 않은 클라이언트 PC에 적용되고, 후자는 임대 시간을 명시적으로 요청한 클라이언트 PC에 적용된다. Default Lease Time이 공란이면 7,200초가 지정되며, Maximum Lease Time이 공란이면 86,400초가 지정된다.

Failover Peer IP 필드는 장애 발생 시 서비스 임무를 넘겨받는 페일오버^{failover} 피어 시스템의 IP를 지정할 수 있다. 이것은 CARP 클러스터와 같은 페일오버 그룹의 일부일 경우 가능하며, 공유 CARP 주소가 아니라 실제로 서비스를 넘겨받는 시스템의 IP 주소여야 한다.

Enable Static ARP entries 체크박스는 MAC Allow 목록에 포함되지 않은 클라이언트 PC가 DHCP 임대를 받지 못하도록 막는다는 점에서 Deny unknown clients와 비슷하지만, 알 수 없는 클라이언트는 아예 pfSense와 통신 자체를 허용하지 않는 것이 가능하다. 고정 IP 주소를 입력해 DHCP 제한을 우회하지 못하도록 막을 수 있기 때문이다.

DDNS 서버를 갖는 클라이언트를 등록하고 싶을 경우, Dynamic DNS 섹션으로 스크롤한 후 Advanced 버튼을 클릭해 해당 정보를 입력할 수 있다. Enable registration of DHCP client names in DNS 체크박스에서 DNS 등록을 할 수 있는데, DDNS 등록을 하고 싶다면 DDNS Domain 필드를 채워야 한다. 기본 도메인 이름 서버의 IP 주소, DDNS 키 이름 및 암호를 입력하는 필드들도 있다.

웹 GUI에서 DHCPv6 설정

IPv4 네트워크에서의 DHCP 설정과 마찬가지로 IPv6 네트워크에서의 DHCP(즉 DHCPv6) 설정에도 많은 옵션이 있다. 이번 절에서는 DHCP와 DHCPv6 공통 옵션보다는 DHCPv6 전용 옵션에 초점을 맞출 것이다. Services > DHCPv6 Server&RA로 이동하자.

DHCPv6 서버 설정 페이지

DHCPv6 Options 섹션에는 유용한 설정들이 많다. Prefix Delegation Range 옵션은 이름에서 알 수 있듯이 DHCPv6 서버의 역할을 클라이언트에게 위임한다. 이것은 서브넷의 일부분을 할당함으로써 가능하다. 예를 들어, 서브넷 마스크가 48인

IPv6 프리픽스 `fd12:3456:789a::`가 있다고 하자. 나머지 비트들을 위임할 수 있으므로, 가능한 범위는 `fd12:3456:789a::`부터 `1234:5678:9a:ffff:ffff:ffff:ffff:ffff`가 된다. 이 범위의 서브넷을 위임할 수 있는 것이다. Prefix Delegation Size는 클라이언트 서브넷의 CIDR을 가리키며, 범위의 시작과 끝은 Prefix Delegation Size에 명시된 경계상에 있어야 한다.

조금 전의 예에서 ULA 프리픽스는 `fd12:3456:789a::/48`이 된다. 클라이언트 PC가 서브넷의 일부를 받도록 하려면, Prefix Delegation Range를 `fd12:3456:789a:0000::`부터 `fd12:3456:789a:ff00::`까지, Prefix Delegation Size를 56으로 설정할 수 있다. 이렇게 하면 최대 256개의 주소 블록이 위임될 수 있다.

Router Advertisements (RA) 탭은 IPv6 호환 라우터가 다른 라우터에 자신의 존재를 알리고, 네트워크의 변경 사항을 다른 노드들이 알 수 있도록 한다.

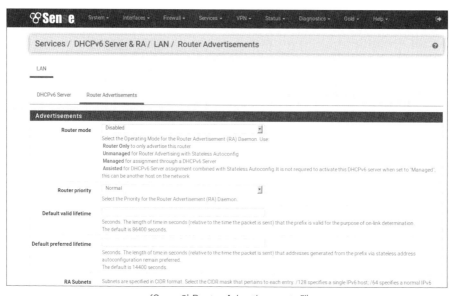

pfSense의 Router Advertisements 탭

IPv4 네트워크에서는 DHCP 서버가 게이트웨이에 관한 정보를 제공하는데, IPv6 네트워크에서는 RA가 이 역할을 수행한다. Router Mode 드롭다운 박스에서 RA의 동작 모드를 설정할 수 있다. 우선 Router Only를 선택하면 클라이언트

PC들은 자신의 IPv6 주소를 고정적으로 설정해야 한다. 다시 말해, DHCPv6 서버에 의해 주소를 할당받을 수 없다. Unmanaged를 선택하면 클라이언트 PC들은 SLAAC^Stateless Address Auto Configuration를 통해 주소를 받게 된다. Managed로 설정하면 클라이언트 PC의 주소는 오직 DHCPv6에 의해서만 할당되며, 마지막으로 Assisted는 혼합 모드로서 클라이언트의 주소는 DHCP6, SLAAC 중 하나 혹은 둘 다에 의해 할당된다.

대부분의 최신 운영체제는 SLAAC 및 DHCPv6를 모두 지원한다. 따라서 대부분의 경우 Unmanaged와 Managed 중 하나를 선택하면 된다. 어느 모드가 적절할지 판단하기 어렵다면 Assisted 모드를 고르는 것이 좋다.

Default valid lifetime 필드는 프리픽스의 유효 시간(초 단위)을 의미하고, Default preferred lifetime 필드는 SLAAC로부터 받은 프리픽스로부터 생성된 주소가 우선적으로 사용되는 시간을 정의한다. 기본값은 각각 86,400초 및 14,400초다.

RA Subnets 필드는 RA가 수행될 서브넷을 지정할 수 있다. 어떠한 서브넷도 지정되지 않으면 RA 데몬은 라우터의 인터페이스가 할당된 서브넷에서 RA를 수행하며, 서브넷과 CIDR 마스크를 모두 지정해야 한다. 이 옵션을 이용하면 선택된 서브넷에서만 RA가 수행되도록 할 수 있다.

DNS Servers 섹션에서는 기본적으로 사용되는 DNS 서버(DNS 전달자 또는 변환자가 설정된 경우는 해당 인터페이스 IP, 그렇지 않은 경우는 General 페이지에서 설정된 서버)가 아닌 다른 DNS 서버를 지정할 수 있다. Domain search list에서 별도의 목록을 지정할 수 있으며, Use same settings as DHCPv6 server 옵션을 사용하면 RA 데몬은 DHCPv6 탭에서 지정된 DNS 서버를 사용한다.

DHCP 릴레이와 DHCPv6 릴레이

대규모 네트워크에서는 여러분의 시스템에서 DHCP 서버를 직접 운영하지 않고, 다른 서버로 DHCP 요청을 전달하고 싶을 때가 많다. 이런 경우에 pfSense가 제공하는 DHCP 릴레이 기능을 사용할 수 있으며, Services ➤ DHCP Relay에서 설성할 수 있다. DHCP 릴레이를 사용하기 위해서는 DHCP 서버가 모든 인터페이스에서 비활성화돼야 한다. 하지만 DHCPv6 서버는 활성화돼도 상관없다. 그 반대도 마찬가지로서, DHCPv6 릴레이를 사용하기 위해서는 모든 인터페이스에서 DHCPv6 서버가 비활성화돼야 하지만 DHCP 서버가 비활성화될 필요는 없다. 또한 나중에 DHCP 서버를 활성화하면 DHCP 릴레이는 자동으로 비활성화되며, 마찬가지로 나중에 DHCPv6 서버를 활성화하면 DHCPv6 릴레이는 자동으로 비활성화된다.

DHCP 릴레이를 사용하려면 Enable 체크박스를 선택한다. Interface(s) 리스트박스에서는 DHCP 릴레이가 활성화될 인터페이스를 선택할 수 있고, Append circuit ID and agent ID to requests 체크박스를 선택하면 서킷 ID(pfSense 인터페이스 번호)와 에이전트 ID가 DHCP 릴레이에 추가된다. Destination server 에디트 박스는 DHCP 서버의 IP 주소를 지정하며, 두 개 이상의 IP 주소도 지정할 수 있다. 추가 및 삭제할 때는 Add와 Delete 버튼을 사용한다.

DHCPv6 릴레이는 Services ➤ DHCPv6 Relay에서 설정할 수 있다. DHCPv6 릴레이를 위한 각종 설정은 DHCP 릴레이의 설정과 동일하다.

DHCP와 DHCPv6 임대

DHCP 임대 상황을 보고 싶다면 Status ➤ DHCP Leases에서 확인할 수 있다. 이 페이지는 활성 및 비활성 임대에 대해 다음과 같은 정보를 제공한다.

- 임대의 IP 주소
- 임대를 수신한 클라이언트의 MAC 주소
- 클라이언트의 호스트 이름
- 클라이언트에 대한 설명
- 임대의 시작 및 종료 시간
- 클라이언트가 온라인인지 여부와 임대 유형(고정, 활성, 비활성). 고정[static]은 DHCP 임대가 고정적으로 매핑되며, 활성[active] 및 비활성[inactive]은 동적으로 할

당된 임대다. 활성은 임대를 사용 중인 클라이언트고, 비활성은 DHCP 임대가 아직 만료되지 않은 비활성 클라이언트를 의미한다.

테이블 내의 각 임대에 대해 두 개의 작업을 수행할 수 있다. 각 항목의 오른쪽에 있는 플러스(+) 버튼을 클릭하면 클라이언트에 고정 매핑을 쉽게 추가할 수 있다. 클라이언트의 MAC 주소가 미리 입력된 상태로 Edit static mapping 페이지가 열릴 것이다.

두 번째 플러스 버튼은 WOL 매핑을 추가하기 위한 것이다. WOL은 Wake On LAN의 약어로서 (BIOS가 지원하는 경우) 클라이언트 PC의 전원을 켜도록 지시하는 마법의 패킷을 송신할 수 있다. 이 버튼을 클릭하면 클라이언트의 MAC 주소가 미리 입력된 상태로 Wake on LAN 페이지가 열린다. 여기서 Wake-on-LAN-Devices 테이블 내의 적절한 MAC 주소를 클릭해야 한다.

임대 유형이 고정일 경우에도 우측에 Edit static mapping 페이지를 열 수 있는 옵션이 있다. 또 Send WOL packet to this client 옵션도 존재한다(전원 버튼과 비슷한 아이콘).

이 페이지의 두 번째 섹션인 Leases in Use에는 현재 정의돼 있는 임대 풀, 그리고 각각의 풀에서 임대된 개수를 보여주는 테이블이 있다. 페이지 하단의 버튼을 통해 현재 설정된 모든 임대를 보여주는 뷰와 활성 및 고정 임대를 보여주는 뷰를 전환할 수 있다.

현재 발급된 DHCPv6 임대를 보기 위해서는 Status ➤ DHCPv6 Leases로 이동한다. DHCP Leases 페이지에서 DHCP 임대 정보를 봤던 것처럼, DHCPv6 Leases 페이지에서는 DHCPv6 임대 정보들을 확인할 수 있다. Leases 테이블에는 두 개의 필드가 추가로 존재한다. IAID는 각 임대의 IA$^{\text{Identity Association}}$ ID를 의미하는데, IA는 클라이언트에 할당된 주소들의 집합으로서 IA마다 고유한 ID, 즉 IAID를 갖는다. DUID는 DHCP Unique Identifier로서 신원 확인 용도로 모든 DHCPv6 클라이언트 및 서버가 갖는 전역 고유 식별자다.

이 페이지에는 Delegated Prefixes라는 두 번째 테이블이 있다. 이 테이블의 목적은 라우터 역할을 할 수 있도록 클라이언트에 할당된 모든 프리픽스를 보여주는 것이다. 여기서도 마찬가지로 IAID 및 DUID가 보이며, 추가로 위임의 시작과 종료 시간, 그리고 위임의 상태도 확인할 수 있다. 이 테이블에 표시되기 위해서는 사전에 클라이언트가 pfSense에게 위임을 요청한 적이 있어야 한다.

DNS

여러분의 네트워크 규모가 작다면, 독자적인 DNS 서버를 설정할 기회가 전혀 없을 수도 있다. 하지만 네트워크의 크기가 커질수록 다양한 이유로 (특히 네트워크 관리 부담을 줄이고 DNS 질의 속도를 향상시키기 위해) DNS 서버를 직접 구축할 필요가 생긴다. 다행히 pfSense를 통해 DNS 서버를 매우 쉽게 구현할 수 있다.

pfSense가 DNS에 대해 두 개의 다른 서비스를 제공하고 있음에 주의하자. 버전 2.2 이전에는 DNS 서비스를 Services ➤ DNS Forwarder에서 설정할 수 있었는데 dnsmasq 데몬을 호출하는 방법이었다. 버전 2.2 이후부터는 Services ➤ DNS Resolver에서 설정할 수 있으며 언바운드Unbound가 기본 DNS 리졸버resolver다. 2.2 이후 버전을 설치하면 DNS 리졸버가 기본으로 설정되는데 반해, 이전 버전에서 업그레이드할 경우는 DNS 전달자가 기본적으로 활성화된다. 신규 버전에서도 DNS 전달자를 사용할 수 있지만, 그렇게 하려면 DNS 리졸버를 비활성화거나 포트 설정을 변경해야 한다. 두 개의 서비스가 둘 다 기본적으로 53번 포트를 사용하도록 설정돼 있으며, 이는 두 개의 서비스가 동일한 포트로 바인딩될 수 없기 때문이다.

DNS 리졸버

pfSense의 현재 버전에서는 DNS 리졸버가 기본적으로 사용되기 때문에 우선 DNS 리졸버를 위한 옵션부터 알아보자. General Settings의 첫 번째 섹션인

General DNS Resolver Options의 첫 번째 옵션은 Enable DNS Resolver 체크박스로서, 언바운드 모드를 활성화하며 기본적으로 선택돼 있다. 그다음 옵션인 Listen Port는 DNS 질의에 대한 응답에 사용되는 포트를 설정하며 기본값은 53이다 (DNS는 전통적으로 53번 포트를 사용하며 UDP 프로토콜이다. 하지만 DNSSEC이나 일부 IPv6 조회와 같이 데이터그램보다 큰 응답의 경우에는 TCP도 사용하므로 DNS를 위한 방화벽 규칙 생성 시에 이를 고려해야 한다).

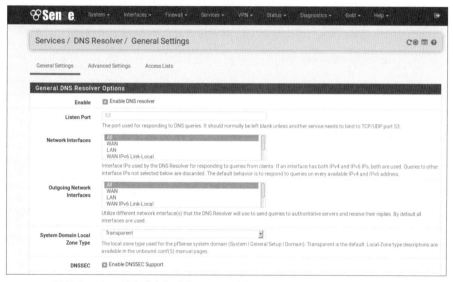

DNS Resolver 설정 페이지. 현재 pfSense에서 DNS Reslover가 기본 DNS 서버다.

Network Interfaces 리스트박스는 클라이언트의 질의에 응답하기 위해 언바운드가 사용하는 인터페이스 IP를 선택할 수 있다. 여기서 선택되지 않은 인터페이스에 대한 질의는 버려진다. 하지만 언바운드가 활성화된 경우에는 반드시 All이나 localhost 중에서 선택해야 한다. Outgoing Network Interfaces 리스트박스는 DNS 리졸버가 신뢰할 수 있는 서버들에 질의를 전송하고 그로부터 응답을 수신할 때 사용되는 네트워크 인터페이스를 선택할 수 있다.

로컬 데이터에서 일치하는 도메인을 찾지 못하는 경우, DNS 리졸버가 질의를 처리하는 방법은 System Domain Local Zone Type에서 설정된 대로 따른다. 이 드롭다운 박스에는 여러 개의 옵션이 있다.

- **Deny**: 로컬 데이터에 일치하는 항목이 있는 경우에만 DNS 리졸버가 질의에 응답한다. 따라서 일치하는 것이 없으면 해당 질의는 조용히 제거된다.

- **Refuse**: Deny와 비슷하지만, 로컬 데이터에서 일치하는 항목을 찾지 못했을 때 REFUSED라는 코드가 반환되므로 클라이언트는 질의가 거부됐음을 알 수 있다.

- **Static**: DNS 리졸버는 우선 로컬 데이터에서 일치하는 것을 찾는다. 발견하지 못하면 nodata 또는 nxdomain을 반환하며, 루트 도메인에 대한 SOA^Start of Authority도 (로컬 데이터에 존재하는 경우) 반환한다.

- **Transparent**: DNS 리졸버는 우선 로컬 데이터에서 질의에 일치하는 항목을 찾아 응답한다. 일치하는 것을 발견하지 못하면, 해당 질의는 상위 DNS 서버로 전달된다. 로컬 데이터에 일치하는 항목이 있지만 질의에서 요구하는 데이터 타입이 로컬 데이터에 존재하지 않는다면 noerror/nodata 메시지를 반환한다.

- **Type Transparent**: Transparent와 유사하지만, 로컬 데이터에 일치하는 항목이 있음에도 질의에서 요구하는 데이터 타입이 로컬 데이터에 존재하지 않을 경우 상위 DNS 서버로 질의가 전달된다.

- **Redirection**: DNS 리졸버는 우선 로컬 데이터에서 질의와 일치하는 답을 찾으려고 시도한다. 하지만 영역 이름을 제외하고 로컬 데이터가 없을 경우, 해당 질의는 리다이렉트된다.

- **Inform**: Transparent와 비슷하지만, 클라이언트의 IP 주소 및 포트 번호가 로그에 기록되는 것이 다르다.

- **Inform/Deny**: Deny와 비슷하지만, 질의가 기록되는 것이 다르다.

- **No Default**: AS112 영역에 대한 기본 콘텐츠가 반환되지 않는다.

Enable DNSSEC Support 옵션은 DNSSEC을 지원하기 위한 것으로서 기본적으로 선택돼 있다. DNSSEC는 위조 또는 조작된 DNS 데이터를 사용하는 공격(예를 들면 DNS 캐시 오염)에서 DNS 데이터를 보호하는 수단이다.

Enable Forwarding Mode 체크박스는 (체크박스를 선택하지 않은 경우) 언바운드가 루트 서버에 직접 질의할지 아니면 상위 DNS 서버에 전달할지 여부를 제어한다. 이 옵션은 신뢰할 수 있는 상위 DNS 서버가 존재할 경우에만 사용할 수 있다. 앞서 DNSSEC 지원 옵션을 사용하도록 설정했고 보안을 중요하게 생각한다면, 상위 DNS 서버도 DNSSEC를 지원하는지 확인해야 한다. 기본 게이트웨이 전환 설정이 돼 있지 않은 다중 WAN 환경에서도 이 옵션이 필요하다.

Register DHCP leases in the DNS Resolver는 DHCP 임대를 등록할 수 있다. 그리고 이를 통해 DHCP 서버로부터 IP 주소가 할당된 클라이언트의 호스트 이름을 알아낼 수 있다. Register static mappings in the DNS Resolver 역시 비슷한 기능을 하지만, 다른 점은 DHCP 임대가 아니라 DHCP 고정 매핑을 등록한다는 점이다. Display Custom Options 버튼을 클릭하면 에디트 박스가 나타나며, 여기에 추가로 매개변수들을 입력할 수 있다.

그다음에는 Host overrides와 Domain overrides 섹션이 있다. Host Overrides는 DNS 전달자에 의해 사용되는 DNS 서버를 통해 얻어지는 이름이 아닌 다른 이름으로 호스트 이름을 지정할 수 있다. 이 기능은 분할 DNS 설정 용도로 사용될 수 있으며, 특정 사이트에 대한 접근을 차단하는 방법으로도 사용될 수 있다(다만, 사용자가 해당 사이트의 IP 주소를 직접 입력하면 간단히 이를 무력화할 수 있다).

Domain Overrides 옵션도 비슷한 기능을 제공한다. 이 옵션은 특정 도메인의 IP 주소를 알아낼 때 별도의 DNS 서버를 지정할 수 있다. 특정한 상황에서 유용하게 사용될 수 있는데, 예를 들어 윈도우 운영체제의 액티브 디렉터리 시스템이 운영 중이고 액티브 디렉터리에 대해 DNS 질의가 있을 경우, 해당 질의는 액티브 디렉터리의 DNS 서버로 보내져야 한다.

그다음 탭은 Advanced Settings다. 여기에 있는 모든 설정을 다루지는 않으며, 그 중 흥미로운 것들은 다음과 같다.

- Prefetch DNS Key Support: 이 옵션을 사용하면 DNSKEY를 좀 더 일찍 가져오므로 요청으로 인한 대기 시간이 줄어든다(하지만 CPU 사용량은 증가한다).
- Message Cache Size: DNS 응답 코드와 검증 상태를 저장하는 메시지 캐시의 크기를 제어한다. 기본 크기는 4MB다.
- Exerimental Bit 0x20 Support: DNS 트랜잭션 ID는 비트 개수가 작아서(16비트) 위조되기 쉽고, 보안 위험을 증가시킨다. DNS 트랜잭션의 보안성을 향상시키는 방법 중 하나는 ASCII 문자의 0x20 비트를 임의로 정하는 것이다. 이렇게 하면 www.mydomain.com과 WWW.MYDOMAIN.COM의 경우, 요청하는 측은 이 둘을 동일하게 취급해도 응답하는 측은 다르게 취급한다. 일종의 비밀 암호화 채널처럼 동작함으로써 DNS 트랜잭션을 더욱 안전하게 만들 수 있다.

마지막 탭은 Access lists로서 특정한 네트워크 주소 블록(넷블록netblock이라고도 함)의 DNS 서버에 대한 접근을 허용 혹은 거부할 수 있다. 이것은 원격 사용자(예를 들면 VPN으로 연결하는 사용자)를 위해 접근 권한을 부여해야 하거나 특정한 로컬 넷블록에 대한 접근을 거부할 때 유용하다. 접근 목록 테이블의 우측 하단에 위치하는 녹색의 +Add 버튼을 클릭해 접근 목록 항목을 추가할 수 있다.

처음으로 보이는 옵션은 Access List name으로서 접근 목록의 이름을 지정할 수 있다. 그다음 옵션은 Action 드롭다운 박스로서 이 접근 목록 항목이 정의하는 넷블록에서 생성된 DNS 질의를 어떻게 해야 할지 지정한다. 선택 가능한 옵션은 다음과 같다.

- Deny: 해당 넷블록으로부터 보내지는 DNS 질의를 중단한다. 질의는 그냥 버려진다.
- Refuse: 해당 넷블록으로부터 보내지는 DNS 질의를 중단한다. 단, 그냥 버리는 대신에 REFUSED 코드를 보낸다.

- Allow: 해당 넷블록에 속하는 호스트로부터의 질의를 허용한다.
- Allow Snoop: Allow와 유사하지만, 재귀적 접근과 그렇지 않은 접근을 모두 허용한다. 이 옵션은 관리자가 문제 해결을 시도하는 과정에서만 제한적으로 사용돼야 한다.

Description 필드는 간단한 설명 텍스트를 입력하기 위한 것이고, 마지막으로 Networks 필드는 접근 목록이 효력을 미치는 넷블록(서브넷)을 입력하는 곳이다. 그 옆의 드롭다운 박스에서 서브넷의 CIDR도 선택해야 한다. 오른쪽에는 이 넷블록에 대한 설명을 입력할 수 있다. 페이지 하단에 위치하는 녹색의 Add Network 버튼을 누르면, 새로운 접근 목록 추가가 완료된다.

DNS 전달자

pfSense 2.2 버전부터는 DNS 리졸버가 기본 DNS 서비스지만, DNS 전달자 Fowarder를 사용하는 것도 여전히 가능하다. 이렇게 하려면 Services ▶ DNS Forwarder 로 이동한 후 Enable DNS Forwarder 체크박스를 선택한다(먼저 DNS 리졸버 서비스를 중지시켜야 한다). DNS 전달자의 설정 상당수는 DNS 리졸버 설정과 동일하다. 따라서 이번 절에서는 DNS 전달자의 고유한 설정에 초점을 맞출 것이다.

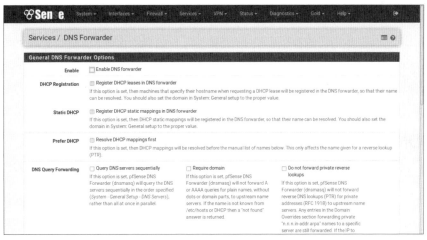

DNS Forwarder 설정 페이지

DNS 리졸버와 마찬가지로 DHCP 임대 및 고정 매핑을 등록할 수 있으며, 추가로 Resolve DHCP Mapping first라는 옵션도 있다. 이 옵션이 실행되면 DHCP 매핑이 Host Overrides와 Domain Overrides 테이블에 들어있는 이름보다 우선적으로 적용된다.

DNS Query Forwarding 섹션에는 몇 개의 고유한 옵션이 있다. Query DNS servers sequentially 체크박스는 이름이 의미하듯이 General Setup 페이지에 지정된 DNS 서버들에 동시에 질의하는 것이 아니라 순차적으로 질의한다. Require Domain 체크박스는 도메인을 포함하지 않는(즉 평문 이름을 묻는) DNS 질의를 상위 서버로부터 받은 경우 그냥 삭제한다. Do not forward private reverse lookups 옵션은 DNS 전달자가 RFC 1918에 정의된 사설 주소(10.0.0.0대 주소들, 172.16.0.0부터 172.31.0.0까지 주소, 192.168.0.0 주소들)에 대한 역방향 조회를 전달하지 않기 위한 것이다.

Strict interface binding 체크박스는 Interafces 리스트박스에서 선택된 인터페이스들의 IP 주소에만 바인딩할 수 있다. 이 옵션을 선택하지 않으면 DNS 전달자는 모든 인터페이스에 바인딩된다. DNS 리졸버에서 사용할 수 있는 설정 중의 일부는 DNS 전달자에서도 사용 가능한데, DNS 질의를 변환하기 위한 포트를 설정하는 기능, 선택된 인터페이스에만 바인딩하는 기능 등이 해당된다. 하지만 DNS 전달자는 IPv6 주소에 대해 Strict Interface Binding이 동작하지 않는 제약을 갖고 있다. DNS 리졸버와 마찬가지로 DNS 전달자도 Host Overrides와 Domain Overrides 설정이 가능하며, Custom Options 필드도 존재한다.

DDNS

DNS의 변경 사항은 비교적 빠른 속도로 네트워크에 전파되지만, 본질적으로 DNS가 분산 시스템이고 완전 자동화 시스템이 아니므로 DNS의 변경이 퍼지는 데 어느 정도 시간이 걸린다. 이런 특징은 IP 주소가 드물게 바뀌는 서비스의 경우에는 문제가 되지 않지만, IP 주소가 수시로 변경되는 경우라면 문제가 될 수 있다. 예를 들어 DHCP로 IP 주소를 할당하는 ISP를 통해 서버를 운영 중일 경우, 서버의 공개 IP 주소는 자주 변경될 가능성이 높다. 이런 경우에 편리한 것이 바로 DNS 정보를 신속히 업데이트하는 수단을 제공하는 DDNS다.

DDNS는 실제로는 두 개의 서로 다른 서비스를 의미한다. 첫 번째는 클라이언트 PC를 사용해 DNS 변경을 원격 DNS 서버로 '푸시push'하고, 두 번째는 수동 편집 없이 기존의 DNS 레코드를 업데이트한다(구체적인 방법은 RFC 2136에 정의돼 있다). pfSense는 두 개의 서비스를 사용할 수 있도록 클라이언트를 설정하는 기능을 제공한다. 지금부터 이에 대해 알아보자.

DDNS 업데이트

RFC 2136과 관련이 없는 DDNS 업데이트는 Services ➤ Dynamic DNS로 이동한 후 첫 번째 탭인 Dynamic DNS 탭을 클릭해 설정할 수 있다. 이 탭은 현재까지 추가된 모든 DDNS 클라이언트들을 포함하는 테이블을 표시한다.

DDNS를 이용하려면 우선 DDNS 서비스를 제공하는 곳을 찾아야 한다. 여러분이 이용 중인 ISP가 DDNS 서비스를 제공할 수도 있다. 하지만 그렇지 않다면, 다양한 요금(일부는 무료로 제공)으로 DDNS 서비스를 제공하는 업체들이 있다. 비용, 사용 편이성, (예를 들면 보이지 않는 도메인처럼) 추가적인 보안 기능의 존재 등을 두루 고려해 서비스를 선택하는 것이 바람직하다.

DDNS 서비스를 선택하고 나면, 이제 그 DDNS 서비스의 웹사이트에서 설정 과정을 시작할 수 있다. 우선 적어도 하나의 (서브) 도메인을 만들어야 한다. 도메인을 만든 후에는 서비스에 필요한 사용자 이름과 암호, 그리고 업데이트 URL을 알아내야 한다. 해당 서비스의 웹사이트에서 이러한 정보를 찾을 수 있을 것이다.

필요한 정보를 모두 알아냈으면, 다시 Dynamic DNS 페이지로 돌아와서 Dynamic DNS 탭의 +Add 버튼을 클릭해 DNS 클라이언트를 추가하자. 다음과 같이 클라이언트 설정 페이지가 열릴 것이다.

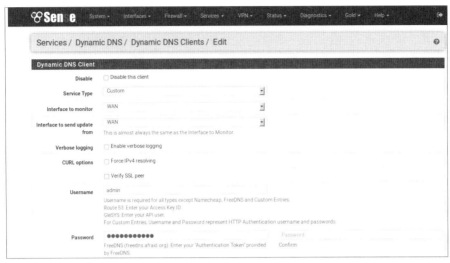

pfSense에서 (RFC 2136이 아닌) DDNS 클라이언트 설정

첫 번째 옵션은 Disable this client 체크박스다. 이 옵션은 DDNS를 활성화하지 않고도 클라이언트 정보를 입력할 수 있다. Service Type 드롭다운 박스를 사용하면 여러 선택지 중에서 현재 사용 중인 서비스를 선택할 수 있다. 이 목록에는 많은 수의 DDNS 서비스 제공 업체들이 나열돼 있다(동일한 업체가 중복해서 나타나기도 한다). 여러분이 사용 중인 업체를 선택하되, 드롭다운 목록에서 두 개 이상의 항목으로 나타난다면 어느 것을 선택해야 할지 해당 업체의 웹사이트에서 확인하자. 만일 이 목록에 포함돼 있지 않다면 Custom을 선택하면 된다.

Custom을 선택하면 Service Type 드롭다운 박스 아래에 몇 개의 새로운 옵션들이 나타난다. Enable verbose logging 체크박스를 선택하면 좀 더 자세한 로깅 정보가 제공된다. 일반적으로 IPv4와 IPv6 주소가 둘 다 사용되는 경우 IPv6 주소가 우선적으로 사용되지만, 여러분이 IPv4 주소를 원한다면 Force IPv4 resolving 체크박스를 선택하면 된다. 마지막으로, Verify SSL peer를 선택하면 libcurl이 피어 인증서를 검증하는데, pfSense 시스템과 DDNS 제공 업체 간의 SSL/TLS 연결에 최고 수준의 보안성을 확보할 수 있다.

Custom을 선택하지 않았다면 그다음 옵션은 Interface to monitor 드롭다운 박스인데, 대부분의 경우 WAN으로 설정하면 된다. Hostname 에디트 박스에는 ISP 웹사이트에 입력했던 호스트의 완전한 호스트 이름을 입력해야 한다. MX 에디트 박스는 메일 서버의 IP 주소를 입력하는 곳이며, 별도의 메일 서버를 설정하는 것이 항상 허용되지는 않지만 만일 허용될 경우 여기서 설정할 수 있다. Enable Wildcard 체크박스가 선택되면 도메인 이름 앞에 어떤 값이 있을 경우 그냥 원래 도메인 이름으로 해석된다. 예를 들어, 여러분이 사용 중인 도메인 이름이 mydomain.duckdns.org일 경우 www.mydomain.duckdns.org는 mydomain.duckdns.org로 해석된다. Enable Verbose logging 옵션은 좀 더 자세한 로그를 남김으로써 문제 해결에 도움이 될 수 있다.

Username과 Password 필드는 DDNS 제공 업체의 웹사이트에 등록된 사용자 이름과 암호를 입력하는 곳이다. 이 필드들은 공란으로 남겨둘 수도 있고, 아니면 API 사용자/키 조합 혹은 그 밖의 키나 토큰을 입력해야 할 수 있다. 마지막으로 Description 필드에는 간략한 설명을 입력한다. 지금까지 설정한 클라이언트 정보를 저장하기 위해 페이지 하단의 Save 버튼을 누른다. DDNS 클라이언트 테이블을 포함하는 페이지로 돌아오며, 지금까지 설정한 내용이 테이블에 반영돼 있을 것이다.

이제 DDNS 제공 업체에 DNS의 변경 내역을 전송할 수단이 필요하다. 일반적으로 사용자 PC에서 실행되는 업데이트 소프트웨어가 이용되는데, 소프트웨어를 설치한 후에 다음과 같은 매개변수를 입력해야 한다.

- 업데이트하고자 하는 도메인
- 토큰 혹은 식별자
- 갱신 주기(5분, 10분 등)

업데이트 소프트웨어는 여러분이 사용하는 WAN 주소가 변경됐을 때 자동 업데이트를 기다리지 않고 즉각적으로 반영되도록 수동 업데이트 기능도 제공하는 것이 보통이다. DDNS 공급 업체에 문의하면 업데이트 소프트웨어의 설치 및 설정에 관한 자세한 정보를 얻을 수 있을 것이다.

RFC 2136 업데이트

pfSense에서 지원하는 DDNS의 또 다른 형태는 RFC 2136 업데이트다. 이 방식의 DDNS는 전통적인 DNS에 좀 더 가까우며, DNS 레코드를 동적으로 업데이트하는 표준화된 방법이라고 할 수 있다. 앞서 설명했던 DDNS 방법에 비해 다음과 같은 장점을 갖고 있다.

- **보안성 강화**: RFC 2136은 TSIG(트랜잭션 서명)를 사용한다. 이것은 암호학적으로 안전하게 DNS 업데이트를 인증하기 위해 공유 비밀 키 및 단방향 해시를 사용하는 방법이다.
- **기업 환경에 유리**: RFC 2136은 LDAP나 윈도우 액티브 디렉터리 등 다양한 기업용 애플리케이션의 지원을 받고 있다. 또한 BIND 서버와 윈도우 서버의 DNS 서버도 지원하고 있다.
- **표준화**: 앞서 설명한 DDNS 서비스는 제공 업체별로 다르게 설정해야 할 경우가 많지만, RFC 2136을 사용하면 동일한 표준을 따르면 되므로 설정이 좀 더 쉽다.

다만 RFC 2136에도 단점은 있다. 와일드카드가 지원되지 않으며, 수동 업데이트 수단이 없어 보이기 때문에 업데이트에 시간이 더 걸릴 수도 있다.

RFC 2136을 설정하려면 Services ➤ Dynamic DNS로 이동한 후 RFC 2136 Clients 탭을 클릭한다. 앞서 Dynamic DNS 탭에서 본 것과 비슷한 RFC 2136 클라이언트 테이블을 볼 수 있다. 테이블 우측 하단에 위치하는 녹색의 **+ Add** 버튼을 클릭해 클라이언트를 추가할 수 있다.

RFC 2136 클라이언트 추가하기

DDNS 클라이언트 설정 페이지에 Disable 체크박스가 있었던 것과 달리, RFC 2136 클라이언트 설정 페이지에는 Enable 체크박스가 있으며 이 기능을 사용하려면 반드시 선택해야 한다. 그다음 Interface 드롭다운 박스는 거의 대부분의 경우 WAN을 선택하면 된다. 그다음 Hostname에는 업데이트될 호스트의 완전한 도메인 이름을 입력한다. 그 아래 TTL은 지속 시간^{Time To Live}을 의미하는데, 업데이트될 DNS 레코드가 이름 서버의 캐시에 얼마나 오래 남아있을지 제어한다. 이 값은 DNS 서버가 업데이트 후 이전 값을 표시할 수 있는 시간을 제어하기 때문에 가능하면 (전통적으로 사용되는 86,400초보다) 작은 값으로 설정하는 것이 바람직하다.

그다음 Key Name은 DNS 서버에서 키를 만들 때 키에 부여하는 이름이다. 일반적으로는 완전한 도메인 이름과 동일하다. Key Type 값은 Key Name에서 지정된 키의 유형과 일치해야 하는데, 일반적으로는 Host로 지정한다. Key 필드에는 키가 생성될 때 만들어진 비밀 키를 입력한다.

Server 필드에서는 클라이언트가 업데이트할 DNS 서버의 IP 주소를 지정한다. 그 다음 Use TCP instead of UDP 체크박스의 경우, DNS는 영역 전송과 512바이트를 초과하는 질의에는 TCP를 사용하고 일반적인 이름 질의에는 UDP를 사용하므로 대부분의 경우 선택하지 않는 것이 바람직하다. 다만 영역 레코드를 업데이트하는 경우에는 이 옵션을 켜는 것이 나을 것이다. 또한 DNSSEC이나 IPv6를 사용하는 경우에도 이 체크박스를 선택하도록 한다.

Use Public IP 체크박스는 DNS 서버의 IP 주소가 사설 주소인 경우 공개 IP 주소를 가져오도록 시도한다. Record Type 옵션은 클라이언트가 A 타입 레코드(IPv4일 때)와 AAAA 타입 레코드(IPv6일 때) 중 어느 것을 업데이트할지 혹은 둘 다 업데이트할지 여부를 지정할 수 있다. 마지막으로 Description 필드는 설정에 관한 간단한 설명을 입력할 수 있다. 지금까지의 설정을 저장하기 위해 Save 버튼을 클릭하면 변경 사항이 반영된 클라이언트 테이블이 화면에 나타날 것이다.

DDNS 문제 해결

동적 DNS가 예상대로 동작하지 않는다면 몇 가지 원인을 생각할 수 있다. 우선 DDNS 제공 업체가 지정한 대로 도메인을 정확히 입력했는지 확인하고, 해당 업체의 서비스가 pfSense에서 제대로 동작하는지 업체 측에 확인할 필요가 있다. 그다음으로는 클라이언트 설정들을 하나씩 차례대로 검토해야 한다. DDNS 제공 업체 중에는 (pfSense 라우터를 포함해) 다양한 라우터에서의 설정 방법을 포함하는 문서를 제공하는 곳이 있으므로, 그러한 지침이 존재한다면 그대로 따라야 한다. 또한 해당 업체에서 제공하는 업데이트 소프트웨어를 제대로 설치 및 설정했는지도 확인한다. 그래도 여전히 동작하지 않는다면, 해당 업체에 기술 지원이 가능한지 문의한다.

RFC 2136 DDNS를 구현하는 경우에 문제 해결 프로세스는 우선 DNS 서버에서 초기 레코드를 설정하고, 키를 생성한 후 pfSense에서 클라이언트를 설정한다.

그리고 서버와 클라이언트 설정이 모두 제대로 됐는지 확인해야 한다. 문제의 원인으로 의심할 만한 것들은 다음과 같다.

- TTL 설정이 너무 길면, 이름 서버가 충분히 신속하게 업데이트하지 않을 수 있다.
- IPv6가 사용되는 환경에서 IPv6의 AAAA 레코드를 업데이트하도록 설정하지 않았을 수 있다. Record Type 설정을 확인한다.
- Use TCP instead of UDP 체크박스를 켜지 않은 채로 영역 레코드 업데이트를 시도한다.

또 하나 확인할 것은 방화벽의 반대편에서 DDNS가 제대로 동작하는지 여부다. NAT 포트 포워딩에 의존하는 서비스가 있는 경우 특히 주의해야 한다. NAT는 일반적으로 WAN 인터페이스 중 하나로 들어오는 트래픽만을 특정한 포트로 전달한다. 내부 트래픽은 WAN 인터페이스 중 하나로 들어오는 것이 아니기 때문에 NAT가 수행되지 않으며 포트 포워딩도 일어나지 않는다.

종속 포털

여러분의 인터넷 연결을 다른 사람들이 사용하도록 허용할 때, 특정한 로그인 페이지를 반드시 거치도록 하고 싶을 경우가 많다. 혹은 반드시 로그인을 요구하지는 않더라도 이용 약관을 포함하는 페이지를 거치도록 할 수도 있다. 특히 무선 접근을 허용할 때 이런 종류의 페이지가 많이 사용된다. 예를 들어, 고객에게 무료로 무선 인터넷 접근을 제공하는 사업을 운영 중일 때 pfSense의 종속 포털 서비스를 이용할 수 있다. 종속 포털은 무선 사용자를 로그인 페이지로 리다이렉션하는 용도로 주로 사용되며, 유선 사용자에 대해서도 사용 가능하다. 과거 버전의 pfSense는 방화벽에서 하나의 인터페이스에서만 종속 포털을 사용할 수 있었지만, 최근 버전은 둘 이상의 인터페이스에서도 종속 포털을 활성화할 수 있다.

종속 포털 구현

종속 포털을 설정하기 위해서는 우선 Services ➤ Captive Portal로 이동한다. 현재 정의된 종속 포털 영역^{zone}을 포함하는 테이블이 나타날 것이다. 테이블 우측 아래의 녹색 + Add 버튼을 클릭하면 영역을 추가할 수 있다.

우선 Add Zone 페이지가 열릴 것이다. Zone Name에서 문자, 숫자, 밑줄만을 포함할 수 있는 영역 이름을 입력하고, Description 필드에는 간단한 설명을 입력한다. 입력이 모두 끝나면 Continue 버튼을 클릭한다.

이제 Configuration 페이지가 열리는데, 먼저 다음과 같은 정보를 포함하는 경고 메시지가 나타날 것이다.

- 종속 포털 인터페이스에서 DHCP 서버를 활성화해야 한다.
- 최대 DHCP 임대 시간이 종속 포털의 타임아웃 시간보다 길어야 한다.
- DNS 전달자나 DNS 리졸버가 활성화돼 있어야 한다. 그렇지 않으면 인증되지 않은 클라이언트 PC에 대해 DNS 조회가 불가능하다.

우선 Enable Captive Portal 체크박스를 켜는 것부터 시작한다. 이 박스를 선택하면 다른 옵션들이 나타날 것이다. 첫 번째 옵션 Interfaces 드롭다운 박스에서는 종속 포털이 활성화될 인터페이스를 선택한다. 종속 포털을 설정하는 경우에는 대부분 종속 포털 사용자를 위해 별도의 인터페이스를 설정하는 것이 일반적이다. 그 다음 Maximum concurrent connections 옵션은 (종속 포털에 로그인할 수 있는 최대 사용자 수를 제어하는 것이 아니라) 하나의 IP 주소에 허용되는 동시 연결의 최대 개수를 제어한다.

그다음 Idle Timeout (Minutes)와 Hard Timeout (Minutes)는 유휴 클라이언트의 연결이 끊기기까지의 시간과 활성 상태임에도 불구하고 클라이언트의 연결이 끊기기까지의 시간을 각각 제어한다. 두 개 모두 선택적 옵션이며, 공란으로 비워두면 사용되지 않는다.

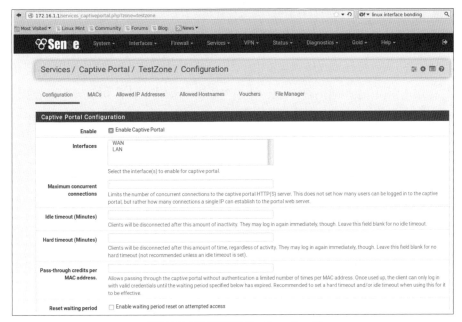

종속 포털 설정 페이지의 Configuration 탭

Pass-through credits per MAC address 에디트 박스에 어떤 숫자를 입력하면, 클라이언트는 여기에 입력된 횟수만큼 종속 포털 페이지로 이동하지 않고 그대로 통과할 수 있다. 이 횟수가 초과되면 사용자는 다시 종속 포털 로그인 페이지로 이동된다. 이름에서 알 수 있듯이 MAC 주소를 기준으로 수행된다.

Reset waiting period 체크박스가 선택되면, 앞서 통과 허용 횟수가 소진된 클라이언트에게 일정 시간 대기한 후에야 로그인이 허용된다. 이 옵션을 선택하지 않았다면 클라이언트는 즉시 로그인이 다시 허용된다. Logout popup window 체크박스가 선택된 경우, 사용자가 최초로 종속 포털을 통과할 때 팝업 로그아웃 페이지가 표시된다. 이것은 사용자가 명시적으로 로그아웃하는 데 사용될 수도 있지만, 성공적으로 종속 포털을 통과한 사용자에게 이 사실을 알리는 용도로도 사용될 수 있다.

URL 리다이렉션과 관련된 세 개의 옵션이 있다. Pre-authentication redirect URL 에디트 박스는 다른 서버의 URL을 지정할 수 있다. 이 페이지에 접근한 사용자는 로그인 페이지로 리다이렉트될 것이다. 일반적으로, 로그인에 성공한 사용자는 로그인하기 전에 의도했던 URL에 접근할 수 있지만, 만일 After authentication Redirection URL을 설정하면 그 URL이 아닌 다른 페이지로 리다이렉트할 수 있다. MAC 주소가 차단된 사용자에게 그 사실을 알리고 싶다면 Blocked MAC address redirect URL 옵션을 사용하자.

Disable MAC filtering 체크박스를 선택하면, 사용자의 MAC 주소가 하나의 세션 내에서 동일하게 유지되고 있는지 확인하지 않는다. 이 옵션은 pfSense가 사용자의 MAC 주소를 확인할 수 없는 상황에서 유용할 수 있다(예를 들어, 사용자와 pfSense 시스템 간에 다수의 라우터가 존재하는 경우). 다만 이 옵션을 사용하면 RAIDUS MAC 인증 기능을 사용할 수 없다는 단점이 있다

Enable Pass-through MAC automatic additions 체크박스를 선택하면, 성공적으로 인증을 통과한 모든 사용자(인증이 요구되지 않는 경우에는 성공적으로 종속 포털을 통과하는 모든 사용자)에게 MAC 패스스루 항목이 추가된다. 인증된 MAC 주소의 사용자는 해당 MAC 패스스루 항목이 MAC 탭의 테이블에서 제거되지 않는 한, 다시 로그인할 필요가 없다.

Enable Pass-through MAC automatic addition with username 옵션은 앞서 설명한 Enable Pass-through MAC automatic additions 옵션도 함께 선택된 경우에만 적용된다. 두 옵션이 모두 선택되면 인증 과정에서 사용된 사용자 이름이 저장된다.

Enable per-usr bandwidth restriction 옵션은 로그인한 사용자를 특정 대역폭으로 제한할 수 있다. 이 옵션을 사용하면 그다음에 보이는 Default download와 Default upload 에디트 박스에서 기본값을 설정해야 한다. RADIUS는 여기서 설정된 기본값을 재지정할 수 있다.

그다음 섹션인 Authentication에는 다음과 같이 세 개의 인증 옵션이 있다. No Authentication, Local User Manager/Vouchers, Radius Authentication이다. 우선 No Authentication을 선택하면 종속 포털 서비스가 활성화돼 있는 인터페이스의 사용자가 종속 포털 페이지로 리다이렉트될 때 별도의 로그인은 필요하지 않다.

Local User Manager/Vouchers를 선택하면 pfSense의 사용자 관리자 혹은 바우처 인증을 통해 인증이 이뤄진다. 사용자 관리자를 설정하려면 System ➤ User Manager로 이동한 후 종속 포털 접근을 허용할 사용자들을 추가해야 한다. 종속 포털 사용자를 위해 별도의 그룹을 설정하는 것도 좋다. 이렇게 하려면 Groups 탭을 클릭한 후, 페이지 우측 아래에 있는 +Add 버튼을 클릭해 그룹을 추가한다. 이 페이지에는 Group Properties 섹션이 있는데, Group Name에는 그룹의 이름을 입력하고, Description 필드에는 간단한 설명을 입력한다. Group membership 리스트박스에는 새로운 그룹의 구성원이 속할 다른 그룹을 추가할 수 있다. 설정이 모두 끝나면 Save 버튼을 누른다.

새로 추가된 그룹에 아직 종속 포털 권한을 부여하지 않았으므로, 다시 테이블로 돌아가서 대상 그룹을 찾은 후 Actions 열 아래에 있는 Edit group 아이콘(연필 모양)을 클릭한다. Group Properties 섹션의 아래에 Assigned Privileges 섹션이 보일 것이다. 그리고 여러분이 추측하고 있듯이 여기서 권한을 그룹에 부여할 수 있다. Add 버튼을 클릭하면 권한을 추가하기 위해 새로운 페이지가 나타나는데 이 페이지에는 많은 옵션들을 포함하는 리스트박스가 있다. 여기서 User-Services: Captive Portal login을 선택한 후, 페이지 하단의 Save 버튼을 클릭한다. 그러면 이전 페이지로 돌아가고, 다시 Save 버튼을 클릭하면 Groups 페이지로 돌아갈 것이다. 이제 종속 포털 로그인 권한을 가진 그룹 생성이 완료됐다.

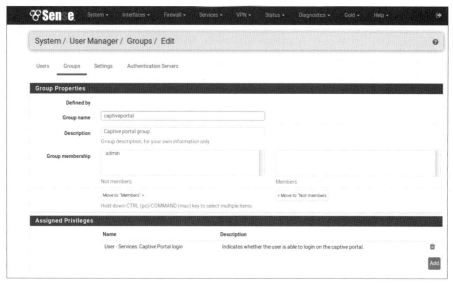

종속 포털 로그인 권한을 가진 그룹 생성

이제 Users 탭으로 돌아가서, 앞서 생성된 그룹에 사용자를 추가하기 위해 **+Add** 버튼을 눌러 각 사용자에 대한 정보를 추가하고 Save 버튼을 누르는 과정을 그룹 내 모든 사용자에 대해 반복한다. 최소한 사용자 이름과 암호를 입력하고 해당 사용자를 새로운 그룹의 구성원으로 넣어야 한다. 사용자 인증서 생성, SSH 키 추가(사용자 이름/암호를 입력하지 않고 SSH를 통해 pfSense에 연결할 수 있다.), IPSec 사전 공유 키를 위한 필드들도 있다.

종속 포털 사용자 계정을 만들었으니 종속 포털 설정 페이지로 돌아가자. 앞서 Local Manager/Voucher를 선택했다면, 인증 방법을 선택하는 라디오 버튼 아래에 Allow only user with "Captive Portal login" privilege set 체크박스가 보일 것이다. 이 체크박스는 기본적으로 선택돼 있지만, 만일 선택을 해제한다면 이 권한(즉, 종속 포털 로그인 권한)이 추가될 그룹을 생성할 필요가 없어진다.

인증 수단으로서 바우처를 사용할 수도 있다. 이렇게 하려면 종속 포털 설정 페이지에서 Vouchers 탭을 클릭한다. 두 개의 섹션이 보이는데, 우선 Voucher Rolls

에는 기존의 바우처가 보이며 Create, Generate and Activate Rolls with Vouchers 섹션의 Enable 체크박스를 선택하면 바우처 생성 과정이 시작된다.

종속 포털을 위한 바우처 롤 생성

그다음 두 개의 필드는 그림에 보이는 것과 같이 Voucher Public Key와 Voucher Private Key다. 여기에 각각 RSA 공개 키와 RSA 개인 키(64비트 길이 이하)를 붙여 넣는다. 그다음 필드는 Character set인데, 생성된 티켓에 들어있는 문자를 정의하는 것으로서 기본값을 유지하는 것이 무난하다. # of Roll bits 필드는 각 바우처에서 롤 번호를 저장할 범위를 지정하며, # of Ticket bits 필드는 각 바우처에서 티켓 번호를 저장할 범위를 지정한다. 마지막으로 # of Checksum bits 필드는 각 바우처에서 롤 번호와 티켓 번호에 대한 체크섬을 저장할 범위를 지정한다. 롤, 티켓, 체크섬 비트의 총합은 RSA 공개/개인 키보다 1비트만큼 작아야만 한다.

Magic number 필드는 각 바우처에 저장되는 매직 넘버를 정의하는데, 이것은 롤, 티켓, 체크섬에 남은 비트가 있는 경우에만 저장된다. Invalid voucher message와 Expired voucher message 필드는 각각 바우처가 유효하지 않거나 만료됐을 때 표시될 메시지를 정의한다.

Voucher Database Synchronization 섹션에서는 마스터 바우처 데이터베이스 ID, 동기화 포트, 사용자 이름/암호 조합을 입력할 수 있다. 이 노드가 마스터 바우처 데이터베이스 노드이거나 바우처를 사용하는 유일한 노드라면, 이 필드들을 공백으로 남겨도 된다. 설정이 모두 끝났으면 페이지 하단의 Save 버튼을 누른다.

바우처 페이지가 새로고침되면, Voucher Rolls라는 섹션이 새로 보일 것이다. 테이블 아래의 +Add 버튼을 누르면 새로운 바우처 롤을 생성할 수 있으며, Roll #(생성된 바우처 위에 있는 번호), Minutes per ticket(사용자에게 접근이 허용되는 시간(분)), Count(생성된 바우처의 수) 필드들이 있다. 또 Comment 필드에는 간단한 메모를 입력할 수 있다. 모든 입력이 끝났으면 Save 버튼을 누른다.

Voucher 페이지로 돌아가면, 새로 생성된 바우처 롤이 상단 테이블에 보인다. Action 열에서 Export vouchers 아이콘을 클릭하면 바우처 롤을 .csv 파일로 다운로드할 수 있다. 이 파일은 종속 포털 인증에 사용될 수 있는 바우처들을 포함하고 있다. 바우처를 통한 종속 포털 로그인을 허용하기 위해 종속 포털의 로그인 페이지는 다음의 필드를 포함해야 한다.

```
<input name="auth_voucher" type="text">
```

세 번째 인증 옵션은 RADIUS 인증이다. RADIUS는 Remote Authentication Dial-In User Service원격 인증 다이얼-인 사용자 서비스의 약자로서 네트워크 사용자를 위한 중앙 집중식 인증, 권한 부여, 계정 관리 수단을 제공한다. RADIUS를 사용해 종속 포털 사용자를 인증하기 위해서는 RADIUS 서버가 있어야 한다. RADIUS 서버를 설정하는 방법은 이 책의 범위를 벗어나지만, 종속 포털 설정 페이지에서 RADIUS Authentication을 선택했을 때 나타나는 옵션들을 알아보자.

pfSense는 RADIUS 서버와 데이터를 송수신하기 위해 다양한 프로토콜을 지원한다. PAPPassword Authentication Protocol, CHAPChallenge Handshake Authentication Protocol, MS-CHAPv1 및 MS-CHAPv2가 모두 지원된다. Primary Authentication Source 섹션과 Secondary Authentication Source 섹션에 각각 기본 RADIUS 서버와 보조 RADIUS

서버를 설정할 수 있으며, 각 서버마다 IP 주소, 포트, 공유 비밀 키를 설정할 수 있다. 이때 IP 주소는 필수적으로 입력해야 한다. RADIUS Port 필드에 값이 들어있지 않으면, pfSense는 RADIUS의 기본 포트를 사용하며, 공유 비밀 키는 필수 입력은 아니지만 가급적 사용하는 것이 바람직하다.

RADIUS Option 섹션에서 Reauthenticate connected users every minute 체크박스가 선택되면, pfSense는 1분마다 모든 사용자에 대해 접근-요청을 RADIUS로 전송한다. 이 요청에 대한 응답으로서 접근-거부가 수신되면 해당 사용자는 즉시 종속 포털과의 연결이 끊긴다. 또한 RADIUS MAC Authentication 옵션을 선택하면, MAC 주소를 사용자 이름으로, MAC 인증 비밀 키를 암호로서 사용해 RADIUS가 종속 포털 사용자를 인증할 것이다.

마지막으로 HTTPS Options와 HTML Page Contents 섹션이 있다. HTTPS Options는 최초에 Enable HTTPS login 체크박스만을 포함하고 있다. 이 체크박스를 선택하면, 사용자 이름과 암호가 HTTPS 연결을 통해 전송되므로 SSL 암호와의 이점을 누릴 수 있다. 이때 반드시 HTTPS 서버 이름과 SSL 인증서를 입력해야 한다. 서버 이름은 인증서 내의 CN^{Common Name}과 일치해야 한다.

HTTPS 로그인이 설정된 경우 기본적으로 클라이언트는 HTTPS를 통해 종속 포털에 연결할 수 있다. 하지만 Disable HTTPS Forwards 체크박스를 선택하면 443 포트를 통한 접속 시도를 종속 포털로 보내지 않음으로써 이를 막을 수 있다. 이 경우 사용자는 80 포트를 통해 종속 포털에 접속해야 한다.

마지막으로 HTML Page Contents 섹션에서는 종속 포털 웹 페이지를 업로드할 수 있다. 웹 페이지를 작성하기 위해서는 HTML이나 PHP에 관한 최소한의 지식이 필요하며, 여러분이 직접 작성하고 싶지 않다면, 종속 포털 웹 페이지 예제를 구해 활용할 수 있을 것이다(여러분의 필요에 맞게 약간의 수정은 필요할 것이다). 업로드 가능한 페이지는 Portal page contents(종속 포털 로그인 페이지), Auth error page contents(인증 오류가 발생했을 경우에 표시되는 페이지), Logout page contents(로그아웃 팝업이 설정돼 있는 경우, 인증 성공 시에 표시되는 페이지. 종속 포털에서 로그아웃하기 위한 옵션을 포함해도 되고 그렇지 않아도 된다.) 등이다. 이 페이지들을 업로드하면 이제 종속 포털 영역의 설정은 모두 끝난 것이며, 페이지 하단의 Save 버튼을 누른다.

다른 탭에 위치하는 옵션 중에서 몇 가지 언급하고 넘어갈 만한 것들을 소개한다. MACs 탭에서는 MAC 주소를 기반으로 종속 포털에 대한 접근을 제어할 수 있다. 이 페이지에서 + Add 버튼을 클릭하면 Edit MAC Address Rules 페이지가 열리는데, 여기서 MAC 주소를 지정할 수 있다(Copy My Mac 버튼을 클릭하면 MAC가 복사된다). Action 드롭다운 박스에서는 이 MAC 주소로부터 들어오는 트래픽을 허용할지 여부를 설정할 수 있다(Pass와 Block 중 하나를 선택할 수 있다). 또 해당 MAC 주소에 대해 Bandwidth up과 Bandwidth down 제한을 Kbit/s 단위로 지정할 수 있으며, Description 필드에는 간단한 설명을 입력할 수 있다.

Allowed IP Address 탭에서는 IP 주소별로 종속 포털 접근을 제어할 수 있다. 이 페이지의 + Add 버튼을 클릭하면 Edit Captive Portal IP Rule 페이지가 열리며, IP 주소와 CIDR을 반드시 입력해야 한다. 접근 방향도 지정할 수 있는데, From은 해당 IP 주소로부터 종속 포털로 향하는 접근을 의미하고 To는 종속 포털 뒤의 모든 클라이언트로부터 해당 IP 주소로의 접근을 의미한다. Both는 양방향 트래픽을 모두 허용한다. MAC 주소에서와 마찬가지로 해당 IP 주소에 대해 최대 대역폭과 최소 대역폭을 지정할 수 있다.

Allowed Hostnames 탭에서는 호스트 이름을 기반으로 종속 포털 접근을 제어할 수 있다. 이번에도 + Add 버튼을 사용해서 호스트 이름을 추가한다. Hostname 필드에 호스트 이름을 입력하며, 앞서와 마찬가지로 접근 방향, 최대 및 최소 대역폭을 제어할 수도 있다. 또 Description 필드에 간단한 설명을 입력할 수 있다.

Fie Manager 탭은 이름에서 알 수 있듯이 파일을 업로드하기 위한 것이다. 이 탭을 통해 업로드되는 captiveportal-로 시작되는 모든 파일은 종속 포털 서버의 루트 디렉터리에 위치하므로 종속 포털 페이지에서 자주 참조되는 파일(예를 들면 회사 로고 이미지)이 있을 경우 편리하다. 또 실행을 위한 PHP 파일도 업로드할 수 있는데, 이 탭을 통해 업로드되는 파일 크기는 1MB까지만 가능하다. 파일을 추가하려면 Upload a New File 섹션의 파일 선택 버튼을 클릭한다. 이어서 파일 열기 대화 상자에서 업로드할 파일을 선택한다. 파일 선택이 완료되면 Upload 버튼을 클릭하면 된다.

종속 포털과 관련된 문제 해결법

pfSense의 종속 포털 서비스에는 수많은 옵션이 있으며, 이는 곧 종속 포털 접속과 관련해 잘못될 수 있는 부분이 많다는 것을 의미한다. 크게 두 가지 종류로 나눠 생각할 수 있다.

- 인증 문제(유효한 것처럼 보이는 자격 증명을 갖고 있음에도 클라이언트가 로그인할 수 없다.)
- 클라이언트가 종속 포털과의 연결 수립에는 성공하지만, 다른 서비스가 제대로 동작하지 않는다(예를 들어 DNS가 동작하지 않거나, 웹사이트 접근이 차단된다).

우선 인증 문제부터 시작하자. 인증과 관련된 옵션은 Local User Manager/Vouchers와 RADIUS Authentication이었다. 로컬 사용자 관리자를 사용하는 경우에는 사용자 계정이 올바르게 생성됐는지 확인한다. Allow only users/groups with "Captive portal login" privilege set 옵션이 선택된 경우에는 사용자가 이 권한을 갖고 있는지 확인한다. 이 옵션의 선택을 해제한 후 사용자가 정상적으로 로그인 가능한지 확인하는 것이 좋은 방법이다. 바우처를 사용하는 경우에는 종속 포털의 로그인 페이지에 바우처를 입력받기 위한 <input name="auth_voucher" type="text">가 포함돼 있는지 확인한다.

자주 발생하는 문제 중 하나가 MAC 주소를 사용한 인증을 사용하고 있는데 종속 포털 서비스는 MAC 주소가 올바른지 확인할 수 없는 경우다. 이런 상황은 종속 포털 인증 클라이언트와 pfSense 사이에 라우터가 있는 경우에 발생할 수 있으며, RADIUS 서버가 사용되든 안 되든 모두 일어날 수 있다. 문제를 특정하기 위해 (MAC 주소가 아니라) IP 주소로 사용자 접근을 허용하도록 설정을 변경한 후 정상적으로 인증이 이뤄지는지 확인한다. 만일 정상 로그인이 된다면 pfSense가 MAC 주소를 확인할 수 없는 경우일 가능성이 높다.

또한 사용자가 HTTPS를 통해 종속 포털 페이지에 접근하려고 하지만 종속 포털 영역의 설정이 HTTP 접근만 가능하도록 돼 있을 수도 있다. 이런 경우에는 사용자에게 URL의 시작 부분을 (HTTPS가 아니라) HTTP로 시도하도록 요청한다.

알려진 바에 따르면, VLAN상에서 종속 포털을 사용하는 경우 종속 포털 페이지가 로드되지 않을 수 있다. 이 문제는 VLAN의 상위 인터페이스도 pfSense에서 별도의 인터페이스로서 사용되는 경우에 일어나는 것으로 보인다. 이 문제를 방지하려면 상위 인터페이스가 (VLAN1, VLAN2 등과 같이) 여러 VLAN으로 분할돼 있을 때 이 인터페이스는 (예를 들어, OPT1과 같이) 별도로 사용돼서는 안 되며, 오직 VLAN만이 사용돼야 한다.

RADIUS 서버를 통한 인증이 사용되는 경우, 문제의 원인은 클라이언트일 수도 있고 서버일 수도 있다. RADIUS 서버의 설정이 틀렸거나 또는 완전히 다운돼 있을 수도 있다. RADIUS 서버가 제대로 동작하고 있음을 확인했다면, 문제는 pfSense의 잘못된 설정일 가능성이 높다. 문제를 정확히 파악하기 위해서는 로그 파일이 유용할 것이다. **Status ➤ System Logs**로 이동한 후 **Captive Portal Auth** 탭을 클릭하자. pfSense가 RADIUS 서버에 전혀 연결할 수 없다면 RADIUS 서버의 IP 주소/포트 및 공유 비밀 키 설정이 정확한지 확인한다.

두 번째로 인증은 정상적으로 되지만 다른 종류의 문제가 있는 경우들을 살펴보자. 예를 들어, 사용자가 DNS의 도움을 받지 못하는 경우가 있다. DNS 문제인지 특정하기 위해서는 어떤 사이트의 IP 주소로 ping하면 정상적으로 응답을 받지만 호스트 이름으로 ping을 하면 응답이 돌아오지 않는지 확인한다. 예를 들어 유효한 호스트 이름(예를 들면 google.com)에 대해 ping을 했는데, 다음과 같은 결과가 돌아온다면 DNS가 정상적으로 기능하지 않고 있을 가능성이 높다.

```
ping: unknown host google.com
```

윈도우 운영체제의 명령행 프롬프트에서 ping을 실행했을 경우는 다음과 유사한 응답 메시지가 나타날 것이다.

```
Ping request could not find host google.com. Please check the name and try
again.
```

DNS에 문제가 있음을 확인했다면 DNS 전달자와 DNS 리졸버 중 하나가 실행 중이며 둘 다 실행되지는 않고 있음을 확인해야 한다. 둘 중 하나가 실행 중임에도 여전히 문제가 있다면 문제의 원인은 DNS 서버가 다운됐거나 잘못 설정된 것이라고 봐야 한다.

사용자가 특정 웹사이트에 접근할 수 없다면 방화벽이나 프락시 서버가 해당 사이트에 대한 접근을 차단한 것이 원인일 가능성이 높다. Firewall ➤ Rules 페이지로 이동해 종속 포털 인터페이스에 어떤 규칙이 적용되고 있는지 확인한다. 프락시 서버도 일반적으로 웹사이트 차단 기능을 가지고 있으므로 프락시 서버가 사용되고 있다면 해당 설정을 확인하는 것이 좋다. 이 책의 후반부에서 방화벽 규칙과 프락시 서버를 자세하게 다룰 것이다.

NTP

NTP는 애플리케이션 계층 프로토콜로서, 인터넷을 통해 UTC^Universal Time Coordinated 기준으로 밀리초 단위로 다양한 장치들의 동기화를 제어한다. NTP는 서버들이 여러 층으로 조직화된 계층적 구조를 갖고 있다. 계층^strata 0은 원자 시계와 같은 고정밀도의 시간 장치다. 계층 1은 계층 0 장치와 직접 연결되며 마이크로초 단위로 동기화되는 컴퓨터고, 계층 2는 계층 1 컴퓨터와 직접 연결되는 컴퓨터다. 그리고 이런 식으로 계층이 반복된다. 동기화는 계층 간의 오프셋^offset에 기초해 시스템 시간을 조정함으로써 이뤄지는데, 오프셋은 클라이언트와 서버 간의 요청 및 응답 패킷에 찍히는 타임스탬프들의 차이를 평균해서 얻어진다. 오프셋이 서서히 감소하도록 클럭 주파수가 조정되고, 새롭게 조정된 클럭은 그다음 요청 및 응답 패킷을 위한 타임스탬프를 제공한다. 이런 식으로 만들어지는 피드백 순환을 가리켜 클럭 디서플린[clock discipline]이라고 부른다.

NTP는 알아서 동작하고 pfSense에서 설정할 것이 많지 않기 때문에 자주 간과되곤 한다. 앞서 설치 마법사에서 시간 서버를 지정하는 부분이 있었지만, 기본 시간 서버가 제공됐던 것을 기억할 것이다. 그래서 상당수의 사용자들이 NTP 설정에 대해 별로 고민하지 않는다. 하지만 기본 설정을 변경해야 하는 경우가 가끔 발생한다.

- 여러분의 pfSense 시스템이 PKI 인프라의 일부분으로서 인증서의 유효성 확인에 참여하고 있는 경우, 시간 동기화는 필수적이다.
- 시간 및 날짜 설정을 보존할 만큼의 배터리를 갖고 있지 않은 임베디드 시스템에서 pfSense를 운영하는 경우
- 위의 경우들에 해당하지 않더라도, 시간을 정확히 유지하는 것은 매우 중요하다. 로그 파일에 저장되는 타임스탬프의 정확도를 좌우하기 때문이다.

pfSense의 NTP 서비스는 전통적인 NTP 서버를 통한 동기화뿐 아니라, GPS[Global Positioning System]나 PPS[Pulse Per Second] 장치를 통한 동기화도 가능하다. 이 책에서는 이러한 방법들을 모두 다룰 것이다.

NTP 설정

Services ➤ NTP로 이동해 다음 화면에 보이는 NTP 설정 페이지를 열 수 있다. NTP 설정 페이지는 세 개의 탭으로 이뤄지는데, 첫 번째 탭인 Settings의 첫 번째 옵션 Interfaces 리스트박스에서는 NTP 서비스 수신을 담당할 인터페이스를 선택할 수 있다. 기본 설정은 모든 인터페이스에서 수신하는 것으로 돼 있지만, NTP 서버는 일반적으로 외부에 존재할 것이므로 WAN만(WAN 인터페이스가 둘 이상이라면 해당 인터페이스 전부) 선택하는 것이 보통이다

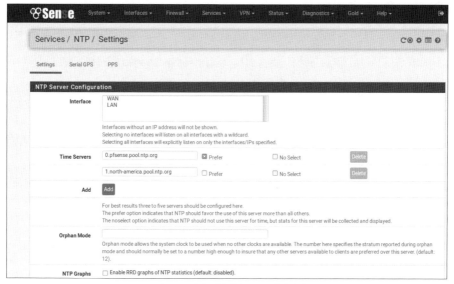

pfSense에서 기본적인 NTP 설정하기

다음 옵션은 Time Server다. 최초 설치 시 지정했던 시간 서버가 여기에 보이는데, 다른 서버를 추가하고 싶으면 Add 버튼을 클릭해 추가할 수 있다. 이때 호스트 이름을 지정해야 한다. Prefer나 No Select 옵션을 선택적으로 지정할 수 있는데, Prefer는 NTP 서비스가 다른 서버에 비해 이 서버를 우선적으로 사용해야 한다는 뜻이고, No Select는 NTP 서비스가 이 서버를 사용하지 않지만 통계 수집과 표시에는 이용함을 의미한다. 두 개 이상의 서버에 Prefer 체크박스를 선택할 수 있지만, 설정이 저장될 때는 목록 중에서 맨 위에 있는 것만 선택될 것이다.

Orphan Mode 옵션은 다른 클럭을 사용할 수 없는 경우 시스템 클럭을 사용하도록 허용하기 위한 것이다. 이 에디트 박스에 입력되는 숫자는 이 모드로 실행되는 동안에 보고되는 계층 번호를 지정한다. 앞서 설명했듯이, 계층 번호는 컴퓨터가 고정밀 시간 장치에 얼마나 가까이 위치하는지 의미하는데, 숫자가 클수록 거리가 멀기 때문에 우선순위가 낮아진다. 여기에 설정한 숫자는 다른 서버들이 이 서버보다 우선적으로 고려될 만큼 충분히 큰 수여야 한다. 기본값은 12다.

NTP Graphs 체크박스가 선택되면 NTP 데이터의 RRD^{라운드로빈 데이터베이스} 그래프를 생성한다. 이 그래프는 Status ➤ RRD Graphs에서 NTP 탭을 클릭하면 볼 수 있다. 그다음 섹션들은 로그와 관련된 것들이다. Log peer messages 옵션은 NTP 클라이언트와 서버 간의 메시지를 기록하며, Log system messages 옵션은 NTP 서비스가 생성하는 다른 메시지들을 기록한다. Log reference clock statistics 옵션은 기준 클럭에 의해 생성되는 통계 값을 기록하는데, 기준 클럭은 일반적으로 표준 시간으로 동기화되는 라디오타임 코드 수신기다(예를 들면 GPS나 PPS 장치). Log clock discipline statistics는 클럭 동기화 프로세스와 관련된 통계 값을 기록하고, Log NTP peer statistics는 NTP 클라이언트/서버 통신과 관련된 통계 값을 기록한다.

그다음 섹션 Access Restriction은 중요한 옵션들을 포함하고 있다. 첫 번째 옵션 Enable Kiss-o'death packets가 선택되면, 클라이언트는 죽음의 키스^{kiss-of-death} 패킷을 수신할 수 있다. NTP 서버로부터 보내지는 이 패킷은 클라이언트에게 서버 접근 제어를 위반하는 패킷을 보내지 말라고 지시한다. 그리고 클라이언트는 서버로 데이터 전송을 중단하게 된다. 그다음 옵션은 Deny state modifications by ntpq and ntpdc다. ntpdc 데몬은 ntpd 데몬에게 현재 상태를 질의하고, 그 상태를 변경할 것을 요청한다. 이 옵션이 선택되면(기본적으로 선택돼 있음), ntpdc의 변경 요청이 거부된다. 그다음 두 개의 옵션 Disable ntpq and ntpdc queries와 Disable all except ntpq and ntpdc queries는 서로 정반대의 역할을 한다. Deny packets that attempt a peer association 옵션이 선택되면, 명시적으로 설정되지 않은 피어 연결을 모두 차단한다. 마지막으로 Deny mode 6 control message/trap service는 모드 6 제어 메시지 트랩 서비스를 호스트에게 제공하지 않기 위한 것이다. 이 서비스는 모드 6의 하위 시스템으로서 원격 이벤트 로깅 용도로 사용된다.

Settings 탭의 마지막 옵션은 Leap seconds(도약초)다. 이것은 UTC를 평균 태양시와 비슷하게 유지하기 위한 것으로서 평균적으로 18개월에 1만큼 UTC에 더해진다. 이 옵션을 선택하면 NTP 서비스는 다음 번으로 예정된 도약초 더하기 혹은 빼기를 통지할 수 있다. 이를 위해서는 도약초 설정 루틴을 반드시 추가해야 하는데, 에디트 박스에 붙여넣기를 하거나 파일로 업로드할 수 있다. 이 옵션을 설정하는 것은 여러분의 NTP 서버가 계층 1 서버일 경우만 중요하다. 다른 NTP 서버들이 여러분의 서버에 질의할 가능성이 높기 때문이다. 이러한 설정들이 모두 끝나면 페이지 하단의 Save 버튼을 눌러서 설정 내역을 저장하자.

지금까지의 설정으로 충분한 정확도를 얻을 수 없다면, 직렬 포트에 GPS 또는 PPS 장치를 연결해 기준 클럭으로 사용할 수 있다. 또 PPS를 지원하는 GPS 장치는 PPS 클럭 기준으로서 사용될 수 있다. 다만 USB GPS는 USB 버스의 타이밍 문제 때문에 권장하지 않는다.

GPS 장치는 Serial GPS 탭에서 설정할 수 있다. 첫 번째 옵션 GPS Type 드롭다운 박스에서는 사전에 정의된 설정을 선택할 수 있다. 여러분의 GPS 유형이 목록에 있으면 해당 유형을 선택하고, 그렇지 않으면 Generic을 선택하자. Default를 선택하는 것은 바람직하지 않다.

그다음 옵션은 NMEA Sentences 리스트박스다. NMEA는 해양 전자장치 간의 통신을 위한 전기적 사양 및 데이터 사양을 정의한다. GPS는 NMEA를 활용하는 장치의 유형 중 하나에 불과할 뿐이다. 리스트박스에는 다양한 NMEA 유형이 포함돼 있으며, 여러분의 장치가 사용하는 유형을 알고 있다면 그대로 선택하고, 알지 못한다면 All로 선택한다.

Fudge Time 1 에디트 박스에서는 GPS PPS 신호 오프셋을 지정할 수 있으며, Fudge Time 2에서는 시간 오프셋을 지정할 수 있다. Stratum 에디트 박스에서는 GPS 클럭 계층을 설정할 수 있는데, 일반적으로 (기본값인) 0으로 설정하지만 ntpd가 다른 클럭을 우선적으로 사용하도록 설정하고 싶다면 다른 값으로 변경할 수 있다.

여기에는 몇 개의 옵션들이 있다. Prefer this clock은 이름에서 알 수 있듯이 다른 클럭보다 GPS 클럭을 우선적으로 사용한다. GPS 클럭을 설정하는 과정에서의 문제를 모두 해결했다면 이 옵션을 사용하겠지만, 그렇지 않다면 Do not this clock, display for reference only를 선택하자. Enable PPS signal processing 체크박스를 선택하면 GPS를 PPS 장치처럼 취급할 것이다. 기본적으로 PPS 프로세싱은 펄스의 상승 에지에서 수행되지만, Enable falling edge PPS signal processing을 선택하면 하강 에지에서 PPS 프로세싱이 수행될 것이다. Enable kernel PPS clock discipline 체크박스는 NTP가 ppsu 드라이버를 사용하도록 하는데, PPS 클럭과 관련이 있는 간헐적인 지연 현상을 줄일 수 있다. 일반적으로 GPS는 ntpd로 위치 데이터를 보내지만, Obscure location in timestamp 체크박스를 켜면 그렇게 하지 않는다. 마지막으로, GPS 시간 오프셋(Fudge Time 2)을 미세 조정해야 한다면, Log the sub-second fraction of the received timestamp 체크박스를 켜는 것이 도움이 될 것이다.

Clock ID 에디트 박스에서는 GPS 클럭 ID를 입력할 수 있다. GPS Initialization 섹션의 Display Advanced 버튼을 클릭하면, GPS 초기화 명령들을 볼 수 있고 편집도 가능하다. NMEA Checksum에서는 NMEA 명령 문자열을 입력하고 Calculate 버튼을 클릭해 NMEA 체크섬을 계산할 수 있다. 계산 결과는 Calculate 버튼의 오른쪽에 있는 상자에 표시된다. 설정이 모두 끝났으면 페이지 하단의 Save 버튼을 누른다.

WWV 신호를 수신하는 라디오 등의 직렬 PPS 장치가 있다면, PPS 탭을 클릭해 설정할 수 있다. 이 페이지의 첫 번째 옵션은 Fudge Time 에디트 박스로서 PPS 신호 오프셋을 지정하는 데 사용된다. Stratum 에디트 박스에서는 PPS 클럭 계층을 입력할 수 있다. GPS 장치와 마찬가지로 기본값인 0으로 설정하는 것이 일반적이지만 필요하다면 여기서 변경할 수 있다.

처음 두 개의 플래그 Enable falling edge PPS signal processing과 Enable kernel PPS clock discipline은 앞서 GPS 탭에서 설명했던 것과 동일하다. Record a timestamp once for each second 옵션은 주파수 산포도를 작성할 때 유용하다.

마지막 옵션 Clock ID 에디트 박스는 앞서 GPS 탭에서와 마찬가지로 PPS 클럭 ID를 변경할 수 있다. 설정이 모두 끝나면 페이지 하단의 Save 버튼을 클릭한다.

NTP 관련 문제 해결법

NTP는 매우 간단한 프로토콜이며 난해한 NTP 옵션들을 사용하지 않는다면 잘못될 일이 거의 없다. 하지만 혹시 잘못되면 (인증서 유효성 검증과 같은) 다른 서비스에 문제를 일으킬 수 있다. 따라서 NTP 장애의 가능성을 가볍게 생각하면 안된다.

우선적으로 사용되는 NTP 서버가 제대로 동작 중인지 검사하는 것은 언제나 가장 먼저 해야 할 일이며, ntpq -p 명령을 실행하면 된다. 콘솔 셸에서 (또는 Diagnostics ➤ Command Prompt로 이동한 후 Execute Shell command에서) 다음과 같이 입력한다.

`ntpq -p HOSTNAME`

여기서 HOSTNAME은 질의를 보내고자 하는 NTP 서버의 호스트 이름이다. HOSTNAME이 생략되면 로컬 NTP 서버에 질의될 것이다. 이 명령을 실행하면 다음 그림과 비슷한 출력을 볼 수 있다.

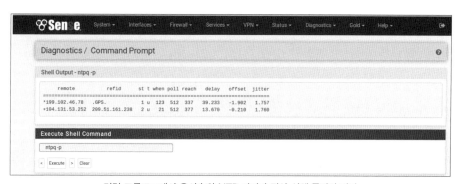

명령 프롬프트에서 우선순위 NTP 서버가 정상 실행 중인지 검사

이 그림에서 볼 수 있듯이 로컬 NTP 서버에 대한 풍부한 정보가 생성된 것을 알수 있다. remote는 원격 NTP 서버의 IP 주소고, refid는 원격 NTP 서버가 동기화를 수행하는 시간 소스의 IP 주소다. st는 원격 NTP 서버의 계층이고, t는 그 유형이다(위 그림에서 u는 유니캐스트를 의미한다). when은 원격 NTP 서버가 폴링된 이후 경과된 시간(초)이며, poll은 폴링 간격이다(역시 초 단위).

reach는 NTP 서버와의 연결 성공 또는 실패를 나타내는 8비트 길이의 좌측 시프트 레지스터다. 1은 성공을 가리키고, 0은 실패를 나타낸다. 이 레지스터 값은 8진수 형식으로 표시되며, 8진수 377은 2진수로 11111111인데 이 값은 NTP 서버를 향한 최근 여덟 번의 연결 시도가 모두 성공했음을 의미한다.

delay는 NTP 서버에 연결할 때의 시간 지연으로서 밀리초 단위다. offset은 로컬 시간과 원격 시간 사이의 오프셋이며, 마지막으로 jitter는 원격 서버와의 시간 차이로서 관측된 값이다.

GPS나 PPS 장치를 기준 클럭으로 설정하면, 다양한 장애 원인들이 생겨날 수 있다. 문제를 특정하기 위해 이러한 장치들을 비활성화하고(Do not use this clock 옵션을 사용) 현재 일어나고 있는 NTP 문제가 해결되는지 확인한다. 문제가 해결된다면 GPS 및 PPS 설정을 다시 할 필요가 있다. GPS 장치의 경우 GPS 유형을 잘못 골랐거나 NMEA Sentences 설정이 틀렸을 수 있다. 혹은 여러분이 사용 중인 GPS 장치가 pfSense에서 지원되지 않을 수도 있다. 이 경우는 수동으로 GPS 초기화 명령들을 입력해야 정상적으로 동작시킬 수 있다.

PPS 장치는 GPS보다는 간단하지만, Enable PPS clock discipline 체크박스를 선택해 문제가 해결되는지 확인할 수 있다. 또 신호 처리가 펄스의 상승 에지가 아니라 하강 에지에서 이뤄지도록 변경할 수 있다.

SNMP

SNMP도 pfSense에서 지원되는 애플리케이션 계층 프로토콜이다. SNMP는 관리 대상 장치들에 관한 정보를 수집 및 설정하며, 네트워크 장치 모니터링에 주로 사용된다. SNMP가 관리하는 네트워크는 관리 대상 장치[manged device], 관리 대상 장치에서 실행되는 소프트웨어(에이전트[agent]라고 함), 관리자에서 실행되는 소프트웨어로 구성되는데, 이 소프트웨어를 가리켜 NMS[Network Management Station]라고 부른다. 그리고 관리 데이터는 계층적으로 구성되는데 이 구조체를 MIB^{Management} $^{Information\ Base}$라고 한다.

pfSense에서 SNMP를 사용하면 pfSense 시스템이 NMS 역할을 하게 되며, 여러분은 (CPU, 메모리, 디스크 사용량 등의) 시스템 정보와 더불어 네트워크 트래픽, 흐름, pfSense 대기열 등을 모니터링할 수 있다. 또한 특정 이벤트가 발생하면 관리 대상 장치에서 트랩^{trap}이 실행되도록 설정할 수도 있다. pfSense에서 SNMP는 bsnmpd 서비스로 구현되는데, 이 서비스는 가장 기본적인 MIB를 포함하고 있으나 모듈에 의한 확장이 가능하다.

SNMP 설정

SNMP 데몬을 활성화하려면 Services ➤ SNMP로 이동해 SNMP Daemon 섹션의 Enable 체크박스를 선택한다. 기본값들을 변경하지 않고 SNMP를 실행할 수도 있지만, 옵션들을 한 번 검토하고 실행하는 것이 좋다.

SNMP 설정 페이지

두 번째 섹션 SNMP Daemon Settings의 첫 번째 옵션은 Polling Port 에디트 박스다. 기본 포트는 (SNMP의 표준 포트인) 161이지만, 필요하다면 변경할 수 있다. 그다음에는 선택적으로 System Location과 System Contact 에디트 박스에 입력할 수 있다. Read Community String 에디트 박스에서는 SNMP 데몬에 질의하는 모든 호스트에 필요한 암호를 입력한다. 복잡한 암호를 입력하는 것이 좋다.

그다음 섹션 SNMP Traps Enable에서 Enable 체크박스를 선택하면 트랩이 활성화된다. 이 체크박스를 선택하면 SNMP Trap Settings 섹션이 나타나는데, 그 안에 다수의 트랩 관련 옵션들이 있다. Trap Server 에디트 박스에는 트랩 서버의 호스트 이름 또는 IP 주소를 입력해야 한다. Trap Server Port에는 트랩을 수신할 포트를 입력할 수 있다. 기본값은 162이지만 SNMP 트랩 수신기가 다른 포트에 있다면 그에 맞춰 변경해도 된다. SNMP Trap String 필드는 생성된 트랩과 함께 전송되는 문자열이다.

SNMP Modules 섹션에서는 실행 모듈을 선택할 수 있다. 선택 가능한 것들은 다음과 같다.

- MIBII: (RFC 1213에 정의된) 관리 정보 베이스 트리에서 제공되는 정보를 제공한다. 이 트리에는 네트워킹 정보와 네트워킹 인터페이스 정보가 들어있으며, 이 모듈을 사용하면 네트워크 인터페이스 정보를 질의할 수 있다.

- Netgraph: Netgraph와 관련된 정보를 제공한다. Netgraph는 그래프 기반의 커널 네트워킹 하위 시스템으로서 FreeBSD의 일부다.

- PF: pfSense에 대한 정보를 제공한다. 규칙, 상태, 인터페이스 정보, 테이블 등이 포함된다.

- Host Resources: MIB 트리로부터 추가적인 정보를 제공한다(시스템 가동 시간, 물리적 메모리의 크기 등).

- UCD: UCD-SNMP-MIB 툴킷의 일부를 구현하는 모듈. 특히 메모리, 평균 부하, CPU 사용량을 쉽게 얻을 수 있다.

- Regex: 로그 또는 다른 텍스트 파일에서 카운터를 생성하는 모듈

마지막 섹션인 Interface Binding은 단 하나의 옵션 Interface Binding 드롭다운 박스만을 포함하고 있다. 이 드롭다운 박스에서는 SNMP 데몬이 어느 인터페이스에서 수신할지 지정할 수 있다. 기본값은 All이지만, 수신할 특정 인터페이스(혹은 localhost)를 선택할 수도 있다. All 옵션을 사용하지 않으면서 둘 이상의 인터페이스를 선택하는 것은 불가능하다. 설정이 완료되면, 페이지 하단의 Save 버튼을 클릭한다.

SNMP 관련 문제 해결

SNMP가 동작하지 않는다면, 우선 SNMP가 pfSense에서 실행 중인지 확인해야 한다. Status ➤ Services로 이동해 테이블에 bsnmpd가 있는지 확인한다. 활성화했음에도 불구하고 실행되지 않는다면, 자원 할당과 관련된 문제가 있을 수 있다.

자원 할당에도 문제가 없다면, 가장 흔한 원인은 에이전트가 bsnmpd와 통신하지 못하기 때문이다. 통신이 안 되는 이유는 다양한데, 우선 에이전트와 bsnmpd 사이에 아예 연결이 이뤄져 있지 않을 수 있다. 물론 이럴 가능성이 높지는 않지만, 그래도 가장 먼저 확인해봐야 한다. 그다음으로, SNMP 포트 접근이 pfSense나 다른 네트워크 장치에 의해 차단됐을 가능성이 있다. 방화벽 설정을 점검해 실제로 그런지 확인한다.

bsnmpd를 실행 중인 pfSense 노드와 정상적으로 연결돼 있음을 확인했다면, 이번에는 에이전트 소프트웨어가 해당 장치에서 정상 실행 중인지 확인한다. 에이전트 소프트웨어가 실행 중이라면, 에이전트가 올바른 커뮤니티 문자열을 전송하고 있는지 확인한다. 이 문자열이 없으면 bsnmpd는 모든 연결 시도를 거부하기 때문이다. 커뮤니티 문자열은 대소문자를 구분한다는 점에 주의하자.

위와 같은 확인을 모두 거쳐도 여전히 문제의 원인을 알 수 없다면, 다음과 같은 가능성들을 생각할 수 있다.

- SNMP의 버전: pfSense의 SNMP 데몬은 버전 3을 실행한다. 하지만 에이전트가 이전 버전을 사용 중일 수 있다.

- 잘못된 객체 식별자: 에이전트가 사용하는 OID(객체 식별자)가 잘못된 값일 수 있다.
- 에이전트 내의 소프트웨어 버그: 소프트웨어가 비교적 안정돼 있다면 가능성이 높지는 않지만, 그래도 완전히 배제할 수는 없다.

가능성이 높은 원인들이 모두 시도됐음에도 여전히 문제가 사라지지 않는다면 (윈도우, 리눅스, 맥 OS 등과 같이) 사용 중인 플랫폼 및 소프트웨어에 따라 해결 방법이 달라질 수 있다. 이런 경우는 해당 소프트웨어 공급 업체가 제공하는 자료를 참조해 문제를 해결해야 한다.

요약

이번 장에서는 pfSense에서 사용할 수 있는 유용한 서비스들을 다뤘다. DHCP, DDNS, DNS는 가정이나 SOHO 환경에서 pfSense를 사용하는 경우에도 어느 시점에는 구현할 가능성이 높은 서비스다. 반면에 종속 포털, NTP, SNMP 서비스의 경우 기업 환경에서 pfSense를 사용하지 않는다면 구현할 가능성은 높지 않을 것이다. 그렇지만 이러한 서비스들에 대한 지식을 갖는 것은 좋은 일이다.

이후의 장들에서는 네트워크를 좀 더 견고하고 확장하기 쉬운 구조로 만드는 것을 목표로 하면서 pfSense의 장점을 발휘하는 방법을 배울 것이다. 네트워크의 확장성을 높이는 방법 중 하나인 VLAN 구현이 바로 다음 장의 주제다.

3
VLAN 설정

802.3 이더넷 네트워크는 CSMA/CD로 알려진 매체 접근 제어 방식을 바탕으로 한다. 이 프로토콜에서 충돌 영역 내에서 전송되는 신호는 지정된 시간 이내에 네트워크의 모든 부분에 도달해야 한다. 따라서 네트워크의 길이는 수백 미터(m) 정도로 제한됐다. 스위치의 출현으로 이 문제는 해결됐는데, 스위치마다 별도의 충돌 영역을 맡게 됐기 때문이다. 이 문제를 해결한 엔지니어들은 네트워크의 성능을 크게 개선할 수 있는 새로운 과제, 즉 브로드캐스트 트래픽의 양을 감소시키는 과제에 집중하기 시작했다.

이 문제의 해결책은 바로 전통적인 네트워크 환경에서 존재하는 네트워크와 물리적 인터페이스 간의 일대일 관계를 제거하는 것이었다. 하나의 물리적 인터페이스는 다수의 네트워크를 가질 수 있으며 네트워크는 둘 이상의 인터페이스에 걸쳐서 존재할 수 있다는 점에서 VLAN은 기존의 패러다임과 다르다. 이런 방식은 여러 가지로 유용하다. 우선 네트워크 트래픽을 쉽게 분리할 수 있다. 일반적으로, 동일한 스위치를 통해 연결되는 동일 인터페이스상의 사용자들은 동일한 서브넷에 존재하고 있으므로 서로 통신이 가능하다. 하지만 어떤 사용자 그룹을 다른 사용자들과 분리해야 하는 경우가 있다. 예를 들어, 사용자의 절반은 영업부 소속이고, 다른 절반은 마케팅부 소속이라면, 이 사용자들을 두 개의 별도 VLAN

으로 분리함으로써 네트워크의 성능과 보안을 향상시킬 수 있다.

둘째, 별도의 인터페이스와 별도의 스위치를 통해 동일한 VLAN으로 연결하는 것이 가능하므로, 서로 다른 인터페이스, 심지어 서로 다른 건물에 있는 사용자들을 하나의 그룹으로 묶을 수 있다. 어느 포트로 연결하든지 관계없이 특정한 사용자들을 자동으로 동일한 VLAN에 포함되도록 설정할 수 있으므로, 관리 비용을 줄일 수 있을 뿐 아니라 네트워크 내에서 사용자를 이동시키기 쉽다. VLAN을 사용하지 않는다면 특정한 네트워크에 속하는 사용자는 특정한 스위치에 연결돼야 하며, 사용자가 건물 내에서 이동한다든가 네트워크가 확장될 때 관리하기가 어려워진다.

이번 장에서는 VLAN 활용의 사례로서, 개발자 네트워크와 엔지니어링 네트워크를 별도로 설정하는 예제를 사용한다. 우선 VLAN을 사용함으로써 원하는 목표를 쉽게 구현할 수 있음을 보여주고, 이를 사례로 삼아서 각종 설정을 하는 방법을 설명할 것이다. 이번 장에서 다루는 내용은 다음과 같다.

- VLAN의 기본 개념
- 콘솔에서의 VLAN 설정
- 웹 GUI에서의 VLAN 설정
- 스위치에서의 VLAN 설정
- VLAN 관련 문제 해결

VLAN의 기본 개념

VLAN의 기술적인 특징을 살펴보기 전에 먼저 예제 네트워크를 보여주고, 이 네트워크를 전통적인 모델로 구현하는 방법과 VLAN으로 구현하는 방법을 비교해 보자.

예제 네트워크

소프트웨어 부서와 엔지니어링 부서가 있는 중간 규모의 회사가 있다고 하자. 소프트웨어 부서는 1층과 3층을, 엔지니어링 부서는 2층과 4층을 사용하고 있고, 각 층마다 회사의 라우터에 연결된 스위치가 들어있는 배선실이 있다. 지금 우리는 소프트웨어 개발자와 엔지니어를 위한 네트워크를 별도로 구성하고 싶다. 개발자는 개발자 네트워크를 통해 서로 통신할 수 있고 엔지니어는 엔지니어 네트워크를 통해 서로 통신할 수 있지만, 개발자는 엔지니어 네트워크에 접근을 허용하지 않고 엔지니어는 개발자 네트워크에 접근을 허용하지 않을 것이다. 이를 그림으로 나타내면 다음과 같다.

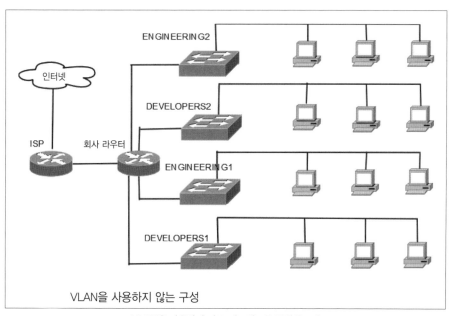

VLAN을 사용하지 않고 네트워크를 구성한 모습

그림에서 볼 수 있듯이, 전통적인 네트워크에서 개발자와 엔지니어를 위해 별도의 네트워크를 구성한다는 목표를 달성하는 것은 쉽지 않다. 개발자들이 모두 동일한 인터페이스상에 있지 않으며, 엔지니어들 역시 마찬가지기 때문이다. 한 가지 해결책은 각 층마다 서브넷을 두는 것이다. 1층 네트워크를 DEVELOPERS1, 2층 네트워크를 ENGINEERING1, 3층 네트워크를 DEVELOPERS2, 4층 네트워크를 ENGINEERING2, 이런 식으로 설정하고, DEVELOPERS1과 DEVELOPERS2가 서로 접근할 수 있고 ENGINEERING1과 ENGINEERING2도 서로 접근할 수 있도록 방화벽 규칙을 설정하는 것이다. 이 방법은 현재 구성하에서 개발자와 엔지니어를 분리하는 가장 쉬운 방법이지만, 여전히 개발자와 엔지니어별로 별도의 네트워크를 설정하려는 목표에는 부족함이 있다. 두 개의 네트워크 그룹을 구성하고 각 그룹별로 두 개의 네트워크를 갖도록 설정한 것이기 때문이다. 게다가 상황이 더 복잡해지면(예를 들어, 5층에 개발자와 엔지니어들이 추가로 입주한다면), 네트워크 구성을 변경하는 것이 큰 과제가 될 것이다.

또 다른 방법은 1층과 3층의 스위치를 연결하고 2층과 4층의 스위치를 연결하는 것이다. 이 경우 각 네트워크는 두 개의 스위치를 가지며, 두 개의 스위치 중 하나는 회사 라우터에 직접 연결되고 두 번째 스위치는 업링크 포트를 통해 첫 번째 스위치에 연결된다. 그 결과, 두 개의 스위치가 동일한 네트워크상에 존재하게 되므로 개발자와 엔지니어를 위한 별도의 네트워크를 구성한다는 목표를 달성할 수 있다. 그러나 이러한 설정에는 몇 가지 문제점이 있다.

- 두 개의 스위치 사이에 케이블을 연결해야 한다. 소규모 사무실에서 이것은 별로 문제가 되지 않을 수 있다. 예를 들어, 회사 라우터가 ENGINEERING1 스위치와 동일한 2층 배선실에 있다고 하자. 이때 엔지니어링 네트워크에는 추가적인 케이블 배선이 필요하지 않은데, ENGINEERING2와 라우터의 연결을 끊고 ENGINEERING1에 연결하면 되기 때문이다(ENGINEERING1은 라우터에 직접 연결 상태를 유지할 것이다). 그러므로 DEVELOPERS1과 DEVELOPERS2 사이에만 케이블을 연결하면 된다. 그렇지만 이 방식이 확장성이 좋지 않다는 점은 금세 알 수 있다. 고층 건물에서는 케이블 배선 작업으로 인해 시간과 비용이 증가할 것이 분명하기 때문이다.

- 유연성도 부족하다. 예를 들어, 개발자의 일부가 4층으로 자리를 옮기게 된다면, 이 개발자들을 엔지니어와 같은 스위치에 두거나(이 경우 개발자 네트워크에 포함되지 않는다.) 혹은 개발자들을 위한 별도의 스위치를 추가해야 한다.

이제 VLAN을 사용해 개발자 네트워크와 엔지니어 네트워크를 분리하는 방법을 살펴보자. 이번에 각 층에 설치되는 스위치는 VLAN 트래픽 처리 능력을 갖춘 관리형 스위치다. 모든 스위치는 위층의 스위치 및 아래층의 스위치와 연결되고(단 4층의 스위치는 아래층과만, 1층 스위치는 위층과만 연결), 1층 스위치는 회사 라우터에 트렁크 포트를 통해 연결된다. 이러한 구성을 그림으로 나타내면 다음과 같다.

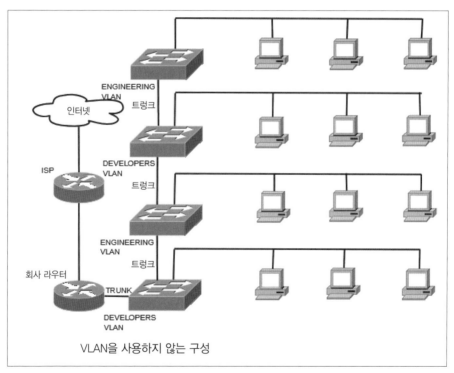

새롭게 개선된 네트워크 구성

VLAN에 필요한 관리형 스위치는 일반 스위치보다 일반적으로 비싸기 때문에 초기 투자비는 더 많이 든다(다만, 케이블 배선에 드는 비용은 더 적다). 하지만 확장성은 훨씬 나아졌는데, 새로 층이 늘어나더라도 스위치를 한 대 추가하고 이전 층의 스위치와 케이블 연결만 하면 되기 때문이다(물론, 스위치와 PC 간의 케이블 연결도 필요하다). 게다가 관리형 스위치는 개별 포트 단위로 설정할 수 있기 때문에, 소프트웨어 개발 부서와 엔지니어링 부서의 위치가 이동되더라도 스위치의 포트만 변경하면 된다. 소규모 네트워크에서는 이러한 장점이 그리 부각되지 않지만, 네트워크의 크기가 커질수록 VLAN으로 인한 네트워크 설정 및 관리 작업의 용이함은 매우 분명해진다. 조금 후에 보게 될 시스코의 VLAN 트렁킹 프로토콜을 사용하면 네트워크 관리가 더욱 간단해진다.

VLAN의 분명한 장점들을 요약하면 다음과 같다.

- 네트워크 트래픽을 다수의 브로드캐스트 도메인으로 쉽게 분리할 수 있다. 따라서 대역폭 사용량이 감소하고 네트워크의 성능을 개선할 수 있다.
- 네트워크 트래픽을 쉽게 분리할 수 있으므로 보안성이 개선된다. 어떤 두 개의 노드가 동일 스위치에 연결돼 있더라도 별도의 VLAN에 속해 있으면, (라우터에서 허용하지 않는 한) 서로 간에 통신이 불가능하기 때문이다.
- 전통적인 네트워크에서보다 훨씬 저렴한 비용으로 별도의 네트워크를 생성할 수 있다. 또한 네트워크 설정에 드는 노력이 크게 줄어든다.

이외에도 VLAN은 전통적인 네트워크에서 불가능한 다음의 기능을 제공할 수 있다.

- 트래픽에 이중으로 태그를 기록할 수 있다. 이를 QinQ라고 부른다.
- 어떤 호스트가 네트워크상의 다른 호스트들과 통신하지 못하도록 막을 수 있다(이 호스트는 기본 게이트웨이와만 통신할 수 있다). 이러한 설정을 사설 VLAN(PVLAN)이라고 부르며, 네트워크 방화벽은 좀 더 세밀하게 트래픽을 제어할 수 있다. 이 기능을 사용하지 않으면, (트래픽이 방화벽에 도달하지 못하기 때문에) 동일한 서브넷상에 있는 다른 호스트와의 통신을 막을 방법이 없다.

하드웨어, 설정, 보안 고려 사항

VLAN은 원래 네트워크의 다중 스패닝 트리를 허용함으로써 네트워크 대역폭을 향상시키는 수단으로서 고안된 2계층(데이터링크 계층) 구조다. 이것은 모든 이더넷 프레임에 태그^{tag}라고 불리는 특수한 헤더를 추가함으로써 가능해졌다. 모든 VLAN 패킷은 어느 VLAN에 속하는지를 표시하는 VLAN ID를 포함하는 태그를 가지며, 스위치와 라우터는 이 태그를 이용해 VLAN 트래픽을 구분할 수 있다. 초기에는 다수의 태깅 기법들이 제안됐지만, 최종적으로는 IEEE가 제안한 802.1Q 표준이 주로 쓰이게 됐다. VLAN에서 반드시 802.1Q만 사용해야 하는 것은 아니지만, pfSense가 이 표준을 지원하며 이 장에서 설명할 태깅 기법(캡슐화 기법이라고도 부름)이기도 하다.

 802.1ad는 더블 태깅(QinQ)을 지원하는 IEEE 표준이다. 802.1aq는 최단 경로 브리징을 VLAN에 통합했으며, 802.3ac는 4바이트 VLAN 태그를 통합하기 위해 이더넷 프레임의 최대 크기를 1518바이트에서 1522바이트로 증가시킨 것이다.

모든 프레임에 4바이트 크기의 802.1Q 태그가 첨부되기 때문에 VLAN 이더넷 프레임의 최대 길이는 1522바이트에 이를 수 있으며, QinQ 태깅으로 인해 크기는 더욱 커질 수도 있다. 이렇게 되면 이더넷의 일반적인 최대 프레임 크기인 1500 MTU를 초과해버린다. 이러한 크기의 프레임을 제대로 처리하지 못해 성능이 하락하는 네트워크 카드도 있으므로, VLAN을 구현하기 전에 네트워크 카드와 VLAN의 호환 여부를 확인하는 것이 좋다. 네트워크 카드에 사용되는 칩셋이 VLAN을 지원하더라도, 네트워크 카드의 특정 구현이 제대로 지원하지 못하는 경우도 있다.

또한 VLAN이 구현된 인터페이스와 연결되는 스위치도 VLAN을 인식할 수 있어야 한다. 2000년 이후 출시된 관리형 스위치는 일반적으로 VLAN을 인식하지만, 관리형이 아닌 일반 스위치는 그렇지 않다. 따라서 네트워크 카드의 경우와 마찬가지로 스위치 역시 구입하기 전에 VLAN 호환 여부를 확인해야 한다.

모든 VLAN은 1부터 4094 사이의 번호를 가지며, 이 번호는 ID로 사용된다. 네트워크에 VLAN을 설정하기 위해서는 하나 이상의 관리형 스위치가 필요하다. VLAN에 맞춰 설정되지 않은 관리형 스위치에서는 모든 포트들 사이에 통신이 일어난다. 이러한 스위치상에서는 VLAN이 완전히 비활성화되거나 모든 포트가 속하는 VLAN이 활성화된다. 일반적으로 VLAN1이 기본 VLAN으로 지정돼 있으므로, VLAN1은 사용하지 않는 것을 권장한다. VLAN1을 사용할 경우 스위치에 물리적으로 접근할 수 있는 누군가가 현재 사용되지 않는 포트에 장치를 연결해 VLAN1에 속한 모든 호스트에 접근할 수 있기 때문에, 잠재적으로 보안 위협이 될 수 있기 때문이다. 설령 해커가 스위치에 직접 접근할 수 없더라도 VLAN1이 기본 VLAN이라는 사실을 이용한 공격이 가능할 수 있다.

VLAN의 이름을 지정할 때 어떤 규칙을 사용해야 할까? VLAN1을 사용하지 않는 것을 제외하면 어떤 규칙이든 사용할 수 있지만, 일반적인 규칙은 VLAN2부터 시작해서 번호를 1씩 증가시키는 것이다. 또 IP 주소의 세 번째 옥텟과 VLAN ID를 일치시키는 것이 보통이다. 예를 들어, VLAN2는 192.168.2.0이고 VLAN3은 192.168.3.0이다. 이런 규칙은 클래스 A와 클래스 B의 사설 네트워크에서도 사용될 수 있다(예를 들어, 172.16.2.0 또는 10.1.2.0). 또한 VLAN10을 시작으로 10 단위로 VLAN 번호를 증가시키는 규칙도 널리 쓰인다. 이 경우 VLAN10은 서브넷 192.168.10.0, VLAN20은 서브넷 192.168.20.0에 해당된다.

모든 VLAN은 하나의 물리적 인터페이스상에 존재하는데, 이 인터페이스를 부모 parent 인터페이스라고 부른다. 그리고 VLAN이 새로 생성될 때 가상 인터페이스가 할당되는데, 마치 물리적 인터페이스의 장치 이름과 비슷하게 VLAN0, VLAN1과 같은 이름이 지정된다. 가상 인터페이스 이름은 VLAN ID와 똑같은 것이 아니다. VLAN의 부모 인터페이스를 (기술적으로 불가능하지는 않지만) 인터페이스로 할당해서는 안 된다. 다른 VLAN들의 부모 인터페이스로서만 기능해야 하기 때문이다. 예전에 내가 실수로 부모 인터페이스를 pfSense 서브넷에 할당하니 웹 GUI에 접근이 불가능해진 적이 있는데, 할당된 모든 인터페이스를 삭제하고 콘솔에서 재설정한 후에야 문제가 해결됐다. 또한 스위치 설정 및 종속 포털 설정에도 문제를 일으키는 것으로 알려져 있다.

VLAN 설정 시에는 보안에 주의해야 한다. VLAN 설정 오류는 원래는 접근이 허용돼서는 안 되는 네트워크에 대한 접근을 사용자에게 허용하는 원인이 될 수 있다. 이 때문에 신뢰 수준별로 별도의 네트워크를 관리하는 것이 바람직하다. 예를 들어, 동일한 인터페이스상에 WAN과 LAN 네트워크를 함께 두는 것은 좋은 습관이 아니다.

VLAN에 무단으로 접근 권한을 얻으려고 시도하는 공격을 VLAN 호핑hopping이라고 부른다. 그중 하나인 스위치 스푸핑switch sppofing은 트렁크/태그 프로토콜을 사용해 트렁킹 스위치인 것처럼 속이는 방법이고, 또 다른 방법인 이중 태깅double tagging은 공격자가 패킷에 두 개의 VLAN 태그를 집어넣는 방법이다. 외부 태그는 VLAN1(네이티브 VLAN)에 대한 것이고 내부 태그는 공격자가 접근 목표로 삼고 있는 VLAN(예를 들면 VLAN2)에 대한 것이며, 공격자는 (VLAN2에 속한 호스트로부터만 접근이 가능한) VLAN2상의 어떤 호스트에 이 패킷을 전송한다. 첫 번째 스위치는 VLAN1 헤더를 발견하고 이를 제거한 후 패킷을 전달한다. 그다음 스위치는 VLAN2 헤더를 발견하고(앞서 VLAN1 헤더가 제거됐으므로 VLAN2 헤더가 보인다.) VLAN2상의 호스트로 이 패킷을 전송한다. 즉, 공격자는 패킷이 VLAN2에서 온 것이라고 생각하게끔 스위치를 속일 수 있는 것이다.

하지만 VLAN과 관련되는 공격의 대부분은 사전에 스위치를 적절히 설정함으로써 대부분 완화하거나 제거할 수 있다. 예를 들어, 자동 협상auto-negotiating 기능을 비활성화하면 스위치 스푸핑을 방지할 수 있고, 네이티브 VLAN에 호스트를 배치하지 않으면 이중 태깅도 불가능하다. 그렇지만 하드웨어 및 네트워크 설정 시의 잠재적인 보안 문제는 항상 주의하고 있어야 한다.

따라서 스위치를 구매하기 전에 해당 제품이 보안 테스트를 충분히 검증받았는지 확인해야 한다. 또한 기존에 운영 중인 스위치도 최신 펌웨어로 항상 업그레이드하는 것이 바람직하다.

콘솔에서의 VLAN 설정

VLAN 설정은 콘솔에서 수행할 수 있으며, 심지어 최초 설치 단계에서 설정할 수도 있다. 콘솔에서 VLAN 설정을 시작하려면 콘솔 메뉴에서 1번인 Assign Interfaces 옵션을 선택한다. 그러면 인터페이스 목록을 포함하는 테이블이 나타나는데, 인터페이스 장치의 이름, MAC 주소, 연결 상태(Up 또는 Down), 인터페이스에 대한 설명 등을 확인할 수 있다. VLAN을 설정하기 위해 다음 과정을 수행한다.

1. Assign Interfaces 옵션을 선택하면 Do you want to setup VLANs now [y|n]?이라는 메시지가 나타난다.

2. y를 입력하고 Enter 키를 누른다. 이제 VLAN 설정이 시작된다.

3. 다음과 같은 확인 메시지가 나타난다. WARNING: All existing VLANs will be cleared if you proceed! Do you want to proceed[y|n]?

4. y를 입력하고 Enter 키를 눌러 계속 진행한다.

5. VLAN을 사용할 수 있는 인터페이스들의 목록이 나타나고, 이어서 다음 메시지가 나타난다. Enter the parent interafce name for the new VLAN (or nothing if finished).

6. 상위 인터페이스의 이름(테이블에 포함된 이름)을 입력하고 Enter를 누른다. Enter the VLAN (1-4094) 메시지가 나타난다.

7. 1이 아닌 VLAN 태그를 입력하고 Enter를 누른다.

8. VLAN 태그를 입력한 후, Enter the parent interface 프롬프트가 다시 나타날 것이다. 여기서 설정하고자 하는 VLAN들을 모두 입력하며, 더 이상 입력할 것이 없으면 아무것도 입력하지 않는다. 이제 인터페이스들을 지정하라는 메시지가 나타나는데, 우선 WAN부터 시작할 것이다. 지금까지 VLAN으로 분

할되지 않은 인터페이스가 적어도 하나 존재하고 있다면, 이 인터페이스들 중 하나를 WAN으로 지정해야 할 것이다. VLAN을 WAN으로 지정할 때는 WAN이 별도의 스위치상에 존재하는지 반드시 확인해야 한다.

```
Enter the parent interface name for the new VLAN (or nothing if finished): em2
Enter the VLAN tag (1-4094): 3

VLAN Capable interfaces:

em0    08:00:27:32:4b:fc    (up)
em1    08:00:27:ce:ff:d1    (up)
em2    08:00:27:eb:36:c2    (up)

Enter the parent interface name for the new VLAN (or nothing if finished):

VLAN interfaces:

em2_vlan2        VLAN tag 2, parent interface em2
em2_vlan3        VLAN tag 3, parent interface em2

If you do not know the names of your interfaces, you may choose to use
auto-detection. In that case, disconnect all interfaces now before
hitting 'a' to initiate auto detection.

Enter the WAN interface name or 'a' for auto-detection
(em0 em1 em2 em2_vlan2 em2_vlan3 or a):
```

pfSense 콘솔에서의 VLAN 생성

9. 그다음에는 VLAN을 LAN에 지정해야 한다. 이로 인해 발생할 수 있는 보안 위험은 항상 인지하고 있어야 한다. LAN 인터페이스를 입력하고 Enter 키를 누른다.

10. 인터페이스 지정이 끝난 후 프롬프트에서 Enter 키를 누르면 인터페이스들의 목록과 지정 현황이 다음 그림과 비슷하게 나타날 것이다.

```
(em0 em1 em2 em2_vlan2 em2_vlan3 or a): em0

Enter the LAN interface name or 'a' for auto-detection
NOTE: this enables full Firewalling/NAT mode.
(em1 em2 em2_vlan2 em2_vlan3 a or nothing if finished): em1

Optional interface 1 description found: DEVELOPERS
Enter the Optional 1 interface name or 'a' for auto-detection
(em2 em2_vlan2 em2_vlan3 a or nothing if finished): em2_vlan2

Optional interface 2 description found: ENGINEERING
Enter the Optional 2 interface name or 'a' for auto-detection
(em2 em2_vlan3 a or nothing if finished): em2_vlan3

Enter the Optional 3 interface name or 'a' for auto-detection
(em2 a or nothing if finished):

The interfaces will be assigned as follows:

WAN  -> em0
LAN  -> em1
OPT1 -> em2_vlan2
OPT2 -> em2_vlan3

Do you want to proceed [y|n]?
```

완료 직전의 VLAN 설정 작업

11. 목록 아래에 Do you want to proceed[y|n]? 프롬프트가 보인다.

12. y를 입력하고 Enter 키를 누른다. pfSense는 설정을 기록하고 다시 불러올 것이다. 이제 VLAN을 설정하는 과정에서 pfSense에서 할 일은 모두 마쳤다. 스위치에서의 설정 작업이 아직 남았지만, 이에 대해서는 웹 GUI에서의 설정을 먼저 설명한 후에 논의하기로 하자.

웹 GUI에서의 VLAN 설정

VLAN 설정은 콘솔뿐 아니라 웹 GUI에서도 가능하다. 웹 GUI에서 VLAN 설정을 시작하려면, 웹 브라우저로 pfSense에 로그인해 Interfaces ➤ (assign)으로 이동한 후 Interface Assignments 페이지에서 VLANs 탭을 클릭한다. VLANs 탭에서는 기존의 VLAN들이 포함된 테이블을 볼 수 있다. 새로운 VLAN을 추가하기 위해 +Add 버튼을 클릭한다.

VLAN Configuration 페이지에서 첫 번째 옵션은 Parent Interface 드롭다운 박스로서 VLAN의 부모 인터페이스로 설정될 인터페이스를 선택한다. 그다음 VLAN Tag 에디트 박스에 유효한 입력 값은 1부터 4094다. 실제로 1은 사용하면 안 되지만, 그 밖의 숫자는 4094를 포함해서 모두 무방하다. 일부 보급형 관리형 스위치에서는 높은 숫자를 사용할 때 문제가 생길 수도 있으며, 이럴 경우는 2부터 8까지의 낮은 숫자를 사용하는 것이 좋다.

VLAN Priority 에디트 박스는 pfSense 2.3 버전에서 새로 추가된 기능으로서 802.1Q의 PCP 필드를 활용할 수 있다. 이 3비트 길이 필드는 값에 따라 트래픽을 어떻게 처리해야 할지 정의하는 IEEE 802.1p 서비스 클래스를 참조하기 위한 것이다.

PCP 값	우선순위	설명
0	1	트래픽을 최선 노력(best effort)으로 처리한다.
1	0	트래픽에 가장 낮은 우선순위가 지정된다. 백그라운드에서 처리될 것이다.
2	2	트래픽을 우수 노력(excellent effort)으로 처리한다. 이것은 최선 노력보다 한 단계 높다.
3	3	핵심 애플리케이션에 적합한 우선순위
4	4	100밀리초 미만의 대기 시간을 요구하는 동영상 처리에 적합
5	5	10밀리초 미만의 대기 시간을 요구하는 음성 처리에 적합
6	6	인터네트워크 제어에 적합
7	7	가장 높은 우선순위로 트래픽을 처리한다.

현재 생성 중인 VLAN의 주요 트래픽 유형이 어떤 것인지 알고 있다면 위 테이블에 따라서 적절한 우선순위 값을 설정하고, 잘 모르겠다면 0으로 설정하는 것이 무난하다. 마지막 필드인 Description은 VLAN에 관한 간단한 설명을 입력하는 곳이다. 설정이 완료되면, 하단의 Save 버튼을 클릭한다.

pfSense 2.3에서의 VLAN 추가

앞서 VLAN을 생성만 하고 인터페이스를 지정하지 않았으므로, Interface Assignments 탭으로 돌아가자. 현재까지 지정된 모든 인터페이스들을 포함하는 테이블이 보이는데, 마지막 행의 (Available network ports:라는 이름을 가진) 드롭다운 박스에서 앞서 생성된 VLAN 인터페이스 중 하나를 선택하고 Add 버튼을 클릭해 VLAN 지정을 추가할 수 있다. 이 과정을 앞서 생성한 모든 VLAN에 대해 반복한다.

인터페이스 지정이 완료됐으면 그다음 할 일은 각각의 VLAN을 설정하는 것이다. VLAN에는 포괄적인 형태의 기본 이름(OPT1, OPT2 등)이 지정된다. Interface 열에서 첫 번째 VLAN을 클릭하면, 인터페이스 설정 페이지가 불려온다. General Configuration 섹션에서 Enable 체크박스를 선택하고, Description 필드에서는 인터페이스의 이름을 바꿀 수 있다. IPv4 Configuration Type 드롭다운 박스에서는 Static IPv4를 선택하고 여러분의 VLAN이 IPv6를 지원한다면 IPv6 Configuration Type 드롭다운 박스에서 Static IPv6를 선택하자. IPv4, IPv6, 또는 둘 다를 선택했는지 여부에 따라서 General Configuration 섹션 아래에 IPv4 또는 IPv6 주소를 입력해야 한다. 인터페이스의 IP 주소와 CIDR를 모두 입력해야 한다는 것에 주의하자. IPv4 Upstream gateway와 IPv6 Upstream gateway의 경우는 None으로 놔둬도 좋다.

VLAN 인터페이스 설정 페이지. 물리적 인터페이스 설정 페이지와 비슷하다.

나머지 필드들은 건드릴 필요가 없지만, 프레임 드롭이 자주 발생한다면 MTU 필드에 더 큰 값을 입력하는 것이 도움이 될 수 있다. 설정이 끝났으면 페이지 하단의 Save 버튼을 클릭한다. Save 버튼을 클릭한 후 변경 사항을 적용하려면 페이지 상단의 Apply Changes 버튼을 클릭해야 한다. 이와 같은 인터페이스 설정 작업을 모든 VLAN에 대해 수행한다. 각 VLAN의 설정 페이지를 열기 위해서는 페이지 상단의 드롭다운 메뉴에서 해당 VLAN을 선택하거나, Interfaces ➤ (assign)으로 이동한 후 Interface 열에서 해당 VLAN을 클릭한다.

이 장에서는 최초의 VLAN 설정에 필수적인 것들만 다루고 있지만, 언급할 가치가 있는 설정이 몇 개 더 있다. pfSense는 QinQ 태그를 지원한다. QinQ를 설정하기 위해 (assign) 페이지에서 QinQs 탭을 클릭하면 QinQ가 설정된 인터페이스들을 모두 보여주는 테이블이 나타날 것이다. 여기서 Add 버튼을 클릭하면 다른 QinQ 인터페이스를 추가할 수 있다.

QinQ 설정 페이지의 첫 번째 옵션은 Parent Interface 드롭다운 박스다. VLAN 설정에서와 마찬가지로, 부모 인터페이스는 pfSense에서 인터페이스로 사용되지 않는 것이어야 한다(즉, 다른 VLAN들의 부모 인터페이스로서만 이용돼야 한다). 그다음 옵션인 First level tag는 그 위에 다른 태그들이 쌓이는 태그다. 즉, 태그들의 밑바닥에 위치하는 태그로서, 이 인터페이스상의 VLAN들이 사용하는 VLAN ID와 일치할 수 없다. 예를 들어 VLAN2가 이 인터페이스상에 있다면 최초 레벨 태그는 2가 될 수 없다.

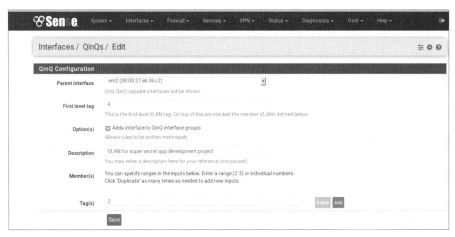

pfSense 2.3에서의 QinQ 인터페이스 추가

그다음 Add interface to QinQ interface groups 체크박스를 선택하면, 이 QinQ 인터페이스의 Interface Groups 탭에 새로운 항목이 추가된다. 일단 인터페이스 그룹이 생성되고 설정되면, 해당 인터페이스 그룹을 기반으로 규칙을 생성할 수 있기 때문에 규칙 생성 작업이 다소 쉬워진다. 그다음 에디트 박스에는 간략한 설명을 입력할 수 있고, 마지막으로 Tag(s) 에디트 박스에는 VLAN 태그 또는 태그 범위를 입력할 수 있는데 이 인터페이스를 통과하는 트래픽에 첨부될 것이다. Add 버튼을 누르면 새로운 태그 또는 태그 범위를 추가할 수 있고, 반대로 Delete 버튼을 누르면 해당 태그가 삭제된다. 설정이 완료되면 페이지 하단의 Save 버튼을 누른다.

신규 QinQ 항목에 대한 인터페이스 그룹을 추가했으면, Interface Group 탭을 클릭한다. 새로 생성된 인터페이스 그룹을 찾아 그 그룹에 해당하는 Edit 아이콘을 클릭하면, Interface Group Configuration 페이지가 열릴 것이다. 여기서 그룹 이름을 편집하고, 간단한 설명을 입력할 수 있다. 또 Group Members 리스트박스에서 이 그룹의 구성원이 되는 인터페이스를 선택할 수 있다. 설정이 끝나면, Save 버튼을 클릭한다.

이렇게 생성된 QinQ VLAN은 일반적인 VLAN처럼 Interafce Assignments 탭을 통해 추가할 수 있다. 이런 식으로 태그를 중첩시키는 방법으로 하나의 라우터에 좀 더 많은 VLAN을 설정할 수 있다. 하나의 태그만 사용하면 VLAN의 개수는 4,093개로 제한된다(1부터 4094까지 ID를 사용할 수 있으나 앞서 설명했듯이 VLAN1은 기본 VLAN이다). 하지만 중첩 레벨을 하나 추가하면 가능한 VLAN의 개수는 4,093*4,093=16,752,649까지 증가하고, 중첩 레벨을 늘리면 최대 개수는 더욱 커질 것이다.

신경을 써야 하는 또 다른 옵션으로 링크 병합link aggregation이 있다. 링크 병합은 (assign) 페이지의 LAGGs 탭에서 설정할 수 있는데, 이 기능을 사용하면 복수의 포트를 병렬로 결합해 두 개의 장점을 누릴 수 있다. 우선 처리량을 증가시킬 수 있고(예를 들어 한 개의 스위치당 두 개의 트렁크 포트가 있다면, 포트가 한 개일 때보다 더 많은 처리량을 확보할 수 있다.), 포트 중 일부가 다운되는 상황이 벌어져도 나머지 포트가 동작할 수 있으므로 스위치 전체가 다운되는 사태를 방지할 수 있다. LAGGs 옵션은 인터페이스를 참조하지 않으며, FreeBSD의 링크 병합 및 링크 페일오버 드라이버를 참조한다. 일반적으로 트렁크 포트는 어떤 형태로든 링크 병합을 포함하는 것이 보통이며, 심지어 일부 스위치 제품들은 반드시 포트를 쌍으로 설정해야 한다.

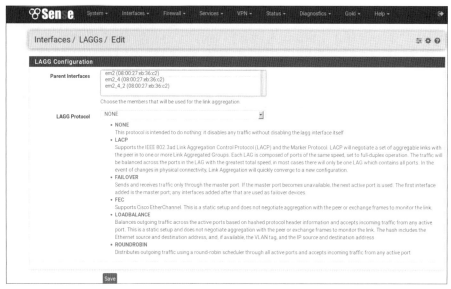

LAGG 설정 페이지

새로운 LAGG 인터페이스를 추가하려면 **LAGGs** 탭에서 **Add** 버튼을 클릭한다. 그러면 **LAGG Configuration** 페이지로 이동한다. **Parent Interfaces** 리스트박스에서 링크 병합에 사용될 인터페이스들을 선택할 수 있다. **LAGG Protocol** 드롭다운 박스에서는 해당 인터페이스에 어떤 프로토콜을 사용할지 선택할 수 있다. 가능한 옵션은 다음과 같다.

프로토콜	설명
NONE	트래픽을 비활성화한다. 단, 인터페이스를 비활성화하지는 않는다.
LACP	IEEE 802.3ad에 의해 정의된 링크 병합 제어 프로토콜. LACP는 자동으로 링크를 묶어주기 때문에 부하 분산 기능을 제공한다.
FAILOVER	하나의 포트는 액티브 포트로 지정되고, 다른 포트들은 페일오버 포트로서 사용된다. 액티브 포트가 다운되면, 페일오버 포트 중 하나가 새로운 액티브 포트가 된다.
FEC	이 프로토콜은 시스코의 Fast EtherChannel을 지원한다. 대부분의 다른 옵션과 달리 고정 설정을 사용한다.
LOADBALANCE	이 프로토콜은 구성원 포트들에서 나가는 트래픽을 분산시키는 역할을 한다. 이 옵션 역시 고정 설정이다.
ROUNDROBIN	외부로 나가는 트래픽을 라운드로빈 방식으로 분배한다. 즉, 모두 동일한 시간과 순환 패턴을 사용한다.

LAGG 인터페이스 설정이 끝나면 Save 버튼을 클릭한다. 이제 LAGGs 페이지의 테이블에서 확인할 수 있을 것이다.

VLAN이 완벽하게 동작하기 위해서는 몇 가지 설정 작업이 더 필요하다. 지금까지 VLAN을 생성하고 설정했지만, pfSense는 기본적으로 모든 네트워크 트래픽을 차단하므로 인터넷이나 다른 서브넷에 접근할 수 없는 상태이기 때문이다. 다음 장에서는 방화벽 규칙을 자세히 다루므로 방화벽 규칙에 대한 좀 더 세부적인 정보는 4장을 참조한다.

하지만 VLAN이 아무 제한 없이 다른 네트워크에 접근할 수 있는 규칙을 생성하는 것은 그리 어렵지 않다. Firewall ➤ Rules로 이동한 후 LAN 탭을 클릭하자. LAN 인터페이스가 생성될 때 자동으로 생성된 두 개의 규칙 Default allow LAN to any와 Default allow LAN IPv6 to any가 보일 것이다. 복사하고자 하는 규칙에 해당하는 Copy 아이콘을 클릭한다(Copy 아이콘은 Actions 열 아래에 있으며 두 개의 시트로 표시돼 있다). 그러면 해당 규칙에 대한 Edit 페이지가 열린다. Edit Firewall Rule 섹션에서 Interface 드롭다운 박스의 인터페이스를 앞서 생성된 VLAN 중 하나로 변경한다. 예를 들어, Source 섹션의 드롭다운 박스 내의 소스를 Interface 드롭다운 박스에서 선택한 VLAN과 일치하도록 변경한다(이때 주소가 아니라 네트워크를 선택해야 한다는 것에 주의하자. 예를 들어 VLAN2 address가 아니라 VLAN2 net을 선택해야 한다). 그리고 페이지 하단에서 Save 버튼을 클릭하면, 지금 막 설정된 VLAN에 대한 Rules 페이지로 이동될 것이다. 우측 상단에 있는 Apply Changes 버튼을 클릭하자. 그리고 접근을 허용하고자 하는 모든 VLAN에 대해 이러한 설정 과정을 반복한다.

표준적인 pfSense 설정을 사용하는 경우 이러한 규칙을 만드는 것만으로 VLAN은 인터넷에 접근할 수 있다. 하지만 Manual Outbound NAT rule generation 옵션을 활성화했다면, NAT 규칙을 추가해야 VLAN이 인터넷에 접근할 수 있다. 외부 VPN 서버 접속 등의 이유로 이 옵션을 활성화한 상태라면, Firewall ➤ NAT로 이동한 후 Outbound 탭을 클릭한다. 모든 VLAN마다 두 개의 NAT 규칙을 생성해야 하는데, 하나는 고정 포트 설정을 통해 VLAN과 WAN 사이에 포트 500으로 NAT 를 사용하는 규칙이고(ISAKMP, 즉 인터넷 보안 연결 및 키 관리 프로토콜), 다른 하 나는 고정되지 않은 포트 설정을 통해 VLAN과 WAN 사이에서 모든 포트에 걸쳐 NAT를 사용하는 규칙이다. 다행히도 외부로 나가는 NAT 규칙들은 적어도 하나 의 인터페이스(예를 들어, LAN 인터페이스)에 대해 비슷한 모습을 하고 있기 때문 에, Actions 열 아래의 Copy 아이콘을 클릭해 규칙들을 복사한 후 Source에 들어 있는 IP 주소를 (지금 NAT 규칙을 만들고자 하는) VLAN으로 변경하는 방법을 사용 하면 쉽게 규칙들을 생성할 수 있다. 그리고 필요하다면 Description 필드에 간단 한 설명을 입력할 수 있다. 모든 작업이 완료되면 Save 버튼을 클릭한다.

사실은, 지금까지 설명한 것보다 더 쉽게 규칙을 생성할 수도 있다. Outbound 탭 에서 Automatic outbound NAT rule generation 라디오 버튼을 클릭한 후 Save 버 튼을 클릭하면 페이지가 새로고침될 것이다. 다시 오른쪽 상단에 있는 Apply Changes 버튼을 클릭한다. 그리고 Automatic Rules: 섹션으로 스크롤을 내리면, 각 각의 규칙마다 Source 열 아래에 VLAN 서브넷들이 나열된 것을 볼 수 있다. 상단 의 Manual Outbound NAT rule generation 라디오 버튼을 클릭하고 Save 버튼을 클 릭한 후 페이지가 새로고침되면 Apply Changes 버튼을 다시 클릭하자. 이제 페이 지에 표시되는 NAT 규칙에 VLAN 규칙들이 포함돼 있을 것이다. 또 앞서 수동으 로 생성됐던 규칙들도 모두 포함돼 있다. VPN 서버를 통해 VLAN이 인터넷에 접 근하도록 하려면 역시 VPN을 고려한 NAT 규칙을 추가해야 하지만, 아까 설명한 복사 방법을 따라 하면 그리 어렵지 않을 것이다.

마지막으로, VLAN상에서 실행될 서비스들을 설정해야 한다. 현재 다른 인터페이 스들에서 DHCP를 사용하고 있다면 VLAN 인터페이스에서 DHCP 서버를 활성 화해야 할 것이다. 2장에서 DHCP 서버를 설정하는 방법을 이미 자세히 설명했 으므로 다시 설명을 반복하지 않겠지만, 최소한으로 요약하면 다음을 수행해야 한다.

1. 인터페이스상에서 DHCP 서버를 활성화한다.

2. 인터페이스에 대한 IP 주소 범위를 지정한다.

3. (필요하다면) 고정 DHCP 매핑을 추가한다.

종속 포털이나 DHCP 릴레이와 같은 서비스들도 마찬가지로 VLAN 인터페이스에서 활성화할 수 있을 것이다.

스위치에서의 VLAN 설정

VLAN 설정을 진정으로 완료하기 위해서는 VLAN 인터페이스에 연결되는 스위치들도 설정해야 한다. 스위치 제품에 따라서 설정 방법이 다소 다르기 때문에, 우선 일반적인 설정에 관해 설명하고 그다음에 개별 제품별로 설정하는 방법을 자세히 알아본다.

스위치의 제조사 및 유형에 따라 스위치 설정은 다르지만, 모든 스위치 설정 시에 해야 하는 공통적인 과정은 다음과 같다.

1. 트렁크 포트(스위치를 라우터 혹은 다른 스위치와 연결하는 포트)를 설정해야 한다.

2. VLAN을 생성해야 한다.

3. 포트가 VLAN에 지정돼야 한다.

일부 스위치는 PVID를 설정하도록 요구할 것이다. PVID는 각 포트마다 설정되는 기본 VLAN ID를 의미한다.

스위치 제품마다 다양한 종류의 인터페이스를 제공한다. 명령행 인터페이스를 제공하는 스위치도 있고, 웹 기반 인터페이스를 제공하는 스위치도 있으며, 둘 다 제공하는 스위치도 있다. 또 제품 고유의 설정용 유틸리티를 제공하는 스위치도 있다. 제조사에서 제공하는 유틸리티를 사용할 경우에 주의할 점은 이러한 유틸리티들이 현재의 서브넷에 있지 않은 스위치를 탐지할 수 없는 경우가 많다는 것이다. 이런 경우, 다른 네트워크상에서 스위치를 설정하는 것은 불가능하다.

대부분의 스위치가 802.1Q VLAN을 지원하지만, 일부 스위치는 포트 기반의 VLAN도 지원한다. 포트 기반 VLAN에서는 모든 포트가 고정적으로 VLAN에 할당된다. 그리고 포트를 드나드는 트래픽에 VLAN 태그가 포함되지 않는다. 802.1Q VLAN에서는 특정 VLAN에 할당된 포트에 들어오는 트래픽에 802.1Q 헤더가 태깅되며, 따라서 다수의 스위치에 걸쳐서 VLAN이 설정될 수 있다. 동일 VLAN에 속하지만 서로 다른 스위치에 연결된 두 개의 노드 사이의 트래픽이 트렁크 포트를 통해 전송될 수 있으며, 트렁크 포트는 다른 VLAN 호환 스위치와의 연결을 제공한다. 따라서 목적지 노드와 연결된 스위치는 (목적지 노드의 MAC 주소를 검색함으로써) 목적지 포트를 로컬 스위치의 포트로서 인식하며, 트래픽을 정확한 목적지 노드로 보낼 것이다.

pfSense는 802.1Q VLAN을 지원하기 때문에 지금부터의 예제는 802.1Q VLAN을 사용할 것이다. 지금 pfSense에서 두 개의 VLAN을 생성했다고 하자. 하나는 DEVELOPERS VLAN(VLAN ID=2)이고 다른 하나는 ENGINEERING VLAN(VLAN ID=3)이다. 예제에서는 시스코 스위치를 사용해 VLAN 스위치를 설정하는 방법도 보여준다. 기업 환경에서는 언젠가 시스코 스위치를 다루게 될 가능성이 높으며, 최근에는 SOHO 네트워크에서도 시스코 스위치가 사용된다.

VLAN 설정 예제 1 TL-SG108E

TL-SG108E 제품과 동봉되는 CD에는 설치해야 스위치를 설정할 수 있는 유틸리티인 Easy Smart Configuration Utility가 포함돼 있다. 그런데 불행히도 이 유틸리티는 윈도우 운영체제에서만 실행되므로(리눅스의 WINE 에뮬레이터에서는 실행되지 않는 것 같다.), 윈도우 XP 서비스팩 3 이상을 실행하는 PC가 필요하다. 그리고 스위치를 설정하기 위해서는 이 PC를 이더넷 케이블을 통해 스위치에 연결해야 한다.

스위치 설정이 pfSense 설정과 크게 다른 점이 있다. pfSense 설정은 네트워크상의 어디서든 할 수 있지만, 스위치 설정은 스위치와 동일한 서브넷상에서만 할 수 있다.

Easy Smart Configuration Utility 유틸리티를 최초로 실행하면 Discovered Switches라는 이름의 테이블이 표시된다. 이 유틸리티에 의해 탐지된 스위치들을 보여주는 테이블로서, 컴퓨터와 연결된 스위치뿐 아니라 그 스위치와 연결된 스위치까지도 포함한다. 그중에서 설정하고자 하는 스위치를 클릭하면 로그인을 요구하는 메시지가 표시된다. 관리자 ID와 암호를 입력하고 Login 버튼을 클릭한다.

스위치에 로그인하면, 여러 개의 탭을 포함하는 설정 화면이 나타난다. Switching 탭을 클릭하면 스위치의 여덟 개 포트들의 상태를 보여주는 테이블을 볼 수 있다. 우선 트렁크를 설정해야 하므로 좌측 사이드바 메뉴에서 Port Trunk를 클릭한다.

 트렁크들이 쌍으로 할당되는 링크 병합이 사용되고 있음에 주의하자.

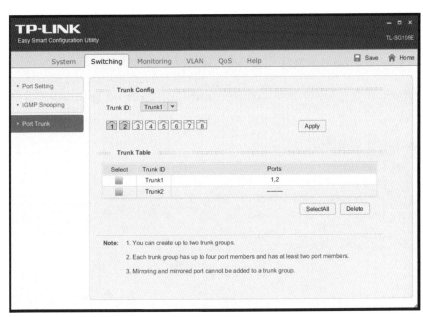

트렁크 설정 페이지

Port Trunk 페이지에서는 최대 두 개의 트렁크를 설정할 수 있으며 각각의 트렁크는 최소 두 개에서 최대 네 개의 포트를 가질 수 있다. 미러링 혹은 미러링 대상 포트는 트렁크 그룹에 추가될 수 없다. 지금 우리는 한 개의 트렁크만 필요하므로 Trunk ID 드롭다운 박스에서 Trunk1을 선택한다. 그런 다음 우리는 드롭다운 박스 아래의 그림에서 Port 1과 2를 클릭하고(다른 포트 할당과 충돌하지 않는다면 어떤 포트를 선택해도 된다.), 이어서 Apply 버튼을 클릭한다. 확인 여부를 묻는 대화 상자에서 Yes 버튼을 클릭하면 트렁크 설정은 완료된다.

여덟 개의 포트 중 두 개는 이미 트렁크에 할당된 사실을 기억하면서 VLAN 설정을 시작하자. 페이지 상단의 VLAN 탭을 클릭한다. 사이드바 메뉴에서 세 개의 VLAN 옵션인 MTU VLAN, Port Based VLAN, 802.1Q VLAN을 볼 수 있다.

MTU VLAN은 트렁크 포트 대신에 하나의 업링크 포트를 사용하므로, 노드 연결에 사용할 수 있는 포트가 한 개 늘어나는 장점을 가진다. 포트마다 별도의 VLAN에 할당되는 경우에는 적합한 옵션이지만, 지금 우리가 원하는 방식이 아니기 때문에 이 모드를 사용하지 않을 것이다.

Port Based VLAN은 포트에 드나드는 이더넷 프레임에 태그가 포함되지 않는 옵션이다. 스위치 설정상 포트가 지정된 VLAN이 곧 트래픽이 전송되는 VLAN이 된다. 이 모드는 pfSense가 지원하지 않기 때문에 역시 사용하지 않는다.

하지만 802.1Q는 VLAN 트래픽 태그에 관한 IEEE 표준이며 pfSense에 의해 지원된다. 따라서 우리는 이 방법을 사용하기로 하고, 사이드바 메뉴에서 802.1Q VLAN 옵션을 클릭한다.

 두 개의 VLAN 각각에 대해 세 개의 **포트**를 할당했음에 주의하자.

802.1Q VLAN 설정 페이지

802.1Q VLAN 설정 페이지에는 두 개의 섹션이 있다. Global config 섹션에는 802.1Q VLAN 활성화 여부를 정할 수 있는 옵션이 있고, 802.1Q VLAN Settings 섹션에서는 VLAN과 관련된 정보를 입력할 수 있다. 우리는 802.1Q VLAN을 사용할 것이므로 드롭다운 박스에서 Enable을 선택하고 Apply 버튼을 클릭한 후 확인 대화 상자에서 Yes를 누른다.

802.1Q VLAN Settings 섹션에서 입력해야 할 매개변수들은 다음과 같다.

- VLAN (1-4094): 앞서 pfSense에서 설정했던 VLAN의 ID와 일치해야 한다.
- VLAN Name: 임의로 이름을 붙여도 되지만, pfSense에서 설정했던 VLAN 이름과 일치시키면 관리하기 편할 것이다.
- Tagged Ports: 아웃바운드 트래픽에 802.1Q 태그가 첨부되는 포트다. 따라서 앞서 지정된 트렁크 포트와 일치해야 한다. 여기서는 1과 2를 선택한다.
- Untagged Ports: 아웃바운드 트래픽에서 802.1Q 태그가 제거되는 포트로서, VLAN의 인바운드 포트와 일치해야 한다. 지금 우리는 두 개의 VLAN 각각에

대해 세 개의 포트를 지정하고 있으므로 3과 5를 VLAN2(DEVELOPER VLAN)에, 그리고 포트 6과 8을 VLAN3(ENGINEERING VLAN)에 지정하자.

모든 VLAN에 대해 VLAN ID, VLAN Name, Tagged Ports, Untagged Ports 입력이 끝나면 Apply 버튼을 누르고 확인 대화 상자에서 Yes를 클릭한다.

다음 단계는 좌측 사이드바에 있는 802.1Q PVID Setting을 클릭해 포트의 PVID, 즉 포트 VLAN ID를 설정하는 것이다. 이 설정은 스위치가 VLAN 태그가 없는 패킷을 수신했을 때 그 패킷을 트렁크 포트로 보내기 전에 PVID와 일치하는 VLAN 태그를 추가하기 위한 것이다. TL-SG108E에서 PVID 설정은 802.1Q 태그가 제대로 동작하기 위해 필요하며, 또한 포트의 브로드캐스트 도메인을 정하는 것이기도 하다. 포트에 수신된 브로드캐스트 패킷은 PVID가 일치하는 모든 포트로 전송될 것이다.

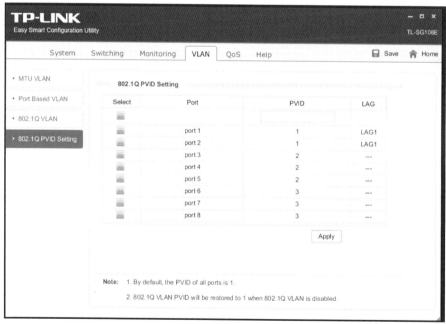

PVID 설정 페이지

포트 3부터 5는 VLAN2(DEVELOPERS)가 사용하고 포트 6부터 8은 VLAN3(ENGINEERING)이 사용할 것이므로, 포트 3부터 5는 2, 포트 6부터 8은 3으로 설정해야 한다. 설정하고자 하는 포트의 체크박스를 선택하고, 테이블의 PVID 열의 상단에 있는 에디트 박스에 PVID를 입력한 후, **Apply** 버튼을 클릭하고 확인 대화 상자에서 **Yes**를 클릭한다. 이제 스위치 설정이 끝났으므로 페이지 우측 상단의 **Save** 버튼을 클릭하고 확인 대화 상자에서 **Yes**를 클릭한다.

이제 pfSense와 스위치가 모두 설정을 마쳤으므로 두 개의 VLAN, 즉 DEVELOPERS 와 ENGINEERING은 모두 동작할 것이다. 이 VLAN들의 속성은 다음과 같다.

- 둘 다 인터넷에 접근할 수 있다.
- 둘 다 다른 서브넷에 접근할 수 있으며, 상호 접근도 가능하다.
- DHCP가 두 인터페이스에서 모두 활성화돼 있다.

이러한 설정이 여러분의 상황과 일치하지 않을 수도 있지만, 언제든지 여러분의 필요에 맞게 조정할 수 있다. 특히 다른 서브넷에 대한 접근을 차단하기 위해서는 방화벽 규칙을 변경하면 된다.

VLAN 설정 예제 2: 시스코 스위치

대부분의 시스코 스위치에서 VLAN 설정 작업은 아주 간단하다. 시스코는 명령행 인터페이스를 제공하는데, 명령의 개수는 그리 많지 않다. 시스코가 제공하는 세 개의 VLAN 설정 방법은 다음과 같다.

- 고정 VLAN 생성
- 동적 트렁킹 프로토콜을 사용한 VLAN 생성
- VLAN 트렁킹 프로토콜 사용한 VLAN 생성

고정 VLAN 생성

VLAN에 속하는 스위치 포트를 관리자가 수동으로 지정하는 방법이다. 최초 상태에서는 모든 포트가 VLAN1에 지정돼 있다.

고정 VLAN은 VLAN 설정 모드에서 생성할 수 있다. 두 개의 VLAN을 생성하기 위해 필요한 명령어는 다음과 같다.

1. 우선 특권 실행privileged EXEC 모드에서 설정 모드로 바꾼다.

   ```
   Switch# configure terminal
   ```

2. 다음으로, 첫 번째 VLAN(VLAN2, DEVELOPERS VLAN)을 생성한다.

   ```
   Switch (config)# vlan 2
   ```

3. 이름을 지정한다.

   ```
   Switch (config-vlan)# name DEVELOPERS
   ```

4. 다음으로, 변경 사항을 적용하고 버전 번호를 증가시키면서 전역 설정 모드로 돌아간다.

   ```
   Switch (config-vlan)# exit
   ```

5. ENGINEERING VLAN에 대해서도 동일한 작업을 수행한다. 단, (이미 설정 모드에 있으므로) 설정 모드로 들어가는 명령어는 필요 없다.

   ```
   Switch (config)# vlan 3
   Switch (config-vlan)# name ENGINEERING
   Switch (config-vlan)# exit
   ```

6. 다음으로, VLAN에 포트를 지정해야 한다. 트렁킹이 아닌 포트를 설정하기 위해 우선 인터페이스 설정 모드로 바꾼다.

   ```
   Switch (config)# interface range fastethernet 1/3-5
   ```

   interface는 인터페이스 설정 모드로 전환하고 있음을 의미한다. range는 하나의 포트가 아니라 포트 범위를 설정하고 있음을 가리키고, fastethernet

은 인터페이스 유형이다. fastethernet 이외에 ethernet, fddi(광케이블 연결), token 혹은 tokenring(토큰링 네트워크), atm 등도 가능하다. 1은 슬롯이고(시스코 스위치에는 슬롯 개념이 있는데, 슬롯은 스위치의 포트일 수도 있고 확장 슬롯/모듈일 수도 있다.), 3-5는 포트 3부터 5를 설정하는 것을 의미한다.

7. 다음으로, 포트 3부터 5를 접근 포트로 설정한다.

```
Switch (config-if-range)# switchport mode access
```

8. 마지막으로, 포트 3부터 5를 VLAN2에 지정하고 전역 설정 모드로 돌아간다.

```
Switch (config-if-range)# switchport access vlan 2
Switch (config-if-range)# exit
```

9. 다음으로 포트 6부터 8에 대해 인터페이스 설정 모드로 들어가고 이 포트들을 VLAN3에 대한 접근 포트로서 설정한다.

```
Switch (config)# interfacerange fastethernet 1/6-8
Switch (config-if-range)# switchport mode access
Switch (config-if-range)# switchport access vlan 3
Switch (config-if-range)# exit
```

10. 두 개의 VLAN 모두에 대해 포트 범위를 선택하기 위해 range 명령어를 사용했음에 주목하자. 하나의 포트만을 설정하는 구문은 다음과 같다.

```
Switch (config)# interface fastethernet 0/1
```

이 명령은 슬롯 0, 포트 1을 설정한다.

11. 다음으로, 적어도 하나의 포트를 트렁크 포트로서 설정해야 한다. 먼저 인터페이스 유형, 슬롯, 포트를 나타낸다.

```
Switch (config)# interface fastethernet 1/1
```

12. 그다음 모드를 trunk로 설정한다.

```
Switch (config-if)# switchport access mode trunk
```

이 명령은 슬롯 1, 포트 1을 트렁크 포트로 설정한다.

13. 이 트렁크 포트에 대한 네이티브 VLAN이 기본 VLAN(VLAN1)이 된다. 다음 과 같은 명령을 사용해 기본 VLAN을 변경할 수 있다.

```
Switch (config-if)# switchport trunk native vlan 2
```

이 명령은 네이티브 VLAN을 VLAN2로 변경한다. 기본적으로 트렁크 포트는 모든 VLAN 트래픽을 수행하지만, 원한다면 트렁크 포트에 허용되는 VLAN을 다음과 같이 제한할 수 있다.

```
Switch (config-if)# switchport trunk allow vlan 2-3
```

이 명령은 trunk 포트가 VLAN 2와 3, 즉 DEVELOPERS와 ENGINEERING VLAN 만을 허용하도록 제한한다. 다른 가능한 값으로 all(모든 VLAN을 허용), none(어느 VLAN도 허용 안 함), 허용되는 VLAN의 목록, remove(VLAN을 제거), add(VLAN을 추가) 등이 있다. 예를 들어 다음의 명령을 살펴보자.

```
Switch (config-if)# switchport trunk remove vlan 2
```

이 명령은 VLAN3에 영향을 주지 않으면서 VLAN2에 대한 접근을 제거한다. 다시 VLAN2를 추가하는 방법은 다음과 같다.

```
Switch (config-if)# switchport trunk add vlan 2
```

14. 설정이 제대로 됐는지 확인하기 위해 설정 모드에서 나간 후 show 명령을 사 용한다. 예를 들어, DEVELOPERS VLAN의 설정을 확인하려면 다음과 같이 입력 한다.

```
Switch (config-if)# exit
Switch (config)# exit
Switch# show vlan name DEVELOPERS
```

이 명령은 VLAN2에 대한 설정 정보를 표시한다. 다음 명령도 마찬가지 동작 을 수행한다.

```
Switch# show vlan id 2
```

동적 트렁킹 프로토콜

또 다른 방법으로 DTP^{Dynamic Trunking Protocol}(동적 트렁킹 프로토콜)를 사용할 수 있다. 이 프로토콜을 사용하면 시스코 스위치에서 트렁킹 및 트렁킹 캡슐화 유형을 자동으로 설정할 수 있다. 우선 인터페이스 설정 모드로 들어간다.

```
Switch# configure terminal
Switch (config)# interface fastethernet 0/1
```

슬롯 0 포트 1은 다음 명령을 사용해 고정적으로 트렁크 포트로 변환될 수 있다.

```
Switch (config-if)# switchport mode trunk
```

동적 트렁크 설정은 두 가지 방법으로 수행할 수 있다. 인접 인터페이스가 trunk, desirable, auto로 설정돼 있는 경우, 다음 명령을 실행하면 트렁크 포트가 된다.

```
Switchport mode dynamic desirable
```

인접 인터페이스가 trunk 또는 auto로 설정된 경우, 다음 명령을 실행하면 트렁크 포트가 된다.

```
Switch (config-if)# switchport mode dynamic auto
```

DTP를 사용하면 VLAN 호핑 공격에 취약해질 수 있다는 점을 주의하자. 트렁크 포트만 DTP를 사용하도록 제한하는 것이 좋다.

VLAN 트렁킹 프로토콜

VTP^{VLAN Trunking Protocol}는 DTP와 마찬가지로 시스코 스위치에서만 사용 가능한 프로토콜이다. VTP의 목적은 VLAN 설정 정보를 VLAN 도메인 전체에 동기화함으로써 VLAN 설정을 쉽게 하는 것이다. 이를 위해 하나의 스위치가 VTP 서버로서 지정되고 이 서버가 도메인 전체에 걸쳐 VLAN 추가, 삭제, 이름 변경 등의 처리를 도맡는다.

VTP 도메인에는 세 가지 모드가 존재한다.

- **Server**: 기본 모드. VTP 서버에서 변경 사항이 발생하면, 도메인에 속한 다른 스위치들로 전파된다. VTP 서버는 이러한 전파를 가능하게 하는 VTP 통지를 생성할 책임이 있다.
- **Transparent**: 이 모드로 동작 중인 스위치의 설정에서 일어난 변경 사항은 해당 스위치에만 영향을 미친다. 이 모드에서 스위치는 VTP 통지를 생성할 수 없으며, 다만 다른 스위치로 전달할 수는 있다.
- **Client**: 이 모드의 스위치는 설정을 변경할 수 없으며, 다만 다른 스위치에 자신의 VLAN 정보를 보낼 수는 있다. 또한 다른 스위치로 VTP 통지를 전달할 수 있다.

네트워크의 규모가 커질수록, 수십 혹은 수백 대의 스위치를 일일이 설정하는 것보다 VTP를 사용해 단 하나의 스위치만 설정하는 것의 편리함을 느낄 수 있다. 또 VTP는 VTP 프루닝^{Pruning}이라는 기능을 갖고 있는데, 브로드캐스트/유니캐스트 메시지가 전송되고 있는 VLAN 포트를 갖고 있는 스위치에만 해당 메시지를 전달할 수 있다. 이 기능은 트렁크의 대역폭을 좀 더 효율적으로 사용할 수 있다.

VTP 설정에 필요한 명령어는 그리 많지 않다. 지금 우리는 하나의 포트 혹은 포트 범위가 아니라 스위치 전체에 적용되는 설정을 할 것이므로 전역 설정 모드를 사용할 수 있다.

1. 먼저, 전역 설정 모드로 들어간다.

```
Switch# configure terminal
```

2. 다음으로, 스위치를 VTP 서버로서 설정한다.

```
Switch (config)# vtp mode server
```

3. 스위치를 client 모드 또는 transparent 모드로 변경할 수 있다.

```
Switch (config)# vtp mode client
Switch (config)# vtp mode transparent
```

4. 다음 명령을 사용해 도메인 이름을 설정한다.

```
Switch (config)# vtp domain <domain_name>
```

여기서, <domain_name>은 설정하고자 하는 도메인 이름이다.

5. 다음 명령을 사용해 암호를 설정할 수 있다.

```
Switch (config)# vtp password <password>
```

6. VTP 도메인을 VTP 버전 2로 설정하기 위해 다음 명령을 입력한다.

```
Switch (config)# vtp v2-mode
```

7. 마지막으로 프루닝을 위해 다음 명령을 사용한다.

```
Switch (config)# vtp pruning
```

나머지 설정은 앞서와 동일하다. 접근 포트와 트렁크 포트를 모두 설정하고, VLAN을 생성한 후 포트를 지정한다. 하지만 VTP를 사용하기 때문에 훨씬 설정하기 쉬우며 필요시 설정을 변경하는 것 역시 쉽다.

VLAN 관련 문제 해결

VLAN 문제 해결이 다른 네트워크 문제 해결과 다른 점은 기업 환경에서 사용되는 스위치들은 대부분 제조사에서 마련한 장애 해결 지침이 존재한다는 것이다. 하지만 그럼에도 불구하고 pfSense 설정의 정확성을 확인하고 스위치 제조사에 관계없이 공통적인 몇 가지 문제를 해결하는 방법이 있다. 우선 일반적인 설정 문제부터 시작하자.

일반적인 문제 해결 팁

문제를 찾을 때는 OSI 네트워크 모델의 아래에서부터 시작하는 것이 바람직한 습관이다. 다시 말해, 물리 계층부터 시작하는 것이다. 케이블 연결 상태를 확인하고, 필요하다면 의심스러운 케이블을 교체한다. 좋은 반사계 장치를 갖고 있으면 케이블 연결이 끊긴 지점을 찾아내는 데 유용하게 사용할 수 있다.

다음 단계는 포트가 제대로 동작하고 있는지 확인하는 것이다. 물리적으로는 동작하고 있지만 2계층(데이터링크 계층) 프로토콜이 제대로 실행되고 있지 않을 수 있다. 시스코 스위치에서 비활성화된 포트를 재시작할 때는 `no shutdown` 명령을 사용할 수 있다. 또한 스위치와 라우터 간에 속도 불일치가 있을 수 있다. 예를 들어 라우터는 100Mbps인데 스위치는 1Gbps 속도일 수 있다. 이럴 때는 자동 협상 기능을 설정하는 것이 좋다.

스위치 설정 확인하기

물리적 연결이 정상적이고 포트도 활성화돼 있으며 포트 설정도 정확한 것을 확인했다면, 다음 사항들을 확인한다.

- 트렁크 포트가 정확히 설정돼 있고 트렁크 포트와 라우터 사이에 적어도 하나의 연결이 존재하는지 확인한다. 시스코 스위치에서 DTP를 사용하는 경우, 트렁크 포트가 제대로 동작 중인지 확인될 때까지 고정 포트 설정으로 전환할 수 있다.
- 접근 포트가 올바르게 설정돼 있고 VLAN에 할당된 포트에 노드가 연결돼 있는지 확인한다.
- VLAN이 올바르게 설정돼 있고 pfSense에서 지정된 VLAN ID와 일치하는 VLAN ID가 설정됐는지 확인한다.
- 캡슐화 포맷이 정확한지 확인한다(pfSense에서 VLAN을 사용하기 위해서는 802.1Q 캡슐화여야 한다).

특정 제조사와 모델별로 고유한 스위치 설정들이 있으므로 제조사가 제공하는 문서를 빈틈없이 살펴보는 것이 좋다. 또한 여러분이 사용 중인 스위치와 관련해 문제가 있는지 구글 검색을 해보는 것도 좋다. 시스코 스위치와 관련된 문서는 대단히 많으며 스위치 관리 방법은 여기서 완전히 설명하기에는 너무 큰 주제다.

그래도 자세히 알아보고 싶다면 여러분의 전문성을 높이는 데 도움이 될 서적, 튜토리얼, 시스코 인증 자격증 등을 활용할 수 있다.

트렁크 포트 설정은 비교적 간단하다. 스위치마다 적어도 하나의 트렁크 포트가 필요하며(일부 스위치는 트렁크 포트를 쌍으로 할당한다.), 이러한 포트는 라우터 및 다른 스위치와의 연결 시에 사용된다. 일부 스위치는 VLAN 설정이 끝난 후에 트렁크 포트를 설정할 수 있으며, 반대로 VLAN을 설정하기 위해 사전에 트렁크 포트 설정이 필요한 경우도 있다. VLAN이 트렁크에서 활성화돼 있고, VLAN에서 오는 패킷이 트렁크에서 허용되는지도 확인한다.

접근 포트를 설정하는 것도 역시 간단하다. 포트에 올바른 VLAN을 할당해야 하며 VLAN 태그도 정확히 설정했는지 확인한다. 접근 포트에 들어가는 패킷에는 태그가 포함되면 안 된다는 점을 기억하자. 즉 인바운드 패킷은 (이중 태그가 아닌 한) 일반 이더넷 프레임이어야 하며, 반면에 트렁크 포트를 나가는(아웃바운드) 패킷에는 태그가 포함돼야 라우터와 스위치는 패킷이 어느 VLAN에 속하는지 알 수 있다.

고려해야 할 또 다른 설정 요소는 PVID, 즉 포트의 기본 VLAN ID다. 일부 관리형 스위치는 PVID가 설정되지 않으면 VLAN이 전혀 동작하지 않는다. VLAN이 동작하지 않고 물리적 연결은 정상적임을 확인했다면, 현재 사용 중인 포트의 PVID 설정을 확인할 필요가 있다. 접근 포트의 PVID 설정은 최초에 스위치에서 VLAN 설정 시에 할당했던 접근 포트 VLAN을 따라야 한다.

pfSense 설정 확인

스위치 설정이 모두 끝났으면 pfSense에 로그인해서 VLAN 설정이 올바른지 확인한다. 우선 Interfaces ➤ (assign)으로 이동한 후 VLANs 탭을 클릭하고, VLAN ID가 스위치에서 설정된 VLAN ID와 일치하는지 확인한다. 그리고 Interface Assignments 탭을 클릭해 VLAN ID들이 올바른 인터페이스에 지정됐는지 확인한다.

DHCP 또는 DHCPv6를 사용 중이라면 DHCP/DHCPv6 서버가 VLAN 인터페이스에서 실행되고 있고 제대로 설정돼 있는지 확인해야 한다. 미심쩍은 면이 있다면 노드 중 하나를 고정 IP 설정으로 바꾼 후 VLAN에 접근 가능한지 점검한다(DHCP 서버에 의해 지정되는 주소 범위에 속하지 않은 IP 주소를 사용해야 한다). DHCPv6를 사용 중인데 스위치나 운영체제의 IPv6 호환성에 의심이 생긴다면 DHCP를 먼저 시도해본다.

노드들이 VLAN에는 연결되지만, 인터넷 연결이 안 되고 다른 서브넷에도 전혀 접근하지 못하는 상황이 발생할 수 있다. VLAN도 네트워크이기 때문에, 다른 네트워크에 접근할 수 있으려면 정확한 설정이 필요하다. pfSense가 기본적으로 allow LAN to any 규칙을 생성하는 LAN이 아닌 한, 새로 생성되는 네트워크는 항상 다른 네트워크로의 접근이 차단돼 있다. 따라서 Firewall ➤ Rules로 이동해 VLAN이 WAN 인터페이스에 접근 가능하도록 규칙을 생성해야 한다. 앞서 언급했듯이 가장 쉬운 방법은 Rule Copy 옵션을 사용한 후 Interface와 Source 필드를 현재 규칙을 생성 중인 VLAN과 일치하도록 변경하는 것이다.

pfSense는 기본적으로 NAT에 아웃바운드 규칙을 자동으로 생성한다. 자동으로 NAT 아웃바운드 규칙이 생성되므로 별도로 NAT 규칙을 작성할 필요가 없다. 하지만 수동으로 아웃바운드 규칙을 생성하는 경우는 VLAN 각각에 대해 규칙을 만들어야 한다. VPN 서버에 연결하기 위해 아웃바운드 NAT 규칙을 생성한 경우 아마도 수동으로 규칙을 작성할 것이므로, VPN 서비스에 가입할 때 VLAN을 위한 아웃바운드 NAT 규칙이 있는지 확인해야 한다. 이를 위해서는 Firewall ➤ NAT로 이동한 후 Outbound 탭을 클릭해 규칙을 확인한다. 수동으로 규칙을 작성할 필요를 없애기 위해 하이브리드 규칙 생성 모드를 활용할 수 있는데, 이 모드에서 pfSense는 여전히 자동으로 규칙을 생성하지만 수동으로 규칙을 만들 수도 있다. 이 모드를 사용하기 위해서는 NAT Outbound 탭에서 Hybrid Outbound NAT rule generation 라디오 버튼을 선택하고, 버튼 아래에 있는 Save 버튼을 누른다.

다음 테이블은 자주 발생하는 VLAN 통신 문제의 해결 방법을 요약한 것이다.

문제	원인	해결책
동일 VLAN/동일 스위치상의 노드들이 서로 통신할 수 없다.	케이블 문제나 스위치 장애, 스위치 설정 오류, 노드의 설정 잘못	케이블 연결을 확인(정상으로 확인된 케이블로 교체), 스위치 동작 여부 및 설정 확인
동일 VLAN/동일 스위치상의 노드들이 서로 통신할 수 있지만, 동일 VLAN/다른 스위치상의 노드들이 서로 통신할 수 없다.	케이블 문제, 트렁크 포트 설정 잘못	케이블 연결을 확인, 통신 문제가 발생 중인 노드가 연결된 스위치에서 트렁크 설정 확인
동일 VLAN상의 노드들이 서로 통신할 수 있지만, 인터넷이나 다른 서브넷에 접근할 수 없다.	VLAN 트래픽을 허용하는 규칙이 생성되지 않았거나 부적절하게 생성	VLAN 허용 규칙이 생성됐는지 확인, 아웃바운드 NAT 규칙이 생성됐는지 확인
노드가 잘못된 VLAN상에 위치하고 있다.	노드가 잘못된 포트에 연결돼 있거나 포트 설정에 문제가 있음	노드가 정확한 포트에 연결돼 있는지 확인하고, 포트가 제대로 설정돼 있는지 확인

문제 해결 사례

VLAN 연결 문제의 구체적인 해결 사례를 보여주기 위해 앞서 살펴본 DEVELOPERS와 ENGINEERING VLAN 시나리오를 예로 들어 가상의 문제를 해결해보자.

노드 D1이 DEVELOPER VLAN상에 있는데 같은 DEVELOPER VLAN에 속한 노드 D4에 접근할 수 없다고 하자. D1은 1층에 있고, D4는 3층에 있다. DEVELOPER VLAN은 172.16.0.0 서브넷이고, D1의 IP 주소는 172.16.1.101이며, D4의 IP 주소는 172.16.1.104다. 스위치 S1의 IP 주소는 172.16.1.1이고 스위치 S2의 IP 주소는 172.17.1.1, 스위치 S3의 IP 주소는 172.16.1.2다. 앞서 보여준 VLAN 다이어그램에서 이와 관련된 부분만 확대해서 보여주면 다음과 같다.

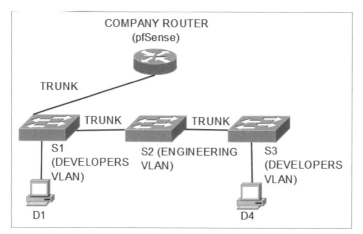

노드 D1과 D4를 보여주는 네트워크 다이어그램. 현재 D1은 D4와 통신할 수 없다.

우선 물리 계층에서 문제 해결을 시작하기 위해 케이블 연결을 확인한 결과, 케이블에는 아무 문제가 없다는 결론이 났다. 그러면 D1과 D4가 동일한 VLAN에 있으므로 2계층(데이터 링크 계층) 문제로 볼 수 있으며, 따라서 노드와 스위치 간의 연결 및 S1과 S3 간의 트렁크 링크에 집중해야 함을 알 수 있다.

우선 D1과 S1 사이의 연결을 확인한다. 다음 화면은 S1에서 ping 명령을 실행한 결과를 보여준다.

```
                              192.168.20.100 - PuTTY
SW1# ping 172.16.1.101
Sending 5, 100-byte ICMP echoes to 172.16.1.101, timeout is 2 sec:
!!!!!
Success rate is 100 percent
SW1#
```

화면에서 볼 수 있듯이 S1에서 D1으로의 ping이 성공했다. 즉, 둘 사이의 인터페이스는 올바르게 설정돼 있으므로, 이번에는 S1과 D4 사이의 연결 여부를 다음과 같이 확인할 수 있다.

```
192.168.20.100 - PuTTY
SW1# ping 172.16.1.104
Sending 5, 100-byte ICMP echoes to 172.16.1.104, timeout is 2 sec:
.....
Success rate is 0 percent
SW1#
```

이번에는 S3에서 D4로 ping을 시도한다.

```
192.168.20.100 - PuTTY
SW3# ping 172.16.1.104
Sending 5, 100-byte ICMP echoes to 172.16.1.104, timeout is 2 sec:
!!!!!
Success rate is 100 percent
SW3#
```

S3와 D4 사이의 연결 상태가 좋은 것을 알 수 있다. 따라서 S1과 S3 사이의 연결이 문제인 것으로 보인다. 하지만 S3와 D4 사이에 문제가 있다면, 다음 확인 작업을 수행해야 한다.

- VLAN이 S3에서 활성화돼 있는지 확인한다.
- D4가 연결된 포트에 VLAN이 지정돼 있는지 확인한다.

S1과 P1 사이의 ping이 실패했을 경우도 동일한 문제 해결 순서를 따르면 된다. 즉, VLAN이 S1에서 활성화돼 있는지 확인하고, D1이 연결된 포트에 VLAN이 지정돼 있는지 확인해야 한다.

S1과 D1, S3와 D4 사이의 연결에 문제가 없다면, S1과 S3 간의 연결이 문제다. 다시 말해, 트렁크가 문제인 것이다. S1과 S3 사이에는 또 다른 스위치 S2가 있으므로, S1과 S2 간의 연결과 S3와 S2 간의 연결을 ping 명령을 실행함으로써 모두 확인해야 한다. 현재 S3에 로그인돼 있으므로 S3에서 S2로 ping을 실행해보자.

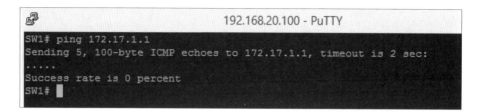

S3와 S2 사이의 연결에 문제가 있는 것으로 나왔다. 혹시 모르니, 이번에는 S1에서 S2로도 ping을 실행해보자.

문제의 원인이 S3와 S2 사이에 있는 것으로만 성급히 결론을 내렸었다면, 두 스위치를 연결하는 트렁크 포트에 집중했을 것이다. 하지만 두 개의 ping 테스트가 모두 실패했으므로, S2가 DEVELOPERS VLAN 트래픽을 허용하도록 제대로 설정돼 있지 않을 가능성이 높다. 따라서 이 부분을 확인하고 설정을 수정해야 한다.

이 문제를 해결하기 위해 고려할 사항들은 다음과 같다.

- 트렁크는 정확한 캡슐화 포맷으로 실행돼야 한다. 그렇지 않으면 VLAN 트래픽을 전송할 수 없기 때문이다.
- VLAN이 활성화돼야 하며 모든 트렁크 포트는 DEVELOPERS VLAN의 트래픽을 허용하도록 설정돼야 한다.

요약

이번 장에서는 기본적인 VLAN의 개념들을 알아보고, VLAN을 구현하는 것이 적합한 사례를 논의했다. 그다음으로 pfSense 및 스위치에서 예제 네트워크를 설정하는 방법을 다뤘다. 마지막으로 VLAN 문제 해결 방법을 소개하고, 가상의 VLAN 문제를 해결하는 사례를 제시했다.

이번 장에서 설명한 내용들은 VLAN 최초 설정에 이용하기에는 충분하다. 그러나 VLAN을 활용하는 네트워크의 설계, 설정, 진단, 수리에는 훨씬 많은 지식이 필요하다. 예를 들어 시스코는 초급 지원에서 고급 네트워크 설계에 이르기까지 5단계의 인증 체계를 갖추고 있다. 이번 장의 내용이 재미있었다면, VLAN을 좀 더 깊이 공부할 것을 추천한다. 시중에서 이 주제와 관련된 다양한 서적, 학습 자료, 동영상을 접할 수 있다.

4장에서는 pfSense의 핵심 기능 중 하나인 방화벽 기능을 다룬다. 규칙 생성, NAT, 스케줄링, 앨리어스, 가상 IP 등이 소개될 것이며 방화벽 기능의 일부인 트래픽 셰이핑은 5장에서 별도로 다뤄질 것이다.

4

방화벽으로서의
pfSense

컴퓨터의 세계에서 방화벽은 두 가지 의미를 갖고 있다. 하나는 양방향 트래픽을 필터링하는 기능을 갖고 있는 네트워크 장비(하드웨어)고, 다른 하나는 트래픽을 필터링하는 기능을 갖고 있으면서 컴퓨터상에서 실행되는 서비스(소프트웨어)다. 이번 장에서 말하는 방화벽은 후자의 의미를 갖고 있다. pfSense를 네트워크상의 트래픽을 필터링하는 수단으로서 사용하는 방법을 주로 설명할 것인데, pfSense 의 가장 널리 사용되는 용도에 해당된다.

이번 장에서는 방화벽 규칙 및 규칙 방법론을 다룬다. 또 NAT와 스케줄링 등 pfSense의 핵심적인 방화벽 서비스들을 소개한다. 트래픽 셰이핑을 제외하고 방화벽과 관련된 기능이 모두 설명되며, 트래픽 셰이핑은 5장에서 별도로 논의할 것이다. 이 장에서 다루는 주제들은 다음과 같다.

- 방화벽 규칙
- 방화벽 규칙 방법론
- 스케줄링
- NAT
- 앨리어스

- 가상 IP
- 문제 해결

예제 네트워크

구체적인 예를 들어 개념을 설명하는 것이 도움이 될 때가 많으므로 이번에도 가상의 네트워크를 사용해 방화벽 규칙의 설정 방법을 이해해보자. 네 개의 서브넷 SALES, MARKETING, DEVELOPERS, DMZ가 사내에 존재하며, 다음과 같은 조건이 요구된다.

모든 서브넷은 인터넷 접근이 허용돼야 하며, 다음과 같은 제한이 따른다.

- SALES는 MARKETING 및 DEVELOPERS에 접근할 수 없다. MARKETING은 SALES 및 DEVELOPERS에 접근할 수 없다. DEVELOPERS는 SALES 및 MARKETING에 접근할 수 없다.
- SALES, MARKETING, DEVELOPERS는 DMZ에 접근할 수 있다. 하지만 DMZ는 (DMZ가 아닌) 로컬 서브넷에 접근할 수 없다.
- SALES 및 MARKETING은 MARKETING에 있는 프린터를 공유한다. 따라서 SALES는 이 프린터에 접근할 수 있어야 하지만, MARKETING의 다른 노드에는 접근할 수 없다.
- 회사에서는 업무와 무관하며 많은 대역폭을 소비하는 인터넷 접근을 제한한다. 따라서 유튜브는 모든 서브넷에서 차단된다.
- 개발자들이 슬래시닷 사이트에서 너무 많은 시간을 낭비하고 있으므로 DEVELOPERS 서브넷에서 https://slashdot.org/에 대한 접근이 차단된다. 단, 점심시간(정오부터 1시까지)에는 허용된다.
- 고객이 접근할 수 있는 FTP 서버를 DMZ 서브넷에 배치하려고 한다. 인터넷을 통해 FTP 서버에 접근할 수 있도록 포트 21이 열려야 하고, 포트 21로 들어오는 트래픽은 FTP 서버로 전달돼야 한다.

- 장애 상황에 대비해 방화벽을 이중화하고자 한다. 따라서 두 개의 방화벽을 설치하고, 그중 하나가 마스터 방화벽으로 설정돼야 한다. 보조 방화벽은 마스터 방화벽에 장애가 발생했을 때만 사용된다.

이와 같은 요구 조건들은 우리가 구현할 방화벽/NAT 규칙을 통해 구현될 수 있다. 일단, 다음과 같이 네트워크 다이어그램을 그릴 수 있다.

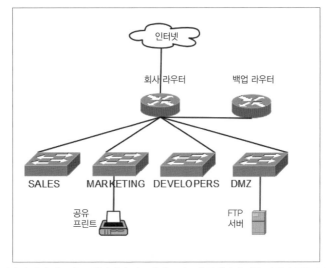

가상의 회사 네트워크. 부서마다 별도의 네트워크가 구성되며 일부 자원이 공유된다.

pfSense의 방화벽은 이와 같은 네트워크의 요구 조건을 만족시키는 데 충분한 기능을 제공한다. 방화벽의 개념들을 우선 설명한 후, 이 예제 네트워크를 다시 방문하자.

방화벽의 기본 개념

방화벽의 기본 목적은 신뢰할 수 있는 내부 네트워크와 신뢰할 수 없는 외부 네트워크 사이에 장벽을 구축하는 것이다. 개인personal 방화벽이라는 단어도 있는데, 이것은 주로 아웃바운드 트래픽을 필터링하기 위해 개별 노드에 설치되는 방화벽을 가리킨다. 네트워크의 모든 방화벽은 패킷을 검사해 필터링 규칙에 부합하는지 확인하는 패킷 필터링 기능을 수행할 수 있다. 규칙에 부합하지 않는 패킷은 그대로 폐기^{drop}된다.

 pfSense의 방화벽은 세 가지 필터링 옵션을 갖고 있다. Pass는 패킷의 방화벽 통과를 허용한다. Block은 패킷을 무조건 폐기한다. Reject 역시 패킷이 폐기되지만, 송신자에게 Port unreacheable 메시지가 반환된다(즉, 방화벽이 트래픽을 차단했음을 보낸 사람에게 알려준다).

pfSense에서 규칙의 적용 순서는 하향식이다. 즉 규칙 목록^{ruleset}을 위에서 아래로 읽어들이므로, 패킷에 부합되는 첫 번째 규칙이 적용되며 나머지 규칙들은 해당 패킷에 적용되지 않는다. 이런 이유로 규칙 목록 내의 순서는 매우 중요하며, 가장 관대한 규칙은 목록의 맨 아래에 위치해야 한다.

pfSense는 상태 기반^{stateful} 방화벽이다. 즉 방화벽을 통과하는 모든 패킷을 기록하며, 패킷이 새로운 연결의 일부인지, 기존 연결의 일부인지, 혹은 둘 다 아닌지를 판정한다. 기존 연결의 일부인 경우 방화벽을 통해 응답 트래픽이 통과되는 것이 자동으로 허용된다. 원래의 연결과 다른 프로토콜이 사용될 경우도 허용될 수 있는데, ICMP 제어 패킷이 이에 해당되며 이를 가리켜 상태 기반 패킷 검사^{stateful packet inspection}라고 부른다.

상태 기반 패킷 검사는 1990년대 이후 거의 모든 방화벽에서 핵심 기능이지만, 단점도 존재한다. 모든 연결이 하나의 상태를 나타내는데, 각각의 상태마다 방화벽의 상태 테이블에 항목이 생성돼야 하기 때문이다. pfSense에서 하나의 상태는 약 1KB의 메모리를 필요로 한다. 상태 테이블에는 최대 크기가 지정돼 있는데, System ➤ Advanced로 이동해 Firewall & NAT 탭을 클릭하면 확인할 수 있다(여기서 상태 테이블과 관련된 설정 중에 Firewall Maximum States는 최대 연결 개수를 의미하고, Firewall Maximum Table Entries는 최대 항목 개수를 의미하는데 프락시 서버를 포함해 항목을 생성하는 것이 모두 포함된다). 연결의 개수가 Firewall Maximum States의 값을 초과하면 연결이 그대로 폐기되는 것과 같은 예상치 못한 문제가 발생할 수 있다. 또 잠재적인 보안 위협 요인이 되는데, 예를 들어 서비스 거부^{DoS, Denial of Service} 공격은 방화벽에 가짜 연결 패킷을 집중적으로 보내서 상태 테이블을 포화시키고 새로운 연결 생성이 불가능하게 만드는 것이다.

패킷 필터링에는 입구^{ingress} 필터링과 출구^{egress} 필터링이라는 두 가지 종류가 있다. 입구 필터링은 외부에서 여러분의 네트워크로 유입되는 트래픽을 필터링하고, 출구 필터링은 여러분의 네트워크에서 출발해 인터넷 혹은 다른 서브넷으로 향하는 트래픽을 필터링한다. 우리는 대부분의 경우 네트워크 외부의 사악한 세력으로부터 내부 네트워크를 보호하는 데 관심이 있으므로 입구 필터링에 주로 관심을 둔다. 실제로 pfSense는 내부로 유입되는 모든 트래픽을 기본적으로 차단하며, 기본적으로 WAN 인터페이스에는 허용 규칙이 존재하지 않는다(다만 앞서도 언급했듯이 pfSense가 이미 통과를 허용했던 연결에 대한 응답은 자동으로 허용된다). 반면에 출구 필터링이 왜 필요한지 이해하기는 쉽지 않은데, 그것은 우리가 내부 네트워크를 신뢰하는 경향이 있기 때문이다.

하지만 출구 필터링을 사용해야 하는 합리적인 이유가 있다. 여러분이 아무리 노력했더라도 악성 코드^{malware}가 내부 네트워크에 이미 들어와 있을 가능성은 얼마든지 있다. 이러한 상황에서 출구 필터링을 적용하지 않는다면, 이 악성 코드가 무슨 짓을 할지 모른다. 악성 코드의 목적은 다양한데, 악성 코드 제작자가 제어하는 특정 위치로 데이터를 보내거나, 여러분의 PC를 (예를 들면 스팸 메일을 뿌리는) 봇^{bot}으로 이용한다. 네트워크의 보안을 훼손시키는 것 자체가 악성 코드의 궁극적인 목표일 수도 있다. 악성 프로그램의 상당수는 출구 필터링을 회피하기 위해 널리 사용되는 포트(예를 들면 기본 HTTP 포트인 80)를 사용하지만, 그렇지 않은 것들도 많다. 따라서 기본 IRC 포트인 6667을 차단하면, IRC에 의존하는 봇을 무력화할 수 있다. 악성 코드의 목적이 무엇이든, 출구 필터링이 없다면 로컬 네트워크에서 이미 실행 중인 악성 코드가 그 목적을 달성할 수 있다. 또한 악성 코드로 보내지는 응답 트래픽도 방화벽 통과가 허용될 것이다. 따라서 출구 필터링이 없으면 결과적으로 여러분의 네트워크에 피해가 발생할 가능성은 얼마든지 있다.

출구 필터링을 하지 않을 경우 네트워크에 미치는 손실은 여러분의 통제를 벗어날 수 있다. 악성 코드 제작자가 내부 네트워크에 접근 권한을 얻으면 여러분의 네트워크가 다른 네트워크에 공격을 하기 위한 발판으로 사용될 수 있으며, 분산 서비스 거부DDoS 공격, 스팸, 피싱 등에 이용될 수 있다. 특히 인터넷 연결이 다수일 경우 더욱 문제가 커질 것이다. 여러분이 내부 네트워크에서 DNS 서버를 운영 중이라면, 누군가가 이 서버를 악의적인 도메인 영역 데이터를 유포하는 목적으로 사용할 수도 있다. 즉, 모르는 사이에 범죄 행위의 공범이 될 수 있는 것이다.

대부분의 경우 출구 필터링은 네트워크가 일단 침해된 후에 피해를 최소화하지만, 가끔은 침해를 미리 막아주기도 한다. 일부 악성 코드는 제대로 동작하기 위해 반드시 아웃바운드 접근을 필요로 하는데, 출구 필터링이 적용되고 있다면 이러한 악성 코드의 실행 시작을 방지할 수 있기 때문이다. 코드 레드Code Red 웜은 이러한 악성 코드의 예며, 악성 코드 제작자가 제어하는 외부 사이트로부터 파일 다운로드를 필요로 하는 악성 코드는 출구 필터링을 통해 예방할 수 있다.

출구 필터링을 사용하는 또 다른 이유는 내부 네트워크에서 허가되지 않은 소프트웨어가 사용되지 않도록 방지하는 것이다. 많은 P2P 프로그램들이 필터링을 피하기 위해 특이한 포트들을 사용하는데, 출구 필터링을 사용하면 이런 프로그램을 쉽게 차단할 수 있다. 이러한 프로그램들은 갈수록 정교해지면서 사용 가능한 포트를 찾아낼 때까지 포트를 계속 바꾸는데, 출구 필터링을 통해 필수적인 포트를 제외한 모든 포트들을 차단하면 이러한 비인가 프로그램들과의 전투에서 우위를 점할 수 있다. 또한 내부 직원이 방화벽 규칙을 우회해 접근 권한이 없는 사이트에 접속하는 용도로 VPN 소프트웨어를 사용하지 못하도록 막을 수도 있다.

마지막으로, 출구 필터링은 아웃바운드 접근을 해서는 안 되는 트래픽이 방화벽을 통과하지 못하도록 막는 역할도 한다. 포트 161과 162를 사용하는 SMTP 트래픽을 생각해보자. SMTP 트래픽은 인터넷으로 나가면 안 되는데, 방화벽 안쪽의 정보를 외부에 드러냄으로써 네트워크의 보안을 손상시킬 수 있기 때문이다. 포트 118을 사용하는 SQL 질의와 포트 67, 68을 사용하는 DHCP 트래픽도 마찬가지다.

방화벽 설정의 권장 지침

지금까지 살펴본 기초들을 바탕으로, 방화벽을 구현할 때 모범으로 삼을 지침들을 추려낼 수 있다. 어떤 지침은 매우 명확한 반면, 다소 모호한 것도 있다.

- 방화벽 규칙을 작성할 때 최소 권한의 원칙을 적용한다. 방화벽 규칙이 지나치게 느슨한 경우가 많다. 목적지 필드의 값이 any인 통과 규칙을 만들지 않는 것이 좋으며, 적어도 이 규칙이 적용될 포트의 범위를 제한해야 한다. pfSense가 기본적으로 모든 네트워크 트래픽을 차단하는 것을 활용할 수 있다.

- 방화벽 규칙을 주기적으로 확인하고, 유효 기간이 지난 규칙을 삭제한다. 예를 들어, 앞서의 네트워크에서 MARKETING 서브넷에 공유 프린터가 있었으므로 이 프린터에 대한 접근을 허용하도록 방화벽 규칙을 작성했을 것이다. 하지만 프린터가 제거되거나 다른 서브넷으로 이동된다면 이 프린터의 IP 주소를 허용하는 방화벽 규칙도 함께 제거돼야 한다. 대규모 네트워크 환경에서는 어떤 규칙을 제거해야 할지 알아내기 위해 네트워크 관리자가 적극적으로 나서야 할 경우가 많다. 각 부서들은 정보를 교환하기 위한 노력을 하지 않기 때문이다. 불필요한 방화벽 규칙을 삭제하는 작업을 습관화하면 잠재적인 공격 경로를 제거할 수 있다.

- 방화벽 규칙의 변경 내역을 문서화하는 것이 좋다. 규칙이 변경된 이유를 여러분은 기억할지 몰라도 다른 사람은 그렇지 않을 수 있다. 특히 규칙 변경이 비상 상황에 대한 대응으로서 이뤄진 경우 그렇다. 규칙 변경을 문서화하면 방화벽 관리가 용이해지고 장애 해결 시에도 도움이 될 수 있다.

- 방화벽 규칙을 정기적으로 백업한다. 대규모 네트워크 환경에서 백업은 독립적으로 별도 관리돼야 한다. 방화벽의 장애 또는 기타 재해로부터 복구할 때 백업의 가치가 증명될 것이다.
- 방화벽 규칙은 여러분이 속한 조직의 보안 정책과 일관성을 가져야 하며, 규칙 생성을 완료했을 때 회사 정책과 일관되는지 재확인할 필요가 있다.
- 반복적이고 불필요한 방화벽 규칙들을 제거하고, 가능한 한 규칙 목록을 간소화하도록 노력한다.
- 정기적으로 최신 업데이트를 방화벽에 적용한다.
- CPU 활용도를 높이고 네트워크 처리량을 증가시키기 위해 방화벽에서 실행되는 애플리케이션의 수를 제한한다. 프락시 서버와 같이 별도의 전용 PC에서 실행 가능한 애플리케이션은 방화벽의 앞단 혹은 뒷단에 위치하는 다른 시스템으로 옮기는 것이 좋다.
- 방화벽에 정기적으로 보안 검사를 수행하는 것이 좋다. 새로운 공격법들이 끊임없이 발견되고 있으므로 방화벽을 정기적으로 테스트할 필요가 있다. 그리고 방화벽 양측의 모든 인터페이스에 대해 검사를 수행해야 한다.
- PCI DSS(카드 업계의 데이터 보안 표준)를 준수하는 회사인 경우, 방화벽 정책이 이 표준을 준수하고 있는지 검토해야 한다. 예를 들어, 이 표준의 1.1.6항에서는 6개월마다 방화벽 규칙을 전면적으로 재검토하도록 규정하고 있다. 이 표준은 꾸준히 갱신되고 있는데, 2016년 4월 3.2 버전이 발표됐다.
- 로그 기록을 활성화하되, 실제로 여러분이 로그를 보는 경우에만 한다. 그렇지 않다면 단순히 디스크 공간과 CPU의 낭비에 불과하기 때문이다.
- 원격 사용자가 있는 경우, 사용자의 컴퓨터에서 개인 방화벽 및 침입 탐지 시스템을 실행하도록 요청한다.
- 해커가 로그 파일을 변조하지 못하도록 막고 싶다면, 원격 로깅 서버를 실행하는 것을 고려할 만하다.

위에서 제시한 지침 중에는 일반 가정이나 SOHO 환경에서 구현하기 쉽지 않은 것들도 있다. 따라서 그중에서 어느 정도까지 실제로 구현할지 판단하는 시간이 필요하다. 하지만 지나치게 관대하게 규칙을 지정하지 않고, 유효 기간이 지난 규칙을 삭제하며, 규칙 변경 내역을 문서화하는 일은 소규모 환경에서도 반드시 준수하는 것이 바람직한 습관이다. 그 밖에 다른 지침들에 대해서는 상황에 따라 유연하게 결정할 수 있을 것이다.

입구 필터링을 위한 지침

지금까지 설명한 내용을 바탕으로 입구 필터링에 대한 지침을 분명히 정리해보자. 기본적으로 모든 트래픽을 차단하는 것을 원칙으로 하면서 서비스별로 포트 및 노드에 대한 접근을 허용해야 한다. 예를 들어 예제 네트워크에서는 FTP 서버를 운영하고 있으므로 FTP 서버의 네트워크에서는 21번 포트를 열어야 한다. 또한 DDoS 공격을 방지하는 수단으로서 입구 필터링을 사용할 수 있다. 입구 필터링을 위한 지침들이 다음의 IETF 문서들에 설명돼 있다.

- 네트워크 입구 필터링: IP 주소 스푸핑을 사용하는 DoS 공격을 막는 방법 (https://tools.ietf.org/html/bcp38)
- 멀티홈Multi-homed 네트워크를 위한 출구 필터링: 네트워크로 들어오는 패킷들이 실제로 패킷의 출발지 정보와 일치하는 곳으로부터 오는 것인지 확인할 수 있는 몇 가지 전략들을 논의한다. 일반적인 경우와 멀티홈(인터넷 연결이 둘 이상인 네트워크) 상황을 모두 다루고 있다(https://tools.ietf.org/html/bcp84).

위 문서들은 분량이 그리 길지 않으므로 끝까지 읽어보면 유익할 것이다. 하지만 핵심적인 부분을 요약하면 다음과 같다.

- 스푸핑을 사용하는 트래픽은 방화벽에 의해 차단돼야 한다. 따라서 유효한 출발지 주소로부터 들어오는 트래픽만을 허용하도록 입구 필터를 설정해야 한다.

- 원격 접근 서버에서 자동 필터링이 사용돼야 한다. 예를 들어 사용자가 ISP를 통해 원격 접근 서버에 접속하는 경우, 해당 사용자로부터의 트래픽은 오직 ISP에 의해 할당된 IP 주소만을 사용해야 한다.
- DHCP 또는 BOOTP가 사용되는 경우, 릴레이 에이전트에서는 출발지 IP 주소가 0.0.0.0이고 목적지 IP 주소가 255.255.255.255인 패킷을 위한 대비책이 필요하다.
- BCP 84는 ISP 및 에지edge 네트워크 운영자를 위한 것으로서 RPFReverse Path Forwarding를 구현할 수 있는 여러 방법들을 설명한다. RPF는 DDoS 공격을 막기 위한 것이며, 라우터가 패킷의 출발지 IP 주소를 검사해 라우터가 알고 있는 최선의 경로로부터 온 패킷만 통과시키고 그렇지 않은 패킷은 폐기한다.

출구 필터링을 위한 지침

일반 가정 혹은 SOHO 환경에서 출구 필터링을 세부적으로 설정하기 위해서는 우선 접근 대상 서비스를 정리해야 한다(DNS, SMTP, POP 또는 IMAP, NTP, HTTP/HTTPS 등이 포함될 것이다). 기업 환경이라면 회사 차원의 보안 정책을 참조하는 것이 가장 중요하다. 사내에서 네트워크 보안 담당자 혹은 다른 이해관계자에게 문의하는 과정도 필요할 것이다.

네트워크에서 실행 중인 서비스가 접근하는 원격 서버들의 목록을 작성하고 필터에서 이 서비스들을 통과시키도록 허용한다. 예를 들어 DNS 서버를 운영 중이라면 의심의 여지가 없이 다른 DNS 서버들과 통신해야 한다. 이때 인터페이스들을 인터페이스 그룹 단위로 묶은 후 그룹별로 접근을 허용하는 것이 관리하기 편리하다.

앞서 언급했듯이 출구 필터링은 기본적으로 아웃바운드 트래픽을 전체 거부deny all로 설정해야 한다. 그다음에 접근을 허용해야 하는 서비스들을 개별적으로 허용하고, 관리자admin들이 각자의 업무를 수행할 수 있도록 네트워크/보안 시스템에 접근을 허용하는 규칙을 추가한다. 마지막으로, 로컬 네트워크 내에서 운영 중인 서버가 외부 네트워크에 위치하는 서비스와 통신할 수 있는 규칙을 추가한다.

IP 스푸핑을 방지하기 위해서도 출구 필터링 정책을 사용한다. 이것은 로컬 네트워크 내의 노드에 할당된 IP 주소로부터 출발하는 트래픽만 방화벽을 통과할 수 있도록 허용한다는 의미다. 이러한 IP 주소에는 DHCP 또는 고정적으로 할당된 IP 주소, 방화벽을 통해 인터넷으로 연결되는 서브넷, (VPN을 사용하는 경우) VPN 클라이언트 등이 포함된다. 만일 서브넷의 일부만을 주소 할당에 사용 중이라면 (예를 들어 서브넷 주소가 172.16.0.0인데 그중에서 172.16.1.0만을 사용 중이라면), 실제로 사용 중인 주소만을 허용하고 나머지 주소들은 차단한다.

외부 서버와의 연결 수립이 필요 없는 내부 서버 또는 작업 그룹으로부터의 아웃바운드 트래픽은 모두 차단한다. 또한 스팸 메일 발송자와 봇넷들이 사용하는 도메인과 IP 주소들의 목록을 The Spamhaus Project에서 확인하고 필터에서 차단하는 것도 필요하다. 이 프로젝트에서 제공하는 DROP[Don't Route or Peer] 목록은 특히 유용한데, 이 목록에는 스팸메일 발송자들에 의해 악용되거나 완전히 제어권을 빼앗긴 IP 주소들의 목록이 포함돼 있기 때문이다.

방화벽 규칙 생성 및 편집

지금까지 기본적인 방화벽 원칙들을 논의했으니 이제 방화벽 설정을 시작해보자. 방화벽 규칙을 생성하거나 편집하기 위해서는 pfSense에 로그인한 후 Firewall ▶ Rules로 이동한다. 페이지 상단에서 인터페이스 목록을 볼 수 있는데, 인터페이스의 이름을 클릭하면 해당 인터페이스의 규칙 목록을 볼 수 있다(최초에는 WAN 인터페이스의 규칙 목록이 보일 것이다). 일반적으로 규칙을 생성/편집하고자 하는 인터페이스를 클릭하는 것이 보통이지만, 규칙 편집 페이지에서는 규칙이 적용될 인터페이스를 선택할 수 있는 옵션이 제공되기 때문에 임의의 탭에서 임의의 인터페이스에 대한 규칙을 생성할 수도 있다. 여러분이 규칙을 생성하고자 하는 인터페이스를 클릭하고, 페이지 하단에 위치하는 두 개의 Add 버튼 중 하나를 사용해 규칙을 생성할 수 있다. 위쪽 화살표를 포함하는 **Add** 버튼은 새로 생성되는 규칙을 테이블 상단에 추가하는 반면, 아래쪽 화살표를 포함하는 **Add** 버튼은 새로 생성되는 규칙을 테이블 하단에 추가한다. 이미 생성된 규칙들을 포함하는 테이블의 오른쪽에 표시되는 **Copy** 버튼도 매우 유용하다. **Copy** 버튼(2장의 종이 아이콘으로 표시)을 사용하면 기존 규칙을 기반으로 새로운 규칙을 만들 수 있다. **Copy** 버튼을 누르면 기존 규칙과 동일한 옵션을 포함하는 규칙이 새로 생성될 것이다.

이러한 옵션들을 사용하면 방화벽 규칙을 편집할 수 있는 페이지가 시작된다. 첫 번째 섹션 **Edit Firewall Rule**의 첫 번째 옵션인 **Action** 드롭다운 박스에서는 해당 규칙을 만족하는 패킷을 어떻게 처리할지 지정한다. 선택 가능한 항목은 다음과 같다.

- **Pass**: 트래픽을 통과시킨다.
- **Block**: 패킷을 그냥 폐기한다.
- **Reject**: TCP RST 혹은 ICMP port unreachable 메시지와 함께 해당 패킷을 송신 측으로 되돌려 보낸다(TCP 트래픽일 때는 TCP RST, UDP 트래픽일 때는 ICMP port unreachable).

Block과 **Reject** 중에 어느 것이 더 바람직한지를 놓고 다양한 의견이 존재한다. **Reject**의 장점은 접근이 허용되지 않았음을 송신 측이 즉시 알 수 있다는 점이다. 반면에 **Block**의 경우는 결국 시간 초과로 연결이 끊어질 것이다.

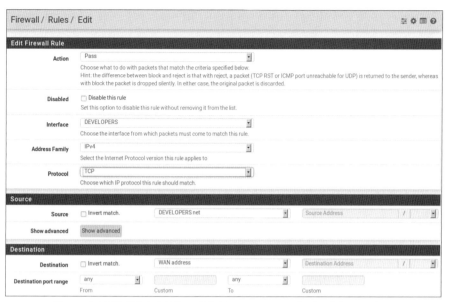

pfSense에서 규칙 작성하기. TCP 트래픽이 DEVELOPERS 네트워크에서 WAN 주소로
전달되도록 허용하고 있다.

Disabled 체크박스를 체크하면 이 규칙은 비활성화되지만 규칙 목록에서 제거되지는 않는다. Interface 드롭다운 박스는 이 규칙이 적용되는 인터페이스를 (즉, 규칙이 적용되기 위해 패킷이 어느 인터페이스로부터 들어와야 하는지를) 선택하기 위한 것이다. Address Family 드롭다운 박스는 규칙이 어느 인터넷 프로토콜 버전에 적용될지 선택할 수 있으며, IPv4, IPv6, IPv4+IPv6 중 하나를 선택할 수 있다. 마지막으로, Protocol 드롭다운 박스를 사용하면 규칙과 일치해야 하는 IP 프로토콜을 선택할 수 있다. 여기서 any 옵션을 선택하는 것은 피해야 하며, 꼭 허용해야 하는 프로토콜만을 선택하자.

그다음 Source 섹션에서는 규칙과 일치하는 패킷의 출발 위치를 지정할 수 있다. Source 드롭다운 박스에서는 몇 가지 옵션을 지정할 수 있다. any를 선택하면 해당 인터페이스상의 모든 패킷이 규칙과 일치하게 된다. Single host or alias를 선택하면 하나의 IP 주소 또는 앨리어스를 입력할 수 있다(앨리어스를 만드는 방법은 조금 후에 설명된다). Network를 선택하면 서브넷을 입력할 수 있다(이 옵션을 선택하면 서브넷 주소의 네트워크 부분과 CIDR을 입력해야 한다). **PPPoE clients**(PPPoE는 Point-to-Point over Ethernet을 의미한다.) 또는 **L2TP clients**(L2TP는 Layer 2 Tunneling Protocol을 의미한다.)를 선택할 수도 있다. 나머지 옵션들은 출발지를 인터페이스 전체로서 선택하거나(예를 들면 LAN) 그 인터페이스상의 어떤 주소로 선택할 수 있다. Invert match 체크박스를 체크하면, 선택된 것과 반대로 규칙이 적용된다. 예를 들어 LAN net을 선택하고 Invert match를 선택했다면, LAN net이 아닌 것에 규칙이 적용될 것이다. Show advanced 버튼을 클릭하면 Source port range 옵션이 나타난다. 드롭다운 박스에서 포트를 선택하거나 에디트 박스에서 직접 입력할 수 있다.

Destination 섹션에서는 규칙이 적용될 패킷의 목적지를 선택할 수 있다. Source 섹션과 설정 항목이 거의 같으며, 다만 Destination port range 필드가 항상 표시돼 있고 이 필드를 숨기는 것은 불가능하다는 점만 다르다. 또 Source 섹션과 마찬가지로 규칙을 반대로 적용할 수 있다.

그다음 섹션은 Extra Options다. Log 체크박스가 선택되면 규칙에 의해 처리되는 패킷을 기록한다. 이 설정을 사용하면 디스크 공간이 금세 부족해지기 때문에 일반적으로는 널리 사용되지 않는다. 하지만 어떤 특정 규칙으로 영향을 받는 패킷을 추적하는 상황에서는 일시적으로 이 설정을 사용할 수 있을 것이다. 또 나중에 참조하기 위해 간단한 설명을 Descriptions에 입력할 수 있다. Display Advanced 버튼을 클릭하면 Advanced Options 섹션이 표시될 것이다.

Source OS 드롭다운 박스에서는 어떤 운영체제를 사용하는 시스템에서 출발한 패킷에 규칙을 적용할지 지정할 수 있다. 많은 옵션들이 있지만(any도 있음), 윈도우의 최신 버전들은 포함돼 있지 않다(윈도우 7, 8, 10 옵션이 없으며, 다만 일반적인 윈도우 옵션이 존재한다). Diffserv Code Point 옵션은 특정 디프서브 코드 포인트 값에 규칙을 적용하기 위한 것이다. 이 값은 트래픽 필터링이나 대기열 할당에 사용되는데, 이 기능이 동작하기 위해서는 트래픽 셰이핑이 활성화돼야 한다.

pfSense는 기본적으로 IP 옵션들이 설정된 패킷들을 차단하지만, Allow IP options 체크박스를 선택하면 이러한 패킷들이 통과할 수 있다. Disable reply-to 체크박스는 WAN이 아닌 인터페이스가 내부 네트워크의 일부를 위한 게이트웨이 역할을 하는 구성에서 사용하기 위한 것이다. 이러한 네트워크 구성에서는 어떤 패킷의 reply-to 트래픽은 그 패킷이 도착했던 인터페이스가 아니라 다른 지정된 게이트웨이를 통해 보내지는데, 이 게이트웨이는 패킷을 방화벽으로 전달하고 방화벽은 다시 반송하기 때문에 결국은 시간 초과가 발생한다. 이러한 상황에서 Disable reply-to 옵션을 사용해야 한다.

Tag 에디트 박스는 규칙과 일치하는 패킷을 표시(마킹)해두기 위한 것이다. 여기에 표시해둔 내용은 NAT 또는 필터 규칙과 대조하는 데 사용할 수 있다. 그다음 옵션 Tagged는 다른 규칙에 의해 표시된 패킷이 있을 경우 패킷을 대조하는 용도로 사용할 수 있다.

지금부터 설명하는 옵션들은 DoS 공격을 완화하는 데 도움이 될 수 있다. Max. states는 규칙이 생성할 수 있는 최대 상태 항목 개수를 지정하고, Max.src nodes는 출발지 호스트의 최대 개수를 지정한다. Max.connections는 한 개의 호스트가 수립할 수 있는 최대 연결 개수를 지정하는데, TCP에서만 동작한다(규칙이 적용되기 위한 연결이 존재해야 하므로, 무상태stateless 프로토콜인 UDP에서는 당연히 동작하지 않을 것이다). Max.src.States는 한 개의 호스트당 최대 상태 항목 개수를 지정하고, Max.src.Conn.Rate는 한 개의 호스트당 최대 신규 연결 개수를 지정한다. Max. src.Conn.Rate와 Max.src.Conn.Rates는 둘 다 한 개의 호스트에 1초간 허용되는 연결의 개수를 제어하는데, 첫 번째 에디트 박스는 연결의 개수를 지정하고 두 번째 에디트 박스는 시간 간격을 지정한다. 예를 들어 Max.src.Conn.Rate를 25로 지정하고 Max.src.Conn.Rates를 60으로 지정하면, 60초(1분) 동안 한 개의 호스트당 25개의 연결까지 허용된다. 마지막으로, State timeout은 어떤 상태 항목의 효과가 만료되기까지의 유효 시간을 의미한다. 이 설정은 상태 테이블이 포화되는 것을 막음으로써 DoS 공격에 대처할 수 있지만, 너무 짧게 설정되면 정상적인 트래픽조차 폐기될 수 있다는 점에 주의하자. Max.src.Conn.Rate, Max.src.Conn.Rates, State timeout 모두 TCP 연결에만 적용된다.

그다음 설정 TCP Flags는 규칙이 적용되기 위해 어떤 TCP 플래그가 설정 혹은 해제돼야 하는지를 지정할 수 있다. 설정돼야 할 플래그는 set 행에서, 해제돼야 할 플래그는 out of 행에서 확인한다. Any flags 체크박스가 선택되면 어떤 플래그가 설정 혹은 해제됐든 규칙이 적용된다.

No pfSync 체크박스가 선택되면, CARP가 사용 중인 경우 규칙이 생성하는 상태들이 pfSync를 통해 동기화되지 않게 된다. State type 드롭다운 박스는 상태 추적 방법의 유형을 선택할 수 있다. Keep 옵션은 기본 옵션으로서 모든 프로토콜에서 동작한다. Sloppy 옵션도 역시 모든 프로토콜에서 동작하며 다소 느슨한 형태의 상태 추적을 실행한다. 이는 비대칭 라우팅이 사용되는 상황(앞에서 언급했던 둘 이상의 게이트웨이가 존재하는 상황)에서 유용할 수 있다. Synproxy 옵션은 수신되는 TCP 연결을 자동으로 프락시에 저장하는데, 이 옵션이 사용되면 pfSense는 SYN ACK 패킷을 수신할 때까지 새로운 TCP 연결에 대한 상태 테이블 항목을 새로 만들지 않는다. 이것은 위장된 SYN 플러드 공격으로부터 네트워크를 보호하는 데 도움이 될 것이다. 마지막으로 None은 이름에서 알 수 있듯이 이 규칙에 대해 어떠한 상태 항목도 생성하지 않는다.

No XMLRPC Sync 체크박스를 체크하면, 이 규칙이 다른 CARP 멤버와 동기화되지 않도록 막을 수 있다. 이 옵션은 둘 이상의 마스터 CARP 멤버 간에만 동작한다는 점에 주의하자. 따라서 마스터가 슬레이브 CARP 멤버에 규칙을 덮어 쓰지 않도록 방지할 수는 없다. VLAN prio 옵션은 규칙이 적용되기 위해 VLAN 패킷에 설정돼야 하는 802.1p 우선순위 레벨을 지정한다. 우선순위 레벨은 앞서 3장, 'VLAN 설정'에서 설명한 적이 있으며, 드롭다운 박스에서 약어로 표시된다. 각각의 약어가 나타내는 바는 다음과 같다.

약어	설명
BK	백그라운드
BE	최선 노력(Best effort)
EE	우수 노력(Excellent effort)
CA	핵심 애플리케이션
VI	대기 시간 100밀리초 미만의 동영상
VO	대기 시간 10밀리초 미만의 동영상
IC	인터네트워크 제어
NC	네트워크 제어

VLAN Prio Set 드롭다운 박스는 이 규칙에 해당되는 패킷에 적용될 802.1p 우선순위를 선택할 수 있다. 이 드롭다운 박스의 약어는 VLAN Prio 드롭다운 박스의 것과 동일하다.

Schedule 드롭다운 박스는 사전에 정해진 시간 범위 동안에만 규칙을 적용할 수 있다. 이 페이지에서는 시간 범위를 생성할 수 없으며, Firewall ➤ Schedules에서 생성할 수 있다. 그 방법은 조금 후에 자세히 설명될 것이다. none 옵션은 언제든지 규칙을 적용하도록 설정한다.

Gateway 드롭다운 박스는 규칙이 적용될 트래픽을 위한 게이트웨이를 선택할 수 있다. default가 선택되면 시스템의 라우팅 테이블이 사용되고, 그렇지 않으면 선택된 게이트웨이로 트래픽이 보내진다. 이 옵션은 정책 기반의 라우팅을 설정할 때 유용하다.

그다음 옵션 In/Out pipe는 선택된 인터페이스(In 인터페이스)로부터 보내지는 트래픽을 받아서 그 인터페이스를 떠나는 트래픽을 다른 인터페이스(Out 인터페이스)로 보낸다. Ackqueue/Queues 옵션은 특정 트래픽 셰이핑 대기열에서 오는 트래픽을 받아서 ACK 트래픽을 특정 ack 대기열로 보낸다.

설정이 모두 완료되면 페이지 하단의 Save 버튼을 클릭한다. Firewall ➤ Rules 페이지로 돌아갈 것이다.

유동 규칙

유동floating 방화벽 규칙은 다음의 두 가지 측면에서 일반적인 방화벽 규칙과 다르다.

- 임의의 방향으로 적용될 수 있다.
- 둘 이상의 인터페이스에 적용될 수 있다.

다음 화면은 유동 규칙을 설정하는 방법을 보여준다.

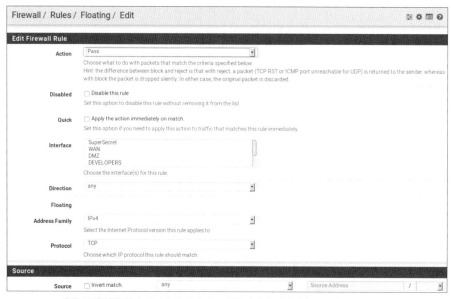

유동 규칙 설정 화면. Quick 옵션이 있으며 둘 이상의 인터페이스를 선택할 수 있다.

유동 규칙을 생성하려면 Rules 페이지의 Floating 탭을 클릭하고 Add 버튼 중 하나를 클릭한다. 앞서 설명했던 Edit 페이지와 거의 같으며 다른 점은 다음과 같다.

- Quick 체크박스를 선택하면 pfSense는 규칙과 일치하는 패킷에 규칙을 곧바로 적용하며 다른 규칙을 사용해 패킷을 필터링하려고 시도하지 않는다.
- Interface 리스트박스에서 둘 이상의 인터페이스를 선택할 수 있다.
- Direction 드롭다운 박스에서 규칙이 적용될 트래픽이 인터페이스로 들어오는 것인지(in), 인터페이스에서 나가는 것인지(out), 아니면 둘 다인지(any) 선택할 수 있다.

유동 규칙은 다른 규칙보다 먼저 해석되기 때문에 Quick 옵션을 켜지 않았더라도 잘못 설정된 유동 규칙이 개별 인터페이스상의 규칙이 지닌 의도를 훼손할 수 있다는 점에 주의한다.

규칙 예제

규칙을 생성하는 과정을 보여주기 위해 앞서 사용한 예제 네트워크에 필요한 규칙을 하나 만들어보자. 서브넷마다 인터넷 접근을 허용하는 규칙이 필요하므로, DEVELOPERS 서브넷에 이러한 규칙을 생성할 것이다. 생성 과정은 비교적 간단하며 다음과 같이 요약할 수 있다.

1. Firewall ➤ Rules로 이동해 DEVELOPERS 탭을 클릭한다. 그다음, 테이블 하단의 Add 버튼을 클릭해 새로 규칙을 추가한다.

2. Edit 페이지에서는 기본 설정을 그대로 사용할 것이 많다. Action의 값은 Pass를 사용하며, Interface는 규칙이 적용될 패킷의 출발지인 DEVELOPERS를 선택한다. Address Family는 여러분의 네트워크가 IPv4, IPv6, 혹은 둘 다 지원하는지에 따라서 IPv4, IPv6, IPv4+IPv6 중 하나를 선택한다. TCP 트래픽만을 허용할 것이므로 Protocol은 TCP로 설정한다.

3. 규칙을 적용하는 패킷은 DEVELOPERS 서브넷으로부터 들어오는 것이므로 Source는 DEVELOPERS net으로 설정한다. 이 규칙에는 포트 범위를 설정할 필요가 없으므로 Show Advanced 버튼을 클릭하지 않을 것이다.

4. 이 규칙은 인터넷으로 나가는 트래픽에 적용될 것이므로 Destination을 WAN net으로 설정한다. 포트 범위를 설정할 필요가 없으므로 Destination port range는 수정할 필요가 없다.

5. Description 필드에는 나중에 참조할 수 있도록 Allow DEVELOPERS to WAN이라고 입력해둔다. 그리고 Save 버튼을 클릭한다. Rules 페이지로 돌아온 다음 Apply Changes 버튼을 클릭해야 방화벽 규칙이 새로고침된다.

모두 끝났다. 이제 DEVELOPERS 서브넷에 속한 노드들은 인터넷에 접근할 수 있다. 다른 서브넷들에도 비슷한 규칙을 만들어야 한다는 점을 기억하자. 규칙 옆의 테이블 오른쪽에 있는 Copy 버튼을 클릭하면 비슷한 규칙을 생성하는 작업을 쉽게 처리할 수 있다. Copy 버튼으로 복사한 후에는 Interface를 다른 인터페이스(예를 들면 ENGINEERING)로 변경하고 Source도 Interface에 설정한 것과 일치하도록 변경해야 한다. 또 Description 필드도 적절히 입력한 후(예를 들면 Allow ENGINEERING to WAN rule) Save를 클릭한다. 이렇게 하면 다른 서브넷을 위한 규칙 생성이 끝난다. 기존 규칙을 복사하는 방법 이외에, 인터넷 접근을 허용하는 유동 규칙을 생성한 후 그 규칙을 필요로 하는 모든 서브넷에 허용하는 방법도 있다.

스케줄링

규칙은 항상 적용되지 않아도 되는 경우가 많다. 따라서 규칙이 적용될 시간 범위를 지정할 수 있으며, 시간 범위를 지정하는 방법은 규칙을 생성하는 것보다 훨씬 쉽다. 하나의 스케줄에 둘 이상의 시간 범위를 가질 수 있으며, 한 번 생성되고 나면 규칙에 적용될 수 있다. 스케줄링을 시작하려면 Firewall ➤ Schedules로 이동한다. 이 페이지에서는 현재 존재하고 있는 스케줄 항목들을 포함하는 테이블을 볼 수 있다. 테이블 하단의 Add 버튼을 클릭하면 새로운 항목을 만들 수 있다.

스케줄 편집 페이지에는 두 개의 섹션이 있다. Schedule Information 섹션에서는 여러 옵션들을 설정할 수 있고, Configured Ranges 섹션에서는 이미 존재하고 있는 시간 범위들을 볼 수 있다. 스케줄 한 개에 적어도 한 개의 시간 범위를 생성해야 하며, 물론 두 개 이상을 생성해도 된다. 첫 번째 옵션 Schedule Name은 스케줄의 이름을 입력하는 곳으로서 문자, 숫자, 밑줄 문자만 입력할 수 있다. 그다음 Description 필드에는 자유롭게 스케줄에 관한 설명을 입력할 수 있다. Month 드롭다운 박스에서는 월을 선택하고, 이어서 Date에서는 날짜를 지정할 수 있다. 시간 범위는 날짜로 지정될 수도 있고(예를 들면 4월 15일) 요일로 지정될 수도 있다(예를 들면 화요일). 달력에서 특정 날짜를 선택하거나, 상단의 요일 헤더에서 요일을 선택하면 된다.

스케줄 생성하기. 위 스케줄은 평일 전체에 적용될 것이다.

Time 옵션은 달력에서 선택된 날에 대한 시간 범위를 선택할 수 있다. 시작 시각, 시작 분, 정지 시각, 정지 분을 선택할 수 있으며 시각은 0-24시 기준이다. Time range description에는 시간 범위에 대한 설명을 입력할 수 있다. 시간 범위 설정을 완료하면 Add Time 버튼을 클릭하거나, 입력된 설정을 취소하고 다시 시작하고 싶으면 Clear selection 버튼을 클릭할 수 있다. Add Time 버튼을 클릭했다면 해당 시간 범위가 Configured Ranges 영역에 나타날 것이다. 추가적으로 시간 범위를 생성하고 싶다면, 적절한 날짜/요일 및 시간 범위를 선택하고 설명을 입력한 후 Add Time 버튼을 다시 클릭한다. 그리고 기존의 시간 범위를 삭제하고 싶으면 각 항목의 오른쪽에 있는 Delete 버튼을 클릭한다. 시간 범위 설정 및 기타 옵션 편집이 모두 끝났다면 페이지 하단의 Save 버튼을 클릭한다.

스케줄링 예제

스케줄을 만들고 규칙 내에서 사용하는 과정을 설명하기 위해 점심시간(정오부터 오후 1시)에 실행되는 스케줄을 작성하고 이 스케줄을 사용해 규칙을 생성해보자. 이를 통해 평일 정오부터 오후 1시까지만 슬래시닷 사이트에 접근을 허용하는 규칙을 구현할 수 있다. 설정 순서는 다음과 같다.

1. Firewall ➤ Schedules로 이동하고 페이지 하단의 Add 버튼을 클릭한다.

2. Schedule Name에 LUNCH_TIME으로 입력하고 간단한 설명을 추가한다.

3. 달력에서 상단의 Mon, Tue, Wed, Thu, Fri를 선택한다.

4. Time 필드에서 시간 범위를 12:00부터 13:00까지로 설정한다. Time range description 필드에 간단한 설명(예를 들면 Lunchtime)을 입력하고 Add Time 버튼을 클릭한다. 그다음 페이지 하단의 Save 버튼을 클릭한다.

5. 스케줄링이 추가됐으니, 이제 Firewall ➤ Rules 페이지로 이동해서 이 스케줄을 사용하는 규칙을 추가할 수 있다. 이 페이지에서 DEVELOPERS 탭을 클릭하고 위쪽 화살표를 포함하는 Add 버튼을 클릭해 테이블 목록의 상단에 규칙을 추가한다.

6. Edit 페이지에서는 Edit Firewall Rule 섹션의 옵션들을 모두 그대로 유지한다 (단, IPv6 주소를 지원해야 한다면 그렇지 않은데, 지금 예제에서는 IPv6 주소를 지원하지 않는 것으로 가정한다). Source는 DEVELOPERS net으로 설정하고, 포트 옵션들은 변경하지 않는다. 또 두 번째 드롭다운 박스에서는 Single host or alias를 선택하고 Source Address 필드에 216.34.181.45(슬래시닷의 IP 주소)를 입력한다. 또 이 규칙에 대한 설명을 입력해둔다(예를 들면 Allow Slashdot during lunchtime^{점심시간에 슬래시닷 허용}).

7. 스케줄링 옵션들을 설정하기 위해 Advanced options 버튼을 클릭한다. 고급 옵션들이 페이지에 나타나며, 아래로 스크롤하면 Schedule 드롭다운 박스가 보인다. 여기서 아까 생성된 LUNCH_TIME 스케줄링을 선택한다.

8. 이제 페이지 하단으로 스크롤하고 Save 버튼을 클릭한다. 새로운 규칙이 생성될 것이다. 새로 추가된 규칙을 표시하려면 Rules 페이지에서 Apply Changes 버튼을 클릭해야 한다.

지금까지 우리는 점심시간에 슬래시닷 접근을 허용하는 규칙을 만들었지만, 슬래시닷 접근을 차단하는 규칙은 만든 적이 없다. 따라서 현재 상태로는 새로 추가된 슬래시닷 허용 규칙에 실질적인 의미가 없는데, Allow DEVELOPERS to WAN 규칙에 의해 이미 슬래시닷 접근이 허용되고 있기 때문이다. 하지만 Copy 버튼을 사용해 기존 규칙을 바탕으로 신규 규칙을 생성하는 방법으로 슬래시닷 접근을 차단하는 규칙을 쉽게 생성할 수 있다. Action 옵션의 값을 Pass에서 Block 혹은 Reject로 변경하고(Reject가 더 나을 것이다.) Schedule 옵션에서 이 규칙이 항상 적용되도록 변경하면 된다. 또 규칙의 목적이 바뀌었으므로 Description 필드도 변경해야 할 것이다. Save 버튼을 클릭하면 새로운 규칙이 Allow Slashdot during lunchtime 규칙 뒤에 생성될 것이다. 다시 강조하지만 규칙은 하향식으로 적용되기 때문에 Block Slashdot 규칙이 All DEVELOPERS to WAN 규칙보다 먼저 위치하고 Allow Slashdot during lunchtime 규칙은 가장 앞에 위치해야 할 것이다.

NAT/포트 포워딩

NAT는 주로 하나의 인터넷 연결을 통해 다수의 컴퓨터를 인터넷에 연결시키는 수단으로서 사용된다. 하지만 NAT가 할 수 있는 일은 이것뿐이 아니며, 네트워크에 다수의 IP 주소를 제공할 수 있다. NAT는 두 가지 종류가 있는데, 인바운드 NAT(포트 포워딩)는 내부로 들어오는 트래픽을 제어하고 아웃바운드 NAT는 외부로 나가는 트래픽을 제어한다. 이번 절에서는 두 가지 NAT를 모두 다룰 것이다.

인바운드 NAT(포트 포워딩)

인바운드 NAT를 설정하기 위해서는 Firewall ➤ NAT로 이동한 후 Port Forward 탭을 클릭한다. 포트 포워딩은 특정 포트나 포트 범위, 프로토콜을 내부 네트워크의 노드로 전달하는 기능이다.

pfSense는 기본적으로 WAN 인터페이스에 포트를 열어두지 않으며, 인터넷으로부터 들어오는 트래픽을 모두 차단한다. 이것은 악의적인 누군가가 여러분의 시스템을 공격하는 상황을 예방하기 위한 것이다. 하지만 포트 포워딩이 추가되면, pfSense는 이에 대응되는 방화벽 규칙을 생성하며 이 규칙과 일치하는 트래픽은 통과할 수 있도록 허용한다. 따라서 여러분이 어떤 노드에 포트 포워딩을 허용한다면, 그 노드는 외부로부터의 공격에 대해 자체적으로 대처해야 한다.

새로운 포트 포워딩 규칙을 생성하기 위해서는 NAT 페이지의 Port Forward 탭에서 Add 버튼 중 하나를 클릭한다. 첫 번째 옵션인 Disable은 규칙을 삭제하지 않고 다만 비활성화하기 위한 것이다. No RDR (NOT)은 규칙을 반전시킴으로써 리다이렉션을 비활성화하는데, 자주 사용되는 옵션은 아니지만 프락시가 실행 중일 경우 유용할 수도 있다. 또 수많은 포트 중에서 일부 포트만 제외시키고 싶은 경우에도 사용될 수 있다.

Interface 드롭다운 박스는 규칙이 적용될 인터페이스를 선택할 수 있다(대부분의 경우 WAN을 선택한다. 인바운드 NAT는 인터넷으로부터 들어오는 트래픽을 필터링하기 때문이다). Protocol 드롭다운 박스는 NAT 규칙이 적용되는 프로토콜을 선택할 수 있다. Source는 특정 출발지 주소 또는 네트워크로부터 들어오는 패킷을 지정할 수 있지만, 대부분의 경우 이 옵션은 Any로 두는 것이 낫다. 이때 출발지 포트의 범위도 설정할 수 있지만, 역시 마찬가지로 Any로 설정하는 것이 일반적이다. 출발지 포트와 목적지 포트가 동일한 경우는 거의 없기 때문이다.

Destination 옵션의 경우는 기본값인 WAN address로 설정하는 것이 일반적이다. 인터넷상의 사용자들은 여러분의 WAN 주소를 사용해 여러분의 네트워크로 접근하는 것이지, 내부 네트워크 IP 주소를 사용하지는 않기 때문이다. 다만 현재 복수의 WAN 설정을 사용 중이라면, 그중 하나의 인터페이스의 주소로 변경해야 할 수도 있다. Destination port range는 내부 IP 주소로 전달해야 할 포트 혹은 포트 범위를 지정할 수 있다.

Redirect target IP 에디트 박스에는 여러분이 포트 혹은 포트 범위를 매핑시키려고 하는 노드의 내부 IP 주소를 입력한다. Redirect target port 옵션은 Destination port range에서 지정했던 포트로 매핑하고자 하는 포트를 지정하기 위한 것이다. 일반적으로는 이 두 개의 포트 범위는 동일하지만, 경우에 따라서는 다른 포트 범위를 지정해야 할 수도 있다. 예를 들어, 여러분이 지금 여러분의 집에서 실행되는 웹 서버에 외부 인터넷 사용자들이 접근 가능하도록 허용하고 싶다고 하자. 하지만 대부분의 ISP들은 포트 80(HTTP의 기본 포트)과 포트 443(HTTPS의 기본 포트)을 차단한다. 따라서 여러분은 포트 리다이렉션 기능을 사용하기 위해 Destination에 포트 80과 443이 아닌 다른 포트(예를 들면 1234)를 지정하고 이 포트로 들어오는 트래픽을 (이렇게 설정하지 않았다면 포트 80에서 트래픽을 수신하는) 웹 서버로 리다이렉트하는 방법을 사용할 수 있다.

Description 에디트 박스에는 나중에 참조하기 위해 간단한 설명을 입력할 수 있다. No XMLRPC Sync 체크박스를 체크하면 이 규칙이 다른 CARP 멤버에 동기화되지 않는다(CARP 슬레이브에는 적용되지 않는다. 슬레이브는 여전히 CARP 마스터에 의해 NAT 규칙이 적용될 수 있기 때문이다). NAT Reflection 드롭다운 박스를 사용하면, 네트워크의 공개 IP 주소를 사용해 포트 포워딩이 활성화된 서비스에 접근할 수 있다. Use system default 옵션은 NAT 탭의 System ➤ Advanced에서 선택된 NAT Reflection 옵션을 사용하기 위한 것이고 Enable (NAT+Proxy) 옵션은 연결을 수신하고 되돌려 보낼 프락시 데몬을 설정하는데, TCP 연결에서만 동작하며 하나의 포트 포워딩 혹은 500개 미만의 포트 범위에서만 동작할 수 있다. Enable (Pure NAT) 옵션은 외부 데몬을 사용하지 않고 리다이렉션을 가능하게 하는 자동 NAT 리다이렉트 규칙만 생성한다.

Filter rule association 드롭다운 박스는 NAT 규칙에 대응돼 어떤 유형의 방화벽 규칙이 생성돼야 하는지 선택할 수 있다. Add associated filter rule은 NAT 규칙이 갱신될 때 자동으로 함께 업데이트되는 방화벽 규칙을 새로 생성한다. Add unassociated filter rule은 반대로 자동으로 갱신되지 않는 새로운 방화벽 규칙을 생성한다. Pass는 NAT 규칙과 일치하는 트래픽은 방화벽을 통과시키지만, 이를 위해 새로운 방화벽 규칙을 생성하지는 않는다. 마지막으로 None 옵션을 선택하면 방화벽 규칙이 생성되지 않으며, 기존의 방화벽 규칙에서 이 NAT 규칙에서 허용하는 트래픽을 통과시키지 않는 한 트래픽은 방화벽을 통과하지 못할 것이다. 모든 설정이 완료되면 페이지 하단의 Save 버튼을 클릭한 다음 Port Forwarding 페이지의 Apply Changes 버튼을 클릭한다.

1:1 NAT

1:1 NAT는 한 개의 사설^{private} IP와 한 개의 공인^{public} IP를 매핑할 수 있다. 즉, 사설 IP에서 인터넷으로 보내지는 모든 트래픽이 1:1 NAT 매핑에 지정된 공인 IP로 변환된다. 그리고 이 설정은 아웃바운드 NAT 설정보다 우선적으로 적용된다. 반대로, 인터넷상의 특정 공인 IP 주소로부터 들어오는 모든 트래픽은 사설 IP로 변환된다. 그리고 변환된 IP에 기반해서 WAN 방화벽 규칙 목록이 적용되며, 규칙에서 허용되는 트래픽이라면 해당 사설 IP를 사용 중인 노드로 트래픽은 전달될 것이다.

1:1 NAT 매핑을 생성하기 위해서는 Firewall ➤ NAT 페이지에서 1:1 탭으로 이동한 후 테이블 아래의 Add 버튼을 클릭한다. 여기서 보이는 옵션의 대부분은 앞서 포트 포워딩 설정 시에 봤던 것과 비슷하다. Negate는 NAT에서 규칙을 제외할 때 사용되는데, 일정 범위의 IP 주소들을 리다이렉트하면서 그중 일부를 제외해야 할 때 유용하게 쓰일 수 있다. No BINAT는 규칙과 일치하는 트래픽의 리다이렉션을 금지시킨다. 이 옵션은 변환되는 IP 주소들 중에서 일부를 제외하는 용도로 쓰인다. Interface 드롭다운 박스는 이 매핑이 적용될 인터페이스를 지정하는데, 일

반적으로 WAN으로 설정하게 될 것이다. External subnet ID 에디트 박스는 1:1 매핑이 적용될 외부 서브넷의 시작 IP 주소를 입력하는 곳이다.

Internal IP 영역에서는 1:1 매핑이 적용될 내부 서브넷을 지정한다. 내부 서브넷의 크기는 얼마나 많은 IP 주소가 매핑될지를 결정한다. 예를 들어, External subnet IP를 10.1.1.1로 설정하고 Internal IP를 192.168.1.100/30으로 설정했다고 하자(Type 드롭다운 박스에서는 Network를 선택했다). 이렇게 설정하면 10.1.1.1이 192.168.1.100으로, 10.1.1.2가 192.168.1.101로, 그리고 10.1.1.3은 192.168.1.103으로 매핑될 것이다. Destination은 특정 목적지와의 연결에서만 1:1 매핑이 적용되도록 설정할 수 있는데, 일반적으로는 Any로 설정한다. Internal IP와 Destination 모두 Not 체크박스를 가지고 있는데, 이 체크박스를 선택하면 매핑이 반대로 적용될 것이다.

Description 필드에는 나중에 참조하기 위해 간단한 설명을 입력할 수 있다. NAT reflection 드롭다운 박스는 공인 IP 주소로부터 로컬 네트워크에 매핑된 노드에 접근할 수 있다. 설정 옵션이 많았던 포트 포워딩과 달리 이번에는 Enable과 Disable이라는 두 개의 옵션만이 존재한다. 모든 설정이 완료되면 Save 버튼을 클릭하고 NAT 페이지에서 Apply Changes 버튼을 클릭해 규칙을 새로고침한다.

아웃바운드 NAT

아웃바운드 NAT 설정은 이름에서 알 수 있듯이 내부 네트워크에서 출발해 외부 네트워크를 목적지로 삼는 트래픽에 적용된다. pfSense의 NAT 설정은 기본적으로 아웃바운드 트래픽을 자동으로 WAN IP 주소로 변환한다. WAN 인터페이스가 둘 이상일 경우는 임의의 WAN 인터페이스를 떠나는 트래픽은 자동으로 그 WAN 인터페이스의 IP 주소로 변환된다. 따라서 아웃바운드 NAT 규칙을 군이 설정할 필요를 느끼지 못할 경우도 많다.

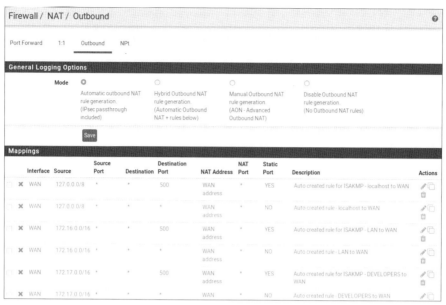

아웃바운드 NAT 페이지. 자동으로 아웃바운드 NAT 규칙이 생성되도록 설정돼 있다.
Mappings 아래에 보이는 규칙들은 자동으로 생성된 것들이다.

하지만 그럼에도 아웃바운드 NAT 규칙을 작성하거나 편집해야 한다면, NAT 페이지의 Outbound 탭을 클릭한다. General Logging Options에는 네 개의 (라디오 버튼으로 표시된) 옵션이 보이는데, 아웃바운드 규칙이 생성되는 방법을 제어한다.

- Automatic outbound NAT rule generation은 기본 옵션이며, 단순히 아웃바운드 트래픽을 WAN으로 전달하고 내부 IP 주소를 외부 IP 주소로 변환하면 충분할 경우에 적합하다.

- Hybrid outbound NAT rule generation은 WAN이 아닌 인터페이스 각각에 대해 자동으로 아웃바운드 NAT 규칙을 생성하지만, 여러분이 직접 아웃바운드 NAT 규칙을 생성할 수도 있다

- Manual outbound NAT rule generation은 자동으로 규칙을 생성하지 않는다. 다만 이미 자동으로 생성된 규칙들은 그대로 남아있게 된다.

- Disable outbound NAT rule generation을 선택하면 아웃바운드 NAT 규칙이 허용되지 않는다.

Automatic outbound NAT rule generation을 선택한 경우에는 Automatic Rules라는 섹션이 추가로 나타나는데, 여기에는 두 개의 규칙이 포함돼 있다. 하나는 고정되지 않은 포트가 내부 인터페이스상에서 외부로 나가는 트래픽을 WAN 주소로 전달하기 위한 규칙이고, 다른 하나는 고정된 포트가 ISAKMP 트래픽을 보내기 위한 규칙이다. 아웃바운드 NAT 규칙을 생성하거나 편집하려면 Mappings 섹션 아래의 Add 버튼 중 하나를 클릭한다.

화면에 나타나는 페이지의 첫 번째 섹션은 Edit Advanced Outbound NAT Entry다. Disabled 옵션은 규칙을 비활성화하는 데 그치지만, Do not NAT 옵션은 규칙과 일치하는 트래픽에 대해 NAT 처리를 완전히 비활성화한다. Interface 드롭다운 박스에서는 말 그대로 인터페이스를 선택할 수 있는데, NAT와 관련되는 거의 모든 규칙 설정에서 그랬듯이 이번에도 WAN으로 설정되는 것이 일반적이다. Protocol은 아웃바운드 규칙이 적용될 프로토콜을 지정할 수 있다(일반적으로 any로 설정되지만, 원한다면 좀 더 제한적으로 설정해도 좋다). Source는 트래픽의 출발 위치를 가리키는데, 거의 언제나 로컬 네트워크의 어떤 서브넷으로 지정될 것이다. 예를 들어 서브넷 주소가 172.17.0.0/16인 DEVELOPERS 네트워크에 아웃바운드 규칙을 작성하고 싶다면, Type 드롭다운 박스에서 Network를 선택하고 그 옆의 에디트 박스에 172.16.0.0이라고 입력한 후 CIDR은 16으로 입력한다. 마지막으로 Destination 옵션은 아웃바운드 NAT 매핑의 목적지 네트워크를 설정할 수 있다. 대부분의 경우 목적지 위치를 미리 알 수는 없기 때문에 일반적으로 any로 설정한다. Not 체크박스는 목적지 규칙의 의미를 반대로 해석한다.

Translation 섹션은 IP 주소를 원래의 내부 주소에서 다른 IP 주소로 변환할 수 있다. Address 드롭다운 박스의 기본 설정은 Interface Address인데, Interface 드롭다운 박스에서 선택된 인터페이스의 IP 주소를 그대로 사용하는 것이다. 만일 Other Subnet을 선택하면 추가적인 설정이 필요하다. 즉 다른 서브넷을 입력해야 하는데, 가상 IP를 먼저 정의해야 하며 가상 IP의 서브넷을 사용해야 한다.

Pool options 드롭다운을 사용하면 서브넷 풀pool의 사용 방법을 선택할 수 있다. 옵션들은 다음과 같다.

- Round Robin: 라운드로빈 방식으로 가상 IP 주소들을 찾는다. 즉, 루프loop가 사용된다. 앨리어스를 사용할 때는 이 옵션이 유일한 방법이다.

- Random: pfSense는 가상 IP 서브넷에서 무작위로 주소를 선택한다.

- Source Hash: 이 옵션은 출발지 IP 주소를 갖고 해시hash 값을 얻은 후, 이 해시 값을 사용해서 변환 IP 주소를 결정한다. 이 방법은 출발지 IP 주소가 동일하게 유지되는 한 변환 IP 주소도 동일하게 유지되는 것을 보장한다.

- Bitmask: 이 옵션은 Other Subnet에 정의된 서브넷 마스크를 적용하고, 마지막 부분은 동일하게 유지한다. 따라서 가상 IP 풀이 10.1.1.0/24이고 출발지 IP가 192.168.1.12인 경우, 변환된 주소는 10.1.1.12가 된다.

- Round Robin with Sticky Address/Random with Sticky Address: 이 옵션들은 라운드로빈 또는 무작위 방법을 사용하되, 알던 어떤 주소가 출발지 IP 주소로 선택되면 이후에는 동일하게 유지된다.

Port 에디트 박스에서는 아웃바운드 NAT 매핑의 출발지 포트를 설정할 수 있다. Static port 체크박스가 선택되면, 외부로 나가는 패킷에 포함된 출발지 포트 정보를 pfSense가 다시 기록하지 못하도록 막는다. 출발지 포트를 다시 기록하는 것은 악의적인 제3자가 원래의 포트를 찾아내지 못하도록 함으로써 보안을 강화하기 위한 것이다. 하지만 일부 애플리케이션에서는 이로 인해 오작동이 발생할 수 있으므로 이런 경우에 이 옵션을 사용할 수 있다.

Misc 섹션의 No XMLRPC Sync 체크박스를 체크하면, 다른 CARP 멤버들에게 규칙이 동기화되지 않도록 막을 수 있다. 또한 나중에 참조하기 위해 간단한 설명을 입력할 수 있다. 설정 작업이 완료되면 페이지 하단의 Save 버튼을 클릭하고 NAT 페이지에서 Apply Changes 버튼을 클릭한다.

NPT

NPT^{Network Prefix Translation}(네트워크 프리픽스 변환)는 내부 IPv6 프리픽스를 외부 IPv6 프리픽스로 매핑할 수 있다. 일반적으로 IPv6를 사용할 때는 NAT를 사용하지 않는 경우가 많지만, IPv6 프리픽스 변환이 도움이 되는 경우가 가끔 있다(예를 들면 WAN이 둘 이상인 경우). IPv4 주소에 대한 1:1 NAT와 비슷하게 동작하지만, 다른 점은 주소 전체가 아니라 프리픽스만이 변환된다는 것이다.

새로운 NPT 항목을 만들기 위해서는 NPT 탭을 클릭하고 Add 버튼 중 하나를 클릭한다. 단 하나의 섹션인 Edit NAT NPT Entry가 보일 것이다. Disable 체크박스를 선택하면 규칙을 사용하지 않도록 설정한다. Interface 드롭다운 박스에서는 규칙이 적용될 인터페이스를 선택할 수 있다(여기서도 마찬가지로 WAN을 선택하는 것이 보통이다).

첫 번째 Address 에디트 박스에는 내부 ULA IPv6 프리픽스를 입력한다. 또 프리픽스의 CIDR도 선택해야 한다. 두 번째 Address 체크박스에는 라우팅 가능한 외부, 전역 유니캐스트 IPv6의 프리픽스를 입력한다(여기서도 프리픽스의 CIDR을 지정해야 한다). 내부 프리픽스와 목적지(외부) 프리픽스 모두 반대로 규칙을 적용시킬 수 있는 Not 체크박스를 갖고 있다.

마지막으로, Description 에디트 박스에는 간단한 설명을 입력한다. 모든 정보를 입력했으면 Save 버튼을 클릭하고 NAT 페이지에서 Apply Changes 버튼을 클릭한다.

NAT 규칙 예제

NAT 규칙 생성을 구체적으로 설명하기 위해 우리의 예제 네트워크에 대한 NAT 규칙을 만들어보자. 인터넷에서 접근할 수 있는 FTP 서버를 설정하고자 한다. 이 FTP 서버는 DMZ 인터페이스상에 위치하며, 이 서버의 내부 IP 주소는 172.16.1.100이 될 것이다. 이 서버에 대해 NAT 규칙을 설정하는 과정은 다음과 같다.

1. Firewall ➤ NAT로 이동하고 Add 버튼 중 하나를 클릭한다.

2. Disabled, No RDR (NOT), Interface, Protocol, Source는 그대로 준다. Destination 에서는 Type을 WAN address로 하고, Destination port range에서는 첫 번째 From 포트로 FTP를 선택한다.

3. Redirect target IP를 172.16.1.100으로 설정한다.

4. Redirect target port에서 드롭다운 박스에 있는 FTP를 선택한다.

5. Description 필드에 간단한 설명을 입력한다(예를 들면 FTP 포트 포워딩 규칙).

6. 나머지 옵션들은 건드리지 않고 그대로 둔다. Filter rule association을 Add associated filter rule로 설정하면, FTP 서버의 포트 21에 트래픽을 허용하도록 방화벽 규칙이 생성될 것이다. 페이지 하단에서 Save 버튼을 클릭하고 NAT 페이지에서 Apply Changes를 클릭한다.

이렇게 해서 우리는 FTP 서버에 대한 포트 포워딩 규칙(그리고 자동 생성된 방화벽 규칙) 생성을 마쳤다.

앨리어스

앨리어스는 포트, 호스트, 네트워크들을 어떤 이름의 개체로 묶을 수 있다. 그리고 이렇게 만들어진 앨리어스는 방화벽이나 NAT 규칙, 그리고 트래픽 셰이퍼 설정에서 참조될 수 있으며, 좀 더 관리하기 쉽고 유연한 규칙을 생성하는 용도로 쓰일 수 있다. 게다가 IP 주소, 포트, 네트워크의 설정 변경이 수많은 다른 설정 변경 작업으로 이어지지 않는다는 장점도 있다. 앨리어스 설정만 수정하면 되기 때문이다.

pfSense 웹 GUI의 모든 설정 옵션에서 앨리어스를 사용할 수 있는 것은 아니지만, 언제 앨리어스를 사용할 수 있는지 정확히 알고 있는 것이 좋다. 앨리어스를 사용할 수 있는 에디트 박스는 배경이 빨간색이며, 여러분이 앨리어스 이름을 입력하기 시작하면 pfSense의 자동 완성 기능이 입력을 도와줄 것이다.

앨리어스를 만들기 위해서는 Firewall ➤ Alias로 이동한다. Aliases 페이지에는 네개의 탭 IP, Ports, URLs, All이 보인다. 그중 하나를 클릭하면 해당 범주에 이미 존재하고 있는 앨리어스들을 포함하는 테이블이 표시된다(예를 들어 IP 탭은 IP 앨리어스들을 포함하는 테이블을 표시한다). 여러분이 특정 유형의 앨리어스를 생성하고 싶다면 해당 탭으로 이동한 후 테이블 하단의 Add 버튼을 클릭한다. 하지만 Add를 클릭하기 전에 반드시 해당 탭으로 이동해야 하는 것은 아니다. 어떤 탭에서도 여러분이 원하는 유형의 앨리어스를 생성할 수 있는데, Add를 클릭하기 전에 해당 탭을 선택하는 것은 단지 Type 드롭다운 박스의 기본값을 변경하는 것에 지나지 않기 때문이다. 임의의 탭에서 Add 버튼을 클릭하면 앨리어스 편집 페이지가 열린다.

pfSense에서 앨리어스 생성하기

이 페이지에는 두 개의 섹션이 있다. 첫 번째 섹션은 Properties이고, 두 번째 섹션은 앞서 Type 드롭다운 박스에서 선택한 것에 따라 달라진다. Properties의 첫 번째 옵션인 Name에는 pfSense가 이 앨리어스를 식별하기 위해 사용할 이름을 입력한다. 그 이름은 문자, 숫자, 밑줄 문자로만 구성될 수 있다. 그다음 Description

필드에는 자유롭게 간단한 설명을 입력할 수 있다. Type 드롭다운 박스에서 원하는 앨리어스의 유형을 지정할 수 있으며, 선택 가능한 옵션들은 다음과 같다.

- Host(s): 이 옵션을 선택하면 하나 이상의 호스트를 입력할 수 있다. 호스트는 IP 주소 또는 FQDN^Fully Qualified Domain Name(전체 도메인 이름) 중 하나를 사용해서 지정돼야 한다. FQDN을 사용하는 경우 호스트 이름은 정기적으로 업데이트될 것이다. IP 주소를 사용하는 경우는 IP 범위 또는 서브넷으로 지정할 수 있다. 이 옵션에는 하나 이상의 항목을 추가할 수 있다.

- Network(s): 이 옵션을 선택하면 하나 이상의 네트워크를 지정할 수 있다. 각 항목의 네트워크 프리픽스는 CIDR 마스크와 함께 지정돼야 한다.

- Port(s): 이 옵션을 선택하면 하나 이상의 포트를 지정할 수 있다. 포트 범위는 콜론으로 첫 번째와 마지막 포트를 구분해 지정할 수 있다.

- URL (IPs): 앨리어스가 생성될 IP 주소들의 텍스트 목록을 가리키는 하나 이상의 URL을 지정할 수 있다. 이 옵션을 사용하면 pfSense는 목록을 다운로드한 후 일반적인 앨리어스로 변환한다. 원하는 수만큼의 URL을 입력할 수 있지만, 하나의 목록 파일이 포함할 수 있는 IP 주소/범위의 개수는 3,000개로 제한된다.

- URL (Ports): 앨리어스가 생성될 포트들의 텍스트 목록을 가리키는 하나 이상의 URL을 지정할 수 있다. URL (IPs)와 마찬가지로 목록이 다운로드된 후에 일반적인 앨리어스로 변환된다. 원하는 수만큼의 URL을 입력할 수 있지만, 하나의 목록 파일이 포함할 수 있는 IP 포트/범위의 개수는 3,000개로 제한된다.

- URL Table (IPs): URL (IPs)와 비슷하지만, IP/IP 범위/서브넷을 포함하는 단 하나의 URL만을 지정할 수 있다. 이 목록은 주기적으로 다운로드되고 갱신된다. 주소/범위/서브넷의 수가 아주 많은 경우(30,000개 이상) 적합한 옵션이며, 페이지의 두 번째 섹션에서 목록의 URL, 갱신 주기(일 단위며 드롭다운 박스에서 선택)를 입력해야 한다. 또 가장 우측의 에디트 박스에는 간단한 설명도 입력할 수 있다.

- URL table (Ports): URL (Ports)와 비슷하지만, 포트/포트 범위를 포함하는 단 하나의 URL만을 지정할 수 있다. 이 목록은 주기적으로 다운로드되고 갱신된다. URL Table (IPs)와 마찬가지로 페이지의 두 번째 섹션에서 목록의 URL, 갱신 주기(일 단위)를 입력해야 하며 간단한 설명도 입력할 수 있다.

지금까지의 앨리어스 유형별 설명을 통해 알 수 있듯이, 페이지의 두 번째 섹션은 앨리어스가 나타내는 유형에 관한 정보가 입력되는 곳으로서 그 종류는 다음과 같다.

- FQDN
- IP 주소/IP 주소의 범위/네트워크
- 포트 또는 포트 범위
- URL

두 개의 URL Table 유형들을 제외한 나머지 유형들은 모두 둘 이상의 항목이 허용된다. 새로운 항목을 추가하기 위해서는 페이지 하단에 위치하는 녹색의 **Add** 버튼을 클릭하면 된다(유형에 따라 Add Host/Add Network/Add Port/Add URL과 같은 이름을 갖고 있을 것이다). 항목 추가가 모두 끝나면 페이지 하단의 **Save** 버튼을 클릭하고, Aliases 페이지의 **Apply Changes** 버튼을 클릭한다.

특정 상황에서 유용하게 쓰일 수 있는 또 다른 앨리어스 생성법이 있다. 어떤 웹사이트에 대한 앨리어스를 생성하려고 하는데, 이 웹사이트가 다수의 IP 주소를 사용하는 경우가 있다(예를 들어, 아마존은 이 글을 쓰는 현재 여섯 개의 IP 주소를 사용하고 있다). 이러한 IP 주소들을 알아내서 일일이 입력할 필요 없이, 훨씬 편리하게 앨리어스를 생성할 수 있다.

웹사이트에 대한 앨리어스를 만들려면 Diagnotics ➤ DNS Lookup으로 이동한 후, Hostname 필드에 호스트 이름을 입력하고 Lookup 버튼을 클릭한다. 조회 결과가 반환되면, Lookup 버튼 옆에 (Results 섹션보다 앞에) **Add Alias**라는 버튼이 보일 것이다. 이 버튼을 클릭하면 앨리어스가 생성되는데, 이때 호스트 이름 내의 점(.)은 모두 밑줄로 변환된다(예를 들어 www.amazon.com에 DNS 질의를 했다면 이에 해당되는 앨리어스는 amazon_com이 된다). **Firewall ➤ Aliases**로 돌아가면, 앨리어스들이 새롭게 만들어져 있음을 확인할 수 있을 것이다.

앨리어스 예제

이번 절에서는 앨리어스를 만드는 과정을 차례대로 따라 해보자. 슬래시닷 사이트를 차단하는 정책을 좀 더 쉽게 구현하기 위해 앨리어스를 생성하려 하고 있다. 다음 절차를 밟아서 앨리어스를 생성할 수 있다.

1. **Firewall ➤ Aliases**로 이동하고 **Add** 버튼을 클릭한다.

2. 규칙의 이름(예를 들면 SLASHDOT) 및 간단한 설명(예를 들면 slashdot.org에 대한 앨리어스)을 입력한다.

3. **Type** 드롭다운 박스에서 **Host(s)**를 유형으로서 선택한다.

4. **IP or FDQN** 에디트 박스에 216.34.181.45(slashdot.org의 IP 주소)를 입력한다. 오른쪽에 간단한 설명(예를 들어 슬래시닷의 IP 주소)을 입력한다.

5. 여러 개의 IP 주소를 입력할 필요가 없으므로 곧바로 **Save** 버튼을 클릭한다. **Aliases** 페이지에서 **Apply Changes** 버튼을 클릭한다.

이렇게 생성된 SLASHDOT이라는 이름의 앨리어스를 이제 슬래시닷 사이트에 대한 접근을 허용/차단하는 규칙에 사용할 수 있다. 이 사이트의 IP 주소가 나중에 변경되더라도 앨리어스 항목 설정에서 한 번만 변경해주면 된다. 앞서 우리는 이 IP 주소를 참조하는 규칙을 이미 정의했으므로, 이 규칙이 SLASHDOT 앨리어스를 참조하도록 규칙을 편집해보자. 작업 순서는 다음과 같다.

1. **Firewall ➤ Rules**로 이동하고 **DEVELOPERS** 탭을 클릭한다.

2. Block Slashdot 규칙에 있는 **Edit** 버튼(연필 모양)을 클릭한다.

3. Destination 필드에 SLASHDOT이라고 입력한다.

4. 아래로 스크롤하고 Save 버튼을 클릭한다.

5. Allow Slashdot during lunchtime 규칙에 대해서도 2-4의 과정을 반복한다.

6. Rules 페이지에서 Apply Changes 버튼을 클릭한다.

여기까지 마치면 이제 앨리어스가 생성됐고 규칙들은 이 앨리어스를 참조하게 된다. 앨리어스가 의미하는 바를 눈에 띄게 보여주기 위해, pfSense는 여러분이 Rules 테이블 내의 앨리어스 위로 마우스를 가져가면 그 앨리어스가 무엇을 참조하는지 알려주는 텍스트 팝업을 화면에 보여줄 것이다.

가상 IP

가상 IP^Virtual IP(줄여서 VIP라고도 함)는 하나의 IP 주소가 하나의 물리적 인터페이스와 일치하지 않는 상황을 가리키며, 다음과 같은 경우에 주로 사용된다.

- NAT(일대다^one-to-many NAT를 포함)
- 장애 허용이 필요한 상황(예를 들면 CARP)
- 사용자가 이동 중 휴대전화를 이용할 때, 실제 IP 주소는 변경되지만 가상의 IP 주소는 동일하게 유지하는 상황

방화벽으로 VIP를 추가하려면 Firewall ➤ Virtual IP로 이동한 후 테이블 하단에 있는 Add 버튼을 클릭한다. VIP에서 설정할 수 있는 네 가지 옵션을 볼 수 있다.

- IP Alias
- CARP
- Proxy ARP
- Other

이 네 개의 옵션에 관해 설명하자면 다음과 같다.

- CARP, Proxy ARP, Other는 pfSense 초기 버전부터 존재했다. 반면에 IP Alias는 2.0 버전부터 제공되고 있다.

- 모든 옵션은 NAT와 함께 사용할 수 있다.

- CARP와 IP Alias는 서비스를 바인딩 혹은 실행하기 위한 용도로 방화벽에서 사용될 수 있다. 반면에 Proxy ARP와 Other는 이러한 방식으로 사용될 수 없다.

- Other를 제외한 모든 옵션은 ARP (2계층) 트래픽을 생성한다. 따라서 ARP 트래픽이 필요하지 않은 상황에서는 Other 옵션이 유용할 수 있다.

- Proxy ARP를 제외한 모든 옵션은 클러스터링에 사용될 수 있다. 하지만 IP Alias VIP는 CARP VIP의 일부로서 사용되는 경우, 반드시 CARP VIP와 동일한 서브넷 내부에 존재해야 한다.

- 2.2 버전의 경우, 모든 옵션에서 실제 인터페이스 IP와 다른 서브넷에 있는 VIP를 생성할 수 있다. 그러나 CARP VIP는 2.2 이전에는 이 기능을 지원하지 않았으므로, 가급적 호환성을 높이기 위해 CARP VIP는 동일한 서브넷상에 유지하는 것을 권장한다.

- CARP의 경우, 서브넷 마스크는 인터페이스 IP의 서브넷 마스크와 일치해야 한다. IP Alias의 경우 서브넷 마스크는 인터페이스 IP와 일치하거나 또는 /32 여야 한다. 만일 IP가 원래의 IP 주소가 아닌 다른 서브넷에 있다면, 적어도 하나의 IP Alias VIP는 새로운 서브넷에 대한 정확한 서브넷 마스크를 가지고 있어야 한다.

- 방화벽 규칙이 허용한다면 CARP와 IP Alias는 ICMP ping 시도에 응답할 것이다. 반면에 Proxy ARP와 Other는 ICMP ping 시도에 응답하지 않는다.

- CARP와 IP Alias VIP는 개별적으로 추가돼야 한다. 반면에 Proxy ARP와 Other는 개별적으로 추가될 수도 있고 VIP 서브넷으로 추가될 수도 있다.

VIP를 생성하기 위해서는 우선 네 개의 옵션 중 하나를 선택한다. 그런 다음 Interface 드롭다운 박스에서 물리적 인터페이스를 선택한다. Address type 드롭다운 박스에서는 Proxy ARP나 Other의 경우 Single address 또는 Network 중 하나를 선택할 수 있으며, CARP나 IP Alias인 경우는 VIP를 개별적으로만 추가할 수 있으므로 이 옵션은 비활성화될 것이다. address(es) 에디트 박스에는 VIP 또는 가상 서브넷을 입력한다. 또 CIDR도 지정해야 한다.

CARP 가상 IP 생성하기

CARP를 선택한 경우에는 다음과 같은 옵션들이 추가로 존재한다. Virtual IP Password에는 여러분이 원하는 비밀번호를 입력한다. 그다음 VHID Group 드롭다운 박스가 있다. 둘 이상의 노드에서 공유돼야 하는 VIP는 반드시 고유한 VHID(가상 호스트 ID 그룹)를 사용해야 하는데, 이 값은 직접 연결된 네트워크상에서 사용되고 있는 다른 VHID와 반드시 구분되는 값이어야 한다. 현재 CARP 또는 시스코의 VRRP^{Virtual Router Redundancy Protocol}를 사용하고 있지 않다면 VHID의 값은 1로 설정할 수 있다. 그다음 Advertising Frequency 드롭다운 박스의 값은 네트워크 내에서 이 노드의 역할과 일치해야 한다. 즉, 마스터는 1로 설정되고 백업은 2 이상으로 설정해야 한다. 그다음 Skew 드롭다운 박스에서는 노드가 자기 자신이 그룹의 멤버임을 얼마나 자주 (초 단위로) 알리는지를 제어할 수 있다. 낮은 값으로 설정하면 이 노드는 마스터 노드가 고장 날 경우(그리고 현재 마스터가 아닌 경우) 마스터로 승격될 가능성이 높아진다. 이 옵션은 CARP VIP에만 적용되는 설정 중 마지막 옵션이다.

Description 에디트 박스에서 간단한 설명을 입력할 수 있다. 작업이 완료되면 페이지 하단의 Save 버튼을 클릭한 후 Virtual IP 페이지에서 Apply Changes를 클릭한다. CARP에 대해서는 7장에서 더 자세히 다룰 것이다.

VIP 예제

이번 예제에서는 VIP를 사용해서 CARP 페일오버^{failover}를 구현한다. 즉 마스터로서 동작하는 방화벽이 하나 있고, 마스터가 고장 날 경우에 백업 역할을 할 두 번째 방화벽이 구성된다. 가상 IP는 10.0.2.100이고 서브넷은 10.0.0.0/8이다. 우선 마스터 방화벽부터 설정하기 위해 다음 순서대로 설정한다.

1. Firewall ➤ Virtual IP로 이동하고 페이지 하단의 Add 버튼을 클릭한다.

2. Type 라디오 버튼에서 CARP를 선택한다.

3. Interface 필드는 WAN으로 유지한다. Address는 10.0.2.100으로 설정하고, CIDR은 8로 설정한다.

4. Virtual IP Password에 암호를 입력한다(두 번 입력해야 한다). 이 네트워크에 다른 VHID 그룹이 없으므로 VHID Group은 0으로 설정한다.

5. Advertising Frequency는 1로 설정하고 Skew는 0으로 설정한다.

6. 간단한 설명(예를 들면 방화벽 CARP VIP)을 입력하고, Save를 클릭한 후 Virtual IP 페이지에서 Apply Changes를 클릭한다.

백업 방화벽의 설정도 거의 비슷하다. 다만 Advertising Frequency는 2 이상으로 설정하고 Skew도 더 높은 숫자로 설정한다.

문제 발생 시 해결 방법

어느 시점에서는 방화벽 규칙들이 당초의 목적대로 동작하지 않는 날이 오기 마련이다. 그리고 여러분의 방화벽 문제 해결 능력이 시험대에 오르게 된다. 가장 먼저 할 일은 문제를 진단하는 것이다(예를 들어, DEVELOPERS 네트워크에 속한 노드들이 인터넷에 접속할 수 없다). 문제로 인한 영향을 받고 있는 인터페이스를 쉽게 식별할 수 있다면, 그 인터페이스의 규칙 목록에만 집중하면 된다.

문제를 찾을 때 Floating Rules 탭을 먼저 확인하는 것이 좋다. 유동 규칙은 개별 인터페이스상의 규칙들보다 우선적으로 적용되기 때문이다. 유동 규칙의 설정 오류가 문제의 원인인 경우, 개별 인터페이스의 규칙 목록들을 일일이 확인할 필요가 없기 때문에 시간이 크게 절약된다. 방화벽에서 프락시 서버를 실행하고 있는 경우에도 프락시 서버의 허용 및 거부 목록은 방화벽 규칙 설정보다 우선할 때가 많으므로 우선적으로 확인할 필요가 있다.

그다음으로는 영향을 받고 있는 인터페이스의 방화벽 규칙을 확인한다. 이때 방화벽 규칙은 하향식으로 적용된다는 점을 기억하고 있어야 한다. 여기서 문제가 발견되지 않으면, 허용 및 차단되는 프로토콜을 확인해야 한다. 예를 들어, TCP 트래픽만을 통과시키도록 규칙이 설정돼 있다면 UDP를 사용하는 비디오 스트리밍 클라이언트는 동작하지 않을 것이다.

여전히 문제를 식별할 수 없다면 의심스러운 규칙에 대해 기록이 남도록 로깅을 활성화하는 것이 도움이 될 수 있다. 로깅 기능을 사용하면 디스크 공간이 빠른 속도로 소진되기 때문에 일반적으로는 권장되지 않지만, 문제 해결에 필요하다면 사용해서 나쁠 것이 없다. 로깅을 사용 중이라면 Status ➤ System Logs로 이동해 Firewall 탭을 클릭한다. 이 페이지의 상단에 있는 필터링 옵션들을 사용해 현재 추적 중인 로그 항목들을 집중적으로 조회할 수 있다.

로깅을 통해서도 문제의 원인에 대한 충분한 정보가 제공되지 않는 경우, pfSense에 포함된 명령행 유틸리티 tcpdump를 사용할 수 있다. tcpdump는 네트워크 패킷의 내용을 보여주는 패킷 분석기다. 매우 유용한 도구이지만 처음에는 사용하기가 쉽지 않다. tcpdump의 사용 설명법은 이번 장의 범위를 벗어나므로 여기에서 소개하지 않지만, 이 도구의 존재는 알고 있어야 한다. 이 책의 마지막 장에서 tcpdump를 자세히 소개할 것이다.

최근에 방화벽 규칙을 변경했는데 일부 트래픽이 변경된 규칙의 적용을 받지 않고 있는 것처럼 보인다면, 상태 테이블이 규칙 변경을 반영하지 않고 있을 가능성이 있으며 상태 테이블을 재설정해야 한다. Diagnostics ➤ States로 이동해 Reset States 탭을 클릭한다. 여기서 Reset 버튼을 클릭하면 상태 테이블 내의 모든 항목이 제거될 것이다. 현재 동작 중인 모든 연결이 재설정될 것이며, 문제의 원인을 찾을 수 없을 경우 한번 해보는 것이 좋다.

원격 사용자가 공유 자원에 접근할 수 없는 문제일 경우, 방화벽 규칙이 아니라 NAT 규칙의 설정 오류가 원인일 수 있다. IPv4 네트워크의 경우, WAN에서 대상 시스템으로 트래픽을 보내기 위한 NAT 포트 포워딩 규칙과 트래픽을 통과시키기 위한 방화벽 규칙이 모두 필요하다. pfSense가 관련된 방화벽 규칙을 추가해주는 기능을 제공하기 때문에 손쉽게 필요한 방화벽 규칙을 추가할 수 있지만, 그래도 방화벽 규칙이 정말로 존재하는지 의심된다면 관련 인터페이스의 규칙 목록을 확인해야 한다.

또한 인바운드 NAT의 경우 일반적으로 목적지 IP 주소와 포트만 설정하면 된다는 것을 기억하자. 출발지는 어디든 가능하므로 일반적으로 any로 설정한다. 이러한 설정들이 올바르게 돼 있는지 확인하자.

NAT 설정에서 발생할 수 있는 문제점 중 하나는 수신된 트래픽이 목표 노드에 도착했지만 이 호스트의 기본 게이트웨이가 다를 수 있다는 점이다. 이 경우 아웃바운드 트래픽은 수신된 NAT 트래픽이 들어왔던 pfSense 라우터가 아닌 다른 라우터를 통해 밖으로 나가려고 하는데, 이 트래픽이 통과하는 게이트웨이는 상태 테이블 내에 이에 대응되는 상태 항목이 들어있지 않기 때문에 연결을 끊어버릴 수 있다. 설령 원래 요청을 보냈던 시스템으로 트래픽을 돌려보내더라도, 이 시스템은 응답받은 트래픽을 무시할 것이다. 원래 요청을 보낼 때 이용했던

pfSense 라우터의 WAN 주소가 아닌 다른 IP 주소를 이 트래픽이 포함하고 있기 때문이다. 따라서 수신 게이트웨이와 발신 게이트웨이가 동일한지 꼭 확인해야 한다.

pfSense는 올바르게 설정돼 있음에도 불구하고 목표 노드가 요청을 차단하는 방화벽을 실행하고 있을 수 있다. 시스템이 실행 중인 방화벽이 연결을 차단하는 것으로 의심된다면, 방화벽의 로그를 확인하고 방화벽 설정을 확인한다.

목표 시스템에 포트를 수신하는 서비스가 없는 것이 문제의 원인일 가능성도 있다. 이것은 시스템이 해당 포트를 수신하는 서비스를 전혀 실행하지 않고 있거나 실행은 하고 있지만 잘못된 포트상에서 수신 중인 경우에 발생할 수 있다. 이를 확인하기 위해서는 해당 포트로 telnet을 실행해보자. 목표 시스템으로부터 Connection refused 메시지가 돌아온다면, 이 시스템이 해당 포트에서 수신하고 있지 않음을 가리키는 유력한 증거라고 할 수 있다.

수신된 트래픽이 pfSense에 도달조차 하지 못한다면, 여러분이 이용 중인 ISP 업체가 포트를 차단하고 있는지 확인해야 한다. 많은 ISP들이 잘 알려진 포트를 차단하고 있다. 예를 들어 ISP가 포트 80의 수신을 허용할 가능성은 별로 없다. 특히 가정용이 아닌 업무용 연결의 경우 더욱 그렇다. ISP에 연락해서 포트의 차단 여부를 확인하고, 차단되고 있는 것이 맞다면 차단되지 않는 포트로 설정을 변경해야 할 것이다.

아웃바운드 NAT 옵션은 문제를 일으킬 소지가 적기 때문에 대부분의 경우 Automatic Outbound NAT rule generation 옵션을 활성화하는 것이 편리하다. 하지만 Manual Outbound NAT rule generation 옵션을 활성화하고 새로운 인터페이스를 추가한다면, 이 신규 내부 인터페이스에서 WAN 인터페이스로 트래픽을 전달하는 규칙을 명시적으로 추가하지 않는 한 이 인터페이스는 원격 네트워크에 접근할 수 없을 것이다. 이 문제를 방지하기 위해서는 Hybrid Outbound NAT rule generation 옵션을 사용한다.

요약

이번 장에서는 우선 방화벽 요구 사항을 가지고 있는 가상의 네트워크를 소개했다. 이어서 몇 가지 기본적인 방화벽 개념을 설명하고, 예제 네트워크가 pfSense의 방화벽, NAT, 스케줄링, 앨리어스, 가상 IP 등의 기능을 사용해 어떻게 구현될 수 있는지 살펴봤다. 방화벽 규칙을 생성하고 편집하는 작업은 거의 필수적으로 여러분이 언젠가 해야 할 일이다. IPv6가 확산되면 NAT의 사용은 다소 줄어들 수 있지만, 가까운 시일 내에 사라질 가능성은 별로 없으므로 NAT의 동작 및 구현 방법을 분명히 이해하는 것이 바람직하다. 스케줄링과 앨리어스는 우리의 삶을 편리하게 만들어주는 도구며, 가상 IP는 가정이나 SOHO 환경에서는 접하지 못할 수도 있지만 기업 환경에서는 매우 가치 있는 지식이 될 것이다.

pfSense의 Firewall 메뉴 항목 중 이번 장에서 다루지 않은 것이 하나 있다. 바로 트래픽 셰이핑인데, 이 기능은 하나의 장을 통째로 할당하기에 충분히 중요하면서도 복잡한 주제다. 5장에서 이 기능을 자세히 배울 것이다.

5

트래픽 셰이핑

QoS$^{Quality\ of\ Service}$라고도 하는 트래픽 셰이핑은 특정 기준을 만족하는 네트워크 트래픽의 우선순위를 지정하는 수단이다. 트래픽 셰이핑을 사용하지 않으면 네트워크 트래픽은 FIFO$^{First-In,\ First\ Out}$ 기반으로 처리된다. 이 방식으로 네트워크 트래픽을 처리해도 문제가 없을 때도 많지만, 어떤 경우에는 연결이 포화 상태가 돼 잦은 버퍼링 발생과 대기 시간 증가로 이어질 수 있다. 트래픽 셰이핑은 네트워크 트래픽의 우선순위를 지정하는 수단을 제공함으로써 우선순위가 높은 트래픽이 우선적으로 가용 대역폭을 받도록 보장한다.

pfSense의 트래픽 셰이퍼는 유용할 뿐만 아니라 사용하기도 매우 쉽다. pfSense 트래픽 셰이퍼 마법사는 쉽고 빠른 설정 기능을 제공하며, 몇 분 만에 트래픽 셰이퍼 설정을 완료할 수 있다. 이번 장의 목표는 트래픽 셰이핑에 대한 기본적인 개념을 설명하고 난 후 pfSense에서 트래픽 셰이핑을 구현하는 자세한 방법을 논의하는 것이다. 이번 장에서 다뤄지는 주제들은 다음과 같다.

- 트래픽 셰이핑 핵심. 다양한 대기열 유형에 대한 설명을 포함한다.
- pfSense에서 트래픽 셰이핑을 설정하는 방법. pfSense의 트래픽 셰이핑 마법사, 수동으로 대기열 및 규칙을 설정하는 방법을 포함한다.

- 실제 사례와 유사한 트래픽 셰이핑 예제
- 트래픽 셰이핑 문제 발생 시 해결 방법

예제 네트워크

네트워크에서 트래픽 셰이핑을 구현하는 방법을 설명하기 위해 이번에도 가상의 네트워크를 이용하자. 이 네트워크는 DEVELOPERS, ENGINEERING, SALES, DMZ 서브넷으로 구성된다. 회사의 인터넷 연결 회선은 다운로드용으로 150Mbps, 업로드용으로 50Mbps의 대역폭을 제공한다. 또 이 회사는 7Mbps 다운로드/1Mbps 업로드 속도의 백업 DSL 연결을 사용한다. 트래픽 셰이핑을 구현할 때 요구되는 조건들은 다음과 같다.

- DEVELOPERS와 ENGINEERING 서브넷을 합쳐서 다운로드 대역폭은 100Mbps가 보장돼야 하고, 그중 DEVELOPERS 서브넷의 다운로드 대역폭은 60Mbps가 돼야 한다. 업로드 대역폭의 경우 DEVELOPERS와 ENGINEERING 서브넷을 합쳐서 25Mbps가 필요하고, 그중 DEVELOPERS에 15Mbps는 보장돼야 한다. 다운로드 대역폭과 마찬가지로 여유 대역폭은 ENGINEERING에 우선적으로 제공되고 그다음 SALES와 DMZ에 제공된다.
- 모든 서브넷에서 화상 회의용으로 스카이프^{Skype}를 사용할 수 있어야 하며, 이를 위해 연결 대기 시간이 짧아야 한다. SALES 서브넷이 화상 회의를 가장 많이 사용하는 점을 고려한다.
- 가능하면 모든 P2P 트래픽을 금지해야 한다. 완전히 제거할 수 없다면 총 대역폭의 5%를 넘지 않도록 제한해야 한다.

가상 네트워크에 요구되는 사항들을 위와 같이 정리했다. 이 장의 후반부에서 pfSense 트래픽 셰이퍼를 사용해 그중 일부를 구현할 것이다.

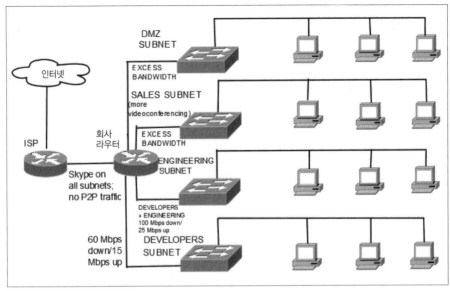

트래픽 셰이핑 핵심

트래픽 셰이핑은 네트워크 성능을 최적화 또는 향상시키고 경우에 따라서는 대기 시간을 줄이기 위해 어떤 트래픽을 다른 트래픽보다 우선적으로 처리하는 방법이다. 트래픽 셰이핑의 목적은 네트워크 트래픽을 (일반적으로 트래픽 프로파일 profile이라고 부르는) 미리 정해진 제약 조건에 부합하도록 만드는 것이다. 트래픽 셰이퍼가 이 목적을 달성할 수 있는 것은 패킷을 검사할 수 있기 때문이다. 특정 기준을 충족하는 패킷을 서로 다르게 처리하는 것이다. 이러한 의미에서 트래픽 셰이핑은 방화벽 규칙과 비슷한 면이 있다. 방화벽 규칙의 경우, 규칙을 만족시키는 패킷은 허용되거나, 차단되거나, 거부된다. 트래픽 셰이핑의 경우, 특정 기준 (트래픽 셰이핑 규칙이라고 부를 수 있을 것이다.)을 만족하는 패킷은 서로 다른 대기열로 들어간다. 이러한 대기열은 FIFO 버퍼로서 구현되며, 우선순위가 높은 트래픽은 즉시 보내지는 반면에 우선순위가 낮은 트래픽은 우선순위가 높은 트래픽이 처리될 때까지 대기한다.

트래픽 셰이핑은 라우터가 데이터의 흐름을 제어할 수 있는 곳에서 구현된다. 따라서 pfSense에서 트래픽 셰이핑은 패킷이 라우터를 떠날 때 적용된다. 예를 들어, LAN에 들어오는 트래픽에 대한 트래픽 셰이핑은 이 트래픽이 LAN 인터페이스를 떠날 때 실제로 적용된다. 마찬가지로, 외부로 나가는 트래픽의 트래픽 셰이핑은 트래픽이 WAN 인터페이스를 떠날 때 적용된다.

트래픽 셰이핑은 다음과 같이 다양한 목적으로 사용될 수 있다.

- 낮은 대기 시간이 요구되는 다양한 상황에서 사용될 수 있다. VoIP 트래픽이 여기에 포함되는데, 다른 트래픽과 동일한 우선순위가 부여되면 업로드 및 다운로드의 영향을 받을 수 있기 때문이다. 온라인 게임의 경우에도 다른 파일을 동시에 다운로드하는 상황에서도 가능한 한 빠른 응답 시간을 유지해야 한다. 이보다는 약간 높은 대기 시간이 허용되는 애플리케이션들도 있다. 예를 들어 넷플릭스^{Netflix}나 훌루^{Hulu}와 같은 온라인 동영상 스트리밍에서는 어느 정도의 버퍼링이 허용된다.

- P2P 애플리케이션이 사용하는 대역폭을 제한하는 데 사용할 수 있다. 두 가지 방법으로 구현할 수 있는데, 첫 번째 방법은 P2P 애플리케이션들이 주로 사용하는 포트로 들어오고 나가는 트래픽의 우선순위를 낮추는 것이고, 두 번째 방법은 실제로 패킷을 검사해 어떤 애플리케이션이 패킷을 생성하는지 검사하는 것이다. 이를 7계층 검사 또는 딥 패킷^{Deep Packet} 검사라고 한다. 두 방법 모두 강점과 약점을 지닌다. 포트 기반 접근 방식은 구현하기 쉽고 대부분의 경우 효과적이지만, 사용자가 다른 포트를 사용하면 이를 우회할 수 있다. 7계층 검사는 P2P 트래픽을 식별하는 데 효과적이지만, CPU를 많이 사용하며 암호화된 트래픽에는 효과가 없다. 또한 P2P 프로토콜을 약간만 변경해도 7계층 검사가 무력화될 수 있다.

- 비대칭 인터넷 연결을 원활하게 작동시키는 데 사용될 수 있다. 다운로드 대역폭이 업로드 대역폭보다 훨씬 큰 경우, 트래픽의 흐름을 유지하기에 충분한 수의 ACK 패킷을 상대 호스트로 보낼 수 없기 때문에 (이론상의) 최대 다

운로드 속도에 도달하지 못할 수 있으며 연결 포화 상태가 될 가능성이 높다. 예를 들어, 웹 페이지를 열면서 동시에 파일을 다운로드한다고 가정하자. 이때 pfSense는 ACK 패킷의 우선순위를 높임으로써 트래픽의 흐름을 유지하고 최대 다운로드 속도를 달성할 수 있다.

- 업무 환경에서 트래픽 셰이핑은 업무 관련 트래픽의 우선순위를 높이는 데 사용될 수 있다.
- ISP 업체들은 트래픽 셰이핑을 사용해 특정 프로그램(예를 들면 토렌트)의 대역폭 소비를 제한하고 추가로 고객을 유치할 수 있다. 이를 놓고 종종 논쟁이 벌어지는데, ISP들이 무제한 사용이 가능하다고 홍보하면서 실제로는 제한을 걸기 때문이다. 그럼에도 불구하고 이는 특정 목적을 위해 트래픽 셰이핑이 사용되는 또 다른 예라고 할 수 있다.

대기열 정책

트래픽 셰이핑을 설명할 때, 다양한 유형의 대기열^{Queue} 정책을 설명하지 않을 수 없다. 가장 기본적인 대기열 정책은 FIFO 대기열로서, 선입선출$^{FCFS, First-come, First-Serving}$ 대기열이라고도 한다. FIFO 대기열에서는 패킷에 우선순위가 부여되지 않는다. 또 트래픽별로 클래스가 구분되지도 않는다. 모든 패킷은 FIFO 대기열 내에서 동등하게 처리되며 패킷은 도착한 순서대로 전송된다.

말할 것도 없이 이 정책은 구현하기가 매우 쉽다. 하지만 일부 사용자와 애플리케이션이 모든 대역폭을 소비하는 상황이 일어날 수 있다. 설령 대역폭을 전부 소모하지는 않더라도 부적절한 타이밍에 사용량이 급증함으로써 정작 시간에 민감하고 중요한 트래픽을 지연시킬 수 있다. 심지어 덜 중요한 트래픽으로 인해 중요한 트래픽이 대기열에서 제거되는 사태가 일어날 수도 있다.

그렇지만 현재 인터넷 연결이 대역폭에 여유가 있고 사용자와 애플리케이션들이 필요한 만큼 대역폭을 가질 수 있다면 FIFO 정책은 적절한 선택일 수 있다. 구현하기 쉽고 대역폭에 대한 접근이 지연되지 않기 때문이다. 하지만 여유롭지 않은 상황에서는 FIFO 정책이 아닌 다른 대안들을 고려해야 한다.

공정 대기열Fair Queing은 FIFO 대기열에 대한 개선 방안으로서 최초로 제안된 것이다. 이 방식에서는 각각의 프로그램 프로세스마다 별도의 FIFO 대기열이 주어진다. 이렇게 하면 악의적인 프로세스가 전체 대역폭을 독점하는 것을 방지할 수 있다. 공정 대기열을 좀 더 개선한 것이 가중 공정 대기열WFQ, Weighted Fair Queuing로서, 우선순위를 관리하는 형태의 정책이다. 모든 패킷은 궁극적으로 고대역폭 트래픽과 저대역폭 트래픽으로 구분되며, 저대역폭 트래픽이 고대역폭 트래픽보다 우선순위가 부여된다. 그리고 고대역폭 트래픽은 할당받은 가중치에 비례해 연결을 공유한다. 이 방식의 장점은 네트워크 트래픽의 다수를 차지하는 저대역폭의 스트림이 적시에 전송될 수 있다는 것이다. 반면에 WFQ의 단점 중 하나는 패킷을 검사해야 하므로 암호화된 연결에서는 제대로 작동하지 않는다는 것이다.

현재 버전의 pfSense에서 지원하는 대기열 방식은 세 가지며 PRIQPriority Queuing(우선순위 대기열), CBQClass-Based Queuing(클래스 기반 대기열), HFSCHierarchical Fair Service Curve(계층적 공정 서비스 곡선)가 있다. 이들 정책은 저마다 분명한 장단점이 있다.

PRIQ는 트래픽을 몇 개의 우선순위 레벨로 나누는 대기열 정책이다. 구현에 따라 레벨의 수가 다르지만, pfSense에서는 일곱 개의 레벨이 존재하고 7이 가장 높은 순위며 플랫flat 구조의 우선순위 레벨 계층 구조다. 각각의 인터페이스상에서 우선순위 레벨의 내림차순으로 대기열을 조사한다. 즉 우선순위가 가장 높은 대기열이 가장 먼저 검색되고, 이어서 그다음 높은 대기열이 검색되는 식이다. 그리고 우선순위가 가장 높은 대기열의 헤드head에 위치하는 패킷이 전송될 패킷으로서 선택된다. 이러한 과정은 전송될 패킷을 트래픽 셰이퍼가 선택할 때마다 반복된다.

우선순위 대기열의 동작은 우선순위 대기열에 패킷을 할당하는 방법을 기술하는 규칙들로 정의된다. 패킷은 프로토콜 또는 서브프로토콜의 유형, 패킷이 지나가는 인터페이스의 유형, 혹은 패킷의 크기 등을 기준으로 해서 분류될 수 있다. PRIQ의 장점은 설정하기 쉽고 이해하기도 쉽다는 점이다. 또한 가장 높은 우선순위 대기열 내에 들어있는 트래픽에 절대적인 우선순위가 부여된다. 반면에 항상 우선순위 레벨이 더 높은 트래픽이 우선적으로 처리되고 이 정책을 우회할 방법이 없으며 낮은 우선순위를 부여받은 트래픽이 더 높은 레벨로 올라갈 방법이 없기 때문에, 낮은 우선순위의 트래픽은 영영 대역폭을 할당받지 못하는 경우가 발생할 수 있다. 게다가 우선순위 레벨이 7까지만 존재하므로 세밀한 트래픽 셰이핑 제어가 어려울 수 있다. 즉 PRIQ 방식에만 의존하는 인터페이스는 최대 일곱 개의 우선순위 대기열만 가질 수 있다.

CBQ는 PRIQ보다 좀 더 세밀한 제어가 가능하다. CBQ에서는 각각의 클래스마다 일정 비율의 대역폭을 얻는다. 그리고 트래픽을 클래스 계층으로 분류할 수 있다. 우선순위를 결정할 때 사용되는 기준에는 프로토콜, 사용 중인 애플리케이션, 송신자의 IP 주소, 기타 여러 요소가 포함될 수 있다. 그리고 IP 네트워크 계층(3계층)에서 동작한다. CBQ의 또 다른 매력은 특허에서 자유롭다는 점이다.

각각의 클래스마다 대역폭 한계가 할당되고, 클래스 내의 패킷은 이 대역폭 한계에 도달할 때까지 처리된다. 따라서 낮은 우선순위의 패킷도 약간의 대역폭은 확보할 수 있다. CBQ의 가장 중요한 목표는 정량적인 대역폭 공유지만, 두 번째 목표는 일부 클래스가 할당된 대역폭을 모두 사용하지 않고 있을 때 여분의 대역폭이 임의로 배분되면 안 된다는 것이다. 이러한 여유 대역폭의 분배는 일련의 지침을 따라야 한다.

PRIQ와 CBQ가 어떻게 다른지 알아보기 위한 예시로서, 앞서 봤던 가상의 네트워크를 생각해보자. DEVELOPERS와 ENGINEERING 서브넷 모두에 상당량의 대역폭을 할당하려고 한다. 이때 우선순위 레벨 대기열을 사용하면 실제로 이를 구현할 방법이 없다. 예를 들어 DEVELOPERS와 ENGINEERING에게 SALES 및 DMZ보다 높은 우선순위를 부여하고 DEVELOPERS에게 ENGINEERING보다 높은 우선순위 수준을 할당한다면, SALES와 DMZ는 적절한 대역폭을 받지 못할 수 있기 때문이다.

그러나 CBQ를 사용하면 각각의 서브넷에 일정 비율의 대역폭을 할당할 수 있다. 게다가 CBQ는 계층 구조이므로 DEVELOPERS와 ENGINEERING에게 동일한 대역폭 비율을 지정하고, 그중에서 ENGINEERING이 좀 더 많은 대역폭을 가질 수 있도록 설정할 수 있다.

pfSense가 지원하는 세 번째 대기열 정책은 HFSC다. HFSC는 대기 시간이 일정 시간 이내로 보장되는 대역폭 할당 방법으로 생각할 수 있다. HFSC 대기열은 두 개의 부분으로 구성된 비선형[non-linear] 곡선으로 정의된다. 첫 번째 부분 m1은 대기열이 p 밀리초까지 받을 수 있는 대역폭의 양을 결정하고, p 밀리초 이후에는 두 번째 부분 m2가 대기열의 동작을 결정한다. 이렇게 대기열에 보장되는 대역폭의 크기가 정해진다.

HFSC를 이해하기 위해 대역폭을 놓고 VoIP 연결과 파일 다운로드라는 두 개의 서비스가 서로 경쟁 중이라고 생각해보자. VoIP 연결은 패킷을 30밀리초마다 전송해야 하고 파일 다운로드는 9밀리초마다 패킷을 전송해야 하는 선형[linear] 서비스 곡선을 가정한다. 또한 패킷 전송에 7밀리초가 걸린다고 가정한다. 패킷들이 이러한 데드라인에 따라서 전송된다면 화상 회의 패킷의 지연은 약 21밀리초가 되는데, VoIP 패킷의 데드라인 요구 조건(30밀리초)은 만족되지만, 대기 시간이 높은 편이다.

이번에는 VoIP 연결이 10밀리초까지는 대역폭의 상당 부분(예를 들면 75%)을 차지하는 다른 서비스 곡선을 상상해보자. 10밀리초 이후에 VoIP 연결은 가용 대역폭의 25%만을 사용할 수 있다. 이러한 정책하에서는 VoIP의 대기 시간은 10밀리초를 넘지 않는다. 결과적으로 VoIP 트래픽 대기 시간은 짧아지고 파일 다운로드 트래픽의 대기 시간은 길어지는데, 파일 다운로드의 경우 대기 시간보다 처리량이 더 중요하기 때문에 이러한 결과는 허용할 만하다.

HFSC의 단점은 PRIQ 및 CBQ가 매우 간단한 기준(PRIQ는 우선순위 레벨, CBQ는 클래스에 할당되는 대역폭의 양)으로 정의되는 것과 달리 HFSC 대기열은 비선형 곡선에 의해 정의되므로 본질적으로 복잡하다는 것이다. 트래픽 셰이퍼가 동시에 모든 곡선에 서비스를 보장할 수 없거나 공평하게 처리할 수 없는 경우가 발생할 수 있다. 그럼에도 불구하고 HFSC는 대역폭과 대기 시간을 분리함으로써 이득을 얻을 수 있는 서비스를 사용하는 경우 적합한 선택이 될 수 있다.

pfSense에서 트래픽 셰이핑 설정

pfSense에서의 트래픽 셰이핑 설정 작업은 옵션의 수와 트래픽 셰이퍼 규칙 및 셰이퍼 대기열의 복잡성으로 인해 쉽지 않다. 따라서 웹 GUI가 제공하는 트래픽 셰이퍼 마법사 기능으로 시작하는 것을 권장한다. Firewall ➤ Traffic Shaper로 이동해 Wizards 탭을 클릭해보자. 두 개의 마법사 기능을 사용할 수 있는데, 하나는 Multiple Lan/Wan이고, 다른 하나는 Dedicated Links다. Multiple Lan/Wan은 하나 이상의 LAN 유형 인터페이스와 하나 이상의 WAN 인터페이스가 있는 다양한 상황에서 사용될 수 있다. 반대로 Dedicated Links는 특정 LAN/WAN 쌍이 다른 트래픽과 섞이지 않는 경우를 위한 것이다. 예를 들어, 한 서브넷의 사용자가 다른 서브넷의 사용자와 다른 인터넷 연결을 사용한다고 하자. 이 경우 두 개의 서로 다른 WAN 인터페이스가 (ISP 업체마다 하나씩) 존재할 것이다. 어떤 LAN 인터페이스의 트래픽은 WAN1으로 전송되지만, 다른 LAN 인터페이스의 트래픽은 WAN2로 전송된다. 각각의 LAN-WAN 연결마다 트래픽 셰이핑 요구 사항이 다를 것이며, 이런 경우에 바로 Dedicated Links 마법사가 도움이 된다. 하지만 전용 WAN 연결을 사용하는 경우가 별로 없기 때문에 대부분의 경우 Multiple Lan/WAN이 올바른 선택이 될 것이다.

Wizards 탭에서 두 개의 마법사 중 하나를 선택할 수 있다.

Multiple LAN/WAN 설정 마법사

Multiple LAN/WAN 설정 마법사의 첫 번째 페이지에서는 WAN 유형 연결의 수와 LAN 유형 연결의 수를 각각 물어온다. 일반적으로는 마법사가 각 유형의 인터페이스 수를 자동으로 알아내기 때문에, 최초 숫자를 변경하지 않고 페이지 하단의 Next 버튼을 클릭한다. 하지만 여러분이 모든 인터페이스에 트래픽 셰이퍼를 적용하고 싶지 않다면, 여기서 WAN 및 LAN 인터페이스의 개수를 전체 개수보다 적은 숫자로 입력할 수 있다. 그러나 인터페이스의 전체 개수보다 큰 숫자를 입력할 수는 없으며, 그렇게 할 경우 오류 메시지가 표시된다. 입력이 끝나면 Next 버튼을 누른다.

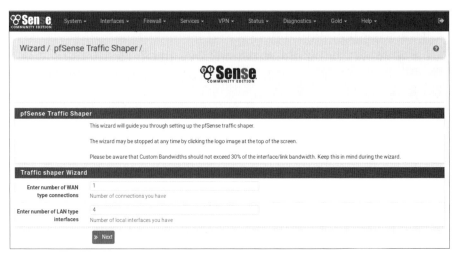

Multiple LAN/WAN 설정 마법사에서 WAN 및 LAN 연결 개수를 입력

그다음 페이지의 Shaper configuration 섹션에서는 개별 인터페이스를 설정한다. 여러 개의 섹션을 볼 수 있는데, 각 섹션의 이름은 Setup connection and scheduler information for interface X로서 여기서 X는 LAN #1, LAN #2, 또는 WAN #1, WAN #2와 같이 이어진다. LAN 인터페이스들의 섹션에는 두 개의 드롭다운 박스가 있는데, 첫 번째 드롭다운 박스에서는 인터페이스를 선택하고 두 번째 드롭다운 박스에서는 대기열 정책을 선택한다. 이후의 마법사 페이지에서 인터페이스는 이름이 아니라 여기서 지정된 대로 표시될 것이다(예를 들어 DMZ 인터페이스를 LAN #1 연결로 지정했다면, 이후 페이지에서 LAN #1 연결은 DMZ 인터페이스를 가리킨다). 이는 그다지 사용자 친화적이지 않은 것이 사실이며, 이후 헷갈리지 않도록 따로 메모해두는 것이 바람직하다. 메모해두지 않으면, 나중에 확인을 위해 Back 버튼을 자주 눌러야 하는 번거로움을 피할 수 없을 것이다.

다양한 대기열 정책에 관해서는 앞에서 설명했으므로 여기서 자세히 논의하지는 않지만, 장점과 단점을 요약하면 다음과 같다.

- PRIQ: 우선순위 대기열을 의미하며, 대기열 알고리즘 중 가장 간단하다. 패킷마다 우선순위가 부여되며, 높은 우선순위의 패킷이 언제나 낮은 우선순위의 패킷보다 먼저 전송된다. 우선순위가 높은 패킷의 대기 시간은 낮아지지만 우선순위가 낮은 패킷은 대역폭을 받지 못하는 결과로 이어질 수 있다.

- CBQ: 클래스 기반 대기열을 의미한다. 모든 패킷이 어떤 클래스에 속하는데, 클래스마다 대역폭의 상한과 하한이 부여된다. 클래스는 계층적이므로 하위 클래스들로 나눠질 수 있다. 이 정책은 최소 대역폭을 보장하는 데 효과적이지만, 대기 시간에 대한 보장은 할 수 없다.

- HFSC: 계층적 공정 서비스 곡선Hierarchical Fair-Service Curve을 의미하며, 모든 대기열은 공정성 곡선과 서비스 곡선이라는 두 개 부분으로 이뤄진 곡선을 따른다. 공정성 곡선은 모든 대기열에 최소 수준의 대기 시간을 제공하도록 설계됐다. HFSC의 목표가 모든 상황에서 충족될 것을 보장할 수는 없지만, 많은 경우에 최선의 선택이 될 수 있다.

LAN 유형 인터페이스들에 대해 대기열 정책 선택이 끝나면 이제 WAN 연결을 설정할 차례다. 각각의 WAN 인터페이스에 대해 대기열 정책(마찬가지로 PRIQ, CBQ, HFSC)을 선택할 수 있다. 또한 업로드 및 다운로드 대역폭도 물어올 것이다. 트래픽 셰이퍼가 제대로 동작하기 위해서는 이때 입력하는 숫자가 여러분의 실제 업로드 및 다운로드 속도와 비슷한 수치여야 한다. 설정이 끝나면 페이지 하단의 Next 버튼을 클릭한다.

마법사의 다음 페이지인 Voice over IP에서는 VoIP를 설정할 수 있다. 이 페이지의 옵션들은 여러분이 Prioritize Voice over IP traffic 체크박스를 선택하지 않으면 회색으로 표시될 것이다. 그다음 섹션 VoIP specific settings의 Provider 드롭다운 박스에서는 서비스 제공 업체를 다음 중에서 선택할 수 있다.

- VoicePulse: 가정 및 기업 고객에게 VoIP 서비스를 제공하는 회사. 또한 VoIP 게이트웨이와 PBX 시스템을 위해 SIP[Session Initiation Protocol]을 사용하는 트렁킹도 제공한다.

- Asterisk/Vonage: Asterisk는 오픈소스(GNU GPL)와 상용 제품이라는 두 가지 방식으로 PBX를 소프트웨어로 설정하는 방법을 제공하는 업체로서, 이 회사의 제품을 이용하면 과거에는 상용 PBX 시스템에서만 가능했던 수준의 음성 메일 및 전화 회의를 구현할 수 있다. 또 SIP, MGCP[Media Gateway Control Protocol], H.323 등의 VoIP 프로토콜도 지원한다. Vonage는 가정 및 기업 고객을 위한 VoIP 서비스를 제공하는 업체로서, 대기업 고객을 대상으로 하는 클라우드 서비스도 제공하고 있다.

- PanasonicTDA: Panasonic의 KX-TDA 시리즈 전화기는 H.323 및 SIP 트렁킹을 모두 지원하며, KX-TDA600은 최대 640개의 트렁크를 지원한다.

- Generic: 위 세 개에 해당하지 않는 VoIP 서비스를 사용 중이라면 이 옵션을 선택한다.

트래픽 셰이핑 마법사에서의 VoIP 설정

다음 옵션 Upstream SIP Server에서는 우선순위를 지정할 원격 PBX 또는 SIP 트 렁크의 IP 주소를 입력할 수 있다. 이 옵션을 사용하면 Provider 필드는 무시될 것 이다. 이 필드에는 앨리어스를 입력할 수 있다.

그다음에 이어지는 Connection WAN #1, Connection LAN #1 등에는 WAN 연결 의 업로드 대역폭과 LAN 연결의 다운로드 대역폭을 입력할 수 있다. 이를 통해 VoIP 트래픽에 할당될 최소 대역폭을 지정할 수 있다. VoIP 연결당 필요한 대역 폭, VoIP 전화/장치의 개수에 따라 달라지므로, 값을 입력하기 전에 미리 조사하 는 편이 바람직하다. 설정이 모두 끝나면 페이지 하단의 Next 버튼을 클릭한다.

다음 페이지 Penalty Box에는 Penalty Box와 Penalty Box specific settings라는 두 개 섹션이 있다. Penalty Box 섹션에는 단 하나의 옵션 Penalize IP or Alias 체크박스가 있는데, 이 체크박스를 선택하면 Penalty Box specific settings의 Address 필드에 지 정된 IP(또는 앨리어스)로부터의 트래픽의 우선순위가 낮아진다. 지정된 호스트에 게 제한될 대역폭 비율도 지정해야 한다(2~15% 사이의 값만 허용된다). 여기서 다 양한 옵션들(percentage, bits/s, kilobits/s, megabits/s, gigabits/s)을 선택할 수 있지만, 실제로는 percentage 이외의 값을 선택하면 설정이 완료되지 않는다. 즉, Next 버튼을 클릭하면 Only percentage bandwidth specification is allowed라는 오류 메시지가 표시될 것이다.

다음 페이지 Peer to Peer networking에서는 P2P 네트워킹 옵션을 설정할 수 있다. P2P 네트워킹 프로토콜은 따로 제한을 설정하지 않으면 가용 대역폭을 모두 사용한다. P2P 클라이언트 중에는 대역폭을 제한하는 설정을 제공하는 것도 있지만, 여러분의 네트워크상에서 P2P 트래픽이 예상된다면 이로 인해 다른 트래픽의 속도가 저하되지 않도록 보장해야 한다. 이 페이지 상단의 Lower priority of Peer-to-Peer traffic 체크박스를 선택하면 다른 P2P 옵션들을 설정할 수 있다.

트래픽 셰이핑 마법사에서의 P2P 설정

그다음 옵션 P2P Catch All 체크박스를 선택하면, 분류되지 않은 트래픽은 전부 P2P 대기열로 보내며, P2P 트래픽과 관련된 트래픽 셰이핑의 흔한 문제를 해결할 수 있다. 많은 P2P 프로토콜과 기술들은 의도적으로 탐지를 피하기 위한 시도를 하는데, 특히 비표준 포트 또는 임의의 포트를 사용한다. P2P Catch All 옵션은 분류할 수 없는 모든 트래픽을 P2P 대기열로 보내 우선순위를 낮춤으로써 이로 인한 문제를 해결할 수 있다. Penalty Box에서와 마찬가지로 P2P 대기열에 할당할 대역폭의 비율을 지정해야 하며, 이번에도 역시 2~15% 사이의 값만 허용된다.

다음 섹션 Enable/Disable specific P2P protocols에서는 pfSense에서 인식해야 할 P2P 프로토콜을 지정할 수 있다. 인식해야 할 서비스에 해당하는 체크박스를 선택한다. 잘 알려진 프로토콜을 중심으로 20여 개의 프로토콜이 열거돼 있는데, BitTorrent, DCC, Gnutella, Napster 등이 포함된다. 이 페이지에서 설정을 마쳤으면 Next 버튼을 클릭하자.

마법사의 다음 페이지인 Network Games에서는 네트워크 게임을 위한 설정을 할수 있다. 온라인 게임을 원활히 즐기기 위해서는 낮은 대기 시간이 요구되기 때문에, 온라인 게임을 자주 하는 사용자가 있다면 Prioritize network gaming traffic 체크박스를 선택하는 것이 좋다. 게임 플레이는 대용량 파일을 다운로드하는 다른 사용자나 게임 도중 대규모 패치를 다운로드하는 다른 게이머의 영향을 받을 수 있다. 하지만 Prioritize network gaming traffic 체크박스를 선택하면 네트워크 게임 플레이의 우선순위가 올라가서 게임 트래픽이 우선적으로 전송되고 일정 이상의 대역폭이 보장될 것이다.

그다음 섹션 Enable/Disable specific game consoles and services에서는 게임 콘솔 (비디오 게임기) 혹은 서비스를 활성화할 수 있다. 주요 게임 콘솔(플레이스테이션, 위Wii, 엑스박스)이 모두 표시되며, 일부 인기 있는 게임 서비스(예를 들면 Games for Windows Live 등)도 표시된다. 이 페이지의 마지막 섹션은 Enable/Disable specific games다. 여기에는 많은 수의 인기 게임들이 보이는데, 〈둠3〉, 〈마인크래프트〉, 〈월드 오브 워크래프트〉 등이 포함된다. 여러분이 원하는 게임이 목록에 없으면, 일단 다른 게임(가급적 비슷한 게임)을 선택한 후 나중에 설정을 변경할 수 있다. 게임 선택을 마쳤으면 Next 버튼을 클릭한다.

그다음 페이지 Raise or lower other Applications에서는 우선순위를 높이거나 낮출수 있는 25개 이상의 애플리케이션/서비스 목록이 제공된다. 각 애플리케이션 또는 서비스마다 세 개의 옵션을 포함하는 드롭다운 박스가 제공되는데, Default priority는 우선순위를 그대로 유지하고, Higher priority와 Lower priority는 높이거나 낮춘다. 우선순위를 조정할 애플리케이션 및 서비스는 여러분 네트워크의 현재 설정 및 요구 사항에 따라 다르다. 더 높은 우선순위가 필요한 애플리케이션 및 서비스는 페이지 상단에, 우선순위가 낮아져도 되는 애플리케이션 및 서비스는 페이지 하단에 배치된다. 예를 들어 Remote Service/Terminal emulation 섹션에는 VNC^Virtual Network Computing가 있는데, VNC를 사용하는 경우 Higher priority를 선택해야 한다. 네트워크 연결 상태가 좋지 않으면 다른 컴퓨터를 원격으로 제어하기 어렵기 때문이다(이때 대역폭만이 아니라 대기 시간도 고려해야 한다. 키보드 및 마우스 이벤트도 원격 컴퓨터로 전송돼야 하기 때문이다).

반면에 우선순위가 낮아져도 아무도 알지 못하는 서비스도 있다. SMTP, POP3, IMAP 등의 메일 서비스나 MySQL Server와 같은 애플리케이션 등이 이런 경우에 속한다. 앞서 P2P Catch All 옵션을 활성화했다면, P2P Catch All 규칙에 의한 불이익을 받지 않도록 이러한 프로토콜을 여기서 지정해놓는 것이 좋다. 설정이 모두 끝나면 Next 버튼을 클릭한다.

마법사의 마지막 페이지

Next 버튼을 클릭하면 마법사의 마지막 페이지로 이동한다. 현재 모든 규칙과 대기열이 만들어져 있지만 아직 사용되지는 않고 있다. 페이지 하단의 Finish 버튼을 클릭하면 새로운 규칙이 로드되고 활성화될 것이다.

이제 트래픽 셰이핑이 활성화됐지만, 오직 신규 연결에만 적용될 것이다. 모든 연결에 트래픽 셰이퍼를 적용하려면 상태 테이블을 비워야 한다. 이렇게 하려면 Diagnostics ➤ States로 이동해 Reset States 탭을 클릭한 후 페이지 하단의 Reset 버튼을 클릭한다.

Dedicated Links 마법사

pfSense는 전용 링크를 설정하기 위한 마법사도 제공한다. 이 마법사를 사용하려면 Firewall ➤ Traffic Shaper에서 Wizards 탭을 클릭하고 두 번째 옵션(traffic_shaper_wizard_dedicated.xml)을 클릭한다. 첫 번째 페이지 pfSense Traffic Shaper에서는 사용자 정의 링크가 인터페이스 링크/대역폭의 30%를 넘으면 안 된다는 경고가 나타날 것이다. 또한 WAN 연결 개수를 입력해야 하는 에디트 박스도 있다. Multiple Lan/Wan 마법사에서와 마찬가지로 WAN 연결 개수가 자동으로 나타나므로, 트래픽 셰이퍼를 WAN 인터페이스의 수보다 적게 사용하는 경우가 아니라면 이 값을 건드릴 필요가 없다. Next 버튼을 클릭한다.

그다음 Shaper configuration 페이지에서는 각각의 연결별로 매개변수를 입력한다. 두 개의 Local interface 드롭다운 박스가 있는데, 첫 번째 드롭다운 박스에는이 연결을 사용할 인터페이스를 지정하고 두 번째 드롭다운 박스에는 대기열 정책을 지정한다(이번에도 PRIQ, CBQ, HFSC 중 하나를 선택한다). WAN interface 드롭다운 박스도 두 개며, 마찬가지로 첫 번째 드롭다운 박스에는 실제 인터페이스를, 두 번째 드롭다운 박스에는 대기열 정책을 지정한다. 그다음 Upload에는 업로드대역폭을, Download에는 다운로드 대역폭을 지정한다.

Upload와 Download 옵션은 모두 한 개의 에디트 박스와 한 개의 드롭다운 박스로 구성되는데, 에디트 박스에는 대역폭을 지정하고 드롭다운 박스에는 에디트 박스에 입력한 값의 단위(Kbit/s, Mbit/s, Gbit/s)를 지정한다. 설정이 완료되면 하단의 Next 버튼을 클릭한다. 이러한 설정은 마법사의 첫 번째 페이지에서 지정한 WAN 연결의 개수만큼 반복된다. 따라서 첫 번째 페이지에서 3이라고 입력했다면, 다음 페이지에 Connection #2의 설정 옵션이 나타나고 그다음에는 Connection #3의 설정 옵션이 나타날 것이다.

다음 페이지 Voice Over IP에서는 VoIP를 설정할 수 있다. 여기에서의 옵션은 앞서 Multiple Lan/Wan 마법사의 옵션과 동일하기 때문에 이번에는 자세히 설명하지 않을 것이다. 실제로 이후 몇 개의 페이지들(Penalty Box, Peer to Peer Networking, Network Games, Raise or lower other Applications)은 모두 Multiple Lan/Wan 마법사의 페이지와 동일하다.

Multiple Lan/Wan 마법사와 마찬가지로 모든 설정 과정이 끝나면 마지막 페이지가 나타나며, Finish 버튼을 클릭해야 실제로 규칙과 대기열이 호출된다. 그리고 트래픽 셰이퍼가 활성화되지만 새로운 연결에만 적용되므로, 모든 연결에 적용하려면 Diagnostics ➤ States에서 Reset States 옵션을 사용해 상태 테이블을 비워야 한다.

트래픽 셰이핑 고급 설정

트래픽 셰이퍼 마법사를 사용해 초기 트래픽 셰이핑 설정을 한 후에, 마법사가 생성한 규칙이 여러분의 요구를 완전히 충족시키지 못하는 경우가 발생할 수 있다. 이것은 마법사를 사용할 때 이미 알고 있던 문제 때문일 수도 있고(예를 들면 게임 목록에 없는 게임을 하는 경우) 대역폭 제한이 필요한 서비스나 애플리케이션이 생겨서 그럴 수도 있다. 이것은 그다지 큰 문제는 아니다. 기본적인 규칙이 이미 존재하므로 해당 규칙을 편집하거나 또는 복사한 후 여러분의 필요에 맞는 새로운 사용자 정의 규칙을 작성하면 된다. 여러분이 변경해야 할 대상은 크게 두 가지로 나뉜다. 하나는 대기열이고 다른 하나는 트래픽 셰이핑 규칙이다.

대기열 변경

Firewall ➤ Traffic Shaper로 이동한 후 By Interface 또는 By Queue 탭을 클릭하자. By Interface를 선택하면 인터페이스들의 목록이 트리 구조로 표시되고, 각 인터페이스의 하위에는 대기열들의 목록이 표시된다. By Queue를 선택하면 반대로 대기열들의 목록이 상위에 표시되고 그 아래에 해당 대기열을 사용하는 인터페이스들이 표시된다. 어느 방법으로 대기열을 편집해도 무방하며, 이는 단지 개인적 취향의 문제다. 대기열을 생성하고 싶다면 가장 쉬운 방법은 By Interface 탭을 클릭한 후 어떤 인터페이스상에 대기열을 만들고, 이어서 By Queue 탭을 클릭한 후 다른 인터페이스상에서 Clone Shaper to this Interface 버튼을 사용하는 것이다.

어떤 인터페이스상에서 대기열을 선택하면 몇 가지 옵션이 표시된다. Enable/Disable 체크박스의 선택을 끄면, 그 대기열 및 하위 대기열이 모두 비활성화된다. Name 에디트 박스에서는 여러분이 원한다면 이름을 변경할 수 있다. Priority 에디트 박스에서는 우선순위 수준을 0부터 7까지 설정할 수 있다. 숫자가 클수록 우선순위가 더 높다. 하지만 HFSC 정책에서는 Priority 필드의 값은 무시된다는 것을 기억하자. HFSC 대기열인지 여부를 알기 위해서는 설정 페이지에 Service Curve (sc) 섹션이 있는지 확인하면 된다. HFSC 설정에 관해서는 잠시 후에 다룰 것이다.

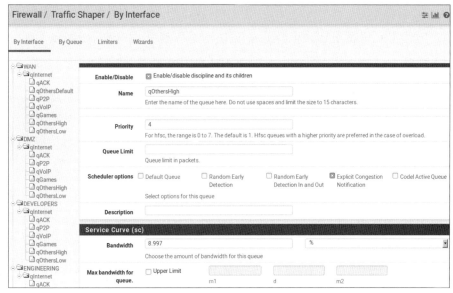

대기열 편집하기. HFSC 대기열이므로 Service Curve (sc) 섹션을 볼 수 있다.

Queue Limit 에디트 박스에는 대기열 크기 제한(패킷 단위)을 입력할 수 있다. 그 다음 Scheduler options 체크박스들을 사용하면 대기열에 추가적인 트래픽 셰이핑 알고리즘을 적용할 수 있다. Default Queue 체크박스를 선택하면 이 대기열이 인 터페이스의 기본 대기열이 된다(인터페이스당 한 개의 대기열만 가능하다). 그 밖에 다음과 같은 옵션들이 있다.

- Random Early Detection: 트래픽 셰이핑 대기열은 본질적으로 버퍼다. 버퍼가 가득 차면, 패킷은 삭제된다(이를 가리켜 테일 드롭[tail drop]이라고도 한다). 이는 문제를 일으킬 수 있는데, 네트워크가 혼잡할 때 모든 버퍼가 가득 차면 예상 치 못한 오류가 발생할 수 있기 때문이다. RED[Random Early Detection]는 버퍼가 점 점 채워질 때 선제적으로 패킷을 임의로 제거함으로써 이러한 문제를 방지하 려고 시도한다. 버퍼가 거의 비어있을 때는 모든 패킷이 허용되지만, 버퍼가 채워질수록 패킷이 제거될 확률이 높아진다.

- Random Early Detection In/Out: 위에 설명한 RED의 변형이다. 기본적으로 RED 알고리즘과 비슷하지만, 인터페이스에 입력 대기열과 출력 대기열이 별

도로 존재한다. 출력 대기열은 입력 대기열보다 훨씬 적극적으로 패킷을 제거한다. 이렇게 함으로써 얻을 수 있는 장점은 출력 대기열이 포화돼 트래픽 내의 모든 패킷이 제거되는 상황에 이르기 전에 출력 트래픽을 제어할 수 있다는 것이다. 이러한 방식을 가리켜 RIO^{RED with In and Out}라고 한다.

- **Explicit Congestion Notification**: 패킷을 제거하지 않고 네트워크 정체 상황을 종단간^{end-to-end} 통보하기 위한 TCP/IP 확장이다. RFC 3168(2001년)에 정의돼 있으며 대부분의 최신 네트워크 하드웨어에서 지원된다.

- **CoDel Active Queue**: CoDel^{Controlled Delay}은 RED의 단점을 해결하기 위해 개발됐다. RED/RIO는 평균 대기열 길이가 네트워크 혼잡의 신호라고 가정하지만, CoDel은 평균 대기열 길이가 실제로 네트워크 상태에 대해 아무것도 알려주지 않는다고 가정하며, 그 대신에 버퍼 윈도우 내의 패킷들이 경험한 최소 대기 시간을 기준으로 사용한다. CoDel은 이러한 지연을 최소화하고 5밀리초 이하로 유지하려고 한다. 최소 대기 시간이 증가하면 5밀리초 이하로 떨어질 때까지 패킷이 버퍼 윈도우에서 제거된다. 또 좋은 대기열(대규모 트래픽을 처리할 때 지연이 약간만 증가하는 대기열)과 나쁜 대기열(대규모 트래픽으로 인해 대기열이 지속적으로 포화되고 지연이 크게 증가하는 대기열)을 구분하며, CoDel은 좋은 대기열은 고려하지 않는다.

 이러한 모든 알고리즘은 버퍼 지연 문제, 즉 패킷이 과도하게 버퍼에 쌓여서 대기 시간이 증가하고 패킷 지연의 편차가 커지는 문제를 처리하기 위해 고안됐다. 네트워크 장비 제조업체들은 최근 들어 라우터에 대용량의 버퍼를 탑재하기 시작했다. 대용량 버퍼의 문제점은 TCP 알고리즘은 제거되는 패킷의 수를 사용해 연결의 포화 시점을 판단하는데, 버퍼의 크기가 커지면 버퍼가 채워지고 패킷이 제거되는 데 몇 초가 걸릴 수 있다는 점이다. 이로 인해 버퍼는 TCP 알고리즘이 재계산을 마칠 때까지 병목 현상의 원인이 된다. 그런 다음 버퍼가 비워지고, TCP 연결이 증가하고, 버퍼를 다시 포화시킨다. 다시 말해 대용량 버퍼는 TCP의 혼잡 회피 알고리즘을 실질적으로 무력화할 수 있으며, 적절한 대응책을 취하지 않으면 대기열이 계속적으로 혼잡해질 수 있다.

마지막 옵션 Description 에디트 박스에는 나중에 참조하기 위한 간단한 설명을 입력할 수 있다.

지금까지 PRIQ나 CBQ 대기열에서 사용할 수 있는 설정 옵션을 모두 설명했다. 그러나 HFSC 대기열을 선택했다면 Service Curve (sc) 섹션에서 추가로 설정할 내용들이 있다. 첫 번째 옵션인 Bandwidth는 대기열의 대역폭 크기를 선택할 수 있다. 나머지 옵션들은 대기열의 서비스 곡선들을 설정하기 위한 것이며, 각각의 서비스 곡선에는 m1, d, m2라는 세 개의 매개변수가 있다. m1과 m2는 서비스 곡선의 두 부분을 나타내며, d는 두 부분 사이의 구분 시점을 나타낸다. 처음 d 밀리초 동안에 대기열은 m1으로 주어지는 대역폭을 얻는다. d 밀리초가 지나면, 대기열은 m2로 주어지는 대역폭을 얻는다. 각각의 대기열마다 세 개의 서비스 곡선을 설정할 수 있는데, Max bandwidth for the queue, Min bandwidth for the queue, B/W share of a backlogged queue로서 각각의 의미는 다음과 같다.

- Max bandwidth for the queue (Upper Limit): 이 서비스 곡선은 HFSC 대역폭을 업스트림 라우터/인터페이스의 가용 대역폭으로 제한한다.
- Min bandwidth for the queue (Real Time): 이 서비스 곡선은 모든 클래스 계층 정보를 무시하고 정밀한 대역폭과 지연 할당을 보장한다.
- B/W share of a backlogged queue (Link Share): 실시간 서비스 곡선과 반대로 클래스 계층에 따라 대역폭을 분배한다.

설정이 모두 끝나면 페이지 하단의 Save 버튼을 클릭한다. 혹은 Add new queue나 Delete this queue를 선택할 수도 있다. Add new queue는 새로운 대기열을 생성할 수 있으며(설정 옵션은 지금까지 설명한 것과 같다.) Delete this queue는 현재 선택된 대기열을 삭제한다.

리미터

pfSense에서 트래픽 셰이핑을 할 수 있는 또 다른 방법은 리미터[Limiter]를 사용하는 것이다. 리미터를 사용하면 일련의 더미넷[dummynet] 파이프를 설정할 수 있다. 더미넷은 다양한 유형의 연결을 시뮬레이션하도록 설계된 FreeBSD 트래픽 셰이퍼로서 스케줄링, 대기열 관리 정책, 지연/손실 에뮬레이션뿐만 아니라 대역폭 및 대기열 크기 제한 등이 가능하다.

리미터를 설정하려면 Firewall ➤ Traffic Shaper를 선택하고 Limiters 탭을 클릭한다. 이전에 리미터를 설정한 적이 있다면 다양한 대기열들을 보여주는 트리가 표시된다. 그렇지 않다면 페이지는 대부분 비어있을 것이며 페이지 왼쪽에 New Limiter 버튼이 보일 것이다. 이 버튼을 클릭하면 새로운 리미터를 설정할 수 있다.

새로 리미터를 만들 때 몇 가지 고려할 사항이 있다.

- 일반적으로, 입력[in] 트래픽과 출력[out] 트래픽에 대해 별도의 대기열을 만드는 것이 바람직하다고 알려져 있다. 입력과 출력은 인터페이스의 관점에서 말하는 것이다. 따라서 입력 대기열은 업로드 트래픽을 위한 것이고, 출력 대기열은 다운로드 트래픽을 위한 것이다.
- 새로 생성된 리미터는 트래픽을 그 리미터에 할당하는 규칙이 만들어질 때까지 아무 효과도 없다. 트래픽을 대기열에 할당하는 규칙을 생성하는 방법은 이 장 후반부에서 설명한다.

리미터 설정 페이지는 Limiters와 Advanced Options라는 두 개 섹션으로 구성돼 있다. 첫 번째 옵션은 Enable 체크박스로서 리미터(그리고 하위 리미터)를 활성화할 수 있다. 그다음 Name 에디트 박스에는 리미터의 이름을 입력해야 한다.

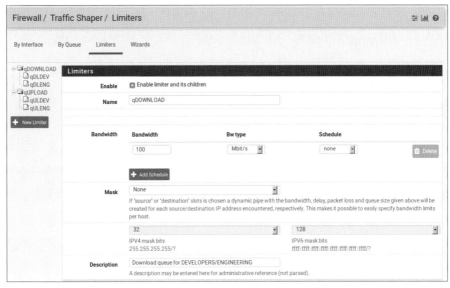

リミター 設定 画面

그다음 Bandwidth에서는 대역폭의 상한을 입력한다. 대역폭의 크기는 Bandwidth 에디트 박스에 입력하고 단위(bit/s, Kbit/s, Mbit/s)는 **Bw type** 드롭다운 박스에서 선택한다. 세 번째 옵션 Schedule 드롭다운 박스에서는 대역폭 제한이 부과되는 시간대를 선택할 수 있다. Firewall ➤ Traffic Shaper에서 찾을 수 있는 pfSense의 Schedule 옵션으로 정의된 스케줄이어야 한다(스케줄을 생성하는 방법은 4장에 자세히 설명돼 있다). 이 리미터에서 스케줄을 사용하고 싶지 않다면 드롭다운 박스에서 **none**을 선택하면 된다. 그리고 **Add Schedule** 버튼을 클릭하면 둘 이상의 대역폭 스케줄 항목을 생성할 수도 있다.

그다음 Mask 드롭다운 박스에서는 출발지 혹은 목적지 트래픽에만 이미터가 적용되도록 설정할 수 있다. **Source address**나 **Destination addresses**를 선택하면, 모든 출발지 또는 목적지 IP 주소에 대해 동적 파이프가 생성된다. 이 동적 파이프는 리미터에 대해 대역폭, 지연, 패킷 손실, 대기열 크기가 지정된다. 따라서 이 옵션을 사용하면 호스트 단위로 대역폭 제한을 쉽게 지정할 수 있다. IPv4 마스크 또는 IPv6 마스크를 해당 드롭다운 박스에서 지정해야 하며, Description 필드에 간단한 설명도 입력할 수 있다.

그다음 섹션인 Advanced Options의 옵션들은 특정한 네트워크 상황을 시뮬레이션할 때 주로 유용하며 실제 상황에서는 그다지 쓸모가 없다. Delay (ms)는 대기시간을 지정할 수 있고, Packet loss rate는 패킷 손실 비율을 역수로 지정할 수 있다. 예를 들어, 0.001은 1,000개 중 한 개의 패킷이 제거되고, 0.01은 100개 중 한 개가 제거됨을 의미한다. Queue size (slots)에 어떤 값을 지정하면, 리미터는 파이프 내의 패킷들이 위치한 고정 크기의 대기열을 생성한다. 패킷들은 Delay (ms)에 지정된 만큼 시간이 지난 후에 목적지로 보내질 것이다. 마지막으로 Bucket size (slots)는 출발지 또는 목적지 해싱에 사용되는 버킷 배열의 슬롯 수를 지정한다. 모든 설정이 끝나면 페이지 하단의 Save 버튼을 클릭한다.

리미터의 장점은 무엇일까? 리미터는 트래픽 셰이퍼의 거의 모든 용도에 사용할 수 있다. 예를 들어, 최소 대역폭이 보장되는 대기열을 설정하는 데 쓰일 수 있다. 이를 위해서는 두 개의 대기열(하나는 업로드용, 다른 하나는 다운로드용)을 생성하고 대역폭 상한을 최소 대역폭으로 설정하고자 하는 값으로 설정한다(예를 들면 업로드에 1Gbps, 다운로드에 1Gbps). 그런 다음 두 개의 대기열을 더 생성하되, 대역폭 상한을 여유 대역폭으로 설정한다(예를 들어 현재 연결 속도가 업로드 10Gbps이고 다운로드 20Gbps라면, 업로드 대기열 제한을 9Gbps로 설정하고 다운로드 대기열 제한을 19Gbps로 설정한다. 그리고 보장 서비스 트래픽을 1Gbps 대기열들로 보내고 나머지 트래픽은 모두 두 개의 다른 대기열로 보낸다). 이렇게 하면 1Gbps 대기열을 사용하는 애플리케이션이나 서비스에 대역폭을 보장하는 효과가 있다. 해당 대기열을 독점적으로 사용할 수 있기 때문이다.

리미터 예제

리미터를 추가하는 방법을 이해하기 위해 어떤 공유 연결에 두 개의 리미터를 생성해보자. 현재 여러분의 회사는 광대역 연결을 사용 중인데, 다운로드 300Mbps, 업로드 50Mbps에 불과하지만 약 500명의 사용자가 이 연결을 공유하고 있다. 따라서 대역폭을 할당할 때 다소 창의적이 될 필요가 있다. 업로드 대기열과 다운로드 대기열을 각각 하나씩 생성하고, 업로드 대기열의 사용자는

256Kbps까지, 다운로드 대기열의 사용자는 1.5Mbps까지 대역폭이 제한될 것이다.

이와 같이 설정하기 위해 Limiters 탭에서 New Limiter를 클릭한다. 업로드 대기열의 경우 Enable/Disable 체크박스를 클릭하고 이름(qUPLOAD)과 대역폭(256Kbit/s)을 입력한다. 스케줄 옵션은 설정할 필요가 없다. Mask 드롭다운 박스에서 Source addresses를 선택하고 IPv4 마스크를 32로 설정한다. 업로드 대기열 설정이 끝나면 Save 버튼을 클릭한다. 이제 Limiters 페이지의 왼쪽 사이드바에 qUPLOAD가 포함된 트리가 표시될 것이다. 똑같은 방법으로 다운로드 대기열을 만들 수 있는데, New Limiter 버튼을 클릭한 후 이름이 qDOWNLOAD이고 대역폭은 1.5Gbit/s인 대기열을 생성하면 된다. Mask 드롭다운 박스에서는 Destination addressed를 선택하고 IPv4 마스크를 32로 설정한 다음 Save 버튼을 클릭한다.

이렇게 새로 생성된 대기열은 아직 아무 효과도 보이지 않는데, 이 대기열에 전달되는 트래픽이 없기 때문이다. 나중에 트래픽 셰이퍼 규칙의 변경 및 생성법을 다루면서 이를 수행할 것이다.

7계층 트래픽 셰이핑

지금까지 살펴본 트래픽 셰이핑 규칙들은 포트 또는 프로토콜을 기준으로 사용한다. 하지만 이것만으로는 완벽한 해결책이 될 수 없는데, 무작위 포트를 사용하거나 포트를 고를 수 있는 애플리케이션이 많으며 프로토콜만으로는 트래픽을 확실히 구별하기에 충분하지 않기 때문이다.

DPI[Deep Packet Inspection](딥 패킷 검사)라고도 하는 7계층 트래픽 셰이핑은 패킷의 내용을 바탕으로 트래픽을 구별함으로써 이러한 단점을 보완한다. 2.3 버전 이전의 pfSense에서 7계층 트래픽 셰이핑 기능을 선택할 수 있었지만 2.3 버전에서는 이 기능이 제거됐다. 2.3 버전의 릴리스 노트에 따르면, 7계층 트래픽 셰이핑은 2.2.x 버전에서 장애를 일으키고 CPU를 과도하게 사용하는 문제를 갖고 있었으며, 대안으로서 스노트[Snort] 필터를 사용할 것을 권장한다. 스노트는 9장에서 설명할 서드파티 패키지다.

규칙 변경하기

지금까지 우리는 대기열을 추가하는 방법과 기존 대기열을 편집하는 방법을 살펴봤지만, 이러한 대기열에 네트워크 트래픽이 할당되는 방법을 제어하는 것은 트래픽 셰이핑 규칙이다. 규칙과 일치하는 패킷이 발견되면 이 패킷은 규칙이 지정하는 대기열에 할당된다. 따라서 트래픽 셰이핑 규칙은 본질적으로 4장, '방화벽으로서의 pfSense'에서 설명한 방화벽 규칙의 부분 집합이라고 할 수 있다.

이전 버전의 pfSense에서는 트래픽 셰이퍼를 위해 Rules라는 이름의 탭이 별도로 존재했다. 이 탭에는 트래픽 셰이퍼가 생성한 규칙이 모두 표시됐지만, 현재 버전에서는 그렇지 않다. 이제는 트래픽 셰이퍼 규칙을 보려면 Firewall ➤ Rules로 이동한 후 Floating 탭을 클릭한다. 여기에는 트래픽 셰이퍼 규칙이 다른 유동 규칙들과 혼합돼 표시된다. 하지만 규칙에 달려 있는 설명description을 통해 트래픽 셰이퍼 규칙을 구별할 수 있으며, 또 트래픽 셰이퍼 규칙에는 Queue 열에 어떤 값(예를 들면 qOthersLow, qVoIP 등)이 지정돼 있기 때문에 다른 유동 규칙과 쉽게 구별할 수 있다.

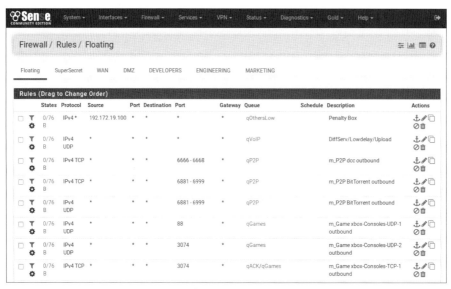

Floating Rules 탭. Multiple Lan/Wan 마법사에 의해 생성된 규칙의 일부가 보인다.

규칙을 편집하려면 (연필 모양의) 편집 아이콘을 클릭하고, 규칙을 삭제하려면 (휴지통 모양의) 삭제 아이콘을 클릭한다. 둘 다 Actions 열(테이블의 가장 오른쪽 열)에서 찾을 수 있다. 규칙의 순서는 두 가지 방법으로 변경할 수 있다. 우선 테이블에서 어떤 규칙을 클릭하고 다른 위치로 드래그해서 순서를 바꿀 수 있다. 만일 위치를 이동해야 하는 규칙이 둘 이상일 경우는 해당 규칙들을 선택한 후(규칙의 왼쪽에 있는 체크박스를 사용) Actions 열에서 Move checked rules above this one 아이콘을 클릭하면, 선택된 규칙들이 그보다 앞으로 이동된다. 비어있는 규칙을 새로 추가하려면 목록 하단의 Add 버튼 중 하나를 클릭한다(위쪽 화살표의 버튼은 목록의 맨 위에 규칙을 추가하고, 아래 화살표의 버튼은 목록의 맨 아래에 규칙을 추가한다). 기존의 규칙을 기반으로 새로운 규칙을 만들 때는 복사할 규칙의 Actions 열에서 (두 개의 종이 모양의) 복사 아이콘을 클릭한다.

하나의 규칙이 둘 이상의 기준을 가질 수 있다. 이러한 기준들을 통해 트래픽은 적절한 대기열로 보내질 수 있다. 트래픽 셰이핑 규칙이 여러 개의 인바운드 및 아웃바운드 대기열을 가질 수 있지만, pfSense의 트래픽 셰이퍼 마법사에서 생성된 규칙은 대부분의 경우 인바운드와 아웃바운드 트래픽에 대해 동일한 대기열을 사용한다. 이것은 마법사가 양방향으로 트래픽에 적용되는 유동 규칙을 생성하기 때문이다. 이렇게 함으로써 인바운드와 아웃바운드 트래픽에 대해 별도의 규칙을 생성할 필요는 없어지지만, 반대로 말하면 이것은 인바운드와 아웃바운드 트래픽을 동일한 대기열로 보내야 함을 의미한다. 규칙은 트래픽을 하나의 대기열에만 할당할 수 있기 때문이다.

어떤 트래픽 셰이퍼 규칙에 대한 편집 옵션을 클릭해보면 방화벽 규칙과 매우 비슷하게 보이지만 분명한 몇 가지 차이점이 있다. 첫 번째 필드는 Action 드롭다운 박스다. 방화벽 규칙이 Pass, Block, Reject 옵션을 사용한 데 반해 트래픽 셰이핑 규칙의 경우 Match 옵션을 볼 수 있다. 이 옵션을 사용하면 통과/차단 상태에 영향을 미치지 않으면서 규칙을 트래픽에 적용할 수 있다. Interface 리스트박스에서 선택되는 인터페이스는 대부분의 경우 WAN 인터페이스다. Direction 드롭다운 박스는 인바운드 트래픽과 아웃바운드 트래픽 중 어느 것에(혹은 둘 다에) 규칙이 적용돼야 하는지를 결정한다. 앞서 설명한 바와 같이 pfSense의 트래픽 셰이퍼 마법사에서 생성되는 규칙은 유동 규칙이 양방향으로 트래픽에 적용될 수 있다는 이점을 활용하는 것으로 보인다. 따라서 트래픽 셰이퍼 규칙은 일반적으로 any로 설정된다.

앞 단락에서 설명한 설정들은 자동으로 생성되는 규칙에 공통적으로 해당되지만, 트래픽을 구별하는 요소들이 트래픽 셰이핑 규칙의 핵심이다. 트래픽을 필터링하기 위해 주로 사용되는 두 가지 요소는 프로토콜(TCP가 주로 사용되지만, VoIP와 게임 서비스는 UDP를 많이 사용한다.)과 포트 번호다. 예를 들어, DCC 트래픽을 P2P 대기열로 보내는 자동 생성 규칙을 생각해보자. 프로토콜은 TCP며 포트 범위는 6666에서 6668로 설정돼 있다. 하지만 사용자가 DCC 클라이언트의 포트 범위 설정을 변경해 다른 포트를 선택함으로써 이 규칙을 간단히 우회할 수 있기 때문에 이 규칙은 그다지 효과적이지 않을 수도 있다. 반면에 트래픽 셰이퍼 규칙은 항상 동일한 포트를 사용하는 서비스들에 대해 문제없이 동작해야 한다. 예를 들어 25번 포트를 사용하는 트래픽을 우선순위가 낮은 대기열로 보내는 규칙은 SMTP 트래픽에게 낮은 우선순위가 부여되도록 효과적으로 보장할 수 있어야 한다.

프로토콜과 포트를 모두 기준으로서 활용하는 규칙의 좋은 예는 Ventrilo의 음성 트래픽에 높은 우선순위가 할당되도록 pfSense가 자동으로 생성하는 규칙이다. UDP 프로토콜이 사용되므로 Protocol 드롭다운 박스에서 UDP가 선택되며, Destination port range에는 6100번 포트가 지정된다.

pfSense의 자동 생성 규칙에서 거의 사용되지는 않는 것 같지만, 트래픽에 규칙을 적용할 수 있는 또 다른 방법은 TCP 플래그를 사용하는 것이다. TCP 플래그는 연결의 상태를 나타내는데, 플래그 설정 여부에 따라 규칙을 적용할 수 있으며 이 기능을 사용하지 않겠다면 체크박스의 선택을 해제하면 된다. 4장, '방화벽으로서의 pfSense'에서 TCP 플래그를 자세히 다뤘으므로 여기서는 깊이 들어가지 않으며 단지 적용 기준으로서 사용할 수 있다는 사실만 언급하고 넘어간다.

Advanced Options의 마지막 옵션은 Acqueue/Queue로서, 규칙과 일치하는 트래픽이 대기열에 할당되는 곳이다. 첫 번째 드롭다운 박스는 ACK 트래픽에 대한 대기열을 선택하고, 두 번째 드롭다운 박스는 다른 모든 트래픽에 대해 대기열을 선택한다. 대부분의 경우 Ackqueue는 특별히 설정하지 않으며(none으로 설정), Queue에서만 선택이 이뤄진다.

지금까지 설명한 내용들을 바탕으로 트래픽 셰이핑 규칙에 필요한 변경을 할 수 있을 것이다. 규칙 변경으로 인해 의도하지 않은 결과가 초래돼 과거 설정으로 복구할 경우를 대비해 규칙을 변경하기 전에 미리 백업해두는 것이 바람직하다.

규칙 변경/생성 예제

pfSense 트래픽 셰이퍼 마법사가 자동으로 생성한 규칙을 우리의 입맛에 맞도록 직접 변경해보기 위해, 앞서 언급된 페널티 박스 규칙을 다시 사용하자. 트래픽 셰이퍼 마법사는 한 개의 IP 주소를 낮은 우선순위의 대기열(qOthersLow)에 할당하는 것을 허용한다. 하지만 한 개가 아니라 일정 범위의 IP 주소들을 지정하려면 어떻게 해야 할까? 트래픽 셰이퍼 마법사를 통해서는 이렇게 설정하는 것이 불가능하다.

다행스럽게도, 기존의 페널티 박스 규칙을 변경하는 것은 그리 어렵지 않다. 현재 172.19.1.10 주소가 페널티 박스에 할당돼 있는데, 이제 172.19.1.1부터 172.19.1.15까지 할당하고자 한다. 이 IP 주소들은 모두 서브넷 마스크 255.255.255.240, 즉 CIDR 28로 정의되는 서브넷에 속한다. 따라서 페널티 박스 규칙의 편집 아이콘을 클릭한 후 다음과 같이 변경한다.

1. Source는 현재 Single host or alias로 설정돼 있고 IP 주소 172.19.1.10이 설정돼 있다. Source 드롭다운 박스에서 Network를 선택한다.

2. 네트워크를 172.19.1.0으로 설정하고 CIDR을 28로 설정한다.

3. 페이지 하단의 Save 버튼을 클릭하고, Floating rules 페이지가 표시되면 Apply Changes 버튼을 클릭한다.

이제 172.19.1.1부터 172.19.1.15 사이의 전체 서브넷이 페널티 박스에 포함될 것이다. 하지만 임의의 IP 주소들을 할당하려면 어떻게 해야 할까? 예를 들어, 페널티 박스에 172.18.1.10, 172.19.1.12, 172.19.1.17 이렇게 세 개의 IP 주소를 할당하고자 한다. 조금 전의 방법은 분명히 사용할 수 없다. 이 세 개의 주소는 서로 다른 네트워크에 속하기 때문이다. 각각의 IP 주소마다 별도의 규칙을 만드는 것도 방법이 될 수 있지만, 가급적 중복은 피하는 것이 바람직하다. 따라서 4장에서 소개한 앨리어스의 개념을 다음과 같이 이용할 수 있다.

1. Firewall ➤ Aliases를 클릭하고 Add 버튼을 클릭한다.

2. Name 에디트 박스에 PENALTYBOX라고 입력한다. Description 에디트 박스에 간단한 설명(예: 우선순위가 낮은 대기열에 할당되는 노드)을 입력하면 좋다. Type 드롭다운 박스에서 Host(s)를 선택한다.

3. Host(s) 섹션에서 각각의 IP 주소를 입력한다. 첫 번째 및 두 번째 IP 주소를 입력한 후 Add Host 버튼을 클릭한다. CIDR은 자동으로 갱신될 것이다.

4. 페이지 하단의 Save 버튼을 클릭한 후 Aliases 페이지에서 Apply Changes 버튼을 클릭한다.

5. 이제 앨리어스를 사용할 수 있게 됐으므로, Firewall ➤ Rules를 선택하고 Floating 탭을 클릭한다. 페널티 박스 규칙의 편집 아이콘을 클릭한다.

6. Source에 대해 Single host or alias를 드롭다운 박스에서 선택한다. 에디트 박스에는 PENALTYBOX라고 입력한다(입력을 시작하면 자동 완성 기능이 키보드 입력의 번거로움을 줄여줄 것이다).

7. 페이지 하단의 Save 버튼을 클릭하고 Floating rules 페이지의 Apply Changes 버튼을 클릭한다.

이제 세 개의 IP 주소와 주고받는 트래픽을 낮은 우선순위의 대기열로 보내는 트래픽 셰이핑 규칙이 생성됐다. 이 정책의 영향을 받는 IP 주소를 변경하고 싶다면, PENALTYBOX 앨리어스를 편집하기만 하면 된다. 이 예제는 트래픽 셰이핑 규칙을 편집하고 생성하는 데 앨리어스와 같은 pfSense의 방화벽 기능을 알고 있는 것이 얼마나 도움이 되는지 보여준다.

또한 pfSense의 트래픽 셰이퍼 마법사에서 처리할 수 없는 애플리케이션에 대해서도 규칙을 만들 수 있다. 예를 들어, 무선 동호인들이 서로 통신할 수 있게 해주는 VoIP 애플리케이션인 에코링크^{EchoLink}의 트래픽에 대해 우선순위를 높이는 규칙을 만들고 싶다고 하자. 에코링크는 5198에서 6000까지의 포트를 사용하는데, 5198과 5199에서는 UDP를, 6000에서는 TCP를 사용한다. 따라서 두 개의 규칙을 만들어야 하는데, 생성 과정은 매우 간단하다.

1. Rules 페이지의 Floating 탭에서 페이지 하단의 Add 버튼 중 하나를 클릭한다.

2. Action 드롭다운 박스에서 Match를 선택한다.

3. Interface 리스트박스에서 WAN을 선택한다.

4. Direction의 설정은 any로 둔다. 따라서 양방향 규칙이 된다.

5. Protocol을 UDP로 설정한다.

6. Destination port range를 5198에서 5199로 설정한다. 간단한 설명을 입력하면 좋다(예를 들면, 에코링크 UDP를 우선적으로 처리하는 규칙).

7. Show Advanced 버튼을 클릭하고 Ackqueue/Queue까지 아래로 스크롤한다.

8. Queue를 qOthersHigh로 설정한다.

9. Save 버튼을 누른다. Floating rules 페이지로 돌아갈 것이다.

10. 작업 시간을 아끼기 위해 이 규칙을 복사한 후 포트 6000에 대한 규칙을 새로 만들 것이다. 조금 전에 생성된 규칙을 기반으로 새로운 규칙을 만들기 위해 복사 아이콘을 클릭한다.

11. 새로 만들어진 규칙에서는 Protocol을 TCP로 변경한다.

12. Destination port range를 6000으로 변경한다. 간단한 설명을 입력하면 좋다(예를 들면 에코링크 TCP 규칙을 우선적으로 처리하는 규칙).

13. Save 버튼을 누른다. Floating rules 페이지에서 Apply Changes 버튼을 클릭한다.

새롭게 만들어진 규칙들이 기존의 규칙들과 충돌하지 않는지 확인하는 것이 좋다. 하지만 이 예제에서 볼 수 있듯이 마법사 기능을 사용하지 않고 직접 규칙을 생성하는 것은 그리 어려운 작업이 아니다.

트래픽 셰이핑 예제

이번 장을 시작하면서, 기본적인 트래픽 셰이핑 요구 사항을 가진 예제 네트워크를 설명한 바 있다. 이제 이러한 요구 사항을 최대한 만족하도록 pfSense를 사용해 트래픽 셰이핑을 구현해보자.

예제 #1: 리미터 추가하기

트래픽 셰이핑을 설정할 때 트래픽 셰이퍼 마법사를 사용하는 것이 일반적으로 권장되지만, 이번 연습에서는 마법사가 규칙을 생성할 경우 상당한 수정이 필요하기 때문에 마법사를 사용하지 않을 것이다. 우선 Firewall ➤ Traffic Shaper로 이동하고 Limiters 탭을 선택한다.

DEVELOPERS 서브넷과 ENGINEERING 서브넷을 합쳐서 100Mbps의 다운스트림 대역폭을 필요로 하며 그중에서 DEVELOPERS에 60Mbps가 주어져야 한다. 또한 DEVELOPERS 및 ENGINEERING에게 25Mbps의 업스트림 대역폭이 필요하고 그중 DEVELOPERS에 15Mbps가 주어져야 한다. 이를 위해 두 개의 리미터를 설정할 것이다. 하나는 다운로드 대역폭을 위한 것이고, 다른 하나는 업로드 대역폭을 위한 것이다. 그리고 각각의 리미터에 두 개의 하위 리미터가 있다 (DEVELOPERS에 하나, ENGINEERING에 하나). 설정 순서는 다음과 같다.

1. New Limiter 버튼을 클릭한다.

2. Enable 체크박스를 선택한다.

3. Name 에디트 박스에 qDOWNLOAD라고 입력한다.

4. Bandwidth에서 에디트 박스에 100을 입력하고 드롭다운 박스에서 Mbit/s를 선택한다.

5. Mask는 건드리지 않고 그대로 둔다. 간략한 설명을 입력하면 좋다(예를 들면 DEVELOPERS/ENGINEERING을 위한 다운로드 대기열).

6. Save 버튼을 클릭한 후 Apply Changes 버튼을 클릭한다.

7. 왼쪽 사이드 바에서 qDOWNLOAD 대기열을 클릭한 후 Add new Queue 버튼을 클릭해 첫 번째 하위 대기열을 생성한다.

8. Enable 체크박스를 클릭한다.

9. Name 필드에 qDLDEV를 입력한다.

10. 이번에도 Mask는 건드리지 않고 그대로 둔다. 간단한 설명을 입력할 수 있다 (예를 들면 DEVELOPERS를 위한 다운로드 대기열).

11. Advanced Options의 Weight 필드에 60을 입력한다(DEVELOPERS가 100Mbps 중에서 60%, 즉 60Mbps를 차지하도록).

12. Save 버튼을 클릭한 다음 Apply Changes를 클릭한다.

13. 왼쪽 사이드 바에 있는 qDOWNLOAD 대기열을 클릭하고 Add New Queue 버튼을 클릭한다. 사용 체크박스를 선택하고 Name 필드에 qDLENG라고 입력해 qDLENG라는 이름의 하위 대기열을 생성한다.

14. Advanced Options의 Weight 필드에 40을 입력한다(ENGINEERING이 100Mbps 중 40%, 즉 40Mbps를 차지하도록).

15. Save 버튼을 클릭한 후 Apply Changes를 클릭한다.

16. 동일한 방법으로 총 대역폭이 25Mbit/s인 qUPLOAD라는 이름의 대기열을 생성한다. 그리고 그중 60%를 차지하는 qULDEV와 40%를 차지하는 qULENG 하위 대기열을 생성한다.

이제 DEVELOPERS와 ENGINEERING 네트워크를 위한 대기열이 생성됐지만, 트래픽을 이 대기열들로 보내기 위한 규칙이 없으면 아무런 쓸모가 없다. Firewall ➤ Rules를 선택하고 Floating 탭을 클릭한다. 각 인터페이스의 업로드 및 다운로드 대기열별로 규칙이 있어야 하므로, 총 네 개의 규칙을 생성해야 한다.

1. 페이지 하단의 Add 버튼 중 하나를 클릭한다.

2. Action 드롭다운 박스에서 Match를 선택한다.

3. Interface 리스트박스에서 DEVELOPERS를 선택한다.

4. Direction 드롭다운 박스에서 out을 선택한다.

5. 인터페이스를 드나드는 모든 트래픽이 대기열로 보내져야 하므로 Protocol 드롭다운 박스에서 any를 선택한다.

6. Description 에디트 박스에 간단한 설명을 입력할 수 있다(예를 들면 DEVELOPERS 다운로드 대기열 규칙).

7. Show Advanced 버튼을 클릭한다.

8. Advanced Options에서 In/Out 파이프 드롭다운 박스로 스크롤한 후 qDLDEV를 In 파이프로 선택한다.

9. 페이지 하단의 Save 버튼을 클릭한다. Floating rules 페이지가 표시되면 Apply Changes 버튼을 클릭한다.

10. 조금 전에 생성된 규칙의 복사 아이콘을 클릭하고, Direction을 in으로, In 파이프를 qULDEV로 변경해 DEVELOPERS 업로드 대기열 규칙을 생성한다

(Description 필드에 간단한 설명을 입력할 수 있다). 완료되면 Save 버튼을 클릭한 다음 Floating rules 페이지에서 Apply Changes 버튼을 클릭한다.

11. ENGINEERING 다운로드 및 대기열을 위한 규칙들을 생성한다. 두 개 모두 Interface에서 ENGINEERING을, Protocol 드롭다운 박스에서 any를 선택한다. 다운로드 대기열은 Direction이 out으로 설정되고 In 파이프가 qDLENG로 설정돼야 한다. 업로드 대기열은 Direction이 in으로 설정되고 In 파이프가 qULENG로 설정돼야 한다.

이제 DEVELOPERS와 ENGINEERING 네트워크에 대해 트래픽 셰이핑 요구 사항을 만족하는 대기열들이 만들어졌다.

예제 #2: 스카이프의 우선순위 높이기

앞서, 트래픽 셰이핑 요구 사항 중에 스카이프^{Skype} 트래픽의 우선순위를 높이는 것도 포함돼 있었다. 이것은 사실 쉽지 않으며, pfSense 트래픽 셰이퍼 마법사도 그런 이유로 스카이프 트래픽의 우선순위 지정 기능을 제공하지 않는 것 같다. 마법사는 주로 포트를 사용해 애플리케이션이나 서비스를 구별하는데, 기본적으로 스카이프는 수신되는 트래픽을 처리하기 위해 1024보다 큰 임의의 포트에서 TCP를 사용한다. 그리고 1024보다 큰 포트를 사용할 수 없는 경우는 기본적으로 80과 443 포트를 사용한다.

따라서 트래픽 셰이퍼에서 스카이프를 설정하기 위해서는 다른 방법을 찾아야 한다. 다행스럽게도 스카이프는 수신 연결에 단일 포트를 사용하도록 설정할 수 있다. 이것을 이상적인 방법이라고 할 수 없는데, 그 이유는 다음과 같다.

- 스카이프 사용자마다 별도의 포트를 열고, 이에 해당되는 NAT 항목 및 방화벽 규칙을 생성해야 한다.
- 모든 스카이프 클라이언트에서 개별적으로 포트를 설정해야 한다.

- 수신 트래픽을 위한 포트를 설정하더라도, 스카이프의 TCP 트래픽에서만 제대로 동작한다. 하지만 스카이프 통화는 UDP 프로토콜을 사용하는 부분이 있기 때문에 포트를 설정해도 효과가 없다.

결과적으로, 이와 같이 설정하면 설정 작업량이 상당히 증가하며, 모든 UDP 트래픽을 VoIP 대기열로 보내는 방법보다 크게 나을 것은 없다. 그럼에도 불구하고 이번 절에서는 이 방법으로 설정하는 과정을 알아보기로 하자. 먼저 수신 포트를 스카이프 클라이언트의 어디에서 설정할 수 있는지 알아보자. Tools ➤ Option 메뉴의 Advanced 섹션에서 Connection을 선택하면 설정할 수 있다.

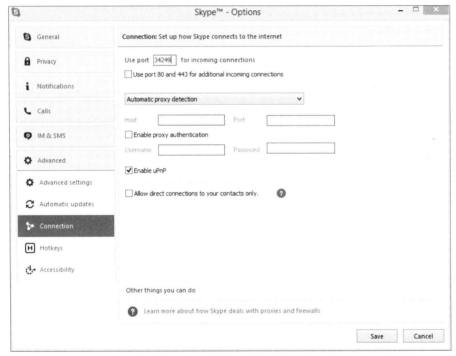

스카이프에서 수신 포트를 설정하는 곳. 또한 추가로 들어오는
연결에 80 및 443 포트 사용 체크박스의 선택을 해제해야 한다.

이번 실습에서는 스카이프 수신 트래픽의 포트 범위로 34000~35000을 선택했다고 가정한다. 우선 VoIP 대기열을 만드는 것부터 시작하자. Firewall ➤ Traffic

Shaper를 선택하고 **By Interface**를 클릭한다. 다음의 순서로 모든 인터페이스에 VoIP 대기열을 생성할 것이다. 왼쪽 사이드 바에서 **WAN**을 클릭하면, 페이지 오른쪽에 이 대기열에 대한 옵션들이 표시된다.

1. 이 대기열의 Enable/Disable 체크박스를 선택한다.

2. Scheduler Type 드롭다운 박스에서 PRIQ를 선택한다.

3. Bandwidth에서 WAN 인터페이스의 업스트림 대역폭을 지정한다. Queue Limit 와 TRB Size는 비워둔다.

4. Save 버튼을 클릭하고, 페이지가 다시 표시되면 Apply Changes를 클릭한다.

5. 이제 VoIP 대기열이 WAN 대기열의 하위 대기열로서 생성될 것이다. 왼쪽 사이드 바에서 다시 **WAN**을 클릭하고 이번에는 **Add new Queue**를 클릭한다.

6. 새로운 대기열에 대해 Enable/Disable 체크박스를 선택한다.

7. Name 에디트 박스에 qVoIP를 입력한다.

8. Priority를 7(즉, 최우선 순위)로 설정한다. 이미 이 값을 갖는 대기열이 존재하고 있다면, 7보다 약간 낮은 값을 선택하는 것이 좋다.

9. Queue Limit를 비워둔다. Scheduler 관련 옵션들의 경우, 일반적으로 Random Early Detection In and Out을 선택하는 것이 좋지만 필요하다면 다른 옵션을 선택해도 무방하다. Default Queue 체크박스는 선택하면 안 된다. 우선순위가 높은 대기열이 이 인터페이스의 기본 대기열이 되는 것을 원하지 않기 때문이다. Description 에디트 박스에 간단한 설명을 입력할 수 있다.

10. Save 버튼을 클릭한 후 Apply Changes 버튼을 클릭한다. qvoIP가 이제 WAN 대기열의 하위 대기열로서 나타날 것이다.

11. 기본 대기열을 생성해야 한다. 왼쪽 사이드 바에서 WAN을 클릭한 후 Add new Queue 버튼을 클릭한다.

12. 새로운 대기열에 대해 Enable/Disable 체크박스를 선택한다.

13. Name 에디트 박스에 `qDefault`를 입력한다.

14. 우선순위를 3으로 설정한다. 이번에도 Queue limit는 비워둔다.

15. Scheduler 관련 옵션들의 경우, Default Queue와 Explicit Congestion Notification 을 선택한다. 간단한 설명을 입력하면 좋다.

16. Save 버튼을 클릭하고 페이지가 다시 표시되면 Apply Changes 버튼을 클릭 한다.

17. 나머지 인터페이스들에 qVoIP를 복사해야 한다. 이를 가급적 효율적으로 하 기 위해 By Queue 탭을 클릭한다. qVoIP 대기열이 보일 것이다.

18. 왼쪽 사이드 바에서 **qVoIP**를 클릭한다. 인터페이스 목록이 페이지의 오른쪽 에 나타날 것이다. qVoIP 대기열이 없는 인터페이스(즉, WAN을 제외한 모든 인터페이스) 옆에 Clone Shaper to this Interface 버튼이 있을 것이다. 이 버튼들 을 클릭해 qVoIP를 각각의 인터페이스에 복제한다. 그다음 Apply Changes 버튼을 클릭한다.

19. By Interface 탭을 클릭한다. qVoIP가 각 인터페이스의 하위 대기열로서 보일 것이다.

20. 이제 스카이프 트래픽을 위한 방화벽 규칙을 만들어야 한다(이번에는 다행히 하나만 만들면 된다). Firewall ➤ Rules로 이동한 후 Floating 탭을 클릭한다.

21. 테이블 하단에 있는 Add 버튼 중 하나를 클릭한다.

22. 새로운 방화벽 규칙의 설정 페이지에 있는 Action 드롭다운 박스에서 Match를 선택한다.

23. Interface 리스트박스에서 WAN을 선택한다.

24. Direction 드롭다운 박스에서 any로 방향을 설정한다.

25. Protocol 드롭다운 박스에서 프로토콜을 TCP로 설정한다.

26. Destination port range를 34000에서 35000으로 설정한다.

27. Extra Options에서 Description 필드에 간단한 설명을 입력할 수 있다.

28. Advanced Options에서 Display Advanced를 클릭한다. Ackqueue/Queue로 스크롤해 Queue 드롭다운 박스에서 qVoIP를 선택한다.

29. Save 버튼을 클릭하고 Floating rules 페이지에서 Apply Changes 버튼을 클릭한다.

30. 다른 UDP 트래픽도 qVoIP 대기열에 배치하는 규칙을 추가하려고 한다. 다시 Add 버튼을 클릭해 새로운 규칙을 생성한다. Action 드롭다운 박스에서 Match를 선택하고 Interface에서 WAN을 선택하며, Direction을 any로 설정하고 Protocol을 UDP로 설정한다.

31. Advanced Options에서 Display Advanced를 클릭한다. Ackqueue/Queue로 스크롤해 Queue 드롭다운 박스에서 qVoIP를 선택한다. 간단한 설명을 입력할 수 있다.

32. Save 버튼을 클릭하고 Floating rules 페이지에서 Apply Changes 버튼을 클릭한다.

33. 스카이프 클라이언트에서 사용되는 34000부터 35000 사이의 포트를 차단하면 안 되기 때문에, Firewall ➤ NAT로 이동한 후 Add를 클릭해 새로운 규칙을 추가한다. NAT 규칙을 추가하는 방법은 4장에서 자세히 설명했으므로 여기서 자세히 다루지는 않는다. 다만, 포트 포워딩 규칙은 프로토콜로서 TCP, Redirect target IP로서 스카이프 클라이언트의 IP, 그리고 Destination port range로서 스카이프 클라이언트가 사용할 포트를 설정해야 한다. 또한 일치하는 방화벽 규칙을 생성하기 위해 Filter rule association 아래에 Add associative filter rule이 설정돼야 한다. 원한다면 Description 필드에 간단한 설명을 입력하고, 모든 설정이 완료되면 Save를 클릭한 다음 Apply Changes를 클릭한다.

이제 스카이프 트래픽(최소한 포트 34000~35000을 사용하는 스카이프 트래픽)을 우선적으로 처리하는 규칙이 생성됐다. 모든 스카이프 TCP와 UDP 트래픽은 이제 qVoIP 대기열로 보내진다. 규칙은 하향식으로 적용되므로 이 규칙을 앞서 리미터용으로 생성됐던 규칙보다 위로 이동하는 것이 좋다. 이렇게 하면 스카이프 규칙이 DEVELOPERS와 ENGINEERING 네트워크의 트래픽에 확실히 적용될 것이기 때문이다. 새로 생성된 규칙이 의도대로 동작하는 것을 다음 예제를 통해 확인해보자.

예제 #3: P2P 트래픽의 우선순위 낮추기

P2P 트래픽을 다루는 것은 조금 어렵다. P2P 애플리케이션에서 사용하는 모든 프로토콜과 포트를 분류하는 것은 불가능하며, 다른 일치 기준을 찾는 것도 어렵다. 그러나 특정 범위의 포트들이 사용된다고 가정할 수 있다면 규칙을 만드는 것은 가능하다. 또한 나중에 사용할 목적으로 최소한 대기열을 생성할 수 있다.

이번에도 Firewall ➤ Traffic Shaper로 이동한 후 By Interface 탭을 클릭한다. 그리고 다음 순서를 따른다.

1. 왼쪽 사이드 바에서 WAN을 클릭한다.

2. 지금까지 예제를 따라 했다면 WAN 인터페이스의 상위 대기열을 만들 필요가 없을 것이다. 예제를 따라 하지 않았다면, 앞의 예제를 참조해 WAN 인터페이스에서 상위 대기열을 구성하는 방법을 확인한다. WAN의 상위 대기열이 이미 존재한다면 Add New Queue 버튼을 클릭한다.

3. 새로운 대기열의 Enable/Disable 체크박스를 선택한다.

4. Name 필드에 qP2P를 입력한다.

5. Priority를 1로 설정한다. Queue Limit는 비워둔다.

6. Scheduler 관련 옵션들의 경우, Explicit Congestion Notification을 선택한다. Description 필드에 간단한 설명을 입력하면 좋다.

7. Save 버튼을 클릭해 페이지가 다시 표시되면 Apply Changes 버튼을 클릭한다.

8. By Queue 탭을 클릭한다. qP2P 대기열이 왼쪽 사이드 바에 보일 것이다.

9. qP2P를 클릭한다. 페이지 오른쪽에 인터페이스들이 표시되며, 인터페이스마다 Clone Shaper to this interface 버튼이 있을 것이다. qP2P를 각각의 인터페이스에 복제하기 위해 이 버튼을 클릭한다. 그런 다음 페이지 상단의 Apply Changes 버튼을 클릭한다.

10. By Interface를 클릭해 qP2P 대기열이 모든 인터페이스에서 사용 가능한지 확인한다.

11. Firewall ➤ Rules를 선택하고 Floating 탭을 클릭한다. 이제 P2P 트래픽을 위한 규칙을 생성할 것이다. 6881~6999 포트의 트래픽을 qP2P로 보내려고 한다.

12. 페이지 하단의 Add 버튼 중 하나를 클릭한다.

13. Rule Configuration 페이지의 Action 드롭다운 박스에서 Match를 선택한다.

14. Interface 목록에서 WAN을 선택한다.

15. Direction을 any로 설정한다. Protocol 드롭다운 박스에서 프로토콜을 TCP/UDP로 변경한다.

16. Destination 섹션에서 Destination port range를 6881~6999로 설정한다. Extra options에서 간단한 설명을 입력할 수 있다.

17. 역시 Extra options에서 Display advanced 버튼을 클릭한다.

18. Ackqueue/Queue로 스크롤해 Queue를 qP2P로 설정한다.

19. Save 버튼을 클릭하고 Floating rules 페이지에서 Apply Changes 버튼을 클릭한다.

이제 P2P 트래픽을 위한 대기열과 이에 적용되는 규칙이 생성됐다. 포트 또는 프로토콜과 관련해 요구 사항이 변경되면 언제든지 규칙을 갱신할 수 있다.

트래픽 셰이핑 관련 문제 해결

트래픽 셰이핑과 관련된 문제를 해결하는 것이 쉽지 않다는 것은 분명하다. 대기열과 규칙을 제대로 설정했다고 생각했으나 실제로는 의도대로 동작하지 않을 수 있으며, 심지어 처음부터 동작하지 않는 경우도 많다. 그래서 문제 해결의 정석을 일일이 밟아야 할 때가 많다. 즉, 문제를 진단하고, 가설을 세우고, 테스트를 하고, 해결책을 구현하며, 시스템이 동작하는지 확인하고, 이를 문서화하는 것이다. 하지만 흔히 접할 수 있는 공통적인 몇 가지 문제들이 있다.

P2P 트래픽을 P2P 대기열에 유지하는 데 문제가 있을 수 있다. 대부분의 경우 이유는 pfSense가 트래픽 셰이핑 규칙에 대한 일치 기준으로서 포트를 주로 사용하기 때문이다. 비트토렌트^{BitTorrent} 등의 상당수 P2P 애플리케이션은 비표준 또는 임의 포트를 사용한다. 이에 대한 해결책은 여러 가지가 있다. 포트에 의존하지 않고 패킷 내부를 들여다보는 7계층 DPI를 사용할 수 있으나, pfSense의 기본 설치에서는 7계층 트래픽 셰이핑을 사용할 수 없으며 스노트와 같은 서드파티 패키지를 사용해야 한다.

7계층 트래픽 셰이핑을 사용할 수 없다면, 또 다른 해결책은 모든 인터페이스의 기본 대기열을 우선순위가 낮은 대기열로 설정하는 것이다. 그러나 이 방법을 사용하면 이 대기열로 이동시키지 않을 유형의 트래픽 전부에 대해 규칙을 생성해야 한다.

트래픽 셰이핑이 제대로 동작하지 않을 때 문제 진단에 도움이 되는 도구들이 있다. 모든 대기열상의 트래픽에 대한 전반적 정보를 보기 위해서는 Status ➤ Queues로 이동한다. 여기서 대기열마다 얼마나 많은 트래픽이 있는지 그래픽(대기열마다 막대그래프가 있다.)이나 수치로 볼 수 있는데, PPS(초당 패킷 수), 대역폭, 임차^{borrow}(상위 대기열로부터 대역폭을 빌려왔는지 여부), 일시 중단^{suspend}(대기열이 일시 중지된 횟수), 드롭^{drop}(삭제된 패킷) 등을 확인할 수 있다. 또 Length는 현재 대기열 내에 들어있는 패킷의 수와 대기열의 길이를 나타낸다(대기열 길이의 기본값은 50 슬롯이지만 변경될 수 있다). 특히 이 페이지에서는 대기열 내에 어떤 트래픽이 있는지 볼 수 있으며, 이는 문제 진단 시에 가장 필요한 정보다.

Status ➤ Queues 페이지는 트래픽을 대화식으로 표시하는 것이며, 대기열 내의 모든 트래픽에 대한 요약이라기보다는 현재 트래픽의 상태를 보여주는 스냅샷 snapshot이라고 할 수 있다. 대기열의 모든 트래픽에 대한 누적 요약 정보를 보려면 Diagnostics ➤ pfTop으로 이동한 후 View 드롭다운 박스에서 대기열을 선택한다. Status ➤ Queues 페이지에서 본 것과 비슷한 정보를 볼 수 있으나, 이번에는 가공 되지 않은 값으로 표시된다.

리미터를 사용하고 있다면 Diagnostics ➤ Limiter Info로 이동해 설정 정보를 찾을 수 있다. 모든 리미터의 설정 정보 및 통계 값을 볼 수 있으며, 리미터의 하위 대 기열에 대한 정보도 역시 확인할 수 있다.

마지막으로, 지금까지 설명한 진단 도구들이 모두 도움이 되지 않는다면 Status ➤ System Logs로 이동한다. Firewall 탭이 가장 관련성 높은 정보를 갖고 있을 가능 성이 높다. 이 탭에서 Advanced Log Filter 막대의 + 버튼을 클릭하면 관련성 높은 정보를 필터링할 수 있다. 고급 필터링 옵션들이 표시되는데, 특히 포트를 기준 으로 로그를 필터링할 수 있으며, 이는 특정 트래픽이 대기열로 전달되고 있는지 확인하는 데 유용하다. 필요하다면, 관련된 규칙에서의 로깅을 활성화해야 한다. 일반적으로 로깅은 디스크 공간을 소비하기 때문에 모든 규칙에 대해 로깅을 사 용하는 것은 바람직하지 않다. 하지만 로깅 사용이 문제 해결에 도움이 될 수 있 다고 판단되면 일시적인 로깅 사용은 언제나 염두에 둬야 한다.

현재 시스템이 아직 실제 운영 환경에 배치되지 않은 상태라면, 다양한 설정들을 시도해 어떤 결과가 나오는지 확인하는 것이 좋다. 예를 들어, 일반적으로는 대 기열 크기 설정을 변경하지 않는 것이 권장된다(그래서 앞서 예제들에서 Queue Limit 를 건드리지 않고 기본값인 50을 사용했었다). 일부 사용자에 따르면 대기열 크기가 크면 성능이 향상된다고 하지만, 크기가 너무 크면 버퍼 처리로 인한 지연이 발 생할 수도 있다. 이런 경우에 최적의 설정을 알아내는 유일한 방법은 라우터에서 직접 테스트하는 것일 때가 많다. 따라서 설정을 변경하면 성능 최적화에 도움이 되고 현재 네트워크 구성에 영향을 미치지 않으면서 테스트가 가능하다면, 다양한 설정을 시도하고 그 결과를 문서화하는 것이 바람직하다.

요약

이 장에서는 다양한 형태의 트래픽 셰이핑을 설명하고 pfSense 트래픽 셰이핑 마법사를 소개했다. 이 마법사는 트래픽 셰이핑을 처음 배울 때 많은 도움이 되지만, 동시에 몇 가지 제약이 있는 것도 사실이다. 이번 장에서는 여러분이 직접 대기열을 생성하고 스스로 트래픽 셰이퍼 규칙을 변경 및 생성하는 것이 그리 어렵지 않다는 것도 보여줬다. 또 대역폭을 할당할 때 리미터가 도움이 될 수 있다는 것도 배웠다. 그리고 트래픽 셰이핑을 구현하는 구체적인 예제를 제시했다. 마지막으로는 트래픽 셰이핑이 제대로 동작하지 않을 때 어떻게 문제 원인을 찾을 수 있는지 설명했다.

다음 장에서는 pfSense뿐 아니라 일반적인 네트워크 구성 시에 자주 접하게 되는 VPN에 대해 알아볼 것이다.

6

VPN

VPN^{Virtual Private Network}(가상 사설망)은 인터넷과 같은 공용 네트워크를 통해 사설 네트워크에 접근하는 수단을 제공한다. 사설 네트워크에 대한 접근은 암호화된 터널을 통해 제공되며, 이와 같은 방식의 네트워크 연결은 원격 노드와 네트워크 간의 점대점^{point-to-point} 링크를 흉내 낸다. 터널이 암호화되므로 중간에 패킷이 가로채기를 당하더라도 암호화 키 없이는 해독할 수 없다. 따라서 VPN은 사설 네트워크에 원격으로 접근하는 안전한 수단을 제공한다.

VPN이 출현하기 전에 사설 네트워크에 원격 연결을 할 수 있는 유일한 방법은 사설 WAN 회선을 이용하는 것이었다. 이러한 회선들은 점대점 전용 회선을 제공했으며 프레임 릴레이 및 ATM과 같은 기술을 기반으로 했다. 그리고 구리 및 광 매체를 통해 이더넷을 사용하는 MPLS^{Multiprotocol Label Switching} 기술도 나타났다. 사설 WAN 회선은 대기 시간이 짧으므로 사설 네트워크 연결을 위한 최상의 솔루션이지만, 월 사용료가 매우 비싸다. VPN 솔루션이 인기를 끌게 된 것은 비록 대기 시간은 더 길지만 훨씬 저렴한 비용으로 동일한 점대점 연결을 제공하기 때문이다.

pfSense도 역시 저렴한 VPN 연결을 구현할 수 있는 방법 중 하나다. VPN 터널을 설정하고 유지하는 작업은 CPU 부하를 많이 요구하므로 pfSense의 최소 사양을 간신히 만족하는 PC로는 VPN 연결을 유지하기 쉽지 않지만, pfSense를 사용함으로써 상용 장비보다 훨씬 저렴하게 구현할 수 있다.

이번 장에서 다룰 내용은 다음과 같다.

- VPN 기초
- pfSense에서 VPN 터널 설정하기(IPSec, L2TP, OpenVPN)
- VPN 관련 문제 해결

VPN 기초

VPN은 원격 사용자가 원격 연결을 통해 사설 네트워크 또는 서버에 안전한 방법으로 연결하는 수단을 제공한다. 이때 최종 사용자에게는 마치 데이터가 전용 사설 링크를 통해 전송되는 것처럼 보인다. 또 네트워크 간의 통신에서도 VPN은 널리 사용된다. 예를 들어, 어떤 대기업의 지사가 본사의 로컬 네트워크와 연결하고 싶다고 하자. 이때 인터넷은 논리적으로 WAN과 동일하게 취급된다. 어느 경우든 VPN 사용자는 암호화된 터널로서 연결이 구현된다는 점에서 이득을 얻을 수 있다. 최종 사용자는 가상의 점대점 연결을 위한 사설 터널로서 인터넷을 사용할 수 있기 때문이다.

앞서도 말했듯이, 과거에는 사설 WAN 회선이 사설 네트워크에 안전하게 연결할 수 있는 유일한 방법이었으며, 지금도 경우에 따라서는 여전히 대역폭 또는 대기 시간 요구를 만족할 수 있는 유일한 방법일 수 있다. 대기 시간은 중요한 요소다. 사설 WAN 회선은 일반적으로 3밀리초 이하의 대기 시간을 제공하지만, VPN을 사용하면 ISP를 통해 첫 번째 홉에 연결되는 데만도 상당한 시간이 걸릴 수 있다. ping 테스트를 통해 VPN 연결의 대기 시간을 파악할 수 있는데, 일반적으로 VPN 연결에는 30~60밀리초의 대기 시간이 소요된다. 대기 시간에는 두 개의 요소가 크게 영향을 미치는데, 하나는 사용되는 연결의 유형이고 다른 하나는 원격 노드와 사설 네트워크 간의 거리다. 대기 시간을 최소화하는 방법 중 하나는 연결의 양쪽 끝에서 동일한 ISP 업체를 사용하는 것이지만, 이것이 항상 가능하지는 않다. 일부 예외적인 경우에는 VPN 연결이 대기 시간을 늘리지 않고 오히려 줄이기도 한다. 예를 들어 ISP 업체에서 트래픽 셰이핑을 사용 중이라면, 트래픽이 암호화됨으로써 트래픽 셰이핑 적용을 받지 않게 되고 결과적으로 대기 시간이 줄어들기도 한다.

이러한 경우에 해당하지 않는다면, 여러분은 VPN 연결을 통해 사용하려는 애플리케이션의 유형을 조사해서 대기 시간이 있을 때 애플리케이션이 얼마나 원활하게 동작할지 사전 조사를 해야 한다. 예를 들어, 온라인 게임은 긴 대기 시간의 영향을 크게 받는 대표적인 애플리케이션이다. 마이크로소프트의 파일 공유 프로토콜(SMB)과 원격 데스크톱 프로토콜(RDP) 역시 대기 시간에 민감하다. 이런 경우는 분명히 비용과 편익을 비교해 분석하는 과정을 거쳐야 한다. 이러한 비교 분석을 통해 사설 WAN 회선에 비용을 지출함으로써 얻을 수 있는 성능 향상이 필요하다는 결과를 얻을 수도 있고, 반대로 일부 성능 저하는 VPN 사용으로 인한 비용 절감으로 정당화될 수 있다는 결과를 얻을 수도 있다. 또한 VPN 성능을 향상시키기 위해 네트워크 설정을 변경하자는 결론을 얻을 수도 있다.

VPN을 구현하기로 결정했다면, VPN 설치 형태를 선택해야 한다. 가장 일반적인 것은 다음과 같다.

- 클라이언트-서버: 이 시나리오에서 VPN 터널은 하나 이상의 모바일 클라이언트를 로컬 네트워크에 연결하는 용도로 사용된다. VPN이 제공하는 암호화 덕분에 데이터의 프라이버시가 지켜질 것이 보장된다. pfSense를 사용해 VPN을 구성할 때 가장 널리 사용되는 시나리오다.
- 피어 투 피어peer-to-peer: 이 시나리오에서는 두 개의 네트워크 간에 VPN 터널이 생성된다. 예를 들면 본사와 지사 사무실 간에 터널이 만들어지는 것이다. 이때 VPN을 사용하는 목적은 두 개의 위치 간에 전용 회선을 임대하는 것보다 비용 측면에서 저렴하기 때문이다. 한쪽에 라우터, 다른 쪽에 모바일 클라이언트가 있는 것이 아니라, 터널의 양쪽 끝에 모두 라우터가 존재한다.

- 숨겨진 네트워크: 일반적인 시나리오는 아니지만 알아둘 가치가 있다. 어떤 데이터의 보안 유지가 너무나 중요해서 데이터를 회사의 기본 네트워크가 아니라, 다른 네트워크와 물리적으로 분리된 서브넷에 둬야 하는 경우가 있다. 이런 상황에서 VPN을 통해 이 서브넷에 연결할 수 있다.

무선 연결의 보안성 강화를 위해 VPN을 사용하기도 한다. 무선 클라이언트가 VPN을 통해 로그인하도록 강제하면, 인증을 거쳐야 네트워크에 연결되도록 설정할 수 있을 뿐 아니라 VPN 자체적으로 무선 프로토콜이 제공하는 암호화와 별개의 암호화 계층을 제공한다.

VPN 프로토콜에는 여러 가지가 있으며 저마다 고유한 장단점이 있다. 이번 절에서는 현재 pfSense에서 지원하는 VPN 프로토콜인 IPSec, L2TP, OpenVPN을 중점적으로 소개한다.

IPSec

IPSec은 이름에서 알 수 있듯이 4계층 네트워크 모델의 인터넷 계층(그리고 OSI 모델에서는 네트워크 계층)에서 동작하는 프로토콜 집합이다. 이번 절에서 소개하는 VPN 프로토콜들 중에서 이 계층에서 동작하는 것은 IPSec뿐이다. 인터넷/네트워크 계층에서 동작하기 때문에 IP 패킷 전체를 암호화 및 인증할 수 있으며, 덕분에 데이터의 프라이버시를 보장할 뿐만 아니라 패킷의 최종 목적지도 비공개로 유지할 수 있다. 이런 점에서 OpenVPN(암호화를 제공하지만 애플리케이션 계층에서 동작)이나 2계층 터널링 프로토콜(데이터를 암호화하지 않음)과 다르다.

IPSec은 단일한 프로토콜이 아니고, 실제로는 여러 개의 프로토콜들이 함께 필요한 기능을 제공하는 프로토콜 집합이다. 이 프로토콜들을 다음과 같이 세 개의 그룹으로 나눌 수 있다.

- AH^{Authentication Header}(인증 헤더): 이 헤더는 32비트 길이며 인증 및 비연결 connectionless 데이터의 무결성을 제공한다.

- ESP^{Encapsulating Security Payload}: 이 부분은 인증, 암호화, 데이터 무결성을 제공한다. 인증 전용 혹은 암호화 전용 모드로도 동작할 수 있다. 즉 인증과 암호화 중 하나만 제공하고 둘 다 제공하지 않는 것이다. ESP는 최소한 페이로드의 암호화를 책임지며(전송 모드), 경우에 따라서는 전체 패킷의 암호화를 담당한다(터널 모드).
- SA^{Security Association}: SA는 어떤 연결 내에서 사용되는 여러 가지 보안 속성(암호화 알고리즘, 암호화 키, 기타 매개변수 등)들의 집합이다.

SA는 ISAKMP^{Internet Security and Key Management Protocol} 프로토콜을 통해 설정된다. 키 교환은 일반적으로 IKE^{Internet Key Exchange} 버전 1이나 2를 통해 이뤄지는데, IKE 이외에도 커버로스^{Kerberos} 프로토콜을 사용하는 KINK^{Kerberized Internet Negotiation Keys}와 같은 다른 프로토콜도 키 교환에 사용되지만 현재 pfSense에서 지원하는 것은 IKE와 IKE v2뿐이다.

1. IPSec 연결이 설정되는 모드는 다음과 같이 두 개의 모드가 존재한다.

- 전송 모드: 이 모드에서 IPSec 패킷의 페이로드는 암호화되지만 헤더는 암호화되지 않다. 이 모드는 NAT 통과를 지원하지 않으므로, 둘 이상의 라우터를 통과해야 하는 IPSec 연결을 설정하는 경우에는 좋은 선택이 아니다.
- 터널 모드: 이 모드에서는 전체 패킷이 암호화된다. 이 모드는 NAT 통과를 지원한다.

IPSec은 다양한 암호화 알고리즘을 지원한다. 256비트 키를 지원하는 AES-256 알고리즘이 가장 널리 사용되지만, 다른 선택지들도 존재한다. DES만 지원하는 시스템을 위해 3DES도 가능하며, 키의 길이가 더 커야 한다면 SHA-2(512비트)를 사용할 수도 있다. IPSec에서 사용할 수 있는 암호화 옵션에 대한 자세한 내용은 RFC 7321(https://tools.ietf.org/html/rfc7321)에서 확인할 수 있다.

L2TP

L2TP[Layer 2 Tunneling Protocol]는 7계층 OSI 모델의 링크 계층에서 동작하는 터널링 프로토콜이다. IPSec와는 달리 자체적으로 암호화 또는 기밀성을 제공하지는 않지만, 터널을 통과하는 암호화 프로토콜과 함께 사용될 수 있으므로 IPSec과 함께 사용되는 경우가 많다.

L2TP 터널의 클라이언트 측을 LAC[L2TP Access Concentrator]라 부르고, 서버 측을 LNS[L2TP Network Server]라 부른다. LNS는 새로운 연결이 설정되길 기다리며, 몇 가지 제어 패킷의 교환을 통해 연결이 설정되는데 이때 L2TP가 신뢰성을 제공한다. 데이터 패킷에 대한 신뢰성은 제공하지 않지만, L2TP 터널 내에서 실행되는 프로토콜에 의해 신뢰성이 제공될 수 있다.

L2TP가 어떠한 종류의 기밀성이나 암호화를 제공하지 않기 때문에 IPSec과 함께 구현되는 것이 일반적이다. 이러한 조합을 가리켜 L2TP/IPSec이라고 부르며, L2TP/IPSec 연결이 설정되기 위해서는 IPSec의 SA 협상(일반적으로 IKE 또는 IKEv2가 사용된다.), 전송 모드에서 ESP 통신 수립, L2TP 터널 협상 등의 과정이 수반된다. L2TP는 UDP를 사용하며, 기본 포트는 1701이다.

다른 프로토콜과 함께 사용되지 않는 L2TP를 가리켜 네이티브 L2TP라고 부른다. 하지만 네이티브 모드로 L2TP를 구현하는 경우는 흔치 않으며, L2TP/IPSec가 주로 사용되지만 IPSec이 아닌 다른 (기밀성 및 암호화를 제공하는) 프로토콜과 함께 사용되기도 한다(예를 들면 L2TP/PPP).

OpenVPN

OpenVPN은 오픈소스 VPN 프로토콜이다(즉 GPL 라이선스를 따른다). SSL을 기반으로 하고 SSL이 전송 계층 바로 위에 위치하기 때문에 4계층 네트워크 모델의 애플리케이션 계층과 전송 계층 사이에, 그리고 OSI 모델의 세션 계층과 전송 계층 사이에 위치한다고 말할 수 있다. 리눅스, 윈도우, 맥 OS에서 OpenVPN 클라이언트 소프트웨어를 사용할 수 있다.

OpenVPN은 OpenSSL 라이브러리를 사용해 암호화를 수행한다. 따라서 OpenSSL에서 사용할 수 있는 모든 암호화 알고리즘을 OpenVPN에서 사용할 수 있다. 또 HMAC 패킷 인증을 사용할 수 있으며, SSL 라이브러리에 최근 추가된 임베디드 TLS(과거에 PolarSSL라고 불렸음)도 지원한다.

OpenVPN에서 인증 과정은 인증서 혹은 ID/암호 조합을 통해 이뤄지며, 두 가지 모두를 사용할 수도 있다. OpenVPN의 또 다른 장점 중 하나는 TCP나 UDP 어느 것으로도 구현할 수 있다는 점이다. 어느 것을 사용하든 IANA에서 할당한 공식 포트 번호는 1194다. 그리고 OpenVPN 버전 2.0 이후부터는 하나의 프로세스당 다수의 동시 터널을 지원한다.

OpenVPN은 유니버설 TUN/TAP 드라이버를 사용하기 때문에 3계층(OSI 모델의 네트워크 계층) TUN 터널을 생성할 수도 있고, 2계층(OSI 모델의 데이터링크 계층) TAP 연결을 생성할 수도 있다.

OpenVPN은 리눅스(FreeBSD와 같은 유닉스 계열도 당연히 포함)에서 가장 활발히 지원되고 있지만, 윈도우(XP 이후)나 맥 OS X에도 클라이언트 프로그램들이 존재한다. 게다가 iOS와 안드로이드용 앱을 사용할 수도 있다.

VPN 프로토콜 선택

VPN 프로토콜의 선택에는 여러 가지 요소가 감안돼야 한다. 우선 상호 운용성을 고려할 필요가 있다. 다른 방화벽이나 라우터, 특히 다른 업체의 제품과 함께 운용돼야 한다면, IPSec은 모든 VPN 호환 장치에서 지원되므로 이상적인 프로토콜일 것이다. IPSec을 사용하면 특정 제품이나 공급 업체에 얽매이지 않는다는 장점도 있다. OpenVPN의 사용이 늘어나고 있지만 아직 IPSec만큼은 아니다.

프로토콜이 사용하는 인증의 종류도 고려 대상이 된다. IPSec에서는 사전 공유된 키 또는 인증서뿐 아니라 ID/암호 조합도 사용할 수 있다. L2TP는 인증 수단을 제공하지 않지만, OpenVPN은 사전 공유키와 인증서를 지원한다.

설정이 얼마나 쉬운지도 고려해야 한다. 현재 버전의 pfSense에서 모든 VPN 프로토콜 옵션(IPSec, L2TP, OpenVPN)을 제공하며 설정하기도 쉽지만, 상대적인 난이도의 차이는 존재한다. OpenVPN은 원격 접근을 위해 인증서를 사용해야 하지만, 이 점을 제외하면 설정하기가 상대적으로 쉽다. 반면에 IPSec은 초보자에게는 다소 어렵지만, 거의 보편적으로 사용되기 때문에 선호될 때가 많다.

WAN이 둘 이상 사용되고 있다면, 이 부분도 선택에 영향을 미칠 수 있다. IPSec과 openVPN 둘 다 사용될 수 있다.

현실적으로는 지원할 운영체제가 무엇이고 이 운영체제에 어떤 클라이언트 프로그램을 사용할 수 있는지에 따라 VPN 프로토콜을 선택할 때가 많다. 여러분의 네트워크가 윈도우 운영체제 중심이라면, IPSec이 우선적으로 고려돼야 한다. 윈도우 운영체제는 비스타Vista 이후 IPSec 지원을 직접 내장하고 있다. 이런 이유로 윈도우 운영체제하에서 IPSec을 사용해 VPN에 연결하는 것은 제어판에서 네트워크 및 공유 센터를 클릭하고 새 연결 또는 네트워크 설정을 클릭한 후 마법사를 사용해 IPSec/L2TP 연결을 설정하는 것으로 끝이다. Shrew Soft VPN Client와 같은 서드파티 VPN 클라이언트를 사용할 수도 있다.

반면에, 대부분의 리눅스 배포판은 VPN 지원을 내장하지 않고 있다. 따라서 서드파티 클라이언트 프로그램을 다운로드해야 하며, 상당 수준의 설정 작업이 요구된다. 여러분의 네트워크가 리눅스 중심이라면 IPSec을 지원할 수 있지만, OpenVPN이 좀 더 나은 선택일 가능성이 높다.

맥 OS X는 이미 오랫동안 IPSec을 지원했으며 사용자 친화적인 인터페이스를 제공하고 있다. OS X의 10.6 이후 버전에는 IPSec 지원 네트워크에 연결하기 위한 편리한 그래픽 인터페이스를 제공하는 시스코의 IPSec VPN 클라이언트가 내장돼 있다. 10.6 이전 버전에는 시스코 VPN 클라이언트가 내장돼 있지 않지만, 여러분이 직접 시스코 원격 접근 IPSec 클라이언트를 설치할 수 있다. 또 시스코 애니커넥트 시큐어 모빌리티AnyConnect Secure Mobility 클라이언트를 설치할 수도 있으나, 다만 애니커넥트 3.1 버전부터는 맥 OS X 10.5 지원 기능이 삭제됐다.

다양한 종류의 플랫폼이 사용되는 네트워크에서는 L2TP가 좋은 선택이다. L2TP는 자체적으로 암호화와 기밀성을 제공하지 않기 때문에 일반적으로 IPSec과 함께 구현된다. 하지만 IPSec 없이 L2TP를 지원하는 클라이언트 프로그램이 다양한 플랫폼상에 존재한다. 윈도우의 경우, 비스타 버전부터 IPSec이 없는 L2TP에 대한 지원을 내장하고 있다. L2TP 설정에 사용되는 유틸리티는 MMC 스냅인으로서 제공되며, **제어판 ➤ 관리 도구** 아래에서 고급 보안이 포함된 윈도우 방화벽을 열면 된다. 또한 netshadvfirewall이라는 명령행 도구도 제공된다.

리눅스는 L2TP 지원을 내장하고 있지 않지만, 서드파티 클라이언트들을 사용할 수 있다. 아크 리눅스^{Arch Linux}나 우분투^{Ubuntu}와 같은 인기 있는 배포판에서 대부분 사용할 수 있으며, 설정도 비교적 쉽다.

맥 OS X 버전의 시스코 IPSec 클라이언트는 L2TP를 지원하지만, IPSec과 함께 사용되는 경우만 지원하는 것으로 보인다. 이 글을 쓰는 현재, IPSec이 없는 네이티브 L2TP를 지원하는 맥 OS X용의 서드파티 클라이언트는 찾을 수 없었다. 따라서 여러분의 네트워크가 맥 OS를 실행하는 컴퓨터를 지원해야 한다면 L2TP는 좋은 선택이라고 할 수 없다.

OpenVPN은 여러 운영체제로 이식됐다. 윈도우 운영체제는 OpenVPN을 직접 지원하지 않지만 서드파티 클라이언트들은 존재한다. 실제로 OpenVPN 프로젝트는 XP 이후 버전에서 동작하는 윈도우용 클라이언트를 포함하며 설치 및 설정도 쉽다.

리눅스는 OpenVPN을 지원할 뿐만 아니라, 상당수의 배포판에 OpenVPN 지원이 내장돼 있다. 우분투 계열 배포판에 들어있는 Network Connections 앱을 통한 OpenVPN 설정은 그다지 어렵지 않으며, 인증서 및 사전 공유 키를 통한 인증을 지원한다. 따라서 리눅스 시스템이 다수인 네트워크에서는 OpenVPN이 탁월한 선택이 될 수 있다.

현재 리눅스를 운영 중인데 OpenVPN 연결 생성이 VPN 옵션으로서 나타나지 않는다면, 별도로 OpenVPN을 설치해야 한다. 대부분의 경우, 배포판의 저장 위치에서 다음 명령을 사용해 OpenVPN을 설치할 수 있다.

```
sudo apt-get install openvpn
```

이 명령은 OpenVPN과 그것에 관련된 파일을 모두 설치한다. 이 명령을 실행했음에도 OpenVPN을 실행할 수 없다면 공식 사이트(http://openvpn.net/)나 배포판의 문서를 참조한다.

맥 OS X에는 OpenVPN 지원 기능이 내장돼 있지 않다. OpenVPN 프로젝트는 맥 OS 버전의 클라이언트를 제공하지 않으며 내가 아는 한, 맥 OS에서 클라이언트의 소스 코드 컴파일에 성공한 사람은 없다. 다만, 터널블릭Tunnelblick이라는 오픈소스 프로젝트가 있다. 이 프로젝트는 OS X에서 OpenVPN을 구현하는 데 필요한 드라이버를 제공하며, 서버 또는 클라이언트 연결을 제어하는 방법을 제공하는 그래픽 인터페이스를 사용할 수 있다. Viscocity 등의 상용 소프트웨어와 함께 사용하거나 단독으로 사용할 수 있으며, 자세한 내용은 공식 웹사이트(http://tunnelblick.net)를 참조한다.

매우 복잡하게 설정된 네트워크 환경에서의 프로토콜 선택은 다수의 방화벽 환경에서 프로토콜이 얼마나 잘 동작하는지 여부가 중요한 요소일 수 있다. 방화벽 중 일부는 여러분의 통제가 미치지 못할 수도 있는데, 방화벽마다 설정 및 기능이 크게 다를 수 있기 때문이다.

IPSec은 UDP 포트 500(IKE용)과 ESP 프로토콜을 모두 사용한다. ESP 프로토콜은 포트 번호가 없기 때문에 NAT 장치가 쉽게 추적할 수 없으며, 이런 이유로 ESP 트래픽을 제대로 처리하지 못하는 방화벽들이 있다. 방화벽 뒤에 위치하는 IPSec 클라이언트는 NAT-T 기능을 필요로 하는데, 이것은 UDP 프로토콜을 사용해 4500 이상의 포트로 ESP 트래픽을 캡슐화하는 기능이다. 버전 2.0 이후의 pfSense는 NAT-T를 지원하므로, 필요하다면 IPSec으로 NAT 통과를 사용할 수 있다.

OpenVPN은 IPSec보다는 방화벽에서 잘 동작한다. TCP 또는 UDP를 사용하므로, 출발지 포트 재작성과 같은 NAT 동작의 영향을 받지 않는다. 따라서 OpenVPN에서 방화벽이 동작하지 않는 경우는 거의 없다. 다만, 프로토콜과 포트가 차단되는 상황이 발생할 수 있다. OpenVPN은 기본적으로 포트 1194를 사용하는데, 이 포트가 차단된 경우 다른 용도로 널리 사용되는 포트로 전환하는 것이 좋다. 예를 들어, 포트 80과 443은 각각 HTTP와 HTTPS용인데 모든 TCP 트래픽은 이 포트를 통과하므로 이 포트들을 사용할 수 있을 것이다.

L2TP는 UDP를 사용하기 때문에 방화벽과 관련해 특별히 어려운 문제는 발생하지 않는다. 하지만 IPSec과 함께 사용되기 때문에 IPSec과 관련된 문제들이 발생할 수 있다.

VPN을 사용하는 주요 이유 중 하나가 암호화 보안이므로, 이것도 고려해야 할 요소다. 현재 버전의 pfSense는 지원하지 않는 PPTP^{Point-to-Point Tunneling Protocol}는 수많은 보안 취약성으로 인해 이미 오래 전에 보안에 신경을 쓰는 관리자들로부터 버림받았다. L2TP는 암호화 기능이 없으므로, 암호화를 원하면 다른 프로토콜(일반적으로 IPSec)과 함께 사용해야 한다. 그러므로 결국 IPSec과 OpenVPN 중 무엇을 선택하느냐의 문제가 된다.

OpenVPN은 SSL 암호화 라이브러리를 사용하는데, 이 라이브러리는 많은 수의 암호화 기법을 제공한다. pfSense에 설치된 현재 OpenVPN 버전이 지원하는 암호화 알고리즘을 알기 위해서는 pfSense 콘솔의 명령 프롬프트 또는 Diagnostics ➤ Command Prompt에서 다음과 같이 입력한다.

```
openvpn --show-ciphers
```

OpenVPN의 기본 암호화 알고리즘은 BF-CBC로서 128비트 (가변) 키의 블록 암호화 기법이다. 그리 나쁜 알고리즘은 아니지만, 이것보다 AES-256-CBC 등의 더욱 강력한 암호화 알고리즘을 선택하면 더 좋다.

OpenVPN은 메시지 인증을 위해 다양한 다이제스트를 제공하는데, IPSec에서 지원되는 것들도 포함한다(예를 들면 SHA512). OpenVPN에서 지원하는 다이제스트의 목록을 보려면 다음 명령을 사용한다.

```
openvpn --show-digests
```

OpenVPN을 선택할 때 주의할 점은 OpenVPN 개발자들이 일반적으로 보안보다 하위 호환성을 우선시하는 경우가 많다는 것이다. 또한 IPSec은 OSI 모델이 3계층에서 동작하기 때문에 IP 수준에서 암호화를 제공하므로, 보안성 측면에서만 보면 IPSec이 OpenVPN보다 우위에 있는 것 같다.

현재 pfSense가 지원하는 VPN 프로토콜들의 특징을 요약하면 다음과 같다.

프로토콜	클라이언트가 내장된 OS	클라이언트가 제공되는 OS	둘 이상의 WAN 지원	방화벽 친화 정도	암호화 보안
IPSec	윈도우, 맥 OS X	윈도우, 리눅스, 맥 OS X	Yes	NAT-T만 가능	Yes
L2TP	주요 데스크톱 OS 중에서 네이티브 L2TP를 지원하는 것은 없음. 윈도우와 맥 OS X는 L2TP/IPSec을 지원하는 클라이언트가 존재	윈도우, 리눅스	Yes	Yes	No(암호화가 전혀 수행되지 않음)
OpenVPN	리눅스	윈도우, 리눅스, 맥 OS X	Yes	Yes	Yes

VPN 터널 설정

지금까지 VPN의 기초를 배우고 pfSense가 지원하는 프로토콜들의 장단점을 살펴봤으니, 이제 VPN 연결 설정 방법을 pfSense와 클라이언트 양측에서 알아보자. IPSec이 가장 어려우며, 첫 번째 설정 시도에서 성공하지 못할 가능성이 높다. OpenVPN이 가장 쉬운데, IPSec처럼 설정 옵션이 많지 않기 때문이다.

IPSec 설정

pfSense에서 IPSec 터널을 설정할 때는 다음의 두 가지 시나리오 중 하나를 선택해야 한다. 하나는 다른 피어^{peer}로 연결하거나 다른 피어로부터의 연결을 수락하는 피어로서 IPSec을 설정하는 것이며, 두 개의 장치 간에 IPSec 터널을 생성한다. 다른 하나는 원격 클라이언트의 연결을 수락하는 서버로서 IPSec 서버를 설정하는 것이다. 이번 절에서는 이 두 개의 시나리오를 모두 설명할 것이다.

 다수의 모바일 클라이언트와 동작하는 서버로서 IPSec을 설정하는 경우에는 Mobile Clients 탭에서 설정을 시작해야 한다. 그러면 자동으로 Phase 1 IPSec 항목이 생성되며, 여러분은 이 항목을 설정하면 된다. 여러분이 이러한 상황이라면 'IPSec 모바일 클라이언트 설정' 절로 바로 건너뛰어도 좋다.

IPSec 피어/서버 설정하기

IPSec 설정을 시작하려면 VPN ➤ IPSec으로 이동한다. 기본 탭인 Tunnels에서 IPSec 터널을 설정할 수 있는데, 이 탭에서는 기존에 생성된 IPSec 터널들을 포함하는 테이블을 볼 수 있다. 각각의 터널마다 하나의 1단계 설정과 하나 이상의 2단계 설정이 필요하다. 1단계 설정을 시작하려면 테이블 우측 하단에 있는 Add P1 버튼을 클릭한다.

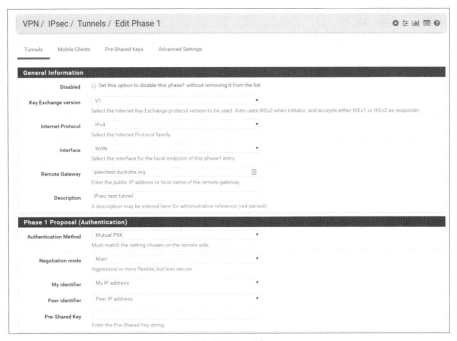

1단계 IPSec 설정

1단계 설정 페이지는 General Information, Phase 1 Proposal (Authentication), Phase 1 Proposal (Algorithms), Advanced Options라는 네 개의 섹션으로 구성된다. General Information의 첫 번째 옵션은 Disabled 체크박스다. 이 체크박스를 선택하면 1단계 항목이 비활성화된다(다만 테이블에는 여전히 남아있다). 그다음 Key Exchange version 드롭다운 박스에서는 IKEv1 (V1), IKEv2 (V2), Auto 중 하나를 선택할 수 있다. Auto를 선택하면 연결 시작 시에 IKEv2가 사용되지만, pfSense가 연결 시작 요청에 응답할 때는 IKEv1과 IKEv2 중 어느 것도 허용된다.

Internet Protocol 드롭다운 박스에서는 IPv4와 IPv6 중 하나를 선택할 수 있다. Interface 드롭다운 박스에서는 터널의 로컬 종점에 해당하는 인터페이스를 선택한다. WAN에서 연결을 수락하는 것이 일반적이기 때문에 WAN으로 설정하는 경우가 많지만, 다른 인터페이스로 설정할 수도 있다. Remote Gateway 에디트 박스에는 원격 게이트웨이의 IP 주소 또는 호스트 이름을 입력해야 한다. 여러분이 지금 인터넷과 로컬 네트워크의 경계상에 위치하는 pfSense 시스템에서 IPSec을 설정하고 있다면, 여기에 입력된 값은 WAN 인터페이스의 IP 주소 또는 이 IP 주소에 해당하는 도메인 이름과 일치해야 한다. 이와 달리 하나 이상의 다른 라우터 뒤에 위치하는 라우터에서 IPSec을 설정하고 있다면, 여기에 입력되는 값은 다를 수 있다. Description 에디트 박스에는 간단한 설명을 입력할 수 있다.

그다음 섹션의 첫 번째 옵션은 Authentication Method 드롭다운 박스다. 여기서 선택할 수 있는 옵션은 Mutual PSK과 Mutual RSA다. Mutual PSK는 사전 공유 키^{PSK}를 사용하는 인증을 허용하고, Mutual RSA는 인증서를 사용하는 인증을 허용한다. Negotiation Mode 드롭다운 박스에서는 인증 보안의 유형을 선택할 수 있는데, VPN 터널이 재설정돼야 할 때 차이가 있다. Main을 선택하면 피어는 반드시 다시 인증을 받아야 하며, 좀 더 안전하지만 대신 오래 걸린다. 반면에 Aggressive는 보안 대신에 빠른 터널 재구축을 위한 옵션이다. 일반적으로 Aggressive가 권장되는데, VPN 터널이 다운되더라도 신속한 재구축이 보장되기 때문이다. My Identifier는 연결 반대편의 pfSense 라우터를 식별하는데, 기본값인 My IP address로 놔두는 것이 일반적이다. Peer identifier는 반대편 라우터를 식별하는데, Peer IP address로 놔두는 것이 일반적이다.

Authentication Method에서 Mutual PSK를 선택했다면 그다음 필드는 Pre-Shared Key일 것이다. PSK 문자열을 입력하는데, 키의 길이는 가급적 길게 입력하는 것이 좋다(10자 이상). 특수 문자도 가능하므로 포함시키는 것이 바람직하다. Mutual RSA를 선택했다면 그다음 두 옵션은 My Certificates와 Peer Certificate Authority다. My Certificates 드롭다운 박스에서는 앞서 pfSense 인증서 관리자에서 설정한 인증서를 선택할 수 있고, Peer Certificate Authority 드롭다운 박스에서는 (역시 앞서 인증서 관리자에서 설정한) 인증 기관을 선택할 수 있다.

그다음 섹션은 암호화 옵션에 관한 것이다. Encryption Algorithm 드롭다운 박스에서는 암호화 방법을 선택할 수 있다. AES와 Blowfish를 선택하면 그 옆의 드롭다운 박스에서 128비트, 192비트, 256비트 암호화 중 하나를 선택할 수 있는 반면,

3DES와 CAST128은 그렇지 않다. 기본값인 AES-256은 좋은 선택이지만, 반대쪽 피어가 DES 암호화만 지원한다면 3DES를 선택하는 것이 좋다. IPSec은 데이터의 무결성을 보장하기 위해 해시 함수를 사용하는데, Hash Algorithm 드롭다운 박스에서 해시 함수를 선택할 수 있다. SHA1이 MD5보다 강력하면서도 안정적이지만, MD5만 지원하는 장치가 간혹 존재하기 때문에 MD5도 옵션으로 제공되고 있다. 좀 더 안전한 해시 함수들도 사용할 수 있다(예를 들면 SHA512).

DH Group 드롭다운 박스에서는 세션 키 생성에 사용되는 디피-헬만^Diffie-Hellman (D-H) 그룹을 선택할 수 있다. 기본값은 1024비트로서, 일반적으로 안전한 것으로 간주되며 특히 수명이 길지 않은 키의 경우 그렇다. 더 많은 수의 비트를 사용할 수도 있지만, 성능 하락이라는 비용이 발생할 수 있다. Lifetime (Seconds) 에디트 박스에서는 1단계가 완료되기까지 pfSense가 얼마나 기다릴지 선택할 수 있다. 기본값은 28,800초지만, 원한다면 더 늘려도 된다.

Advanced Options 섹션의 첫 번째 옵션은 Disable Rekey 체크박스다. 기본적으로 pfSense는 IPSec 연결 시간이 거의 다 되면 다시 연결을 생성하기 위한 협상을 하지만, 이 옵션을 선택하면 협상이 비활성화된다. Responder Only 체크박스를 선택하면 pfSense는 외부로부터 받은 IPSec 요청에만 응답할 뿐 이쪽에서 연결을 새로 만들지 않는다.

NAT Traversal 드롭다운 박스에서는 포트 4500에서 UDP 패킷 내에 ESP 캡슐화를 활성화할 수 있으며, 이를 NAT-T라고도 부른다. 이 옵션은 연결의 한쪽 또는 양쪽이 방화벽 뒤에 있는 경우에만 설정해야 한다. 필요하다면 NAT-T를 활성화하기 위해 Force를 선택한다.

DPD (Dead Peer Detection) 체크박스를 선택하면, 반대편에서 문제가 발생했는지 탐지할 수 있으며 문제 발견 시 터널 재설정을 시도한다. 이 옵션을 선택한 경우 Delay(승인 요청들 사이의 지연)와 Max failures(연결 해제까지 허용되는 연속 실패 횟수)에도 값을 설정해야 한다. 기본값인 10과 5는 대부분의 경우에 적합하지만, 필요하다면 나중에 변경해도 무방하다. 설정이 완료되면 Save를 클릭한 후 IPSec 페이지에서 Apply Changes를 클릭한다.

1단계 설정이 끝났지만, 하나 이상의 2단계 항목을 생성하는 작업이 남아있다. IPSec 페이지의 테이블을 보면, 조금 전에 설정한 1단계 연결 항목이 보일 것이다. Show Phase 2 Entries를 클릭하면 2단계 항목이 나타날 것이다. 아직 내용은 비어있지만, Add P2 버튼이 보인다. 이 버튼을 클릭해서 2단계 설정을 시작한다.

2단계 IPSec 설정

2단계 설정 페이지에는 General Information, Phase 2 Proposal (SA/Key Exchange), Advanced Options라는 세 개 섹션이 있다. General Information의 첫 번째 옵션은 Disabled 체크박스다. 이 체크박스를 선택하면 이 항목이 비활성화되며, 다만 테이블에는 남아있다. Mode 드롭다운 박스에서는 Tunnel IPv4, Tunnel IPv6, Transport 중에서 선택할 수 있다. Tunnel 모드들은 전체 IP 패킷을 암호화하고 새로운 IP

헤더를 추가하는 반면, Transport 모드는 페이로드만 암호화하고 IP 헤더는 암호화하지 않는다. 터널 모드 선택 시 IPv4와 IPv6 사이의 선택은 1단계 설정 중 Internet Protocol 드롭다운 박스에서 설정한 내용에 따라 결정된다.

Local Network 드롭다운 박스에서는 VPN 터널의 반대편에서 접근할 수 있는 서브넷 또는 호스트를 정의할 수 있다. 예를 들어 LAN subnet을 선택하면, VPN 터널의 반대편에서 전체 LAN에 접근할 수 있다. 터널의 VPN 설정의 반대편에도 동일한 설정이 있지만, Remote Network나 Remote Subnet일 것이다. 제대로 동작하려면 양쪽에서 설정이 일치해야 한다.

그다음 설정은 NAT/BINAT translation 드롭다운 박스다. 이 옵션은 실제 로컬 네트워크가 숨겨져 있는 경우 터널의 반대편에 보일 설정을 지정할 수 있다. Address or Network를 선택하면, 인접한 에디트 박스에 IP 주소 또는 서브넷을 지정할 수 있다. 그다음 Remote Network 드롭다운에서는 터널의 이쪽에서 접근할 수 있는 터널 반대편의 네트워크 또는 주소를 지정한다. 피어에 대해 설정된 Local Network의 값과 일치해야 하며, 그렇지 않으면 연결이 생성되지 않을 것이다. Description 필드에는 간단한 설명을 입력할 수 있다.

Phase 2 Proposal (SA/Key Exchange) 섹션의 첫 번째 옵션은 Protocol 드롭다운으로서 (키 교환과 관련된) 프로토콜을 선택할 수 있다. ESP와 AH 중에서 고를 수 있는데, ESP가 사실상의 표준이자 권장 설정이다. ESP는 포트 50을, AH는 포트 51을 사용한다. IPSec 터널의 종점에 ESP 또는 AH를 허용하는 규칙을 pfSense가 자동으로 생성하며(이 규칙은 Floaing 탭에서 확인할 수 있다.), 혹시 생성되지 않았다면 여러분이 직접 만들어야 한다.

그다음 Encryption Algorithm의 경우 기본값은 AES지만 둘 이상의 알고리즘을 선택할 수 있다. 하지만 실제 사용될 것만 신중하게 선택하는 것이 좋다. 원격 피어의 설정과 일치해야 하며, 권장 알고리즘은 AES-256이다.

다음은 Hash Algorithms 체크박스다. 하나 이상의 해시 알고리즘을 선택할 수 있지만, 실제 사용 중인 알고리즘만 선택하는 것이 좋다. 앞서도 언급했듯이 일부 장치는 MD5만 지원하므로 원격 피어가 그러한 장치인지 여부를 확인할 필요가 있다. SHA1이 기본값이다.

PFS Key Group은 1단계에서의 DH 그룹과 유사한다. 기본값은 **off**며, DH 그룹 설정과 마찬가지로 보안과 성능 사이에 상충 관계가 있다. **Lifetime** 에디트 박스는 협상된 키의 수명을 설정한다. 이 값이 너무 높으면 해커가 키를 해독할 시간적 여유가 늘어나므로 주의해야 한다.

마지막 섹션인 **Advanced Configuration**에는 하나의 설정만 존재한다. **Automatically ping host** 에디트 박스에 터널을 유지하기 위해 ping을 할 원격 2단계 네트워크의 IP 주소를 입력할 수 있다. 모든 설정이 끝나면 페이지 하단의 **Save** 버튼을 클릭하고, IPSec 페이지가 새로 표시된 후 **Apply Changes**를 클릭한다.

1단계와 2단계 설정이 완료됐으나, 방화벽 규칙을 추가하는 일이 남았다(다만, 대부분의 경우 자동 생성된 규칙이 이미 존재할 것이다). IPSec을 사용하려면 다음의 포트가 열려 있어야 하므로 Firewall ➤ Rules에서 Floating 탭을 클릭하고, 다음의 규칙들(또는 여러분의 설정에 필요한 규칙)이 있는지 확인한다.

포트	프로토콜	비고
50	ESP	2단계 키 교환에 ESP가 사용되는 경우 필요
51	AH	2단계 키 교환에 AH가 사용되는 경우 필요
500	UDP	IKE용
4500	UDP	NAT 통과가 사용되는 경우 필요

포트 500은 모든 설정에서 열려 있어야 한다. 하지만 다른 규칙들은 어떤 설정 옵션을 사용하느냐에 따라 필요할 수도 있고, 필요하지 않을 수도 있다. NAT-T 가 사용돼야 한다면 포트 4500에 대한 NAT 규칙과 이에 대응되는 방화벽 규칙이 있어야 한다. 2단계 키 교환의 경우 ESP 또는 AH 중 하나를 사용하는데, ESP 를 선택하면 포트 51을 열 필요가 없고 AH를 사용하면 포트 50을 열 필요가 없

다. WAN에서 IPSec 터널로 포트 포워딩을 허용하려면 NAT 항목이 WAN 인터페이스상에 생성돼 있어야 한다.

IPSec 모바일 클라이언트 설정

조금 전에 우리는 PSK 또는 인증서를 통해 인증이 수행되는 IPSec 터널을 설정했다. 두 개의 라우터를 연결하는 경우에는 이런 설정이 가능하지만, 다수의 모바일 클라이언트가 있는 경우에는 어떻게 해야 할까? 이러한 시나리오에서는 개별 사용자별로 설정해야 하며, Mobile Clients 탭에서 설정할 수 있다.

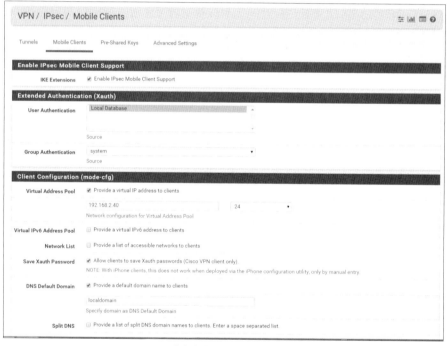

모바일 클라이언트 설정 페이지

Mobile Clients 탭의 첫 번째 옵션은 IKE Extensions 체크박스다. 이 체크박스를 선택하면 IPSec 모바일 클라이언트 지원이 활성화된다. 그다음 Extended Authentication (XAuth) 섹션의 경우, User Authentication 리스트박스에서는 인증에 사용되는 데이터베이스를 선택할 수 있다. 여기서 유일한 옵션은 Local Database 로서 pfSense 사용자 관리자를 통한 인증이 이뤄질 것이다. Group Authtication 드 롭다운 박스에서는 사용자 관리자 인증에 해당되는 system을 선택한다.

Client Configuration (mode-cfg) 섹션의 첫 번째 옵션은 Virtual Address Pool 체크 박스다. 이 체크박스를 선택하면, 클라이언트에 가상 IP 주소가 제공된다. 그리고 아래에 표시되는 에디트 박스에 네트워크 마스크(그리고 CIDR)를 입력해야 한다. Virtual IPv6 Address Pool 옵션 역시 가상 IP 주소가 제공되는데, 이번에는 IPv4 주 소가 아니라 IPv6 주소가 제공된다.

Network list 체크박스가 선택되면, 접근 가능한 네트워크의 목록이 모바일 클라이 언트에 제공된다. Save Xauth Password 옵션을 선택하면 클라이언트가 Xauth 암호 를 저장할 수 있지만, 모바일 사용자가 Cisco VPN 클라이언트를 사용하는 경우 에만 동작할 것이다. DNS Default Domain 체크박스를 선택하면, pfSense가 클라이 언트에 기본 도메인을 제공하며 체크박스 아래에 나타나는 에디트 박스에 DNS 도메인을 지정해야 한다. Split DNS 옵션을 선택하면 분할 DNS 도메인 이름 목록 을 모바일 클라이언트에 제공할 수 있는데, DNS 요청의 출발지 주소를 바탕으로 서로 다른 DNS 정보를 제공할 수 있다. 체크박스 아래의 에디트 박스에 도메인 이름들을 입력해야 하며, 각각의 이름은 쉼표로 구분해야 한다.

DNS Servers 체크박스를 선택하면 클라이언트에 DNS 서버 목록을 제공할 수 있 으며, 체크박스 아래의 에디트 박스에 목록을 입력해야 한다. WINS Servers 체크 박스도 비슷하며, 다만 WINS 서버에 IP 주소를 제공하는 것만 다르다. Phase 2 PFS Group을 선택하면 Group 드롭다운 박스를 사용해 모바일 클라이언트에 PFS 그룹을 설정할 수 있다. 여기서 설정한 값은 2단계 설정 중에 설정된 값보다 우선 한다. 마지막으로, Login Banner 체크박스를 선택하면 클라이언트에 로그인 배너 가 제공되며, 체크박스 아래의 에디트 박스에 문구를 입력할 수 있다. 모든 설정 작업이 끝나면 Save 버튼을 클릭하고, IPSec 페이지의 Apply Changes 버튼을 클 릭한다.

IPSec 페이지의 그다음 탭은 Pre-Shared Keys다. 이 탭에서는 새로운 키를 추가하고 기존 키를 편집할 수 있다. 이 탭을 클릭하면 이미 입력돼 있는 키들을 포함하는 테이블이 나타난다. 새로운 키를 추가하려면 테이블 우측 하단의 **Add** 버튼을 클릭한다.

Pre-Shared Keys 설정 페이지의 첫 번째 옵션은 Identifier 에디트 박스다. 여기에 IP 주소, FQDN, 이메일 주소 등을 입력할 수 있다. 그다음 Secret type 드롭다운 박스에서는 PSK 또는 EAP^{Extensible Authentication Protocol}(무선 네트워크에서 널리 사용되는 프로토콜)를 선택할 수 있다. 마지막으로 Pre-Shared Key 에디트 박스에는 PSK 를 입력할 수 있다. 앞서 Identifier 필드에 any라고 입력했다면, 누구나 사용할 수 있는 PSK를 만들 수 있다. 설정 작업이 끝나면 Save 버튼을 클릭하고 IPSec 페이지에서 Apply Changes를 클릭한다.

마지막 탭 Advanced Settings는 IPSec Logging Controls와 Advanced IPSec Settings 라는 두 섹션으로 나뉜다. IPSec Logging Controls에서는 IPSec의 여러 구성 요소 (예를 들면 데몬, SA 관리자, 작업 처리 등)별로 서로 다른 수준의 로깅을 설정할 수 있다. 각각의 구성 요소마다 로깅 수준을 설정할 수 있는 드롭다운 박스가 존재한다.

- Silent: 로깅을 하지 않는다.
- Audit: 어떤 서비스에 대한 접근이 있을 때 생성되는 감사 이벤트^{Audit event}를 기록한다.
- Control: 접근 제어 이벤트를 기록한다. 로깅 수준의 기본값이다.
- Diag: 모든 진단 메시지를 기록한다.
- Raw: 파싱을 하지 않고 로그 파일의 내용을 그대로 표시한다.
- Highest: 모든 로그를 표시한다.

그다음 Advanced IPSec Settings 섹션의 첫 번째 옵션은 Configure Unique IDs as 드롭다운 박스다. 여기서 설정된 값은 IKE ID를 고유하게 유지할지 여부를 결정한다.

IP Compression 체크박스를 선택하면 IPComp 압축 기능이 사용된다. Strict interface binding 체크박스를 선택하면 강력한 스완^{Swan} 인터페이스 사용 옵션이 특정 인터페이스들에 바인딩된다. Unencrypted payloads in IKEv1 Main mode 체크 박스를 선택하면, 암호화되지 않은 ID 및 해시 페이로드가 IKEv1 메인 모드에서 사용될 수 있다. 간혹 세 번째 메인 모드 메시지를 암호화되지 않은 채로 전송하는 구현이 존재하는데, 이 옵션은 이런 구현과의 호환성을 확보하기 위한 것이다. 하지만 반드시 필요하다고 판단되는 경우에만 사용하는 것이 좋다.

Enable Maximum MSS 체크박스를 선택하면 MSS 클램핑이 활성화된다. 이 옵션은 Path MTU Discovery (PMTUD) 설정 값에 문제가 있을 경우 시도할 수 있는데, 특히 IPSec 터널을 통한 대용량 패킷 전송이 제대로 되지 않는 경우에 유용하게 쓰일 수 있다. Enable Cisco Extensions를 선택하면 시스코 확장 기능을 제공하는 시스코 유니티$^{Cisco Unity}$ 플러그인이 활성화된다.

Strict CRL Checking 체크박스를 선택하면 피어 인증 시에 새롭게 갱신된 CRL이 있어야 한다. Make before Break 체크박스를 선택하면, 재인증이 진행되는 동안 과거의 SA를 삭제하기 전에 신규 SA를 생성하게 된다. 기본 설정상으로는 신규 SA가 생성되기 전에 과거의 SA가 삭제되는데 이와 반대로 동작하는 것이다. 이것은 연결 오차를 방지하는 데 도움이 될 수 있지만, 상대 피어에서도 이 기능을 지원해야 제대로 동작한다.

마지막으로, Auto-Exclude LAN address 체크박스는 원격 서브넷이 로컬 서브넷과 겹치는 경우를 처리하기 위한 것이다. 이 체크박스를 선택하면, LAN 서브넷에서 LAN IP 주소로 향하는 트래픽이 IPSec에서 제외된다. 설정이 완료되면 Save를 클릭하고 IPSec 페이지에서 Apply Changes을 클릭한다.

클라이언트 설정

IPSec 클라이언트를 생성하려면 터널의 양쪽 끝에서 설정이 이뤄져야 한다. 이번 절에서 모든 시나리오 또는 플랫폼과 클라이언트 소프트웨어의 조합을 다룰 수는 없지만, 널리 사용되는 VPN 클라이언트들을 사용해 IPSec 터널을 설정하는 방법을 확인한다.

ShrewSoft VPN 클라이언트를 사용하는 IPSec 설정

윈도우에서 널리 사용되는 IPSec VPN 클라이언트 중 하나인 ShrewSoft의 VPN 클라이언트는 상당 기간 업데이트되지 않았지만(가장 최근에 나온 안정화 버전은 2013년 7월 발표된 2.2.2 버전이다), 다양한 설정 옵션을 제공하는 안정적인 클라이언트 프로그램이다. https://www.shrew.net/download/vpn에서 이 클라이언트 프로그램을 다운로드할 수 있다.

ShrewSoft VPN Client의 실제 동작을 보여주기 위해, 우선 IPSec 터널을 생성하는 과정을 순서대로 설명한 후 ShrewSoft의 VPN Access Manager를 사용해 모바일 클라이언트와 연결을 수립할 것이다. VPN ➤ IPSec으로 이동한 후 Mobile Clients 탭을 클릭한다. 모바일 클라이언트를 활성화하기 위해 Enable IPSec Mobile Client Support 체크박스를 선택한다.

Extended Authentication (Xauth) 섹션에는 User Authentication과 Group Authentication 설정이 있다. User Authentication에는 Local Database라는 단 하나의 선택만 가능하며, 이 값을 변경할 일은 없다. Group Authentication에서는 system을 선택한다.

Client Configuration (mode-cfg) 섹션에서는 원격 클라이언트에 대한 가상 주소 풀pool을 설정할 것이다. Provide a virtual IP address 체크박스를 선택하고, 체크박스 아래에 서브넷과 CIDR을 입력한다. 지금 실습에서는 네트워크를 192.168.40.0/24로 설정하자.

다음으로 변경할 설정은 Save Xauth Password 체크박스로서, 이 체크박스를 선택으로 변경한다. 또 DNS Default Domain 체크박스를 선택하고, 기본 도메인 이름으로 localdomain을 입력한다. 이어서 Provide a DNS server list to clients 체크박스를 선택한다. 서버 #1에는 8.8.8.8, 서버 #2에는 8.8.4.4를 입력한다. 마지막으로 Login Banner 체크박스를 선택하고 로그인 배너를 입력한다. 설정이 끝나면 페이지 하단의 Save 버튼을 클릭하고, 화면이 새로 표시되면 다음과 같이 나타날 것이다.

모바일 클라이언트 설정이 완료되면 1단계 IPSec 항목을 생성하라는 메시지가 표시된다.

그림에서 볼 수 있듯이, 모바일 클라이언트 설정을 위한 1단계 항목을 생성하라는 메시지가 표시된다. 이런 식으로 생성되는 1단계 및 2단계 항목은 모바일 클라이언트 IPSec 터널로서 지정되며, 이런 이유로 IPSec 터널을 만들기 전에 모바일 클라이언트 설정을 완료하는 것이 더 바람직하다. Create Phase 1 버튼을 클릭해 IPSec 터널 설정을 시작한다.

Key Exchange version 드롭다운 박스에서 V1을 선택하는 것이 좋은데, ShrewSoft Client가 V2를 지원하지 않기 때문이다. 나의 경험상 Auto로 설정해도 역시 동작하지 않는다. Internet Protocol, Interface, Description은 변경하지 않고 그대로 둔다. 모바일 사용자 인증이 필요하기 때문에 Authentication Mode 드롭다운 박스는 Mutual PSK + Xauth로 설정한다. Negotiation 모드는 Aggressive로 설정하고, My Identifier는 My IP address로 설정한다. Peer Identifier는 User distinguished name으로 변경하고, 에디트 박스에 vpnuser@ipsectest.duckdns.org라고 입력한다. Pre-Shared Key 상자에는 betterthannothing이라고 입력한다.

Phase 1 Proposal (Algorithms) 섹션에서는 모두 기본값을 사용하고, 아무것도 변경하지 않는다. Advanced Options 섹션에서는 하나의 설정을 변경한다. 즉, NAT

Traversal 설정을 Force로 변경함으로써 포트 4500에서 NAT-T가 사용되도록 설정한다. 모두 완료됐으면 Save 버튼을 누른다. IPSec 설정 메인 페이지로 돌아올 것이다.

모바일 클라이언트 항목의 Show Phase 2 Entries를 클릭한다. 그다음 Add P2 버튼을 클릭해 이 터널의 2단계 항목 추가를 시작하자. General Information 섹션에서는 기본값을 모두 그대로 유지한다. Phase 2 Proposal (SA/Key Exchange)에서 암호화 알고리즘은 AES를 그대로 두되, 드롭다운 박스의 값은 Auto에서 256으로 변경한다. 3600은 Lifetime 값으로는 다소 작기 때문에 28800으로 변경한다. 모두 완료되면 Save 버튼을 클릭하고, 이어서 IPSec 페이지에서 Apply Changes 버튼을 클릭한다.

아직 VPN 터널에 대한 사용자 그룹과 사용자를 만들지 않았으므로, 이제 System ➤ User Manager를 클릭하고 Groups 탭을 클릭한다. 그리고 새로운 그룹을 추가하기 위해 테이블 우측 하단의 Add 버튼을 클릭한다. 그룹 이름을 vpnusers로 입력하고, Scope 드롭다운 박스에서는 Remote로 설정한다. 그런 다음 Save 버튼을 클릭한다.

vpnusers에게 권한을 할당해야 하므로, 테이블에서 vpnusers에 대한 편집 아이콘을 클릭한다. 설정 페이지가 열리면, Assigned Privileges라는 섹션이 있으며 Add 버튼을 클릭한다. Assigned Privileges 리스트박스에서 User - VPN: IPSecxauthDialin을 선택하고 Save를 클릭한다. 설정 페이지로 돌아온 후 다시 Save를 클릭하면 그룹 설정이 완료된다.

이제 새로 생성된 그룹에 적어도 한 명의 사용자를 추가하는 것만 하면 로컬 측에서 할 일은 모두 끝난다. Users 탭을 클릭하고, Add 버튼을 클릭해 새로운 사용자 추가를 시작하자. 사용자 이름은 remoteuser, 암호는 suPerseCret01로 설정한다. Group Memberships에서 remoteuser를 vpnusers의 멤버로 설정한다. IPSec Pre-Shared Key의 경우 앞서 입력했던 키(betterthannothing)를 다시 입력하고, Save 버튼을 클릭한다.

로컬 측 설정을 마쳤으니, 이제 남은 것은 원격 클라이언트 설정이다. ShrewSoft VPN Access Manager를 실행하고, 툴바의 **Add** 버튼을 클릭해 새로운 설정 프로파일 추가를 시작한다. General 탭에는 Remote Host와 Local Host라는 두 섹션이 있다. 여기서 유의할 점이 있다. 원격 호스트와 로컬 호스트가 앞서 연결의 반대편을 설정할 때와 반대라는 점을 기억해야 한다는 것이다. Host name or IP address의 경우, 앞서 IPSec 터널이 설정된 라우터의 WAN IP를 사용하는 것이 일반적이다. 다만 이 라우터가 다른 라우터의 뒤에 위치하는 경우에는 여러분 네트워크의 인터넷 IP 주소를 입력하면 된다. 동적 DNS를 사용하고 있다면 DDNS 호스트 이름을 입력할 수 있다. 이번 실습에서는 ipsectest.duckdns.org라는 이름의 도메인 이름을 생성했으며, pfSense 라우터의 도메인 이름이 된다. Auto Configuration의 경우에는 ikeconfig pull을 선택한다. 마지막으로, 원격 피어가 가상 IP 주소를 클라이언트에 할당할 것이므로, Adapter Mode 드롭다운 박스에서 Use a virtual adapter and assigned address를 선택한다. 원격 피어가 IP 주소를 할당하므로 Obtain Automatically 체크박스를 선택해야 하며, MTU는 1380 값을 그대로 유지한다.

ShrewSoft 클라이언트 설정

그다음 Client 탭에서는 NAT Traversal을 enable로 설정해 연결 반대편에서의 설정과 일치시킨다. NAT Traversal Port는 기본값인 4500으로 설정해야 한다. Keep-alive packet rate, Ike Fragmentation, Maximum packet size의 기본값은 모두 그대로 써도 좋다. Enable Dead Peer Detection, Enable ISAKMP Failure Notifications, Enable Client Login Banner 체크박스를 모두 선택한다.

다음 탭은 Name Resolution이다. 다시 두 개의 탭으로 나뉘는데, 하나는 DNS고 다른 하나는 WINS다. 지금 우리는 WINS 서버를 사용하지 않고 DNS 탭에만 초점을 맞추므로 Enable DNS 체크박스를 선택한다. 또 Obtain Automatically 체크박스를 선택하고, DNS Suffix에 대해서도 Obtain Automatically 체크박스를 선택한다.

그다음 Authentication 탭도 다시 세 개의 탭 Local Identity, Remote Identity, Credentials로 구분된다. Authentication Method 드롭다운 박스에서는 앞서 IPSec 터널의 1단계 설정과 동일한 것으로 선택해야 하므로, Mutual PSK + XAuth로 설정한다. Local Identity는 1단계의 Peer Identifier와 일치해야 하므로 User Fully Qualified Domain Name(사용자+ FQDN을 의미)을 선택한다.

UFQDN 문자열에는 Peer identifier에서 했던 것처럼 vpnuser@ipsectest.duckdns.org를 입력한다. Remote Identity 탭에서는 Identification Type의 기본값인 IP Address를 그대로 두고, Credentials 탭으로 이동하자. 지금 우리는 PSK를 사용하며 PSK는 1단계에서 입력한 것과 일치해야 하므로 Pre Shared Key 에디트 박스에 betterthannothing을 입력한다.

마지막으로 Phase 1과 Phase 2 탭을 설정할 차례다. Phase 1 탭에서는 앞서 수행한 터널 반대편의 Phase 1 설정과 일치해야 하므로 Exchange Type을 aggressive로, DH Exchange를 group 2로 입력한다(1024비트). 그다음 세 개의 옵션은 auto로 설정해도 되지만, 터널 반대편의 설정과 정확히 일치시키는 것이 소프트웨어의 성능에 이득인 것 같다. 따라서 Cipher Algorithm은 aes, Cipher Key Length는 256, Hash Algorithm은 sha1로 설정한다. Key Life Time limit는 28,800초로 설정하고, Key Life Data limit는 그대로 0KB 값을 유지한다.

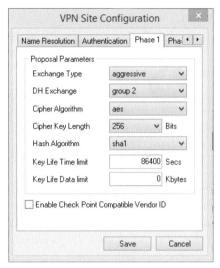

1단계 설정

Phase 2 탭에서는 Transform Algorithm을 esp-aes로, Transofrm Key Length를 256으로 설정한다. HMAC Algorithm은 sha1로 설정해야 하며, PFS Exchange 와 Compression Algorithm은 기본값인 disabled를 유지한다. Key Lifetime Limit를 28,800초로 설정하고, Key Life Data Limit를 0KB로 유지한다. Policy 탭에서는 변경할 것이 없으므로 하단의 Save 버튼을 클릭한다.

클라이언트 설정이 완료됐으므로, 이제 메뉴 바에서 Connect 아이콘을 클릭해 실제 연결을 시도해보자. ⟨this_site⟩ 사이트에 대해 불러온 설정을 보여주는 대화 상자가 표시될 것이다. 대화 상자에서 Connect 버튼을 클릭해 연결을 시작하자. VPN Access Manager는 사용자 이름/암호 조합을 물어오며, 앞서 생성한 사용자 이름과 암호(remoteuser/suPerseCret01)를 입력하자. 다시 Connect를 클릭한다. 클라이언트가 터널에 연결되기까지는 최대 1분 정도가 걸린다.

연결이 수립되면, 원격에 존재하는 LAN 서브넷을 마치 로컬 자원인 것처럼 접근할 수 있다. 다음 화면은 연결이 수립된 상태의 ShrewSoft VPN Client를 보여준다.

ShrewSoft VPN Client를 사용해 성공적으로 연결된 모습

vpnc를 사용한 IPSec 설정

리눅스는 운영체제 차원에서 IPSec 지원을 내장하고 있지 않지만, 리눅스 노드와 pfSense 간에 IPSec 터널을 생성할 수 있는 몇 가지 방법이 있다. 그중 하나가 설치 및 사용이 간편한 vpnc다. 여러분이 우분투 계열의 리눅스를 사용 중이라면, vpnc를 즉시 설치할 수 있다. 명령 프롬프트에서 다음과 같이 입력한다.

```
sudo apt-get install vpnc
```

그리고 vpnc가 설치된 후에는 다음 명령으로 실행할 수 있다.

```
sudovpnc
```

1. vpnc는 그래픽 인터페이스를 제공하지 않지만 익숙해지는 데 큰 문제는 없다. 앞서 생성된(IPSec) 터널에 연결하는 방법은 다음과 같다.

```
Enter IPSec gateway address: ipsectest.duckdns.org
Enter IPSec ID for ipsectest.duckdns.org: vpnuser
Enter IPSec secret for vpnuser@ipsectest.duckdns.org: betterthannothing
Enter username for vpnuser@ipsectest.duckdns.org: remoteuser
```

276

```
Enter password for vpnuser@ipsectest.duckdns.org: suPerseCret01
Connect Banner:
| Welcome to ipsectest.duckdns.org, set up to demonstrate an IPSec
tunnel.
```

윈도우에서 ShrewSoft Client를 사용하는 것과 비교하면, 연결에 필요한 정보를 훨씬 간편하게 입력할 수 있다. 터널과의 연결을 끊는 명령이 없지만 다음 방법을 사용하면 된다.

```
sudo kill -9 <PID>
```

여기서 <PID>는 vpnc의 프로세스 ID다.

L2TP 설정

L2TP는 인증과 암호화 기능이 없기 때문에 L2TP를 단독으로 VPN 프로토콜로 설정하지는 않는다. 좀 더 일반적인 시나리오는 L2TP/IPSec 터널을 설정하는 것이며, 사용자는 IPSec 터널에 직접 연결되거나 L2TP를 통해 연결되고, 이때 IPSec 트래픽은 L2TP 터널 내에 위치한다. 다행인 점은 L2TP 설정이 IPSec 설정보다 훨씬 쉽다는 것이다. 그리고 이를 구현하면 더욱 많은 사용자들이 여러분의 VPN에 접근할 수 있게 된다.

L2TP 설정을 시작하기 위해 VPN ➤ L2TP로 이동하면 Configuration 탭을 볼 수 있다. Enable 체크박스를 선택하면 L2TP 서버가 활성화된다. Configuration 섹션에서 Interface 드롭다운 박스를 통해 L2TP 서버가 어느 인터페이스상에서 연결 요청을 대기할지 선택할 수 있다(대부분의 경우 WAN).

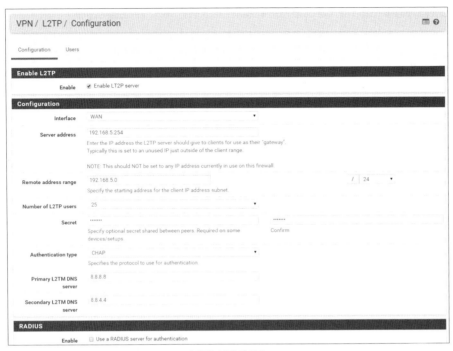

L2TP 설정 페이지

Server Address 필드에는 L2TP 서버의 게이트웨이 IP 주소를 입력해야 한다. 이 주소는 사용되지 않는 주소며, 일반적으로 클라이언트 IP 주소 서브넷과 동일한 서브넷상에 위치해야 한다. Remote address range 필드는 클라이언트 서브넷의 시작 IP 주소를 입력하는 곳이다. Number of L2TP users라는 이름의 드롭다운 박스가 있는데, 여기서는 허용되는 클라이언트의 개수를 선택한다. 시작 IP 주소에서 L2TP 사용자 수를 더한 후 1을 뺀 값이 바로 마지막 IP 주소가 된다.

Secret 필드는 공유 비밀 키를 입력하는 곳이다(두 번 입력해야 하므로 두 개의 에디트 박스가 존재한다). 그다음 Authentication Type 드롭다운 박스에서는 인증에 사용될 세 개의 프로토콜 중 하나를 선택할 수 있다.

- CHAP^{Challenge-Handshake Authentication Protocol}: 연결을 시도하는 피어에게 챌린지 메시지가 전송된다. 피어는 단방향 해시 함수를 사용해 계산된 값으로 응답하는데, 이때 이 함수의 입력 값은 챌린지 메시지와 비밀 키다(핸드셰이크). 피어가 보내온 응답을 검토해 자체적으로 계산한 값과 일치하면 피어는 인증에 성공한다. 이 프로토콜은 기본값이며, 비밀 키(즉 암호)가 전송되기 전에 미리 암호화되기 때문에 상대적으로 안전한 것으로 간주된다.

- MS-CHAPv2: 마이크로소프트가 구현한 CHAP 버전이며, 여러 가지 측면에서 표준 CHAP와 다르다(예를 들면 CHAP 알고리즘 0x80을 사용하며, 암호 변경과 인증 재시도를 위한 인증 제어 기법을 제공한다). 56비트 DES 암호화를 사용하는데, 이 암호화는 최신 사양의 하드웨어를 사용하는 무작위 대입 공격^{brute-force attack}에 취약한 것으로 알려져 있다.

- PAP^{Password Authentication Protocol}: 보안 수준이 가장 낮은 인증 프로토콜이며, 암호화되지 않은 암호를 네트워크를 통해 전송한다.

그다음 RADIUS 섹션에는 RADIUS 인증을 활성화할 수 있는 체크박스가 있다. 이 체크박스를 선택하면, Server IP address, shared secret 등 RADIUS에 필요한 일련의 정보들을 입력해야 한다. 설정이 모두 끝나면 Save 버튼을 클릭한다.

L2TP 클라이언트를 추가하기 위한 Users 탭도 존재한다. 이 탭을 클릭하고, (이미 존재하는 사용자들을 보여주는) 테이블 아래의 Add 버튼을 클릭하면 사용자를 새로 추가할 수 있다. 사용자 설정 페이지는 매우 간단하다. Username 에디트 박스에 사용자 이름을 입력하고, Password 에디트 박스에는 암호를 입력한다(암호는 두 번 입력해야 한다). IP Address 에디트 박스는 선택 사항이며, 어떤 사용자에게 특정 IP 주소를 지정하기 위한 목적으로 사용할 수 있다. 모두 완료되면 Save 버튼을 클릭한다.

OpenVPN 설정

IPSec, L2TP에 이어서 pfSense 버전에서 지원하는 세 번째 VPN 프로토콜이 OpenVPN이다. 이 프로토콜은 크로스 플랫폼을 지원하고, 비교적 안전하며, 설정 하기 어렵지 않다는 점에서 탁월한 선택이 될 수 있다. 상대적으로 최근에 나왔음 에도 불구하고(OpenVPN은 2001년에 처음 발표됐다.) 빠른 속도로 확산되고 있다.

OpenVPN 설정을 시작하려면 VPN ➤ OpenVPN으로 이동한다. 여기에는 Servers, Clients, Client-Specific Overrides, Wizards라는 네 개의 탭이 있다. 여기서 주의할 점은, IPSec에서는 터널의 양쪽 끝이 모두 피어일 수 있지만 OpenVPN에서 터널 은 항상 한쪽은 클라이언트, 다른 한쪽은 서버로 정의된다는 것이다.

OpenVPN 서버 설정

서버 설정을 시작하려면 Server 탭을 클릭하고 (기존 서버들을 보여주는) 테이블 하 단에 있는 Add 버튼을 클릭한다. 설정 페이지의 첫 번째 옵션인 Disable 체크박스 를 선택하면 테이블에서 제거되지는 않으면서 비활성화된다. Server Mode 드롭다 운 박스에서는 다음의 모드들 중 하나를 선택할 수 있다.

- Peer-to-Peer (SSL/TLS): 어느 쪽에서든 연결을 시작할 수 있다. 인증을 위해 인증서가 사용된다.
- Peer-to-Peer (Shared Key): 어느 쪽에서든 연결을 시작할 수 있다. 인증을 위 해 공유 키가 사용된다.
- Remote Access (SSL/TLS): 원격 클라이언트가 연결을 시작한다. 인증을 위해 인증서가 사용된다.
- Remote Access (User Auth): 원격 클라이언트가 연결을 시작한다. 사용자 이 름/암호 조합을 통해 인증이 이뤄진다.
- Remote Access (SSL/TLS + User Auth): 원격 클라이언트가 연결을 시작한다. 사용자 인증을 위해 인증서와 사용자 이름/암호 조합이 모두 사용된다.

OpenVPN 서버 설정 페이지

Protocol 드롭다운 박스에서는 이 연결에 사용될 프로토콜을 선택할 수 있다. UDP와 TCP가 모두 지원되며, IPv6를 위해 UDP6와 TCP6도 모두 지원된다. Device Mode 드롭다운 박스에서 tun과 tap 중 하나를 선택할 수 있다. TAP 장치는 가상 이더넷 어댑터고, TUN 장치는 가상 점대점 IP 링크다. 연결의 양쪽에서 설정이 정확히 일치해야 한다.

Local port 에디트 박스에서는 OpenVPN 연결에 사용될 포트를 설정할 수 있다. OpenVPN의 기본 포트는 1194다. Description 에디트 박스에는 간단한 설명을 입력할 수 있다.

Cryptographic Settings에서는 인증서에 대한 여러 가지 옵션을 설정할 수 있다. 우선 Enable authentication of TLS packets와 Automatically generate a shared TLS authentication key라는 두 개의 체크박스가 있다. Peer Certificate Authority

는 인증서 관리 기관을 선택할 수 있으며, 인증서 해지 목록이 생성된 경우에는 Peer Certification Revocation list에서 인증서를 해당 목록으로부터 선택할 수 있다. DH Parameter 드롭다운 목록에서는 D-H 키의 크기를 설정할 수 있다. 또한 Encryption Algorithm과 Auth Digest Algorithm에서는 암호화 및 인증 다이제스트 알고리즘을 선택할 수 있다(다만 Auth Digest Algoritm의 값은 기본값인 SHA1을 건드리면 안 된다. OpenVPN의 기본값이기 때문이다). Hardware Crypto 드롭다운 박스에서는 하드웨어 암호화 가속을 활성화할 수 있다(현재로서는 BSD cryptodev engine만 선택할 수 있다).

Certificate Depth에서는 인증서의 깊이를 선택할 수 있다. pfSense는 설정된 값보다 낮은 깊이의 인증서를 통한 로그인을 허용하지 않는다. 인증서의 깊이는 클라이언트의 인증서를 검증할 때 허용되는 중간 인증서 발급 기관의 최대 숫자를 말한다. 깊이가 0으로 설정되면 자체 서명 인증서만 허용되고, 깊이가 1이라면 자체 서명되거나 시스템에 알려진 CA에 의해 서명된 인증서만 허용된다. 인증서 깊이를 1보다 크게 설정하면 좀 더 많은 중간 인증서 발급 기관이 허용된다.

Tunnel Settings에서는 인증이 이뤄진 후의 OpenVPN 클라이언트에 대한 설정들이 포함된다. IPv4 Tunnel Network와 IPv6 Tunnel Network는 클라이언트를 위한 주소 풀을 제공하는 IPv4 및 IPv6 가상 네트워크를 설정할 수 있다. 예를 들어 IPv4 Tunnel Network를 192.168.3.0/24로 설정하면, 클라이언트에는 192.168.3.1, 192.168.3.2 등의 주소가 할당된다. Redirect Gateway 체크박스를 선택하면, 클라이언트로부터 생성된 모든 트래픽이 VPN 터널을 통과하게 된다. IPv4 Local network(s)와 IPv6 Local network(s)는 원격에서 접근할 수 있는 로컬 네트워크를 설정하기 위한 것이며, 콤마로 구분되는 하나 이상의 CIDR 범위 목록으로서 입력한다. IPv4 Remote network(s)와 IPv6 Remote network(s)는 VPN의 반대편에서 접근할 수 있는 원격 네트워크를 설정할 수 있다.

Concurrent connections 에디트 박스에서는 서버에 동시에 연결 가능한 클라이언트의 최대 개수를 지정할 수 있다. Compression 드롭다운 박스에서는 **채널의** 압축 옵션을 설정할 수 있는데, No Preference, Disabled(압축을 하지 않음), Adaptive Compression(압축이 비효율적이라고 판단될 경우 당분간 압축을 하지 않음), Enabled without Adaptive Compression(무조건 압축) 중에 하나를 선택할 수 있다. Disable IPv6는 IPv6 트래픽 전달을 금지한다.

Advanced Configuration 섹션에는 두 개의 옵션이 있다. Custom options 리스트박스에서는 OpenVPN 서버에 추가할 옵션을 입력할 수 있다. Verbosity level 드롭다운 박스는 로깅 수준을 선택하기 위한 것으로, 2부터 11까지 가능하며 5는 모든 읽기 및 쓰기에 대해 R과 W 문자를 출력하고 6부터 11까지는 디버깅 정보를 제공한다. 설정이 모두 끝나면 페이지 하단의 Save 버튼을 클릭하고 OpenVPN 설정 페이지에서 Apply Changes 버튼을 클릭한다.

마법사로 서버 설정

서버 설정 마법사를 사용하면 OpenVPN 서버를 쉽게 설정할 수 있다. Wizards 탭을 클릭하면, 첫 번째 옵션으로서 Type of Server 드롭다운 박스가 보인다. 선택 가능한 값은 다음과 같다.

- Local User Access: pfSense의 Certificate Authority Manager를 통해 관리되는 인증서로 인증이 이뤄진다.
- LDAP: LDAP^{Lightweight Directory Access Protocol}(디렉터리 서비스를 위한 업계 표준 프로토콜) 서버를 통한 인증
- RADIUS: RADIUS^{Remote Authentication Dial-In User Service} 서버를 통한 인증

Local User Access를 선택하면, 마법사는 기존의 CA/서버 인증서를 선택하거나 아니면 새로운 CA를 생성하도록 허용한다. 신규 생성을 선택한다면, CA의 이름, 키의 길이(비트 단위), 수명(일 단위), 국가 코드, 주 혹은 도, 시, 소속 기관, 이메일 주소 등도 입력해야 한다. 이러한 정보를 모두 입력했으면, Add New CA 버튼을 클릭한다. 그다음 화면에서 마법사는 새로운 서버 인증서를 생성하도록 요청할 것이다. 앞서 입력했던 정보들이 이미 필드들에 자동으로 채워져 있을 것이다.

변경할 필요가 없다면 Create new Certificate 버튼을 클릭하고 다음 화면으로 이동한다.

마지막 화면은 Server Setup이다. 여기서는 앞서 다뤘던 서버 설정 페이지에서의 설정이 그대로 나타나지만, 일부 그렇지 않은 것들이 존재한다. Inter-Client Communication 체크박스를 선택하면, 서버에 연결된 클라이언트들 간의 통신이 가능해진다. Duplicate Connections 체크박스를 선택하면 공통의 이름을 사용하는 다수의 동시 연결이 허용된다.

Client Settings 섹션에는 서버 설정 페이지에서 볼 수 없었던 몇 개의 옵션들이 보인다. Dynamic IP 옵션을 사용하면, 현재 연결된 클라이언트들의 IP 주소가 변경돼도 연결이 그대로 유지된다. 따라서 클라이언트의 IP 주소가 변경된 경우 재인증을 필수로 요구하려면 이 옵션의 선택을 해제해야 한다. Address pool 옵션은 클라이언트에게 가상 IP 주소를 제공한다(IP 서브넷은 앞서 설명한 Tunnel Networks에 정의된다). Topology 드롭다운은 IPv4에서 TUN 모드를 사용 중일 때 클라이언트에 가상 IP 주소를 제공하는 방법을 선택할 수 있다. 두 개의 모드를 사용할 수 있다.

- Subnet - One IP address per client in a common subnet: 기본값이다.
- net30 - Isolated/ 30 network per client: 각각의 클라이언트에 두 개의 IP 주소를 갖는 서브넷을 제공한다($2^2 - 2 = 4 - 2 = 2$). 과거 버전의 OpenVPN(2.0.9 이전) 또는 일부 오래된 클라이언트에서 이 옵션이 필요할 수 있다.

DNS Default Domain 에디트 박스에는 클라이언트에 기본 제공되는 도메인을 입력할 수 있다. DNS 서버의 IP 주소를 입력할 수 있는 네 개의 에디트 박스가 있으며, 또 NTP 서버의 IP 주소를 입력할 수 있는 두 개의 에디트 박스도 있다. Enable NetBIOS over TCP/IP 체크박스를 선택하면 TCP/IP를 통해 NetBIOS를 사용할 수 있으며, 이 경우 TCP를 프로토콜로서 선택해야 한다. NetBIOS Node Type에서는 pfSense가 NetBIOS 이름을 IP 주소로 해석하는 방식을 선택할 수 있다. 선택 가능한 옵션은 다음과 같다.

- **b-node**: 브로드캐스트
- **p-node**: WINS 서버에 점대점(혹은 피어) 질의
- **m-node**: m은 mixed(혼합)를 의미. 브로드캐스트를 먼저 하고, 그다음에 WINS
- **h-node**: h는 hybrid(하이브리드)를 의미. WINS를 먼저 하고, 그다음에 브로드캐스트

NetBIOS Scope ID는 확장 네이밍 서비스를 위한 ID를 제공하기 위한 것이며, 어떤 네트워크상의 NetBIOS 트래픽을 동일한 범위 ID를 가진 노드로만 격리하는 것을 의미한다. 마지막으로 WINS 서버의 설정 값을 입력하기 위한 두 개의 에디트 박스가 있다. 모든 설정이 끝나면 Next 버튼을 클릭한다.

마법사의 다음 화면에서는 방화벽 규칙 설정들이 나타난다. OpenVPN 터널에 대해 두 개의 규칙이 필요한데, 하나는 OpenVPN 포트상의 연결을 허용하는 규칙이고 다른 하나는 트래픽이 VPN 터널 내부를 통과하도록 허용하는 규칙이다. 이 화면에서 체크박스만 적절히 클릭해도 두 개의 규칙을 손쉽게 생성할 수 있을 것이다. 사실, 앞서 OpenVPN 터널을 제대로 설정했다면 이 규칙들을 생성할 필요가 없을 것이다. 설정이 모두 끝나면 Next 버튼을 클릭하자. 그다음 페이지에서는 설정이 완료됐다는 메시지가 나타날 것이다. 이 페이지에서 Finish 버튼을 클릭한다.

마법사를 사용한 LDAP 설정

마법사의 첫 번째 단계에서 LDAP를 선택했다면, 이후에 설정할 내용이 다소 달라진다. Name 필드에는 서술을 포함하는 이름을 입력할 수 있다. Hostname or IP address 필드에는 LDAP 서버의 호스트 이름/주소를 입력하고, Port 필드에는 LDAP 서버의 포트를 입력하거나 기본 포트를 사용하도록 그냥 비워둔다. Transport 드롭다운에서는 TCP 또는 SSL을 선택할 수 있는데, 앞서 포트를 공백으로 뒀다면 프로토콜 설정에 따라 기본 포트가 달라진다는 점에 주의하자(TCP는 389, SSL은 636).

Search Scope Level 드롭다운 박스에서는 LDAP 검색의 범위를 선택할 수 있다. One Level은 검색 기초 DN의 직접적인 하위 항목에 대해서만 검색 연산이 수행됨을 의미한다. 기초 항목 자체는 포함되지 않으며, 검색 기초 DN의 직접 하위 항목 아래에 있는 항목들도 역시 고려되지 않는다. 반면에 Entire Subtree는 검색 기초 DN으로 지정된 항목과 그 아래의 모든 하위 항목에 대해 검색 연산이 수행된다. Search Scope Base DN 에디트 박스에서는 검색 대상이 될 하위 트리를 지정할 수 있다.

Authentication Container 에디트 박스에서는 사용자가 위치하는 디렉터리 내의 실제 유닛을 지정할 수 있으며, 상황에 따라 달라진다. LDAP Bind user DN 에디트 박스에서는 LDAP 검색을 위한 사용자 이름을 지정할 수 있는데, 비워두면 익명 검색이 허용된다. 만일 사용자 이름을 지정한다면, 그다음 필드에서 암호도 함께 지정해야 한다.

User Naming Attribute, Group Naming Attribute, Member Naming Attribute 필드들은 LDAP 서버의 사용자, 그룹, 멤버의 이름 속성으로 설정돼야 LDAP 질의가 제대로 동작한다. 설정이 모두 완료되면 Add New Server 버튼을 클릭한다.

마법사로 RADIUS 설정

마법사의 첫 번째 화면에서는 RADIUS 서버를 선택할 수도 있다. RADIUS 서버 설정은 세 개의 방법 중에서 가장 쉽다. Name 필드에 서버에 대한 서술적 이름을 입력하고, Hostname or IP address에는 서버의 호스트 이름/주소를 지정한다. Authentication port에는 포트를 지정하고, Shared Secret에는 공유 키를 입력한다. 모두 완료되면 Add new Server 버튼을 클릭한다.

OpenVPN 클라이언트 설정

OpenVPN의 Client 탭은 원격 OpenVPN 서버에 연결할 수 있도록 pfSense를 클라이언트로서 동작하게 설정하기 위한 곳이다. VPN 서비스에 연결하기에 이상적인 옵션이며, 개별 컴퓨터들을 VPN에 연결하는 것이 아니라 방화벽에서 연결함으로써 로컬 네트워크의 노드로부터 인터넷으로 보내지는 모든 트래픽을 암호화할 수 있기 때문이다. 설정을 시작하려면, Clients 탭을 클릭하고 테이블 아래의 Add 버튼을 클릭한다.

설정 페이지의 옵션들은 대부분 서버 설정 페이지에 있는 것들과 유사하지만, 몇 가지 다른 것도 있다. User Authentication Settings 섹션에는 원격 서버의 사용자 이름과 암호를 설정한다. Tunnel Configuration 섹션에서 Don't pull routes 체크박스를 선택하면 서버는 라우팅 테이블에 경로를 추가하지 못하게 된다. Don't add/remove routes 체크박스를 선택하면, 환경 변수를 사용해 경로를 전달한다. 하단에 있는 Save 버튼을 클릭해 새로운 클라이언트 설정을 저장하고, OpenVPN 페이지에서 Apply Changes 버튼을 클릭한다.

클라이언트별 재정의

현재 OpenVPN 서버를 실행 중인데 어떤 클라이언트들에 대해서만 별도의 설정이 적용돼야 한다면, Client-specific Overrides 탭에서 이러한 설정을 할 수 있다. Client Speciif Overrides 탭을 클릭하고 테이블 아래의 Add 버튼을 클릭한다.

General Information 섹션에서는 재정의^{override}가 적용될 서버와 클라이언트 이름을 지정해야 한다. Server list 상자에서 재정의가 적용될 서버를 선택해야 하는데, 만일 여기서 아무 서버도 선택하지 않으면 모든 서버에 재정의가 적용될 것이다. Disable 체크박스를 선택하면 재정의가 목록에서 제거되지는 않지만 비활성화된다. Common name 에디트 박스에서는 클라이언트의 X.509 일반 이름을 입력해야 한다. X.509 인증서 내에서 일반 이름(CN이라고도 부른다.)은 인증 대상 호스트와 일치해야 하며, 사용자 식별에 주로 사용된다. Description 에디트 박스에는 간단한 설명을 입력할 수 있으며, Connection blocking 체크박스를 선택하면 일반 이름에 근거해 클라이언트 연결이 차단된다.

그다음 Tunnel Settings와 Client Setting 섹션은 대부분의 설정이 서버 설정 페이지의 것들과 비슷하다. 차이점이라면 여기서 설정된 값은 재정의 대상에만 적용된다는 것이다. 예를 들어 Tunnel Network에서 재정의 대상 클라이언트에만 사용될 가상 네트워크를 정의할 수 있으며, Client Settings 섹션에서는 재정의 대상 클라이언트에만 별도의 DNS 서버 목록을 제공할 수 있다. Server Definitions 체크박스를 선택하면, 이 클라이언트는 서버가 정의한 클라이언트 설정들을 수신하지 못하게 된다. 클라이언트별 재정의^{client-specific override}가 모두 완료되면 Save 버튼을 클릭한다.

OpenVPN 클라이언트 내보내기 유틸리티

OpenVPN 사용의 장점 중 하나는 OpenVPN을 좀 더 쉽게 사용할 수 있도록 도와주는 서드파티 패키지들이 많다는 것이다. 이러한 패키지 중 하나가 OpenVPN 클라이언트 내보내기^{export} 유틸리티로서, 미리 설정해놓은 OpenVPN 윈도우 클라이언트 또는 맥 OS X의 Viscosity의 설정 집합을 pfSense로부터 직접 내보낼 수 있다.

OpenVPN 클라이언트 내보내기 유틸리티를 설치하려면, Package ➤ OpenVPN을 클릭하고 Available Packages 탭을 클릭한다. 아래로 스크롤해 openvpn-client-export를 찾은 다음 Install 버튼을 클릭한다. 설치 진행 여부를 확인하는 메시지가 표시될 것이다. Confirm 버튼을 클릭해 설치를 진행하면 openvpn-client-export 및 관련 파일들이 설치될 것이다. 이 과정은 1분도 걸리지 않는다.

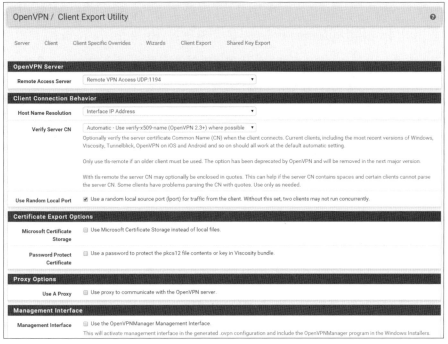

OpenVPN 클라이언트 내보내기 유틸리티

OpenVPN 클라이언트 내보내기 유틸리티를 설치하면 Protocol ➤ OpenVPN에 두 개의 탭이 추가된 것을 볼 수 있다. Client Export 탭에서는 다양한 플랫폼에서 사용될 수 있는 클라이언트 설정 파일을 생성할 수 있으며, Shared Key Export 탭은 피어 투 피어 연결과 관련된 설정들을 포함하고 있다(예를 들면 두 개의 네트워크를 OpenVPN 터널로 연결하기 위한 설정). Client Export 탭에는 여러 개의 옵션이 있다. Remote Access Server 드롭다운에서는 클라이언트가 어느 OpenVPN 서버로 연결할지 선택할 수 있다. 일반적으로는 UDP를 사용하는 포트 1194의 OpenVPN 서버가 유일한 선택지지만, 만일 다른 포트에서도 OpenVPN 서버가 실행 중이라면(그리고 아마도 UDP 대신 TCP를 사용하고 있다면) 이 서버 역시 드롭다운 박스에 보일 것이다.

Verify Server CN 드롭다운은 서버 인증서 CN^Common Name을 확인하는 방법을 선택할 수 있다. 기본값인 Automatic이 대부분의 경우 무난하지만(OpenVPN v.2.3 및 최근의 클라이언트들 대부분과 호환), 과거 버전과의 호환성을 위해 다른 옵션을 사용할 수도 있다. Use Random Local Port 체크박스를 사용하면 로컬 출발지 포트를 임의로 사용할 수 있도록 설정할 수 있는데, 이 기능을 사용하면 클라이언트는 어떤 포트로든 송신과 수신이 가능하다(하지만 서버는 사전에 정의된 포트로만 송신과 수신을 해야 한다). 따라서 둘 이상의 클라이언트가 동일한 시스템상에서 실행될 수 있게 된다. Certificate Export Options에는 두 개의 옵션이 가능하다. 하나는 Microsoft Certificate Storage(로컬 저장소 대신 사용된다.)고, 다른 하나는 Password Protect Certificate(맥 OS X에서 Viscosity를 사용할 때 인증서를 암호로 보호하기 위함)다.

Use A Proxy 체크박스를 선택하면, 클라이언트는 프락시를 사용해 OpenVPN 서버와 통신할 수 있다. 이 옵션을 사용하면 Proxy Type(HTTP 또는 SOCKS), Proxy IP address, Proxy Port도 함께 설정해야 한다. 선택적으로 Proxy Authentication method도 설정할 수 있는데 None, Basic, NTLM^NT LAN Manager 중에서 선택할 수 있다.

Use the OpenVPN Manager Management Interface 옵션을 선택하면, 관리 인터페이스가 활성화됨으로써, 윈도우 운영체제상에서 관리자가 아닌 사용자가 OpenVPN을 사용할 수 있게 된다. 마지막으로, Advanced configuration options 에디트 박스에는 추가적인 옵션들을 입력할 수 있는데 각각의 옵션은 줄 바꿈 혹은 세미콜론으로 구분해야 한다.

OpenVPN Clients 섹션에는 여러 클라이언트 설정을 위한 다운로드 링크들이 있는데, OpenVPN 서버와 동일한 CA를 사용하는 클라이언트가 적어도 하나는 존재한다고 가정한다. 안드로이드, iOS, 윈도우 XP 및 비스타, Viscosity(맥 OS X와 윈도우 모두)용의 설정 파일들을 찾을 수 있다.

Shared Key Export 탭을 클릭하면 공유 키와 관련된 설정을 내보낼 수 있는데, 다른 라우터들과의 사이트 연결 터널을 위해 필요한 설정이다. 공유 키 설정을 새로 생성하려면 Shared Key Server 드롭다운 박스에서 서버를 선택해야 한다. 또한 Host Name Resolution 드롭다운 박스에서 해석 방법을 선택하고, Host Name 에디트 박스에 호스트 이름/주소를 입력해야 한다.

Proxy Options 섹션에서는 OpenVPN 서버에 연결하기 위해 프락시를 사용할지 여부를 선택하고 프락시 정보를 입력할 수 있다. 프락시를 사용하겠다면 Use a Proxy 체크박스를 선택하고, Proxy Type (HTTP 또는 SOCKS), Proxy IP Address, Proxy Port, Authentication Method(이번에도 앞서와 마찬가지로 None, Basic, NTLM 중에서 선택), 사용자 이름/암호 조합을 설정해야 한다.

VPN 연결이 안 될 때의 해결 방법

VPN 연결과 관련된 문제를 해결하는 것은 어려울 때가 많다. VPN 터널 설정은 여러 단계를 거치기 때문에 이러한 단계 중 하나만 오류가 발생해도 터널은 정상적으로 생성되지 못한다. 따라서 VPN 연결 문제를 해결하고자 할 때는 단계별로 분리해서 접근하는 자세가 필요하다.

1. 원격 클라이언트 혹은 피어가 (서버나 피어로서 동작 중인) pfSense에 연결할 수 있는가? 그렇지 않다면, pfSense상에서 VPN 서비스가 실행 중이지 않거나 차단돼서는 안 됨에도 불구하고 포트가 차단되고 있을 수 있다. IPSec의 포트 설정은 다소 복잡하므로 자세한 내용은 이번 장의 IPSec 설정을 설명하는 절에 소개된 테이블을 참조한다. OpenVPN은 일반적으로 포트 1194를 사용하며, 이 포트를 변경할 수 있지만 어느 포트를 사용하든 차단되고 있으면 안 된다. IPSec를 사용하고 있다면 ISAKMP 키 교환 트래픽용으로 포트 500이 열려 있어야 하며, 포트 50 또는 51은 설정에 따라 열려 있어야 한다 (다만 둘 다 열려 있으면 안 된다). NAT 통과 기능을 사용 중이라면 포트 4500도 열려 있어야 한다. L2TP는 포트 1701에서 UDP를 사용하므로, L2TP를 사용 중이라면 이 포트가 열려 있는지 확인하자. 주의할 것은 pfSense에서

자동으로 생성된 규칙은 유동 규칙이므로 Floating 탭으로 이동해 필요한 규칙들이 모두 존재하는지 확인해야 한다는 것이다. OpenVPN을 사용 중이라면, OpenVPN용으로 자동 생성된 방화벽 규칙은 UDP 트래픽만을 허용한다는 점에 주의하자. 따라서 TCP를 통해 OpenVPN을 사용 중이라면 WAN 인터페이스상의 OpenVPN 트래픽이 TCP 트래픽을 허용하도록 규칙을 수정해야 한다.

2. 원격 클라이언트가 서버에 일단 연결은 성공했지만, 결국은 연결이 끊겨버린다면 그 원인을 찾을 수 있는 가장 좋은 정보원은 로그 파일이다. Status ▶ System Logs에서 로그를 확인할 수 있다. IPSec 로그는 IPSec 탭에서, OpenVPN 로그는 OpenVPN 탭에서 찾을 수 있다. 대부분 문제의 원인은 서버가 요구하는 설정 값과 클라이언트에 설정된 값이 서로 일치하지 않기 때문이다.

3. 예를 들어, 어떤 모바일 클라이언트가 IPSec 연결 생성에 실패했는데, 다음과 같은 로그를 확인했다고 하자.

`Charon: 13[IKE] Aggressive Mode PSK disabled for security reasons`

이것은 클라이언트와 서버 간의 협상 모드가 일치하지 않음을 나타낸다. Aggressive Mode PSK disabled 메시지는 서버의 협상 모드가 main으로 설정돼 있는데 클라이언트는 Aggressive로 설정했기 때문에 연결이 실패했음을 의미한다. 클라이언트의 설정을 main으로 변경한다고 무조건 동작할 것으로 보장할 수는 없지만, 최소한 협상 모드 불일치라는 문제가 발생하지는 않을 것이다.

좀 더 이해하기 어려운 로그들도 있다. 예를 들어 PSK(사전 공유 키) 불일치로 인한 문제는 로그에 다음과 같이 나타날 수 있다.

`charon: 09[ENC] invalid HASH_V1 payload length, decryption failed?`

이 메시지가 PSK 불일치를 명확하게 의미하지는 않는다. 하지만 이 메시지가 보인다면 PSK 설정을 가장 먼저 확인하는 것이 좋다.

IPSec 로그 항목의 상당수는 오류가 연결의 1단계에서 발생했는지, 아니면 2단계에서 발생했는지 알려준다. 이를 통해 우리는 문제를 해결하기 위해 어느 부분에 노력을 집중해야 할지 알아낼 수 있다. 2단계에서 연결이 실패했다면, 암호화 방법이 서로 일치하지 않는 것이 원인일 때가 많다.

클라이언트가 일부 설정의 값으로 Auto를 사용하는 경우가 많다. 다시 말하면, 자동 협상으로 설정돼 있는 것이다. 예를 들어, ShrewSoft VPN Client는 Cipher Algorithm과 Hash Algorithm 설정에 Auto 값이 있다. Auto로 설정해도 문제없이 동작하는 경우도 있지만, 나의 경험상 터널의 반대편과 모든 설정이 정확히 일치할 때 연결이 성공할 확률이 높다. 예를 들어 Cipher Algorithm과 Hash Algorithm에 Auto로 설정했을 때는 IPSec 터널 연결에 실패했지만, IPSec 서버 설정과 동일하게 AES-256과 SHA1으로 설정하니 연결에 성공한 사례가 있다.

터널 양쪽의 설정이 일치함에도 불구하고 터널 생성에 실패하는 경우가 있다. 대부분의 경우 원인은 클라이언트가 단 하나의 연결 방법만 지원하기 때문이다. 예를 들어, ShrewSoft VPN 클라이언트는 IKEv1이 필수고 협상 모드는 Aggressive 여야 하는 반면, 윈도우 운영체제에 내장된 VPN 클라이언트는 IKEv2를 필요로 한다. 이러한 경우에는 클라이언트 소프트웨어의 설명서를 우선적으로 참조하고, 온라인에서도 추가로 검색하는 것이 바람직한 습관이다.

한 가지 주의할 것은, IKEv1에서 IKEv2로 전환한 다음 다시 IKEv1로 전환한 경우 여러분이 협상 모드를 Aggressive로 설정했더라도 자동으로 main으로 설정된다는 점이다. 따라서 설정을 저장하기 전에는 항상 협상 모드가 여러분이 원하는 값인지 확인하는 자세가 필요하다.

요약

이번 장에서는 VPN의 기초 개념을 소개하고, pfSense가 지원하는 세 개의 VPN 프로토콜인 IPSec, L2TP, OpenVPN을 중점적으로 설명했다. 보안, 크로스 플랫폼 지원, 설정의 용이성, 방화벽 친화성 측면에서 각 프로토콜의 장단점을 논의했으며, L2TP는 기밀성과 암호화를 제공하지 않기 때문에 네이티브 모드로 L2TP를 구현할 일은 거의 없다고 강조했다. 주로 IPSec과 결합해 구현되므로, 결국 선택지는 IPSec, L2TP/IPSec, OpenVPN 중 하나가 된다.

그리고 IPSec, L2TP, OpenVPN과 관련된 설정들을 자세히 설명했다. 또한 OpenVPN 클라이언트 내보내기 유틸리티를 다뤘으며, 이 유틸리티를 사용하면 여러 플랫폼에 적합한 OpenVPN 설정 파일을 훨씬 쉽게 생성할 수 있다. 마지막으로, 원격 장치와 로컬 장치 사이에 터널이 생성되지 않을 때 어떻게 대처해야 하는지 다양한 문제 해결 팁을 설명했다. 다음 장에서는 pfSense를 사용해 이중화와 고가용성을 구현하는 방법을 설명한다. 이것은 CARP^{Common Address Redundancy Protocol}와 부하 분산으로 구현할 수 있다.

7 이중화와 고가용성

pfSense가 내세우는 장점 중 하나는 네트워크에 pfSense 라우터를 설치함으로써 네트워크의 전반적인 신뢰성이 높아진다는 것이다. 하지만 그럼에도 불구하고 여전히 단일 네트워크 구성 요소(예를 들면 라우터 또는 웹 서버 한 대)로 인해 네트워크 전체에 장애가 발생할 수 있다. 설령 하드웨어 고장이 발생하지 않더라도, 하나의 네트워크 구성 요소로 네트워크의 트래픽을 모두 무리 없이 처리하기에 부족할 때도 있다. 따라서 가능하면 네트워크에서 단일 장애 지점을 제거하는 것이 바람직한데, 두 가지 방법으로 이런 목적을 달성할 수 있다. 바로 이중화와 고가용성이다.

- 이중화^{redundancy}는 핵심적인 구성 요소를 중복으로 구성하는 것을 의미한다. 이중화는 액티브^{active}와 패시브^{passive}라는 두 가지 종류가 있는데, 패시브 이중화는 네트워크에 여분의 용량을 포함시킴으로써 개별 구성 요소에 장애가 발생해도 자원 사용에 중단이 없도록 하는 것이다. 이러한 예로서 둘 이상의 웹 서버를 중복으로 구성하는 것을 들 수 있다. 이 경우 하나의 서버에 장애가 발생해도, 웹사이트는 여전히 사용 가능하다. 액티브 이중화는 구성 요소를 항상 모니터링하면서, 어떤 구성 요소에 장애가 발생하면 자동으로 재설정을

수행한다. 이러한 예로는 네트워크에 비활성 상태의 웹 서버가 여분으로 설치돼 있는 것을 들 수 있다. 활성 상태의 웹 서버가 다운되는 상황이 발생하면, 모니터링을 통해 장애가 감지되고 여분의 비활성 웹 서버가 활성 상태로 변경된다. 이러한 두 가지 형태의 이중화 모두 pfSense에서 구현될 수 있다.

- 고가용성^{high availability}은 장기간에 걸쳐서 어떤 특정 수준의 운영 성능을 보장하는 것을 의미하며, 실질적으로 이중화와 밀접한 관련이 있다. 최대한 단일 장애 지점을 제거하며, 장애 발생을 감지해 이중화 구성 요소로의 안정적인 전환을 제공하기 때문이다. 역시 pfSense를 통해 고가용성을 구현할 수 있다.

pfSense는 부하 분산^{load balancing}과 CARP^{Common Address Redundancy Protocol}를 통해 이중화와 고가용성을 제공한다. 이번 장에서는 이 두 가지를 모두 다룰 것이며, 이번 장의 주요 내용은 다음과 같다.

- 예제 네트워크
- 부하 분산과 CARP의 기초 개념
- 부하 분산 설정
- CARP 설정
- 부하 분산과 CARP 설정 예제
- 장애 발생 시 문제 해결

예제 네트워크

부하 분산 및 CARP를 설명하기 위해 3장과 4장에서 사용했던 예제 네트워크를 다시 살펴보자. 앞서도 설명했지만, 이 예제 네트워크는 여러 구역으로 나눌 수 있는데, 그중 하나가 바로 DMZ로서 FTP 서버는 이 구역에 존재한다. 외부 사용자가 인터넷을 통해 FTP 서버에 접근할 수 있도록 DMZ라는 별도의 구역에 격리한 것이다.

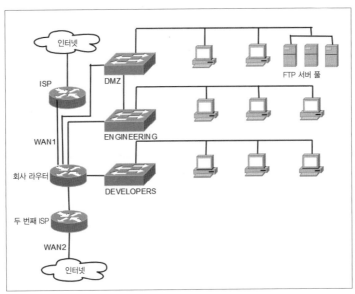

예제 네트워크 구성도. 두 개의 WAN 연결과 FTP 서버 풀(pool)이 보인다.

현재 사용 중인 ISP의 서비스가 중단됐을 때를 대비해서 예제 네트워크에 두 번째 WAN 연결을 추가했다고 가정하자. 이때 부하 분산과 CARP를 사용함으로써 해결하려는 세 개의 과제가 있다.

- 인터넷과 로컬 네트워크의 경계상에 위치하는 pfSense 방화벽/라우터는 단일 장애 지점이 될 수 있다. 따라서 장애 발생 시에 역할을 수행할 또 하나의 방화벽을 적어도 한 대 도입하고자 한다.
- 두 개의 WAN 연결 간에 아웃바운드 트래픽을 균등하게 분산하고자 한다. 이를 위해서는 어떤 형태로든 부하 분산이 필요하다.
- FTP 서버 역시 단일 장애 지점이 될 수 있다. 따라서 적어도 하나의 FTP 서버를 추가하고, 사용 가능한 물리적 서버들로 구성되는 서버 풀을 생성하고자 한다.

이와 같이 예제 네트워크에서 수행해야 할 작업을 분명하게 기술할 수 있다. 부하 분산과 CARP에 대해 자세히 배움으로써 네트워크에서 이를 어떻게 구현할지 분명하게 이해할 수 있을 것이다.

기초 개념

네트워크에서의 부하 분산은 다수의 네트워크 자원으로 작업 부하를 나누는 것이 목적이다. pfSense가 제공하는 부하 분산에는 게이트웨이 부하 분산과 서버 부하 분산이라는 두 가지 유형이 있다.

- 게이트웨이 부하 분산의 목적은 인터넷으로 향하는 트래픽을 둘 이상의 WAN 인터페이스를 통하도록 분산시키는 것이다. 따라서 서버 부하 분산과는 설정 방법이 다르며, System ➤ Routing에서 Gateway Groups 탭을 클릭해 게이트웨이 그룹을 설정하는 방법으로 이뤄진다.
- 서버 부하 분산의 목적은 다수의 내부 서버들 간에 트래픽을 분산시키는 것이다. 장애 발생 시 자동 전환을 위한 여분의 서버 설정 역시 지원되고 있다.

부하 분산의 목적을 달성하는 방법은 크게 두 가지로 나눌 수 있다. 클라이언트 측 부하 분산은 클라이언트가 내부 서버들 중에서 어느 것을 선택할지 허용하는 것이다. 부하 분산의 방법으로서 신뢰하기 어렵다고 생각할지 모르지만, 실제로는 상당히 효과적이다. 시간의 경과에 따라 클라이언트들은 다양한 서버에 연결되며 결과적으로 부하가 여러 서버에 고르게 분산되는 효과를 얻을 수 있다. 게다가 서버 풀을 생성할 필요가 없기 때문에 매우 간단한 설정 방법이기도 하다.

서버 측 부하 분산의 경우는 외부 클라이언트가 연결되는 포트/IP 주소상에서 연결 요청을 수신 대기하는 소프트웨어가 실행된다. 그리고 어떤 클라이언트의 연결 요청이 수신되면 이 소프트웨어는 연결 요청을 하나 이상의 백엔드 서버에게 전달한다. 이 방식에는 여러 가지 장점이 있다.

- 클라이언트 요청을 담당할 백엔드 서버를 소프트웨어가 결정하기 때문에 언제나 효과적인 부하 분산을 보장할 수 있다.
- 부하 분산 과정이 클라이언트에게 투명하다. 즉, 클라이언트는 네트워크 구성에 대해 알지 못한다.

- 클라이언트가 백엔드 서버에 바로 연결되는 것이 아니므로 클라이언트 측 부하 분산보다 안전하다. 클라이언트는 백엔드 서버의 존재를 모르기 때문에, 모호함을 통한 보안^{security through obscurity} 이점이 추가되는 것이다.
- 모든 백엔드 서버가 다운됐을 때, 사용자에게 이를 알리는 메시지를 표시할 수 있다.

pfSense에서 사용되는 방법은 서버 측 부하 분산이므로, 위에서 설명한 모든 이점을 누릴 수 있다. 이를 구현하기 위해서는 (백엔드 서버를 포함하는) 부하 분산 풀과 (클라이언트 연결을 수신하는) 하나 이상의 가상 서버를 설정해야 한다. 또한 트래픽이 백엔드 서버로 전달되도록 방화벽 규칙을 설정하는 작업도 해야 한다.

CARP는 간단히 말해서 다수의 호스트가 동일한 IP 주소 또는 IP 주소 그룹을 공유할 수 있도록 허용하기 위한 프로토콜이다. CARP의 동작 원리를 이해하려면 4장에서 처음 소개했던 개념을 다시 설명할 필요가 있다. 4장에서도 설명했지만, 가상 IP를 사용하면 다수의 장치가 동일한 (가상의) IP 주소를 공유할 수 있다. 두 개의 라우터가 동일한 가상 IP 주소를 공유하도록 설정하고(물론 각 라우터는 고유한 실제 IP 주소도 가져야 한다.), 그중 하나는 마스터, 다른 하나는 슬레이브로 지정한다. 마스터 라우터는 정상적인 상황에서 공유 가상 IP 주소에 대한 트래픽 및 ARP 요청을 처리한다. 만일 마스터가 잘못되면 슬레이브가 그 일을 대신한다. 이렇게 하면 하드웨어 오류가 발생해도 네트워크는 정상적으로 동작할 수 있다.

CARP는 마스터가 다운됐을 때 슬레이브가 이를 알 수 있도록 보장하는 수단을 제공한다. 슬레이브 라우터는 마스터로부터의 CARP 수신이 중단되면(또는 마스터의 CARP 알림이 슬레이브로부터의 알림보다 빈도가 적어지면) 가상 IP에 대한 트래픽 처리를 스스로 하기 시작한다. 두 라우터 간의 동기화를 보장하기 위해 두 개의 프로토콜이 존재한다. pfsync는 상태 동기화에 사용되고, XML-RPC^{Extensible Markup Language - Remote Procedure Call}는 설정 동기화에 사용된다. 두 라우터 간의 pfsync 연결은 전용 인터페이스상에서 크로스오버 케이블을 통해 이뤄지는데, 다음 그림에서 이를 보여준다.

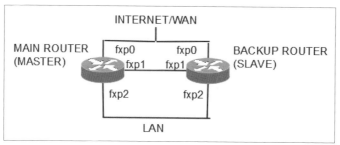

CARP 설정의 예. fxp0은 WAN 인터페이스, fxp2는 LAN 인터페이스, fxp1은 pfsync 인터페이스

두 라우터에서 모두 fxp0은 WAN 인터페이스고 fxp2는 LAN 인터페이스다. 그리고 두 라우터는 fxp1 인터페이스를 통해 크로스오버 케이블을 사용해서 서로 연결된다. 즉 라우터마다 세 개의 인터페이스를 가지며, 따라서 세 개의 고유한 인터페이스가 있는 것이다. 또한 WAN과 LAN 인터페이스에 대해 가상 IP 주소를 공유한다. 인터페이스별로 할당된 IP 주소는 다음과 같다고 가정하자.

라우터	fxp0	fxp1	fxp2
마스터(기본) 라우터	172.16.1.1	192.168.2.1	192.168.1.1
슬레이브(백업) 라우터	172.16.1.2	192.168.2.2	192.168.1.2

지금 우리는 두 개의 라우터가 동일한 LAN 주소와 WAN 주소를 갖도록 가상 IP를 사용하려고 한다. fxp1 인터페이스들은 공유되지 않기 때문에 가상 IP가 필요하지 않지만, 기본 라우터가 다운됐을 때 백업 라우터가 그 역할을 대신할 수 있도록 두 개의 라우터는 fxp1 인터페이스를 사용해 정보를 교환할 것이다. 이번 장의 'CARP 설정' 절에서는 pfSense가 제공하는 CARP 기능을 사용해 이러한 설정을 구현하는 방법을 살펴본다.

주의할 것은, CARP는 IANA가 공식적으로 부여한 포트 번호가 없다는 점이다. 그래서 CARP의 개발자들은 다른 프로토콜과 충돌하지 않을 포트로서 112를 선택했다. pfsync는 미사용 중인 열려 있는 포트에서 사용된다.

부하 분산 설정

앞에서도 말했듯이 pfSense에서 지원되는 부하 분산에는 게이트웨이 부하 분산과 서버 부하 분산이라는 두 가지 유형이 있다. 우선 게이트웨이 부하 분산부터 알아보자.

게이트웨이 부하 분산

게이트웨이 부하 분산을 설정하기 위해서는 둘 이상의 WAN 인터페이스로 구성되는 게이트웨이 그룹을 생성해야 한다. 설정 단계는 다음과 같다.

1. 새로운 WAN 인터페이스를 추가 및 설정한다.

2. 새로 추가된 WAN 인터페이스 각각에 대해 DNS 서버를 설정한다.

3. 새로 추가된 인터페이스를 포함하는 게이트웨이 그룹을 추가한다.

4. 새로 생성된 게이트웨이 그룹별로 방화벽 규칙을 추가한다.

WAN 인터페이스를 추가하고 설정하는 1단계는 매우 간단하다. 여러분이 pfSense를 처음 설정할 때 WAN 인터페이스가 자동으로 설정됐지만, 추가 WAN 인터페이스를 설정하는 것은 다른 인터페이스를 설정하는 것과 크게 다르지 않다. Interfaces ➤ (assign)으로 이동한 후 Interface Assignments 탭을 보면, 기존의 인터페이스 목록을 보여주는 탭이 있을 것이다(최소한 WAN과 LAN 인터페이스들은 모두 포함돼 있음). 두 번째 WAN 인터페이스를 추가하기 위해 Available network ports 드롭다운 박스에서 미사용 네트워크 인터페이스를 선택하고, 오른쪽에 있는 Add 버튼을 클릭한다. 이렇게 하면 새로운 인터페이스가 추가된다(일단은 OPT1과 같이 포괄적인 이름으로 생성된다). 테이블 가장 왼쪽 열에서 새로 추가된 인터페이스의 이름을 클릭하거나, Interfaces 드롭다운 메뉴에서 해당 인터페이스를 선택해 설정을 시작할 수 있다.

인터페이스 설성 페이지가 열리면 Enable 체크박스를 선택하고 Description 필드에 적절한 설명을 입력한다(예를 들면 WAN2). IPv4 Configuration Type 및 IPv6 Configuration Type 드롭다운 박스에서는 인터페이스의 IP에 적합한 유형을 선택해야 한다. ISP로부터 IP 주소를 수신하는 인터페이스라면 DHCP를 선택해야 한다(IPv6의 경우에는 DHCP6 또는 SLAAC). DHCP, DHCP6, SLAAC를 선택하는 경우, 인터페이스 설정을 위해 더 이상 할 일이 별로 없다. pfSense가 자동으로 이 인터페이스를 게이트웨이로 설정할 것이므로 여러분이 직접 수행할 필요가 없기 때문이다.

그러나 Static IPv4 또는 Static IPv6를 선택했다면 직접 인터페이스를 게이트웨이로서 설정해야 한다. 다행히 설정 작업은 그리 복잡하지 않다. 우선 Static IPv4/IPv6 Configuration 섹션으로 스크롤한 다음 Add new gateway 버튼을 클릭한다. 그러면 게이트웨이에 대한 가장 기본적인 설정을 할 수 있는 대화 상자가 열린다. Default gateway 체크박스는 선택하면 안 된다(이미 기본 게이트웨이가 존재하므로). Gateway name 에디트 박스에 적절한 이름을 지정하고(예를 들면 GW2), Gateway IPv4(또는 Gateway IPv6) 에디트 박스에는 게이트웨이의 IP 주소를 입력한다. 이 주소는 인터페이스의 IP 주소와는 다르지만 동일한 서브넷에 속하는 주소여야 한다. 마지막으로, Description 에디트 박스에 간단한 설명문을 입력한다. 모든 작업이 완료되면 Add를 클릭한다.

New Gateway	
Default	☐ Default gateway
Gateway name	WAN2GW
Gateway IPv4	10.1.1.1
Description	Gateway for WAN2
	✚ Add ↺ Cancel

인터페이스 설정 페이지에서 게이트웨이 추가

특별히 추가적인 설정(예를 들면 고급 DHCP 옵션을 설정해야 하거나, PPP 또는 PPPoE 연결을 사용 중이어서 사용자 이름과 암호를 입력해야 하는 경우 등)이 필요 없다면, 인터페이스 설정을 위해 추가로 할 일은 거의 없다. 다만, IANA로부터 공식적으로 지정되지 않은 네트워크를 차단하고 싶으면 Block bogon networks 체크박스를 선택해야 한다. 모든 설정이 완료됐으면 페이지 하단의 Save 버튼을 클릭하고, 페이지가 새로고침되면 페이지 상단의 Apply Changes 버튼을 클릭한다. 이와 같은 설정 작업을 모든 WAN 인터페이스에 반복 수행한다.

2단계는 새로 생성된 게이트웨이별로 DNS를 설정하는 것이다. 이 작업을 수행하기 위해 System ➤ General Setup으로 이동한 후, 새로 생성된 게이트웨이 각각에 대해 DNS 서버를 입력한다. 게이트웨이마다 적어도 하나의 고유한 DNS 서버가 있어야 한다. 에디트 박스(DNS Server 1-4) 중 하나에 DNS 서버의 IP 주소를 입력하고 그 옆의 드롭다운 박스에서 게이트웨이 중 하나를 선택함으로써 DNS 서버 정보를 입력할 수 있다. 이러한 작업을 게이트웨이 각각에 반복 수행한다. 모든 작업이 끝나면 페이지 하단의 Save 버튼을 클릭한다.

DNS 설정을 완료했으니 이제 System ➤ Routing으로 이동해 게이트웨이 설정을 시작하자. Gateway 탭을 열어보면 새로 생성된 게이트웨이들이 테이블에 나열돼 있을 것이다. 앞서 게이트웨이를 여러분이 직접 설정했다면 그때 지정한 이름일 것이고, 자동으로 설정됐다면 WAN2_DHCP 또는 WAN2_DHCP6 같은 이름을 갖고 있을 것이다.

게이트웨이 중에서 임의로 하나를 골라서 (연필 모양의) 편집 아이콘을 클릭해보면, 인터페이스 설정 페이지에서 Add new gateway를 클릭했을 때 나타났던 대화상자보다 더 많은 옵션이 있다는 것을 알 수 있다. Disable Gateway Monitoring 체크박스를 선택하면, pfSense는 이 게이트웨이를 항상 실행 중인 것으로 간주한다. Monitor IP 에디트 박스에는 게이트웨이를 모니터링하기 위해 별도의 IP 주소를 입력할 수 있다. 게이트웨이가 실행 중인지 여부를 확인하기 위해 일반적으로 pfSense가 게이트웨이로 ping을 실행하는데, 가끔은 게이트웨이가 원격 주소로

ping을 보내는 것이 게이트웨이의 실행 여부를 판단하는 데 좀 더 효과적일 수 있다. 따라서 게이트웨이가 ping에 응답하지 않고 있는데 Monitor IP에 어떤 주소가 지정돼 있다면, pfSense는 게이트웨이로 하여금 모니터 IP의 주소로 ping을 보내게 한다. 이 옵션은 쓸모가 많으므로 설정하는 편이 바람직하다. 모니터 IP의 주소로는 로컬 IP 주소가 아닌 주소를 입력하도록 한다(ping을 보낼 만한 신뢰할 수 있는 사이트가 없다면, 게이트웨이의 DNS 서버 IP 주소를 입력하는 것으로 대신할 수 있다).

Mark Gateway as Down 체크박스를 선택하면, pfSense는 이 게이트웨이가 다운된 것으로 간주한다. Description 필드도 있으며, Advanced 섹션에서 설정할 수 있는 옵션들도 있다(이 옵션들이 나타나도록 하려면 Display Advanced 버튼을 클릭해야 한다). Weight 드롭다운 박스에서는 게이트웨이 그룹 내에서 이 게이트웨이의 가중치를 선택할 수 있으며, 숫자가 클수록 게이트웨이의 비중이 커진다. 예를 들어 어떤 게이트웨이의 가중치가 2고 다른 게이트웨이의 가중치가 1이라면, 가중치가 2인 게이트웨이는 1인 게이트웨이보다 두 배의 연결을 책임지게 된다.

Latency thresholds 에디트 박스는 대기 시간이 게이트웨이의 실행 여부를 판단하기 위한 중요 기준일 때, 대기 시간(밀리초 단위)의 임계값을 설정한다. 낮은 임계값에서는 경고 메시지가 생성되고 높은 임계값에서는 게이트웨이가 다운됐다고 판단한다. 원래부터 대기 시간이 긴 연결일 경우(예를 들면 위성 안테나를 이용하는 연결) 이 값을 조정할 수도 있지만, 대체로 기본값인 200/500을 그대로 사용하는 것이 바람직하다. Packet Loss 임계값은 패킷 손실이 게이트웨이의 실행 여부를 판단하는 주요 기준일 때, 게이트웨이가 다운되지 않은 것으로 간주되는 패킷 손실의 임계값을 지정한다. 이번에도 마찬가지로 낮은 임계값에서는 경고 메시지가 생성되고 높은 임계값에서는 게이트웨이가 다운됐다고 판단한다. Probe Interval 에디트 박스에서는 ICMP(ping)의 발송 주기를 (밀리초 단위로) 지정할 수 있으며 기본값은 500밀리초다. Alert interval 에디트 박스에서는 경고 메시지를 확인하는 주기를 지정할 수 있으며 기본값은 1초다. 또한 Use non-local gateway 체크박스를 선택하면 인터페이스의 서브넷 외부에 위치하는 게이트웨이를 사용할 수 있다.

Advanced 섹션의 설정 대부분은 기본값을 그냥 유지하는 것이 좋다. 그중에서 변경 필요성이 높은 것이 Latency thresholds고, 그나마도 특정 유형의 연결에 대해서만 조정해야 하는 값이다. 모든 설정이 끝나면 Save 버튼을 클릭하고 Routing 설정 페이지에서 Apply Changes 버튼을 클릭한다.

이제 다수의 WAN 연결을 포함하는 게이트웨이 그룹 설정을 시작할 수 있다. Gateway Groups 탭을 클릭한다. 이 탭에는 기존에 설정된 게이트웨이들을 포함하는 테이블이 보인다. 새로 게이트웨이 그룹을 추가하려면 오른쪽 하단의 Add 버튼을 클릭한다.

게이트웨이 그룹 추가

게이트웨이 그룹 설정에는 꽤 많은 옵션들이 있다. Group Name 에디트 박스에 그룹 이름을 입력할 수 있고, Gateway Priority에는 두 개의 옵션이 존재한다. Tier는 게이트웨이가 존재하는 계층을 선택할 수 있는데, 낮은 숫자가 높은 숫자보다 높은 우선순위를 가진다. 동일한 계층일 경우 상호 간에 부하 분산이 일어나며, 높은 숫자의 게이트웨이는 낮은 숫자의 게이트웨이들이 전부 실행을 중지한 경우에만 호출된다. 따라서 WAN_DHCP를 Tier 1, WAN2_DHCP를 Tier 2로 설정했다면, WAN_DHCP가 이 게이트웨이 그룹에 할당되는 모든 트래픽을 가져오며 WAN_DHCP가 다운되지 않는 한 WAN2_DHCP는 전혀 사용되지 않는다. 만일 WAN_DHCP와 WAN2_DHCP가 모두 Tier 1으로 설정된다면, 둘 사이에 부하가 분산된다. 이것이 현재 우리가 원하는 설정이므로, 그룹 내의 모든 게이트웨이를 Tier 1으로 설정하자. Virtual IP 드롭다운 박스에서는 게이트웨이에서 사용될 가상 IP를 선택할 수 있다. 이 설정은 게이트웨이 그룹이 DDNS, IPSec, OpenVPN 연결의 종점으로서 사용되는 경우에만 적용되므로, 기본값인 Interface Address를 그대로 둬야 한다.

Trigger Level 드롭다운 박스에서는 어떤 상황에서 게이트웨이 멤버를 그룹에서 제외시킬지 지정할 수 있다.

- **Member Down**: 게이트웨이 멤버가 ping 실행에 응답하지 않거나 모니터 IP에 ping을 보내지 못하는 경우 제외된다.
- **Packet Loss**: 패킷 손실이 허용 한도를 넘어갈 때 그룹에서 제외된다(패킷 손실 비율은 게이트웨이 설정 화면의 Advanced에서 설정할 수 있다).
- **High Latency**: 대기 시간이 허용 한도를 넘어갈 때 그룹에서 제외된다(임계값은 게이트웨이 설정 화면의 Advanced에서 설정할 수 있다).
- **Packet Loss or High Latency**: 패킷 손실 또는 높은 대기 시간이 발생한 경우 그룹에서 제외된다.

마지막으로 Description 필드에 간단한 설명을 입력할 수 있다. 모든 설정이 완료되면 Save를 클릭하고, 이어서 Routing 페이지에서 Apply Changes를 클릭한다.

각각의 게이트웨이별로, 장애 발생 시 대신 실행될 게이트웨이를 지정하는 페일오버failover 그룹을 설정할 수도 있다. Gateway Groups 탭에서 Add 버튼을 다시 클릭한다. Group Name 필드에 적절한 이름을 입력하고(예를 들면 FAILOVER1), Gateway Priority Tier 드롭다운 박스에서 첫 번째 WAN 연결을 Tier 1으로, 두 번째

WAN 연결을 Tier 2로 설정한다. Trigger Level 드롭다운 박스에서는 여러분이 원하는 대로 설정하고 Description 필드에 적절한 설명을 입력한 후(예를 들면 WAN1 장애 대비), Save 버튼을 클릭한다.

Gateway Groups 탭에서 다시 Add를 클릭한다(또는 첫 번째 페일오버 그룹을 가리키는 테이블 항목에서 복사 아이콘을 클릭한다. 그러면 첫 번째 페일오버 그룹의 설정 값들을 그대로 갖고 있는 게이트웨이 그룹이 새로 만들어진다). Group Name에 적절한 이름을 입력하고, 이번에는 두 번째 WAN 연결을 Tier 1으로, 첫 번째 WAN 연결을 Tier 2로 설정한다. 설정이 완료되면 Save 버튼을 클릭하고, Gateway Groups 페이지에서 Apply Changes를 클릭한다.

이제 게이트웨이 그룹 설정은 끝났지만, 이에 대응되는 방화벽 규칙이 없으면 이 그룹을 통해 네트워크 트래픽이 전달될 수 없다. 각각의 인터페이스별로 규칙을 만들 수도 있지만, 게이트웨이 그룹이 둘 이상의 네트워크에서 사용되는 경우라면 유동 규칙을 작성함으로써 간편하게 작업할 수 있다. Firewall ➤ Rules로 이동한후, Floating 탭을 클릭하자. 테이블의 맨 아래로 스크롤하고, Add 버튼 중 하나를 클릭해 새로운 규칙을 추가한다.

이 규칙의 목적은 트래픽을 전달하는 것이므로 Action 드롭다운 박스는 기본값인 Pass를 유지한다. Interface 리스트박스에서는 게이트웨이 그룹을 사용할 인터페이스들을 모두 선택하고, Direction 드롭다운 박스에서는 out을 선택한다(게이트웨이와 관련된 규칙은 단방향일 수밖에 없다). Protocol 드롭다운 박스에서는 any를 선택하고, Source 필드는 Interface 리스트박스에서 선택된 인터페이스 전부를 참조하는 앨리어스^{alias}여야 한다. Destination 필드는 건드리지 않는다. 그러고 나서 (Extra Options 섹션 내에서) Advanced Options로 스크롤한 후 Show Advanced 버튼을 클릭한다. 아래로 스크롤하면, 끝에서 세 번째가 Gateway 옵션이다. Gateway 드롭다운 박스에서 새로 생성된 게이트웨이 그룹을 선택하고, 페이지 하단의 Save 버튼을 클릭한다.

두 개의 페일오버 게이트웨이 그룹에 대한 규칙도 작성해야 한다. 앞서 생성한 규칙에 해당하는 테이블 항목에서 복사 아이콘을 클릭하고, 페일오버 그룹별로 새로운 규칙을 작성한다. 변경해야 할 부분은 Description 필드와 Gateway 드롭다운 박스에 있는 게이트웨이뿐이므로 그리 오래 걸리지 않을 것이다. 규칙 작성이 모두 끝나면 Save를 클릭한다. 이제 필요한 규칙이 모두 생성됐으니 Floating Rules 페이지에서 Apply Changes를 클릭한다.

System ➤ Advanced에는 게이트웨이 그룹 설정과 관련이 깊은 두 개의 옵션이 있다. Miscellaneous 탭을 클릭하면 Gateway Monitoring 섹션에 두 개의 옵션이 있는데, State Killing on Gateway Failure 체크박스를 선택하면 게이트웨이가 다운됐을 때 모든 상태 정보가 폐기되고 반대로 선택하지 않으면 현재 다운된 게이트웨이의 상태 정보가 게이트웨이 그룹 내의 다른 게이트웨이로 전송된다. 이런 식의 동작을 여러분이 원하지 않는다면 체크박스를 선택하는 것이 바람직하다. Skip rules when gateway is down 체크박스를 선택하면, 게이트웨이가 다운됐을 때 그 게이트웨이에 관한 규칙을 어떻게 처리할지에 대한 기본 동작을 변경한다. 기본적으로는 다운된 게이트웨이를 제외하고 규칙이 생성되지만, 이 체크박스를 선택하면 규칙이 생성되는 일은 일어나지 않는다.

Gateway Monitoring	
State Killing on Gateway Failure	☐ Flush all states when a gateway goes down The monitoring process will flush all states when a gateway goes down if this box is checked.
Skip rules when gateway is down	☐ Do not create rules when gateway is down By default, when a rule has a gateway specified and this gateway is down, the rule is created omitting the gateway. This option overrides that behavior by omitting the entire rule instead.

고급 게이트웨이 모니터링 옵션

여기까지 했으면 이제 게이트웨이 그룹은 동작 중일 것이다. 하지만 제대로 동작하는지 확인하려면 어떻게 해야 할까? Status ➤ Gateways로 이동하면, Gateways 탭과 Gateway Groups 탭을 볼 수 있다. Gateways 탭에 게이트웨이와 관련된 유용한 정보들이 많은데, 설정된 기존의 게이트웨이들을 모두 포함하는 테이블에서 Name, Gateway, Monitor, Description 필드는 굳이 설명하지 않아도 알 수 있지만, 다음의 필드들도 게이트웨이에 대한 중요한 정보를 알려준다.

- RTT[Round Trip Time]: ping의 왕복 시간(밀리초 단위). 일정 시간 동안의 평균값
- RTTsd[Round Trip Time standard deviation]: pfSense 2.3 버전에 새로 도입된 기능. 일정 시간 동안의 ping 왕복 시간의 표준편차
- Loss: 일정 시간 동안의 패킷 손실
- Status: 온라인 또는 오프라인

WAN 인터페이스들의 연결을 하나씩 끊고, 해당 인터페이스가 오프라인 상태라는 정보가 표시되기까지 얼마나 걸리는지 측정함으로써 게이트웨이 그룹 모니터링이 정상적으로 동작 중인지 테스트할 수 있다. 시간이 너무 오래 걸린다면 Trigger Level, Packet Loss threshold, Latency threshold 설정을 조정해야 할 것이다.

앨리어스를 사용해 아웃바운드 트래픽을 부하 분산

게이트웨이 그룹을 생성하지 않으면서 아웃바운드 트래픽을 분산시키는 방법이 존재한다. 이 방법은 게이트웨이 그룹의 기능을 100% 대신할 수는 없지만, 알아둘 가치는 충분히 있다. 구체적으로는 다음 과정을 포함한다.

1. 둘 이상의 WAN 인터페이스로 구성된 앨리어스를 생성한다.
2. 하나 이상의 인터페이스에서 아웃바운드 트래픽이 앨리어스로 변환되도록 수동 아웃바운드 NAT 설정을 변경한다.

설정을 시작하기 위해 Firewall ➤ Aliases로 이동한 후, Add 버튼을 클릭한다. Aliases 설정 페이지가 열리면, Name 필드에 적절한 이름을 입력하고(예를 들면 GATEWAY), Type 드롭다운 박스에서는 Host(s) 또는 Network를 선택한다. 앨리어스가 호스트 그룹일 경우에는 라운드로빈 부하 분산만을 사용할 수 있으며, 반면에 네트워크 혹은 네트워크 그룹일 경우에는 모든 부하 분산 옵션을 사용할 수 있다. 따라서 인터페이스가 동일한 네트워크에 있는 편이 낫다. 호스트나 네트워크를 추가하려면 에디트 박스에 호스트 또는 네트워크를 입력하고 Add Host 또는 Add Network 버튼을 클릭하면 된다. 모두 완료되면 Save 버튼을 클릭한 다음 Apply Changes 버튼을 클릭한다.

그다음에는 Firewall ➤ NAT로 이동한다. Outbound 탭에서 Hybrid Outbound NAT rule generation(혼합 방식. 자동으로 NAT 규칙을 생성하지만, 수동으로 규칙을 추가하는 것도 가능하다.) 또는 Manual Outbound NAT rule generation을 선택한다. 둘 중 하나를 선택한 후 Save를 클릭한다.

그리고 자동 생성된 LAN to WAN1 규칙을 찾은 후, 해당 규칙의 편집 아이콘을 클릭한다. Translation 섹션의 Address 드롭다운 박스에서 새로 생성된 앨리어스를 선택하면, Address 아래에 Pool options라는 새로운 옵션이 나타난다. 이 드롭다운 박스에서 여러분이 원하는 부하 분산 방식을 선택한다. 그중에서 Round Robin, Random, Round Robin with Sticky Address, Random with Sticky Address 옵션은 하나의 노드에서 풀 내의 다른 주소로 트래픽을 전송하지만, Source Hash, Bitmask 옵션은 IP 주소에서 풀 내의 동일한 IP 주소로 트래픽을 전송한다. 설정이 모두 끝나면 Save 버튼을 클릭한다. 자동 생성된 LAN to WAN2 규칙에 대해서도 동일한 설정 작업을 반복한다. 모든 작업이 끝나면 NAT 설정 페이지에서 Apply Changes 버튼을 클릭한다.

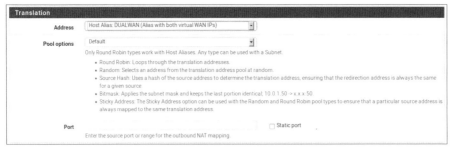

수동 아웃바운드 NAT로 부하 분산

이런 식으로 게이트웨이 부하 분산을 구현하면 게이트웨이 그룹을 사용해 구현하는 것보다 설정 작업은 쉽지만, 게이트웨이 그룹보다 선택할 수 있는 기능이 제한적이다. 예를 들어 계층을 지원하지 않으며, 게이트웨이의 실행이 중지됐는지 여부를 판단할 수 있는 방법도 없는 것 같다. 그럼에도 불구하고 다수의 WAN 설정을 구현하기 위한 한 가지 방법으로서 고려할 만하다.

서버 부하 분산

pfSense에서 서버 부하 분산을 설정하려면 두 개의 과정을 거쳐야 한다. 먼저, 하나 이상의 가상 서버 풀을 생성한다. 그다음으로 하나 이상의 가상 서버(클라이언트가 실제로 연결되는 서버)를 생성해야 한다.

서버 부하 분산 구성을 시작하려면 Services ➤ Load Balancer로 이동한다. Pools, Virtual Servers, Monitors, Settings 탭이 있으며, Pools 탭에서 설정을 시작한다. 서버 풀을 추가하기 위해 Pools 탭에서 Add 버튼을 클릭한다.

부하 분산 풀 설정하기

Name 에디트 박스에 적절한 이름을 입력하면, 그다음에는 Mode 드롭다운 박스가 있다. 여기서 선택 가능한 항목은 다음과 같다.

- Load Balance: 풀에 속한 서버들에 부하를 분산시킨다.
- Failover: 장애가 발생하지 않는 한, 풀의 첫 번째 서버가 사용된다. 장애가 발생하면 풀 내의 다른 서버로 전환된다.

Description 에디트 박스에 간단한 설명을 입력하고, Port 에디트 박스에는 서버가 수신 대기할 포트를 입력한다(예를 들어 웹 서버라면 포트 80). Retry 에디트 박스에는 서버의 실행이 정지됐다고 판단하기까지 재시도 횟수를 지정할 수 있다.

Add Item to the Pool 섹션에서는 풀에 서버를 추가할 수 있다. Monitor 드롭다운 박스에서 서버 모니터링에 사용되는 프로토콜을 선택할 수 있으며 Server IP Address 에디트 박스에서는 각 서버의 IP 주소를 입력한다. Add to Pool 버튼을 클릭해 서버를 풀에 추가하면, Current Pool Members 아래의 Enabled 리스트박스에 서버들이 생길 것이다. 여기서 서버를 선택해 Move to disabled 버튼을 클릭하면 해당 서버가 Enabled 박스에서 Disabled 박스로 이동된다. Disabled 상자에서 서버를 선택하고 Move to enabled 버튼을 클릭하면 반대의 동작을 수행한다. 또한 서버를 선택하고 박스 아래에 있는 Remove 버튼을 클릭하면 목록에서 서버를 제거할 수도 있다. 서버 풀 설정이 완료되면 Save 버튼을 클릭한다.

다음 단계는 가상 서버 설정이다. Virtual Server 탭을 클릭하면, 현재 설정된 가상 서버들을 모두 보여주는 테이블이 표시된다. 새로운 서버를 추가하려면 테이블 우측 하단의 Add 버튼을 클릭한다.

Name 에디트 박스에 서버 이름을 입력하고, Description 필드에는 간단한 설명을 입력한다. IP Address 에디트 박스는 서버가 수신 대기하는 주소를 지정하는데, 일반적으로 WAN IP 주소지만 다르게 설정할 수도 있다. 앨리어스를 지정하는 것도 가능하다.

Port 에디트 박스는 클라이언트가 연결할 포트를 지정하는 곳이다. 아무 값도 입력하지 않으면 풀의 수신 대기 포트가 사용된다. 이 포트로 들어오는 모든 연결 요청은 서버 풀로 전달된다. IP Address 필드와 마찬가지로 앨리어스를 지정할 수도 있다.

Virtual Server Pool 드롭다운 박스는 클라이언트의 요청을 처리해줄 풀을 지정하는 곳으로서 이전 단계에서 서버 설정이 모두 완료돼 있다고 가정한다. Fall-back

Pool은 메인 서버 풀 내의 모든 서버가 다운된 경우 폴백fall-back 서버를 지정할 수 있다. 메인 풀의 서버와 동일한 콘텐츠를 서비스하는 다른 서버 목록을 포함할 수도 있지만, 그보다는 '이 서버는 다운됐음'이라는 메시지를 중계하는 서버를 포함하는 것이 일반적이다. 마지막으로, Relay Protocol 드롭다운 박스는 가상 서버가 백엔드와 통신할 때 사용하는 프로토콜을 결정한다. TCP가 기본값이지만, DNS도 가능하다. 가상 서버 설정이 모두 완료되면 Save 버튼을 클릭하고 Load Balancer 페이지에서 Apply Changes 버튼을 클릭한다.

Settings 탭을 클릭하면 몇 가지 전역 설정들을 볼 수 있다. Timeout 필드는 서버들을 확인할 때의 타임아웃 시간을 나타내며(밀리초 단위), 값을 입력하지 않으면 기본값은 1초다. Interval 필드에서는 풀에 속한 서버들을 확인하는 간격을 초 단위로 설정할 수 있으며 기본값은 10초다. 마지막으로, Prefork는 relayd 데몬에 의해 사전에 포크fork되는 프로세스의 개수를 설정할 수 있다. 기본값은 5다.

서버와 서버 풀 설정이 끝났지만, 이제 서버 풀 내의 서버들에 접근할 수 있도록 방화벽 규칙을 만들어야 한다. 이 규칙은 서버가 연결 요청을 대기하고 있는 모든 인터페이스(일반적으로는 WAN 인터페이스)상에 존재해야 한다. 설정 작업을 간단히 하기 위해 모든 서버들을 가리키는 앨리어스를 먼저 생성하고, 이어서 전체 서버 풀에 적용되는 하나의 규칙을 작성할 것이다.

이렇게 하기 위해 Firewall ➤ Aliases로 이동한 후 Add 버튼을 클릭한다. Name 필드에 앨리어스의 이름(예를 들면 SERVER_POOL)을 입력하고, Description 필드에 간단한 설명을 입력한다. Type 드롭다운에서는 기본값인 Host(s)를 그대로 두고, IP or FQDN 필드에 서버 IP 주소와 CIDR을 입력한 후 Add Host 버튼을 클릭해 서버들을 추가한다. 서버 추가가 끝나면 Save 버튼을 클릭한다. 그리고 Aliases 설정 페이지에서 Apply Changes를 클릭한다.

이제 방화벽 규칙을 생성하자. Firewall ➤ Rules로 이동한 후, 연결을 받아들이는 인터페이스에 대해 규칙을 추가한다. 물론 현재 규칙의 대상은 앞서 생성된 앨리어스일 것이다(나는 SERVER_POOL이라는 이름을 사용했다).

System ➤ Advanced에서는 부하 분산과 관련된 두 개의 옵션을 찾을 수 있다. 둘 다 Miscellaneous 탭에 있는데, 우선 Use sticky connections를 선택하면 동일한 클라이언트로부터 연속적인 연결 요청이 있을 때 pfSense의 기본 동작이 변경된다. 일반적으로 연속된 연결 요청은 서버 풀 내의 서버들에 라운드로빈 방식으로 보내지지만, 이 옵션을 선택하면 첫 번째로 보내졌던 서버로 고정적으로 전달된다. 이 옵션 옆에 있는 에디트 박스에는 타임아웃 시간(초 단위)을 입력할 수 있는데 기본값은 0이다. 0일 경우, 이 연결을 참조하는 가장 최근의 상태가 만료되는 즉시 고정 연결도 끊어진다는 것을 의미한다. 이 옵션을 변경하면 부하 분산 서비스가 다시 시작되는데, 이는 동일한 클라이언트로부터의 요청이 모두 동일한 서버로 보내져야 하는 상황에서는 바람직하다고 할 수 없다. 가장 최근의 상태가 만료된 후 충분한 시간(타임아웃 시간보다 긴 시간)이 지난 후에 들어오는 요청은 다른 웹 서버로 보내질 것이기 때문이다. 따라서 이러한 상황에서는 pfSense는 이상적인 솔루션이 아닐 수도 있다.

Enable default gateway switching 체크박스를 선택하면, 기본 게이트웨이가 다운되는 경우 다른 게이트웨이로 기본 게이트웨이가 전환된다. 대부분의 경우 기본 게이트웨이가 다운되면 게이트웨이 그룹 내의 다른 게이트웨이를 사용할 수 있으므로 이 옵션은 그다지 필요성이 높지 않다.

부하 분산 풀을 모니터링하고 싶으면, Status ➤ Load Balancer로 이동한 후 Pools 탭에서 현재 설정된 부하 분산 풀을 볼 수 있다. 이 테이블에는 풀의 이름, 모드(부하 분산인지 페일오버인지), 서버 풀 내의 서버들의 IP 주소, 모니터 유형, 설명이 표시된다. Servers 열의 서버 목록에는 각 서버별로 얼마나 부하를 처리하는지 백분율로도 표시된다. 각 서버별로 체크박스가 있는데, 선택을 취소하고 Save를 클릭하면 해당 서버는 풀에서 제거된다. Reset을 클릭하면 서버 풀 연결이 재설정된다.

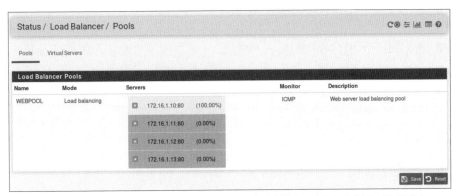

pfSense의 부하 분산 풀. 첫 번째 서버 172.16.1.10만 실행 중이고 나머지 서버들은 다운 상태다.

Virtual Servers 탭을 클릭하면 다른 테이블이 표시된다. 이 테이블에는 가상 서버들의 이름, 주소, 서버 풀 내 서버들의 IP 주소가 나열돼 있다. 또 가상 서버의 Status 값이 설명과 함께 테이블의 상단 또는 하단에 표시된다.

CARP 설정

pfSense의 부하 분산 기능은 다소 개선의 여지가 남아있지만, 고가용성 기능은 매우 훌륭하며 상태 기반stateful 페일오버가 가능한 대규모 CARP 솔루션을 제공한다. 우선 방화벽 페일오버를 위한 기초적인 CARP 그룹을 알아보고, 이어서 다수의 WAN 연결이 사용되는 상황에서의 CARP 설치 시나리오도 살펴볼 것이다.

방화벽 페일오버와 CARP

이것은 CARP가 사용되는 가장 일반적인 시나리오다. 두 개의 방화벽 페일오버 그룹이 필요한데, 각각의 라우터에 전용 pfsync 인터페이스가 존재하며 두 인터페이스는 크로스오버 케이블로 연결된다. CARP 페일오버 그룹을 설정하는 과정은 다음과 같다.

1. 가상 IP 주소 설정

2. 전용 pfsync 인터페이스 설정

3. pfsync와 XML-RPC 동기화의 활성화

4. 수동 아웃바운드 NAT 설정

5. DHCP 서버 설정

6. 보조 방화벽 설정

CARP를 설정하려면 사전에 준비해야 하는데, 네트워크 구성도가 도움이 될 수 있으며 하드웨어 요구 사항도 정리해볼 필요가 있다. 예를 들어 일반적인 두 개의 방화벽-CARP 설정을 위해서는 두 대의 pfSense 방화벽, WAN 측 라우터 한 대, LAN 측 스위치 한 대가 필요하다. 각각의 방화벽마다 pfsync 전용으로 사용되는 인터페이스가 한 개 필요하고, 이 두 개의 인터페이스는 크로스오버 케이블로 연결된다. 세 개 이상의 방화벽으로 CARP를 설정하는 경우는 pfsync 서브넷 용도의 스위치가 추가로 필요하다.

설비 구성과 하드웨어 요구 사항에 대한 개념이 잡혔다면, 가상 IP 주소를 무엇으로 할지 결정해야 한다. 각각의 인터페이스마다 가상 IP 주소가 필요하며, N개의 방화벽마다 물리적 인터페이스 주소를 하나 가져야 하므로 총 N+1개의 IP 주소가 필요하다. 따라서 두 개의 방화벽이 있다면 세 개의 IP 주소가 있어야 한다. 일반적으로 IP 주소는 일관된 규칙하에 지정하는 것이 좋다. 이를 위해 인터페이스의 서브넷에서 첫 번째 주소를 해당 인터페이스의 가상 IP 주소로 할당하고, 후속 주소들은 각 방화벽의 인터페이스들에 할당하기로 하자. 예를 들어 LAN 서브넷이 192.168.1.0인 경우, 192.168.1.1은 LAN 인터페이스의 가상 IP가 되고 방화벽 #1에서 LAN 인터페이스 IP는 192.168.1.2, 방화벽 #2에서 LAN 인터페이스 IP는 192.168.1.3이 되는 것이다.

설정을 시작하기 전에 기본 방화벽에서 모든 것이 정상적으로 동작하는지 확인한다. 아직 보조 방화벽은 오프라인 상태여야 한다. 우선 가상 IP 설정을 해야 하므로 Firewall ➤ Virtual IP로 이동하고 Virtual IP 테이블 하단의 Add 버튼을 클릭해 새로운 가상 IP 항목 추가를 시작한다.

우선 Type은 CARP로 설정한다. Interface 드롭다운 박스에서는 여러분이 지금 설정하고자 하는 인터페이스를 선택하자. WAN 인터페이스와 LAN 인터페이스 둘 다에 대해 가상 IP를 만들어야 하므로, 처음에 WAN과 LAN 중 하나를 선택하게 될 것이다. Address(es) 에디트 박스에 가상 IP 주소를 입력하고, 인접한 드롭다운 박스에는 네트워크의 서브넷 마스크를 지정한다.

Virtual IP Password 에디트 박스에는 VHID 그룹 암호를 입력해야 한다. pfsync 인터페이스를 통해 자동으로 전파되므로 다른 방화벽에는 입력하지 않아도 된다. 다만, 확인을 위해 암호를 두 번 입력해야 한다.

VHID Group 드롭다운 박스에서는 이 인터페이스에 대한 VHID 그룹을 선택해야 한다. 이때 VHID는 미사용 상태여야 하고, 전체 인터페이스의 서브넷상에서 고유한 것이어야 한다. 네트워크상에 CARP 또는 VRRP 트래픽이 없으면 이 값을 1로 설정할 수 있으며, 그렇지 않다면 사용 가능한 그다음 VHID로 설정한다.

Advertising frequency 드롭다운 박스에서 자신의 상태를 주변에 얼마나 자주 알릴지 그 주기를 설정할 수 있다. Base와 Skew의 합이 가장 낮은 방화벽이 곧 기본 방화벽이기 때문에, 기본 방화벽에서는 Base를 1로, Skew를 0으로 설정해야 한다 (각 필드에 허용되는 가장 낮은 값들이므로). 주의할 것은, XMLRPC 프로세스가 가상 IP를 보조 노드들과 동기화할 때 Skew의 값을 자동으로 100만큼 더한다는 점이다. 따라서 기본 방화벽의 Skew 값이 x라고 한다면, 첫 번째 보조 방화벽의 Skew는 x+100일 것이고 두 번째 보조 방화벽은 x+200이 된다. Skew의 최댓값은 255인데, XMLPRC는 가상 IP를 보조 노드와 동기화할 때 Skew의 값이 255를 넘더라도 계속 100을 더한다(즉, 슬레이브가 세 개 이상인 경우). 이러한 경우 (High Available Sync 페이지의) XMLRPC sync 섹션에 있는 Select options to sync 하위 섹션에서 Virtual IPs 체크박스의 선택을 취소해야 한다. Description 필드에 간단한 설명을 입력하고, 모든 설정이 끝나면 페이지 하단의 Save를 클릭한다.

Virtual IP 설정 페이지에서 Add 버튼을 다시 클릭해 가상 IP 주소가 필요한 모든 인터페이스들에 대해 위와 같은 설정 작업을 반복한다. 최소한 WAN과 LAN에 대해서는 가상 IP가 필수며, 그 밖에도 방화벽상에 가상 IP를 가질 수 있는 다른 인터페이스들이 있을 수 있다. Interface에서 지금 설정하려는 인터페이스로 변경하고 해당하는 가상 IP 주소를 입력하자. VHID group password는 다른 VHID 그룹에 대한 암호이므로 앞서 입력했던 것과는 다를 것이다. VHID Group은 그다음으로 사용 가능한 VHID로 설정돼야 하는데, 일반적으로 앞서 입력된 값에 1을 더한 값이다. 마지막으로, 이 시스템은 마스터이므로 Advertising frequency는 Base가 1, Skew가 0여야 한다. Description 필드에 간단한 설명을 입력하고 Save 버튼을 클릭한다. 그리고 가상 IP 입력이 모두 끝났으면 Virtual IP 설정 페이지에서 Apply Changes 버튼을 클릭한다.

그다음 할 일은 전용 pfsync 인터페이스를 설정하는 것이다. 동기화를 위해 전용 인터페이스를 설정하는 것은 필수는 아니지만, 다음과 같은 이점을 누릴 수 있다.

- 보안성 향상: 전형적인 2-인터페이스(WAN과 LAN) 설정에서 전용 인터페이스를 설정하지 않는다면 동기화 데이터는 LAN을 통해 기본 방화벽과 보조 방화벽 간에 전송돼야 한다. 과거보다는 위험성이 다소 낮아졌지만, 그래도 이러한 트래픽은 중간에 가로채기를 당할 위험성이 높다. 하지만 pfsync 트래픽을 별도의 전용 네트워크로 격리하면 이러한 취약점이 제거된다.
- 자원 활용도 개선: 최신 상태의 설정을 유지하기 위해 보조 방화벽은 기본 방화벽과 자주 동기화돼야 하는데, 이로 인한 트래픽이 상당히 발생할 수 있다. 이러한 트래픽을 별도의 전용 네트워크로 격리함으로써 LAN의 혼잡을 감소시킬 수 있다.

pfsync를 위한 인터페이스를 설정하기 위해 Interfaces ➤ (assign)으로 이동한 후, Available network ports 드롭다운 박스에서 미사용 인터페이스를 선택하고 Add 버튼을 클릭한다. 그다음 interface name을 클릭하고 설정을 시작한다. pfsync 인터페이스는 설정할 것이 별로 없으며, 다만 모든 pfsync 인터페이스는 공유 서브넷상에 존재해야 한다. 인터페이스에 적절한 이름을 지정하고(예를 들면 SYNC), pfsync 인터페이스 설정이 끝나면 페이지 하단의 Save 버튼을 클릭한 후, 페이지가 새로고침되면 Apply Changes를 클릭한다.

다음으로, pfsync 인터페이스를 위한 방화벽 규칙을 만들어야 한다. Firewall ▶ Rules를 선택하고, 새로 생성된 인터페이스의 탭을 클릭한다. Add 버튼을 클릭해 allow pfsync interface to any 규칙을 추가한다. Action은 Pass로 설정돼야 하고, Interface는 pfsync 인터페이스로 설정돼야 한다. Protocol 드롭다운 박스의 프로토콜을 PFSYNC로 설정하고, Source 필드는 pfsync 네트워크로 설정돼야 하며 Destination은 any로 설정돼야 한다. Description 필드에 간단한 설명을 입력하고 Save 버튼을 클릭하자. Firewall 설정 페이지가 새로고침되면 Apply Changes 버튼을 클릭한다.

다음 단계는 pfsync와 XML-RPC를 활성화하는 것이다. System | High Availability Sync로 이동한 후, State Synchronization Settings 섹션에서 Synchronize states 체크박스가 선택돼 있는지 확인한다. Synchronize Interface 드롭다운 박스에서 pfsync 인터페이스를 선택하는데, 전용 인터페이스를 설정한 경우 그 인터페이스를 선택하고 그렇지 않다면 방화벽 동기화에 사용되는 다른 인터페이스(일반적으로 LAN)를 선택한다. 기본적으로 pfsync 데이터는 멀티캐스트로 전송되지만, pfsync Synchronize Peer IP 에디트 박스에서 IP 주소를 지정하면 pfsync는 자신의 상태 테이블을 지정된 IP 주소와 동기화할 것이다. 지금 기본 방화벽을 설정하고 있다면 이 필드의 IP 주소는 보조 방화벽의 IP 주소로 설정해야 한다. 예를 들어, 전용 pfsync 인터페이스의 IP 주소가 192.168.2.1인 기본 방화벽이 있고 보조 방화벽의 pfsync 인터페이스의 IP 주소가 192.168.2.2라면, 기본 방화벽에서 이 필드의 값은 192.168.2.2가 돼야 하고 보조 방화벽에서는 192.168.2.1이 돼야 한다.

다음으로, XML-RPC에 대해 설정 동기화를 활성화해야 한다. 동일한 설정 페이지에서 Configuration Synchronization Settings (XMLRPC Sync) 섹션으로 스크롤하자.

Synchronize Config to IP 에디트 박스에서 동기화할 방화벽의 IP 주소를 입력한다. 이것은 pfSync의 Synchronize Peer IP에 입력된 IP 주소와 일치해야 한다. Remote System Username 에디트 박스를 admin으로 입력하고(다른 사용자 이름을 입력해서는 안 된다.), Remote System Password 에디트 박스에 암호를 입력한다(암호는 모든 방화벽에서 일치해야 한다). Select options to sync 하위 섹션에서는 동기화돼야 할 항목들 전부에 대해 체크박스를 선택해야 한다. 기본적으로는 Firewall schedules 와 Virtual IP만 선택돼 있지만, 진정한 의미의 보조(백업) 방화벽이 되기 위해서는 모든 체크박스가 선택돼야 한다(하단에 있는 Toggle All을 사용하면 간단히 모두 선택할 수 있다). 설정 작업이 끝나면 페이지 하단의 Save 버튼을 클릭한다.

다음 단계는 수동 아웃바운드 NAT의 설정이다. Firewall ≻ NAT로 이동한 후 Outbound 탭을 클릭한다. Mode를 Hybrid Outbound NAT rule generation 또 는 Manual Outbound NAT rule generation으로 설정하고 Save 버튼을 클릭한다. Mappings 테이블에서 자동으로 생성된 LAN to WAN 규칙을 확인한 후 해당 규 칙의 편집 아이콘을 클릭한다. 아직 가상 IP가 설정되지 않았다면, Translation 섹 션의 Address는 Interface Address로 설정돼 있을 것이다. 이 설정을 앞서 CARP 설 정 시에 추가된 WAN 가상 IP로 변경하자. Save 버튼을 클릭하고, NAT 설정 페이 지에서 Apply Changes를 클릭한다. 모든 것이 올바르게 설정됐다면, WAN 인터페 이스에서 나가는 연결은 새로운 WAN CARP IP로 변환될 것이다. 이 사실을 확인 하려면, 어떤 주소로부터 접근하고 있는지 보여주는 웹사이트를 열어보는 것이 좋다. 또 Mappings 테이블을 보면, NAT 주소 열에 들어있는 주소가 WAN 인터페 이스의 가상 IP 주소일 것이다. 방화벽 내의 모든 로컬 인터페이스(WAN이 아니고 pfsync도 아닌 인터페이스)에 대해 이러한 설정 작업을 반복해야 한다.

이제 DHCP 설정을 갱신해야 한다. Services ≻ DHCP Server로 이동한 후(단, DHCPv6에서는 이 옵션들을 사용할 수 없다.), Servers로 스크롤한다. DNS Servers 하위 섹션에서 첫 번째 DNS 서버를 앞서 생성했던 LAN 가상 IP로 설정한다. Other Options 섹션에서는 Gateway 필드를 LAN 가상 IP로 설정한다. 마지막으로,

Failover peer IP 에디트 박스에 보조 방화벽의 실제 LAN IP 주소를 입력한다. 이렇게 하면 두 개의 방화벽은 공통의 DHCP 임대를 유지할 수 있다. 페이지 하단의 Save를 클릭하자. DHCP를 사용하는 방화벽상의 모든 로컬 인터페이스에 대해 이러한 과정을 반복한다.

이제 기본 방화벽의 설정은 모두 끝났고, 보조 방화벽의 설정을 시작할 차례다. 보조 방화벽 설정은 처음에 오프라인 상태에서 시작해야 한다. pfSense가 이미 설치돼 동작 중이라면, 인터페이스 할당 과정을 거칠 필요가 있다. LAN IP는 앞서 보조 방화벽의 LAN IP로서 지정했던 값으로 설정한다(예를 들면 기본 방화벽의 LAN IP를 192.168.1.1로 설정했다면 보조 방화벽의 LAN IP는 192.168.1.2로 설정할 수 있음). pfsync에 인터페이스를 하나 할당하고, 이를 위한 IP 주소도 설정해야 한다. DHCP 설정 값들은 기본 방화벽의 설정 값들과 동일해야 한다. 이러한 설정 작업들은 굳이 웹 GUI를 사용할 필요가 없으며 모두 pfSense 콘솔에서 수행할 수 있다. 이러한 설정이 모두 끝나면 이제 보조 방화벽을 온라인 상태로 전환해도 된다.

이제 웹 GUI로 보조 방화벽에 로그인할 수 있다. 아직 설정하지 않았다면 WAN IP 주소를 설정하도록 한다(마찬가지로, 앞서 WAN IP로서 지정했던 IP 주소로 설정한다). 보조 방화벽의 관리자 암호는 기본 방화벽과 동일한 값으로 설정해야 하며, 그렇지 않으면 제대로 동기화가 이뤄지지 않는다.

보조 방화벽의 pfsync 인터페이스에 대한 방화벽 규칙을 생성해야 한다. 이 규칙에는 두 개의 목적이 있는데, 첫째로 초기 동기화 데이터가 pfsync 인터페이스에서 기본 방화벽으로 전달되도록 하기 위한 것이고, 둘째로 동기화 과정 중에 기본 방화벽의 방화벽 규칙에 의해 덮어 쓰이는지 확인함으로써 동기화가 잘 되고 있음을 아는 것이다. 이러한 목적을 기억하면서, Firewall ➤ Rules로 이동한 후 allow any to any 규칙을 생성한다(Source와 Destination이 모두 any로 설정된다). Description 필드에 이 규칙이 나중에 덮어 쓰일 규칙임을 적어놓으면 좋을 것이다.

CARP LAN 가상 IP 주소를 게이트웨이로서 설정하고, 기본 방화벽의 LAN IP 주소를 페일오버 피어[peer]로서 설정할 필요가 있다. 기본 방화벽에서 그랬듯이 이러한 설정 작업은 보조 방화벽 각각에 대해 수행돼야 한다.

이제 남은 일은 CARP를 활성화하는 것뿐이다. 기본 방화벽과 보조 방화벽 모두에서 Status ➤ CARP (failover)로 이동한다. Enable CARP 버튼이 있으면 클릭하고, 인터페이스들의 가상 IP가 정확하며 상태도 맞는지 확인한다. 기본 방화벽에서 상태는 MASTER여야 하고, 보조 방화벽에서는 BACKUP이어야 한다.

이 페이지에는 문제를 해결할 때 유용한 두 개의 Add 버튼이 있다. Temporarily Disable CARP 버튼은 시스템에서 CARP 가상 IP를 제거함으로써 방화벽에서 CARP를 일시적으로 비활성화한다. 따라서 기본 방화벽에서 이 버튼을 누르면, BACKUP 상태인 그다음 보조 방화벽이 역할을 대신하게 된다. (일시적인 비활성화이므로) 재부팅을 하면 원래대로 돌아가기 때문에, 일시적 비활성화 이전의 기본 방화벽의 상태가 MASTER로 복구된다. 또한 이 버튼을 한 번 클릭하면 Enable CARP로 바뀌고, Enable CARP 버튼을 누르면 일시적으로 비활성화됐던 기본 방화벽은 다시 MASTER 상태로 복구된다.

때로는 재부팅을 해도 CARP 비활성화를 유지해야 할 경우가 있다. 이런 경우를 위해 존재하는 것이 Enter Persistent CARP Maintenance Mode 버튼이다. 이 버튼을 누르면 방화벽에서 CARP가 비활성화되고 재부팅을 해도 이 상태가 지속되므로, 기본 방화벽이 MASTER 상태로 조기에 복구되는 것을 막을 수 있다. 또한 이 버튼을 누르면 Leave Persistent CARP Maintenance Mode 버튼으로 바뀌는데, 이 바뀐 버튼은 웹 GUI 내에서 유지보수 모드를 종료할 수 있는 유일한 방법이다.

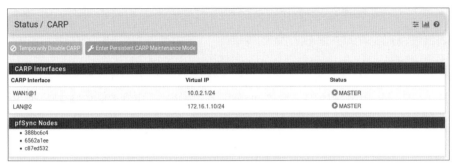

CARP 상태 페이지

여기까지 작업을 모두 잘 따라왔다면 동기화가 제대로 수행돼야 한다. 하지만 그렇지 않다면, System ➤ High Available Sync로 이동해 기본 방화벽을 동기화하고 Synchronize States 체크박스가 선택돼 있는지 확인한다. 선택돼 있지 않다면 선택하고, 설정을 저장해야 한다. 또한 Status ➤ System Logs로 이동해 동기화가 제대로 되고 있는지 로그를 통해 확인할 수 있다. 성공적인 동기화는 다음과 같은 일련의 로그 항목을 생성한다(다음 화면에 표시된 로그에 따르면 동기화 완료에 약 30초가 걸린다).

May 23 20:40:31	check_reload_status: Syncing firewall
May 23 20:40:33	php-fpm[42315]: /rc.filter_synchronize: Beginning XMLRPC sync to http://192.168.4.4:80.
May 23 20:40:40	php-fpm[42315]: /rc.filter_synchronize: XMLRPC sync successfully completed with http://192.168.4.4:80.
May 23 20:40:41	check_reload_status: Syncing firewall
May 23 20:40:42	php-fpm[20136]: /system_hasync.php: waiting for pfsync...
May 23 20:41:14	php-fpm[20136]: /system_hasync.php: pfsync done in 30 seconds.
May 23 20:41:14	php-fpm[20136]: /system_hasync.php: Configuring CARP settings finalize...

성공적인 CARP 동기화에서의 로그 항목

동기화가 실패했다면, 로그 항목에서 실패 원인의 단서를 찾거나 Diagnostics ➤ Ping에서 다른 방화벽의 pfsync 인터페이스로 ping을 시도한다. ping이 실패한다면 pfsync 연결에 문제가 있음을 의미하므로 이 부분에 집중해서 진단을 시작할 수 있다. 크로스오버 케이블의 상태를 확인하고, 연결 양쪽의 pfsync 인터페이스 상태 표시등의 색깔도 확인한다.

설정 동기화가 제대로 수행되면 CARP 그룹이 활성화돼 있어야 한다. 이를 확인하려면 Status ➤ CARP (failover)로 이동한다.

Status 열을 보면 기본 방화벽의 상태는 MASTER, 보조 방화벽의 상태는 BACKUP으로 지정돼 있을 것이다. 보조 방화벽의 CARP 상태가 DISABLED로 돼 있고 Enable CARP 버튼이 보인다면, 이 버튼을 클릭해서 CARP를 활성화할 수 있다.

CARP가 두 대의 방화벽에서 모두 동작한다는 것을 확인하고 나면 이제 설정이 기본 방화벽에서 보조 방화벽으로 제대로 복사됐는지 확인할 차례다. 방화벽 규칙, NAT 규칙, DHCP 설정이 동일한지 확인한다. 보조 방화벽 설정 과정에서 생성된 임시 방화벽 규칙은 현재는 덮어 써진 상태여야 한다.

마지막으로, 여러분이 설정한 CARP 페일오버 그룹이 실제 운영 환경에서 의도대로 동작할지 확인하고 싶을 것이다. 최소한, 기본 방화벽의 전원을 끄면 보조 방화벽이 그 역할을 대신하는지 확인해야 한다. 다양한 시나리오에서 페일오버 그룹을 테스트할 수 있으며, 어느 경우든 인터넷에 접근 가능해야 한다.

이 시점에서 우리는 CARP 그룹이 제대로 동작한다는 것을 확인했으나, 다른 장애 시나리오에서 CARP 설정을 테스트할 필요가 있을 수 있다. 예를 들어, WAN이나 LAN 케이블의 플러그를 뽑으면 어떻게 되는지 확인하고, 방화벽 중 하나가 오프라인 상태가 됐을 때 파일 다운로드나 동영상 스트리밍을 시도해보는 것이다.

CARP로 다중 WAN 설정

지금까지 설명한 CARP 설정 시나리오를 수정하면 다중 WAN 환경에서 방화벽 이중화를 위해 CARP를 설정할 수 있다. 이것은 앞서 설명했던 두 대의 방화벽에서 CARP를 설정하는 것보다 다소 복잡하다.

우선 두 대의 방화벽의 WAN 인터페이스에 IP를 할당해야 한다. 각각의 WAN IP는 최소한 세 개의 IP 주소를 필요로 한다. 방화벽의 WAN 인터페이스마다 하나씩 필요하고, 공유되는 CARP 가상 IP에도 하나의 주소가 필요하기 때문이다. LAN 인터페이스도 마찬가지로 세 개의 IP 주소가 필요하다.

다중 WAN 환경에서 추가로 설정해야 하는 것 중 하나는 기본 게이트웨이로 라우팅되기 위한 로컬 네트워크용 정책이다. 이것은 트래픽이 CARP WAN IP 주소로 보내져야 함에도 불구하고 다른 WAN 인터페이스로 보내지는 것을 막기 위한 것이다. 모든 내부 인터페이스에 규칙이 추가돼야 하는데, 이 규칙의 목적은 기본 게이트웨이인 CARP WAN IP 주소로 트래픽을 보내는 것이다. 규칙들은 하향식으로 적용되므로, 이 규칙은 각 인터페이스별 방화벽 규칙 목록의 맨 위에 위치해야 한다.

이 규칙을 만들려면 Firewall ➤ Rules로 이동한 후 Floating 탭을 클릭한다. Interface 리스트박스에서 모든 내부 인터페이스를 선택하고, Direction 드롭다운에서 in을 선택한다. Source는 any로 설정하고, Destination은 LAN(LAN이 유일한 내부 인터페이스인 경우)이나 모든 로컬 인터페이스를 포함하는 앨리어스로 설정한다. 이 규칙은 방화벽 규칙 목록의 상단에 위치해야 한다.

설정 예제: 부하 분산과 CARP

지금까지 소개한 개념을 실제 환경에서 구현하는 방법을 보여주기 위해, 이번 장의 처음에 소개된 예제 네트워크로 돌아가보자. 다음과 같이 구체적으로 요구 사항을 요약할 수 있다.

- 방화벽 이중화가 필요하며, 이를 위해 CARP를 구현해야 한다.
- 외부로 내보내지는 트래픽을 두 개의 WAN 연결로 분산시키고자 하며, 이를 위해 게이트웨이 부하 분산이 구현돼야 한다.
- 마지막으로, 최소한 두 대의 서버를 사용해서 FTP 서버를 이중화하고자 한다. 이를 위해 서버 부하 분산을 구현해야 한다.

현재 로컬 트래픽을 처리하는 LAN 네트워크가 있고, FTP 서버가 위치하는 DMZ 네트워크가 있다고 가정하자. 구현을 시작하기 전에 현재 네트워크의 모습을 확인하면 다음 그림과 같다.

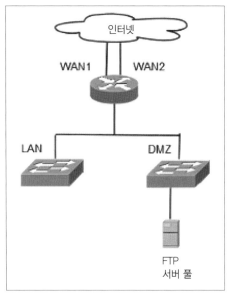

예제 네트워크의 다이어그램. 부하 분산이 필요한 두 개의 WAN 연결과
역시 부하 분산이 필요한 FTP 서버가 보인다.

LAN 네트워크의 서브넷이 192.168.1.0이고, DMZ 네트워크의 서브넷은 192.168.2.0이라고 가정한다. FTP 서버의 IP 주소는 192.168.2.10이다.

앞서 요약된 요구 사항을 구현하는 방법은 다양하지만, CARP 그룹을 구현하는 것이 게이트웨이나 서버 부하 분산을 구현하는 것보다 어렵기 때문에 CARP 그룹을 가장 마지막에 구현하기로 한다. 게이트웨이 부하 분산은 방화벽만 설정하면 되므로 가장 구현하기 쉽다. 따라서 다음 순서로 요구 사항을 구현하자.

1. 게이트웨이 부하 분산

2. FTP 서버 부하 분산

3. CARP 설정

먼저, 게이트웨이 부하 분산을 구현해보자. 추가 WAN 인터페이스 설치 및 설정은 이미 돼 있으므로, WAN1과 WAN2의 DNS 서버 설정으로 바로 넘어가자. System ➤ General Setup에서 DNS Server Settings로 스크롤한다. 각각의 WAN 인터페이스마다 서로 다른 DNS 서버를 사용하는 것이 바람직하므로, DNS server 1 리스트박스에 208.69.38.170(OpenDNS의 DNS 서버 중 하나)을 입력하고, 이에 대응되는 드롭다운 박스에서 WAN1을 선택한다. DNS server 2 리스트박스에는 구글의 DNS 서버 중 하나인 8.8.8.8을 입력하고, 이에 대응되는 드롭다운 박스에서 WAN2를 선택한다. Save 버튼을 클릭해 설정을 저장한다.

이제 게이트웨이 설정으로 넘어가자. System ➤ Routing의 Gateway 탭에서 WAN1의 편집 아이콘을 클릭한다. 설정 페이지가 열리면, Monitor IP 에디트 박스에 208.69.38.170을 입력한다(이 인터페이스의 DNS 서버에 입력했던 것과 동일한 IP 주소). 그런 다음 Save 버튼을 클릭한다. WAN2에 대해서도 동일한 작업을 반복하되, 이번에는 Monitor IP 에디트 박스에 8.8.8.8을 입력한다. 작업이 끝나면 Routing 설정 페이지에서 Apply Changes를 클릭한다.

다음으로, Gateway Groups 탭을 클릭하고 Add 버튼을 클릭한다. 게이트웨이 그룹에 적절한 이름(예를 들면 MULTIWAN)을 부여하고, Gateway Priority에서 WAN1과 WAN2를 모두 Tier 1으로 할당해 동일한 가중치를 부여한다. 이 그룹의 Trigger Level은 Member down으로 설정한다. Description 필드에 간단한 설명을 입력하고, Save를 클릭한다.

각각의 게이트웨이별로 페일오버 그룹을 만들기 위해, Add 버튼을 클릭하고 Tier 1에 WAN1, Tier 2에 WAN2가 지정된 FAILOVER1 그룹을 추가한다. 따라서 WAN1에 장애가 발생한 경우에만 WAN2가 호출된다. 이번에도 Trigger Level은 Member down으로 설정한다. Save를 클릭한 후 Tier 1에 WAN2, Tier 2에 WAN1이 지정된 FAILOVER2 페일오버 그룹을 생성한다. 그룹 생성이 끝났으면 Routing 설정 페이지에서 Apply Changes를 클릭한다.

이번에는 로컬 인터페이스에서 게이트웨이 그룹으로 트래픽 전달을 허용하는 방화벽 규칙을 만들어야 한다. 앞서 부하 분산을 설명하면서 모든 로컬 인터페이스를 포괄하는 유동 규칙에 대해 설명한 적이 있다. 하지만 여기서는 네트워크 설정 때문에 유동 규칙을 사용할 수 없다. LAN 네트워크는 모든 로컬 네트워크와 인터넷에 접근할 수 있지만, DMZ는 인터넷에만 접근할 수 있고 로컬 네트워크에는 접근할 수 없으므로 보편적인 규칙을 만들 수 없기 때문이다. 하지만 이번 절의 요구 사항에 맞춰서 기존의 방화벽 규칙을 수정하는 것은 그리 어렵지 않다.

먼저 Firewall ➤ Rules로 이동한 후에 LAN 탭을 클릭한다. Default allow LAN to any 규칙이 보일 것이다. 이 규칙의 편집 아이콘을 클릭하고 다른 설정은 모두 동일하게 유지하되, Extra Options로 스크롤해 Show Advanced 버튼을 클릭한 후 Advanced Options 아래의 Gateway로 스크롤한다. Gateway 드롭다운 박스에서 앞서 만든 MULTIWAN 게이트웨이를 선택한다. Description을 적절히 변경한 다음 Save 버튼을 클릭한다.

페일오버 그룹별로 규칙을 만들어야 하므로, 방금 수정한 규칙의 복사 아이콘을 클릭해 앞으로 생성될 규칙의 기초로서 사용한다. 이번에도 다른 설정들은 그대로 유지하면서 Gateway 드롭다운 박스로 스크롤해 게이트웨이를 FAILOVER1로 설정한다. Save를 클릭하고, 이러한 작업을 다시 반복하되 게이트웨이를 FAILOVER1이 아니라 FAILOVER2로 설정한다. 규칙 생성이 끝난 후에는 MULTIWAN을 게이트웨이로서 설정한 규칙이 다른 두 개의 규칙보다 테이블 상단에 위치하는지 확인해야 한다(규칙들은 하향식으로 적용되며, 정상적인 트래픽은 MULTIWAN 그룹으로 보내져야 하기 때문). 규칙 설정에 아무 문제가 없음을 확인하고 나면 Apply Changes 버튼을 클릭한다.

이제 DMZ에 대한 규칙을 만들기 위해 DMZ 탭을 클릭한다. Allow DMZ to any 라는 이름의 규칙은 찾을 수 없지만, 시스템 설정이 올바르게 돼 있다면 Allow DMZ to WAN 규칙을 볼 수 있을 것이다. 이 규칙을 찾은 후에 편집 아이콘을 클릭하고, 조금 전에 LAN 인터페이스에 대해 설명했던 작업을 반복한다. 즉, 다른 설정은 모두 동일하게 유지하되 Gateway 드롭다운 박스에서 게이트웨이를 MULTIWAN으로 설정하는 것이다. 물론 이에 따라 Description 필드의 내용은 변경해야 할 것이다. 그러고 나서 Save를 클릭하고, 수정된 규칙의 복사 아이콘을 클릭한다. 이어서 게이트웨이로 FAILOVER1과 FAILOVER2를 설정하는 규칙을 작성한 후, MULTIWAN으로 설정된 규칙이 다른 두 개의 규칙들보다 테이블의 상단에 위치하는지 확인하는 작업을 반복한다. 모든 작업이 끝나면 Apply Changes 버튼을 클릭한다.

방화벽 규칙 생성이 끝났으므로, 게이트웨이 부하 분산 설정은 완료됐다. 아웃바운드 트래픽이 새롭게 설정된 그룹을 사용하도록 상태를 재설정할 수 있으며(그렇게 하려면 Diagnostics ➤ States로 이동하고 Reset States 탭을 클릭한 다음 Reset 버튼을 클릭한다.), 재설정을 하지 않겠다면 남은 일은 Status ➤ Gateways에서 게이트웨이가 실행 중이고 게이트웨이 그룹이 동작 중인지 확인하는 것뿐이다.

이제 FTP 서버의 부하 분산을 설정하자. 앞서 언급했듯이 DMZ의 서브넷은 192.168.2.0이고 FTP 서버의 IP는 192.168.2.10이다. 백업 FTP 서버에는 192.168.2.11의 IP가 할당되고, 필요할 때마다 추가로 백업 서버가 추가될 것이다. 가상 서버에 IP 주소를 할당할 필요는 없다(WAN IP 주소이기 때문에). 따라서 IP 주소는 다음과 같이 할당될 것이다.

192.168.2.10	FTP 서버 #1
192.168.2.11	FTP 서버 #2
WAN IP 주소	가상 서버

부하 분산 설정을 계속하기 전에 FTP 서버들 간의 동기화 방법을 결정해야 한다. 다음과 같은 두 개의 방법이 있다.

- FTP 서버들을 클러스터링한다.
- FTP 서버들에서 파일시스템 동기화를 책임지는 유틸리티를 실행한다.

주의할 것은 FTP 서버들을 클러스터링하면 다른 개체들에게는 이 클러스터가 하나의 서버처럼 보인다는 점이다. 클러스터링을 지원하는 FTP 서버 제품들이 많이 있으며, 자체적으로 부하 분산과 고가용성도 지원한다. 이런 제품을 사용한다면 pfSense는 FTP 클러스터를 한 대의 서버처럼 처리할 수 있으며 pfSense 차원에서 부하 분산을 구현할 필요가 없다.

클러스터링을 사용하지 않기로 결정했다면, 서버를 동기화할 방법을 찾아야 한다. 다행히 유닉스나 리눅스에는 rsync라는 좋은 유틸리티가 있다. rsync는 윈도우로도 이식돼 있으므로 FTP 서버가 윈도우에서 실행되는 경우에는 rsync를 사용할 수도 있지만, rsync 이외에도 다른 동기화 프로그램들이 많이 있다. 이번 실습에서는 FTP 서버 클러스터를 만들지 않고, pfSense의 부하 분산 기능을 사용할 것이다.

부하 분산 설정을 시작하려면 Services ➤ Load Balancer로 이동한 후, Pools 탭에서 Add 버튼을 클릭한다. Name 필드에 적절한 이름을 입력하고(예를 들면 FTPPOOL), Mode 필드는 Load Balance로 설정한다. Port 값은 21(FTP의 기본값)로 설정한 후 Add Item to Pool 아래의 Server IP Address 에디트 박스에 FTP 서버를 입력한다. IP 주소를 입력한 후에 Add to Pool 버튼을 클릭하면 풀에 추가될 것이다. 서버는 두 대(192.168.2.10과 192.168.2.11)뿐이므로 입력에 그리 오랜 시간이 걸리지 않을 것이다. 입력이 모두 끝나면 페이지 하단의 Save 버튼을 클릭한다.

다음 단계는 가상 서버 설정이다. Load Balancer 페이지에서 Virtual Servers 탭을 클릭한 다음 Add 버튼을 클릭한다. Virtual Servers 설정 페이지가 열리면 Name 필드에 적절한 이름을 입력하고(예를 들면 FTP), Description 필드에 간단한 설명을 입력한 후 IP Address 필드에 WAN IP 주소를 입력한다. Port 필드에 21을 입력하고, Virtual Server Pool에 FTPPOOL을 지정한다(FTPPOOL밖에 풀이 없다면 처음부터 입력돼 있으므로 아무것도 변경할 필요가 없다). Relay Protocol은 TCP를 그대로 유지하고 Save 버튼을 클릭한다. 그리고 Load Balancer 페이지에서 Apply Changes를 클릭한다.

이제 WAN 인터페이스를 통해 FTP 서버 풀로 트래픽이 전달될 수 있도록 방화벽 규칙을 만들어야 한다. 먼저, FTP 서버에 대한 앨리어스를 만들자. 나중에 서버를 추가할 때 편리하기 때문이다. Firewall ➤ Aliases로 이동한 후 Add 버튼을 클릭한다. Aliases 설정 페이지가 열리면, Name 필드에 적절한 이름을 입력하고(예를 들면 FTPSERVERS), Type을 Host로 설정하며, Host(s) 섹션에서 FTP 서버의 IP 주소를 입력한다. Save 버튼을 클릭하고, Aliases 설정 페이지에서 Apply Changes를 클릭한다.

방화벽 규칙을 생성하기 위해 Firewall ➤ Rules로 이동한 후, WAN 탭에서 Add 버튼 중 하나를 클릭한다. 첫 번째 섹션의 설정들은 모두 기본값을 그대로 유지하고(단, IPv6 네트워크를 사용하면서 Address Family를 IPv6 or IPv4+IPv6로 변경하는 경우는 제외) Source는 any로 유지하지만, Destination은 드롭다운 박스에서 Single host or alias를 선택하고 인접한 에디트 박스에 FTPSERVERS라고 입력한다. Description 에디트 박스에 간단한 설명을 입력한 후 Save 버튼을 클릭하고, Rules 설정 페이지에서 Apply Changes를 클릭한다.

이제 FTP 부하 분산 풀 설정을 위해 pfSense에서 해야 할 일은 끝났다. 하지만 두 대의 서버에서 (사용자 계정 데이터를 포함해) 파일이 동일하게 유지되도록 동기화를 구현해야 한다. 이 주제를 자세히 다루는 것은 이 책의 범위를 벗어나지만, 앞에서 언급했듯이 rsync 유틸리티가 좋은 해결책이 될 수 있다. rsync를 사용하며 동기화를 구현하는 것은 crontab 파일에 다음 라인을 입력하는 것으로 충분하다.

```
1 0 * * * rsync -az 192.168.2.10::ftp/    /var/ftp/
```

위 라인을 192.168.2.11의 crontab 파일에 입력하면, cron 스케줄러는 매일 자정에서 1분이 지난 시간에 rsync를 실행하고, 192.168.2.10의 FTP 트리를 /var/ftp에 복사할 것이다.

동기화 구현이 완료되지 않은 상황에서도 FTP 서버 풀이 동작하는지 확인할 수는 있다. Status ➤ Load Balancer로 이동한 후 Pools 탭과 Virtual Servers 탭을 점검해 두 대의 서버가 모두 실행 중인지 확인한다.

마지막으로, CARP 페일오버 그룹을 설정해야 하는데 이 작업은 약간의 고민이 필요하다. 네 개의 인터페이스, 즉 WAN1, WAN2, LAN, DMZ 인터페이스는 CARP 가상 IP를 필요로 한다. 그리고 방화벽마다 pfsync를 위한 인터페이스를 추가해야 한다. 또한 작업을 쉽게 하기 위해, CARP 가상 IP를 원래의 인터페이스 IP(LAN은 192.168.1.1, DMZ는 192.168.2.1)와 일치시킬 것이다. pfsync는 자체 네트워크상에 위치한다. 그러면 페일오버 그룹의 IP 할당은 다음과 같이 요약할 수 있다.

인터페이스	방화벽 #1	방화벽 #2	가상 IP
WAN1	ISP에서 받아옴	ISP에서 받아옴	10.1.1.1
WAN2	ISP에서 받아옴	ISP에서 받아옴	10.2.1.1
LAN	192.168.1.2	192.168.1.3	192.168.1.1
DMZ	192.168.2.2	192.168.2.3	192.168.2.1
PFSYNC	172.16.1.1	172.16.1.2	없음

PFSYNC 인터페이스는 외부에서 접근할 수 없으므로 가상 IP를 갖지 않지만, 방화벽들이 서로 간에 설정 데이터를 교환하기 위한 목적으로 존재한다. LAN과 DMZ의 가상 IP는 이 인터페이스들의 현재 IP와 동일하므로, 가상 IP를 만들기 전에 이 주소를 변경해야 한다. pfSense는 현재 할당된 IP와 일치하는 가상 IP를 허용하지 않기 때문이다. 따라서 Interfaces ➤ LAN으로 이동한 후 IPv4 Address 에디트 박스로 스크롤한 후 192.168.1.2로 변경하고 Save 버튼을 클릭한다. DMZ 인터페이스에서도 이 작업을 반복한다. 다만 IPv4 Address는 192.168.2.2로 변경한다.

어쨌든 PFSYNC 인터페이스를 추가해야 하므로, Interfaces ➤ (assign)으로 이동한 후 Available network ports 드롭다운 박스에서 사용 가능한 인터페이스 중 하나를 선택하고 Add 버튼을 클릭한다. IPv4 Configuration Type을 Static IPv4로 선택하고 IP 주소를 172.16.1.1로 설정한다. Enable Interface 체크박스도 선택해야 한다. Save 버튼을 클릭하고, 이어서 Apply Changes 버튼을 클릭한다.

가상 IP를 추가하기 위해, Firewall ➤ Virtual IPs로 이동해 Add 버튼을 클릭한다. WAN IP를 먼저 설정할 것이므로, Type에서 CARP 라디오 버튼을 선택하고 Interface 드롭다운 박스에서 WAN1을 선택한다. Address(es) 에디트 박스에 10.1.1.1을 입력하고, 서브넷 마스크로 8을 선택한다. Virtual IP password에 암호를 입력하고, VHID Group은 이전에 CARP 가상 IP를 추가한 적이 없다면 1로 설정한다. Advertising frequency는 Base와 Skew에 각각 1과 0을 입력한다. Description 에디트 박스에 간단한 설명을 입력하고, Save 버튼을 클릭한다.

나머지 세 개의 인터페이스에 대해서도 이와 같은 설정 작업을 반복한다. 이때 Address(es) 필드에는 앞서의 테이블에 나열된 가상 IP를 입력한다(즉, WAN2는 10.2.1.1, LAN은 192.168.1.1, DMZ는 192.168.2.1). Virtual IP password 값은 가상 IP별로 다를 수 있으며, VHID Group은 인터페이스별로 고유해야 한다(이 값은 자동으로 1씩 증가한다). 기본 방화벽에서 Advertising frequency의 Base와 Skew 값은 항상 1과 0이어야 한다.

다음으로, System ➤ High Availability Sync로 이동해 pfsync와 XML-RPC를 설정해야 한다. Synchronize states 체크박스가 선택돼 있는지 확인하고, Synchronize Interface로서 PFSYNC를 선택한다. pfsync Synchronize Peer IP에는 방화벽 #2의 LAN IP, 즉 192.168.1.3을 입력한다. XMLRPC Sync에도 이 IP를 입력하고, Remote System Password 필드에 관리자 암호를 입력한다. Select options to sync 섹션에서 모든 항목을 선택한 후 Save를 클릭한다.

그다음으로 수동 아웃바운드 NAT 규칙을 설정할 차례다. WAN1과 WAN2의 아웃바운드 NAT 규칙을 수정해 CARP 가상 IP로 변환되도록 해야 한다. Firewall ➤ NAT의 Outbound 탭을 클릭하고, Mode에 Manual Outbound NAT rule generation을 선택한 다음 Save 버튼을 누른다. 페이지가 새로고침되면, 자동으로 생성된 LAN to WAN1 규칙을 찾은 후 편집 아이콘을 클릭한다. Translation 섹션에서 Address를 WAN1의 CARP 가상 IP(즉, 10.1.1.1)로 변경한다. 또 Description 필드의 설명을 적절하게 변경한 후 Save 버튼을 클릭한다. WAN2에 대해서도 동일한 설정을 반복하되, 이번에는 변환 주소를 10.2.1.1로 변경한다. 설정이 모두 끝나면 NAT 설정 페이지에서 Apply Changes를 클릭한다.

마지막으로, DHCP 설정을 변경해야 한다. DMZ는 FTP 서버처럼 인터넷에서 접근 가능한 자원을 위한 네트워크며, 이러한 자원은 대부분 고정 IP 주소를 가져야 하므로 DMZ에서는 DHCP 서버가 활성화되지 않을 가능성이 높다. 따라서 지금은 LAN에 대한 DHCP 설정만 신경 쓰면 된다. Services ➤ DHCP Server에서 LAN 탭을 클릭한다. Servers에서는 첫 번째 DNS 서버를 CARP LAN 가상 IP로 설정하고, Other Options에서는 게이트웨이를 LAN 가상 IP로 설정한다. 그리고 Failover peer IP를 다른 방화벽의 실제 LAN IP 주소(192.168.1.3)로 설정한다. 그런 다음 페이지 하단의 Save 버튼을 클릭한다.

지금까지 기본 방화벽의 설정을 완료했다. 하지만 보조 방화벽에도 이러한 설정 과정을 반복해야 한다. PFSYNC 인터페이스를 생성하고, 보조 방화벽에 동일한 가상 IP를 생성해야 한다. pfsync를 설정할 때 pfsync Synchronize Peer IP를 방화벽 #1의 LAN IP, 즉 192.168.1.2로 설정한다(이 IP는 XMLRPC Sync의 첫 번째 필드에도 사용돼야 한다). 나중에 기본 방화벽이 NAT 설정을 덮어 쓸 것이므로 NAT 수동 아웃바운드 규칙은 변경하지 않아도 된다. 반면에 DHCP 설정은 변경돼야 한다. 첫 번째 DNS 서버와 게이트웨이는 LAN 가상 IP로 설정돼야 하며, Failover peer IP는 기본 방화벽의 IP 주소(192.168.1.2)와 일치해야 한다.

보조 방화벽의 설정을 완료하고 네트워크(그리고 기본 방화벽)에 연결하면, CARP 설정은 모두 끝났으며 남은 일은 CARP 그룹이 제대로 동작하는지 확인하는 것뿐이다. Status ➤ CARP로 이동해 CARP가 동작하는지 확인하자. 방화벽 중 하나에 Enable CARP라는 버튼이 보인다면 이 버튼을 클릭해서 CARP를 실행해야 한다. 동작하는 것을 확인했더라도, 몇 가지 장애 시나리오에서도 제대로 동작하는지 테스트해야 하고, 문제가 발생할 경우 해결책을 찾는 것이 바로 다음 절의 주제다.

부하 분산 및 CARP 문제 발생 시 해결 방법

부하 분산 풀이나 CARP 그룹을 구현할 때 자주 발생하는 문제를 두 가지로 분류하면 다음과 같다.

- 부하 분산 풀이나 CARP 그룹이 전혀 동작하지 않는다. 예를 들어, 트래픽이 게이트웨이 또는 서버 풀을 통과하지 못하거나 CARP 방화벽들이 서로 동기화되지 않는다.
- 부하 분산 풀이나 CARP 그룹이 동작은 하지만 성능이 만족스럽지 못하다(예를 들면 부하 분산 풀이 제대로 부하를 나누지 못하거나, 다운된 게이트웨이가 활성 상태로 보고되거나, CARP 그룹의 상태 테이블이 동기화되지 않는다). 이렇게 되면 장애 발생 시 보조 방화벽으로의 페일오버가 제대로 되지 않아서 연결이 끊길 수 있다.

부하 분산이나 CARP가 전혀 동작하지 않는 경우에는 설정이 적절하지 않을 가능성이 높다. 다시 한 번 설정 값들을 확인할 필요가 있으며, 각각의 설정 요소별로 동작 여부를 확인하는 것이 좋다. 예를 들어 CARP 구성이 동작하지 않고 있다면, 우선 가상 IP가 제대로 설정돼 있는지 확인하고, 그다음에 pfsync 인터페이스가 제대로 동작하는지 확인하고, 그다음에 방화벽 규칙이 제대로 설정돼 있는지 확인하는 식이다.

적절하지 않은 방화벽 규칙 설정은 부하 분산과 CARP 설정에서 공통적으로 일어날 수 있는 오류다. 규칙은 위에서 아래로 적용되므로, 첫 번째로 일치하는 규칙이 우선한다는 점에 항상 주의하자. allow [인터페이스] to any 규칙보다 아래에 어떤 정책 기반 규칙이 존재한다면, 이 규칙은 절대로 적용되지 않을 것이다. 규칙 순서가 올바름에도 불구하고 어떤 규칙 때문에 제대로 동작하지 않는 것으로 의심된다면, 관련 규칙에 대한 로깅을 활성화해 로그를 검사하는 것이 도움이 된다.

시스템 로그는 Status ➤ System Logs에서 확인할 수 있으며, CARP 동기화에 성공했는지, 그리고 실패했다면 원인이 무엇인지 단서를 남기기 때문에 CARP 문제 해결 시에 유용하게 쓰일 수 있다. XMLRPC 동기화 오류는 System ➤ High Availability Sync에서 확인할 수 있으며 보조 방화벽(또는 방화벽들)의 XMLRPC Sync 설정에 아무 값도 들어있지 않은지 확인한다. 보조 방화벽의 Synchronize Config to IP, Remote System Username, Remote System Password 설정에 값이 들어있으면 동기화 실패의 원인이 될 수 있기 때문이다.

부하 분산과 관련된 문제를 해결할 때는 방화벽 규칙이 트래픽을 부하 분산 풀로 보내고 있는지(또는 트래픽을 풀로 보내는 유동 규칙이 설정돼 있는지) 확인해야 한다. 규칙이 정확한 것으로 판단되면, Status ➤ Load Balancer에서 부하 분산 풀을 구성하는 서버들이 모두 온라인 상태인지 확인한다.

웹 서버 풀의 부하 분산 문제를 해결하는 중이라면, 부하 분산이 제대로 동작하는지 확인하는 좋은 방법 중 하나로 cURL을 사용할 수 있다. cURL 프로젝트는 libcurl과 cURL이라는 두 개의 결과물을 내놓았는데, libcurl은 다양한 프로토콜을 지원하는 클라이언트 측 URL 전송 라이브러리며, cURL은 URL 구문을 사용해 파일을 송수신할 수 있는 명령행 도구다. 예를 들어, 다음과 같이 명령행에서 cURL을 호출할 수 있다.

```
curl www.somerandomsite.com
```

이 명령을 실행하면, 웹사이트의 소스 코드가 표준 출력(일반적으로 터미널 창)으로 전송된다. cURL을 사용해 부하 분산을 테스트할 때 실제 어느 서버에 접근하는지 알기 위해 사이트의 실제 IP 주소를 표시하는 페이지를 조회하고 싶은 경우가 많은데, cURL 명령을 계속해서 실행하면 (고정sticky 연결이 활성화돼 있고 cURL 명령 실행 사이의 간격이 고정 연결의 타임아웃 값보다 작지 않은 한) cURL 실행 시마다 다른 서버로부터 페이지를 조회할 수 있을 것이다.

하나의 게이트웨이 그룹이 있고 WAN 연결 중 하나가 인터넷에 연결돼 있지 않음에도 불구하고 여전히 활성 상태로 남아있는 경우, 게이트웨이 부하 분산에 실패하는 경우가 있다. 이것은 모니터 IP가 여전히 응답 중이므로 pfSense는 연결 상태가 양호하다고 생각하는 것이 원인이다. 따라서 모니터 IP의 설정이 올바른지 확인해야 한다.

CARP와 관련된 문제를 해결할 때 하나 이상의 방화벽에서 CARP를 비활성화해야 하는 상황을 접할 수 있다. 이 경우 Status ➤ CARP (failover)에서 Temporarily disable CARP 버튼과 Enable Persistent Maintenance Mode 버튼을 사용해 CARP를 비활성화할 수 있다는 것을 기억하자. 전자는 재부팅될 때까지 CARP를 비활성화하고, 후자는 재부팅 후에도 CARP의 비활성 상태를 유지한다.

부하 분산 풀이나 CARP 그룹을 구현하기 전에 고려할 사항 중 하나는 부하 분산이나 CARP로 인해 무언가 잘못되는 것이 없는지 확인하는 것이다. 이것은 네트워크상의 사용자가 의존하고 있는 자원을 동작 불가능한 상태로 만드는 경우 특히 중요하다. 예를 들어 인터넷에 직접 연결된 방화벽이 있고 pfSense에서 VPN 서버를 실행 중인 경우, 라우터 뒤에 pfSense를 배치하면 VPN 서버 설정을 변경하지 않는 한 VPN 기능은 제대로 동작할 수 없다.

요약

이번 장에서는 이중화 및 고가용성의 기본 개념을 다뤘으며, 게이트웨이 부하 분산과 서버 부하 분산이라는 두 가지 형태의 부하 분산을 설명하고 CARP를 소개했다. 그리고 pfSense에서의 부하 분산과 CARP를 자세히 설명하고, 부하 분산과 CARP가 구현되는 예제 네트워크를 설명했다. 마지막으로 문제 발생 시에 도움이 될 몇 가지 팁을 설명했다.

다음 장에서는 방화벽의 주요 기능 중 하나인 라우팅routing을 다루며 고정 경로, 라우팅 프로토콜과 같은 다양한 라우팅 관련 주제들이 소개된다.

8

라우터와 브리지

라우터와 브리지는 기능 면에서 매우 유사하지만, 중요한 차이점이 있다. 라우터는 서로 다른 인터페이스상의 노드들이 서로 통신할 수 있도록 한다는 점에서 브리지와 비슷하지만, '서로 다른' 서브넷에 속한 인터페이스 간의 통신을 허용한다는 점에서 브리지와 다르다. 어떤 패킷이 다른 서브넷상의 노드에 도달하려면 이 패킷의 목적지가 로컬 서브넷인지 아닌지 라우터가 확인하는 과정을 거쳐야 한다. 목적지가 로컬 서브넷이 아니라면, 패킷은 라우터의 게이트웨이 중 하나로 보내진다(목적지가 로컬 서브넷이어도, 규칙에서 허용되지 않는 패킷은 전달되지 않는다). 브리지는 네트워크 세그먼트들을 연결하는 것에 불과하며, 허브와 스위치는 브리지의 예다. 허브상의 모든 포트들로 패킷이 전송되는 것과 달리, 스위치는 패킷의 목적지로만 패킷을 보낸다.

라우팅^{routing}(경로 지정)은 방화벽의 주요 기능 중 하나며, 방화벽은 라우팅이 투명하게 이뤄지도록 많은 작업을 수행한다. 최소한의 설정으로 pfSense는 로컬 네트워크(LAN)와 인터넷(WAN) 간에 트래픽을 라우팅할 수 있다. pfSense에서 로컬 네트워크를 추가하는 것은 그다지 어렵지 않지만, 방화벽은 최초에는 자신과 직접 연결된 네트워크로만 트래픽을 라우팅할 수 있다. 예를 들어 pfSense의 내부 네트워크 중 하나에 라우터가 연결돼 있다면, 고정 경로를 따로 정의하지 않는 한 pfSense는 이 라우터에 연결된 노드로 트래픽을 라우팅하는 방법을 알지 못한다.

브리징bridging(브리지 연결)은 자주 수행되는 네트워크 설정은 아니다. 일반적으로 모든 인터페이스는 자체적으로 하나의 브로드캐스트 도메인이 되는데, 가끔은 두 개 이상의 인터페이스를 결합(즉 브리징)해서 동일한 브로드캐스트 도메인 내에 존재하도록 설정해야 한다. 이것은 동일한 스위치상에 두 개 이상의 인터페이스가 존재하는 것과 비슷한 효과를 갖지만, 브리징된 인터페이스들에는 방화벽 규칙이 적용된다는 점에서 차이가 있다. 따라서 브리징된 두 개의 인터페이스 간에 트래픽이 전달되도록 하려면, 규칙에서 이를 허용하는지 확인해야 한다.

이번 장에서는 다룰 주제는 다음과 같다.

- 기초 개념
- 라우팅
- 브리징
- 문제 해결

기초 개념

이번 장에서는 브리징(내부 네트워크 통신)과 네트워킹(혹은 라우팅. 네트워크 간의 통신)의 개념을 설명한다. 브리징이 더 간단하므로 먼저 알아보자.

브리징

브리징은 OSI 모델의 2계층(데이터링크 계층)에서 수행된다. 브리지에는 여러 유형이 있다. 단순 브리지는 중계기repeater와 별로 다를 것이 없으며, 다른 점이라면 브리지가 연결하는 두 개의 네트워크 세그먼트가 서로 다른 전송 매체를 사용할 수 있다는 점(예를 들면 한쪽은 100 Base-T 케이블을 사용하고 다른 쪽은 1000Base-T

케이블을 사용할 수 있다.), 그리고 브리지는 축적 전송^{store-and-forward} 메커니즘을 사용해서 패킷을 전달하므로 두 개의 별도 충돌 영역^{collision domain}을 생성할 수 있다는 점이다.

단순 브리지는 목적지 호스트가 브리지의 건너편에 있는지 여부를 따지지 않고 패킷을 전달한다. 그러나 투명 브리지^{transparent bridge}라고 불리는 브리지는 호스트가 브리지의 어느 쪽에 있는지 학습하고, 이를 토대로 패킷 전달 여부를 판단할 수 있다. 투명 브리지가 사용하는 데이터베이스에는 처음에는 내용이 들어있지 않으므로, 패킷은 목적지 호스트의 위치에 관계없이 브리지의 양쪽으로 모두 전송된다. 그러나 호스트가 브리지의 어느 쪽으로부터 전송되는지 관찰해 호스트의 위치를 학습하고, 이 정보를 데이터베이스에 입력해 그 이후부터는 목적지 호스트가 브리지의 다른 쪽에 위치할 경우에만 그쪽으로 패킷을 전달한다.

투명 브리지가 동작하는 방법을 예시하기 위해 A, B, C 노드와 연결된 브리지를 가정해보자. 노드 A와 B는 브리지의 한쪽에, C는 다른 쪽에 위치하고 있다. A가 B와 연결돼 세션이 생성되면, 브리지는 처음에는 B가 A와 같은 쪽에 있다는 것을 모르므로 B의 패킷을 브리지 양쪽 모두로 보낸다. B가 응답을 보내오면, 브리지는 B가 A와 브리지의 같은 쪽에 있다는 것을 알게 되고, 이후부터는 B와 A 사이의 트래픽은 더 이상 다른 편으로 전달되지 않는다. B가 C와 연결돼 세션이 생성되면, 브리지는 처음에는 C의 위치를 알지 못하므로 B의 패킷을 역시 브리지의 양쪽 모두로 보낸다. 브리지가 C의 위치를 학습한 이후에도 B와 C 사이의 트래픽은 브리지를 경유해 전송된다.

브리지는 기능상 다소 제한적이지만, 허브와 스위치의 형태로 네트워크 분할에 매우 유용하게 쓰일 수 있다. 브리지를 통한 네트워크 분할의 원리를 설명하기 위해 3장에서 소개했던 예제 네트워크를 다시 살펴보자. 이 예제에서는 개발자 부서와 엔지니어링 부서가 별도로 존재했으므로 네트워크도 분리해서 구현하고자 했었다. 그래서 개발자 네트워크와 엔지니어링 네트워크를 VLAN으로서 구현했으며, VLAN으로 구현한 것은 이 방식이 최대한의 유연성, 확장성, 보안성을 제

공한다고 판단했기 때문이다. 다음 다이어그램은 허브 또는 스위치를 사용해 개
발자와 엔지니어링 네트워크를 어떻게 분할하는지 보여준다.

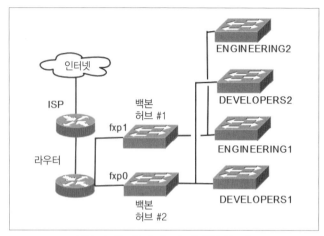

백본 허브를 사용해 네트워크를 분할하는 예

그림에서 볼 수 있듯이, 이 네트워크는 다중 계층으로 구성돼 있다. DEVELOPERS
네트워크와 ENGINEERING 네트워크가 동일한 물리적 인터페이스상에 위치하
는 것이 아니라, 별도의 VLAN들(위 그림에서 DEVELOPERS와 ENGINEERING)이 별
도의 물리적 인터페이스(각각 fxp0 및 fxp1)상에 위치하는 것이다. 각각의 네트워
크마다 고유한 백본 허브를 가지며, 각 층마다 자체적으로 허브(또는 스위치)가 설
치돼 있으므로 각 층이 개별적인 네트워크 세그먼트를 형성하고 있다.

이러한 설정은 앞서 사용했던 VLAN 설정만큼 좋지는 않지만, 몇 가지 장점도 있다.

- 관리형 스위치가 아닌 일반 스위치로도 구현할 수 있다. 일반 스위치는 일반
  적으로 훨씬 저렴하다.
- 서로 다른 층에서 업무 중인 동일 부서 노드들 간의 통신을 제공한다. 또한
  이렇게 네트워크를 분할하면 동일한 층에 있는 두 개 노드 간의 트래픽이 백
  본 허브에 도달하지 않는다. 따라서 다른 층에 있는 사용자에게는 아무 영향
  도 주지 않으며, 만일 각각의 네트워크가 단일 스위치를 공유했다면 이런 이
  점을 누리는 것은 불가능하다.

- 각각의 네트워크에 자체 백본 허브가 할당됐으므로 노드와 라우터 사이에 허용 가능한 최대 거리가 확장된다. 1000BASE-T 네트워크에서 허용되는 장치 간의 최대 거리는 100미터다. 따라서 네트워크에 하나의 스위치가 있고 스위치가 라우터에 연결돼 있으면, 노드는 라우터로부터 최대 200미터(100미터는 스위치, 100미터는 스위치와 라우터 사이) 범위 내에 위치할 수 있다. 여기에 백본 허브를 추가하면, 노드와 라우터 사이의 허용 가능한 거리가 100미터 더 늘어날 것이다. 이것은 네트워크에 중계기를 추가하는 것과 같다.
- 모든 네트워크에 자체 허브가 있을 경우의 또 다른 장점은 백본backbone이 아닌 다른 허브/스위치에 장애가 발생하면 백본 허브가 이 문제를 감지해 장애가 일어난 허브/스위치와 연결된 백본의 포트를 비활성화할 수 있다는 것이다. 따라서 장애 허브/스위치가 네트워크에 영향을 주지 않으면서 동일한 층에 있는 노드들 간에는 여전히 서로 통신이 가능하다.
- 이러한 구성은 확장성도 나쁘지 않다. 다른 네트워크 세그먼트를 추가하고 싶다면, 백본 허브에 스위치를 연결하기만 하면 된다.
- 보안성도 비교적 좋다. DEVELOPERS와 ENGINEERING이 별도의 네트워크에 존재하므로, 방화벽 규칙에서 일부러 허용하지 않는 한 서로 통신할 수 없기 때문이다.

주의할 것은 이러한 설정에는 한계도 있다는 점이다. VLAN을 사용하는 경우에는 새로 층을 추가하고 싶으면 단순히 관리형 스위치를 구매해서 이전 층에 위치하는 스위치의 트렁크 포트 중 하나에 연결하는 것으로 충분했다. 하지만 위와 같은 설정에서는 새로 추가될 스위치와 백본 스위치/허브 사이의 거리가 100미터 이하인 경우에만 새로운 층을 추가할 수 있다. 100미터를 초과한다면 백본을 새로 추가해야 한다. 또 3장에서 배웠듯이 VLAN의 장점은 MAC 주소를 기반으로 VLAN을 할당할 수 있으므로 노드를 자유롭게 옮길 수 있으며, 임의의 스위치(단, 관리형 스위치)에 연결만 하면 노드는 정확한 VLAN에 할당된다. 하지만 위와 같은 설정을 사용하면, 노드가 올바른 네트워크에 할당되기 위해서는 네트워크의 올바른 인터페이스에 물리적으로 연결된 스위치에 노드가 연결돼야 한다. 하지만 그럼에도 불구하고 네트워크의 확장 가능성이 그리 높지 않고 노드를 자주 이동하지 않아도 된다면, 위와 같은 설정은 충분히 고려할 만하다.

위와 같은 설정에는 사실 중요한 약점이 있다. 각 네트워크의 자체 백본 허브가 단일 장애 지점이 될 수 있는 것이다. 이러한 이유로 백본을 추가적으로 설치해서 네트워크에 이중화를 도입하는 것이 바람직하다. 다음 다이어그램은 이중화가 고려된 구성을 보여준다.

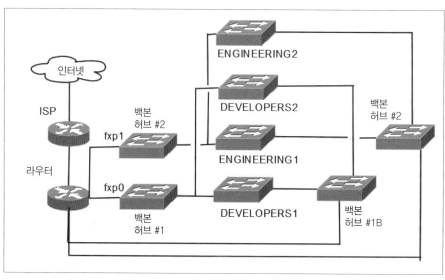

두 번째 백본 허브들로 이중화를 구현한 네트워크 구성도. 하지만 루프가 문제가 된다.

그림에서 볼 수 있듯이 각각의 네트워크마다 이중화를 위한 백본 허브를 추가했다. 그러나 이로 인해 새로운 문제가 일어날 수 있다. DEVELOPERS1 네트워크의 어떤 노드가 DEVELOPERS2의 노드와 세션을 시작하려 한다고 가정하자. DEVELOPERS1의 스위치는 목적지가 DEVELOPERS2의 노드인 프레임마다 두 개의 복사본을 생성한다. 하나는 BACKBONE HUB #1으로 보내지고, 다른 하나는 BACKBONE HUB #1B로 보내진다. 그리고 나서 이 백본 허브들은

DEVELOPERS2로 자기가 받은 프레임 복사본을 보낼 것이다. 네트워크마다 세그먼트가 두 개뿐이라면 그다지 문제가 될 것은 없지만, 만일 새로운 세그먼트(예를 들면 DEVELOPERS3)가 추가되면 어떻게 될까? 백본 허브들은 목적지 노드가 DEVELOPERS2에 있는지 DEVELOPERS3에 있는지 알지 못하므로 두 개의 스위치 모두에 복사본을 보낼 것이고 결과적으로 총 네 개의 프레임이 생성된다. 이런 식으로 원래의 프레임으로부터 생성되는 프레임 복사본의 개수가 기하급수적으로 증가해 네트워크에 장애를 일으킬 수도 있다. 설령 백본이 노드의 위치를 학습할 수 있는 지능형 장치(예를 들면 투명 브리지)일지라도, 처음에는 목적지 노드가 응답할 때까지 아무것도 모른다. 따라서 이 문제는 백본이 단순 허브든, 스위치든, 브리지든 관계없이 발생할 수 있다.

네트워크에 이중화를 도입하면서 네트워크 장애를 방지하기 위한 해결책으로서 스패닝 트리 프로토콜^{spanning tree protocol}이 있다. 스패닝 트리 프로토콜을 사용하면 브리지들은 스패닝 트리, 즉 루프를 포함하지 않는 원래 네트워크 토폴로지의 부분 집합을 정하기 위해 서로 간에 통신을 수행한다. 스패닝 트리 알고리즘이 실행되면, 스패닝 트리를 생성하기 위해 일부 인터페이스는 분리된다. 어느 시점에서 네트워크 장치 중에 장애가 발생하면 스패닝 트리 알고리즘이 다시 실행되고 새로운 스패닝 트리를 생성하기 위해 어떤 인터페이스를 활성화해야 하는지 결정된다.

네트워크에 다수의 브리지를 구현할 경우 스패닝 트리를 구현해야 하는 경우가 많으므로, 여기서 브리지에 사용되는 가장 오래된 스패닝 트리 프로토콜인 STP^{Spanning Tree Protocol}가 어떻게 동작하는지 설명하고 넘어가면 좋을 것 같다. 다음의 네트워크를 예시로서 사용할 것이다.

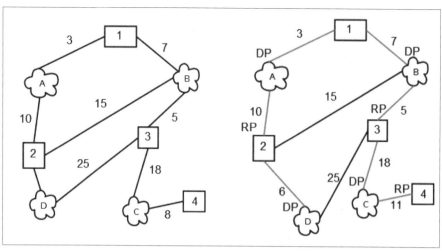

스패닝 트리 계산 전후의 네트워크 변화

왼쪽의 그림은 스패닝 트리 계산 전의 네트워크를 나타낸다. 그림에서 볼 수 있 듯이, 다수의 브리지(상자로 표시)와 다수의 네트워크 세그먼트(구름으로 표시)가 존재한다. 상자 안의 숫자는 브리지의 ID고, 네트워크 세그먼트의 비용 메트릭은 1이라고 가정한다. 스패닝 트리는 다음과 같이 형성된다.

1. 먼저, 루트 브리지가 선택된다. 루트 브리지는 가장 낮은 ID를 갖는 브리지로 서 예제 네트워크에서는 브리지 1이다.

2. 둘째로, 각각의 브리지는 루트 브리지로의 최소 비용 경로를 결정한다. 경로 를 탐색하는 비용은 경로상의 각 세그먼트별 비용 메트릭의 합계와 같다. 각 브리지의 루트 브리지로의 최소 비용 경로에 경로를 제공하는 포트는 RP^{Root} ^{Port}(루트 포트)로서 지정된다.

3. 다음으로, 브리지들은 각 네트워크 세그먼트에서 루트 브리지까지의 최소 비 용 경로를 결정한다. 각 세그먼트를 경로에 연결하는 포트는 해당 세그먼트 의 DP$^{Designated Port}$(지정 포트)로서 지정된다.

4. 마지막으로, RP도 아니고 DP도 아닌 포트는 차단 포트가 되고, 스패닝 트리 의 일부로 포함되지 않는다.

오른쪽의 그림은 RP와 DP가 결정된 후의 스패닝 트리를 보여준다. 스패닝 트리는 빨간색으로 그려져 있다. 빨간색 세그먼트에 연결되지 않은 포트는 모두 차단된다.

라우팅

라우팅은 OSI 모델의 3계층(네트워크 계층)에서 수행된다. 스위치가 MAC 주소를 사용하는 축적 전송 장치라면, 라우터는 IP 주소를 사용하는 축적 전송 장치다. 라우터(그리고 3계층 스위치. 3계층 스위치는 라우터 역할을 할 수 있지만 일부 기능이 부족한 스위치를 의미한다.)를 사용하면 네트워크 간에 데이터를 이동할 수 있다. 라우터는 네트워크상의 다른 라우터들에 대한 정보를 포함하는 테이블을 관리하며, 라우터가 네트워크의 토폴로지를 학습하는 데 사용되는 몇 가지 프로토콜들이 존재한다.

허브/스위치를 사용할지 아니면 라우터를 사용할지 여부의 선택은 실용적인 차원에서 접근하는 것이 좋다. 예를 들어, 앞서의 DEVELOPERS/ENGINEERING 네트워크에서 백본 허브 대신에 라우터를 사용할 수 있다. 네트워크를 다수의 세그먼트들로 나누는 것이 아니라, DEVELOPERS1, DEVELOPERS2, ENGINEERING1/2들이 완전히 별개의 네트워크가 되는 것이다. 라우터는 허브나 스위치가 할 수 있는 것을 기본적으로 할 수 있고, 추가로 방화벽이나 특정 노드로의 최단 경로 등을 사용할 수 있다. 어떤 경우에는 이로 인한 이점을 누릴 수 있다. 예제 네트워크에서 DEVELOPERS1과 DEVELOPERS2 간에 트래픽을 허용하고 싶지만, 각 층에는 해당 층의 사용자만 접근할 수 있어야 하는 프린터가 있다. 이럴 경우 DEVELOPERS1의 사용자가 DEVELOPERS1의 프린터에 접근할 수 있고 DEVELOPERS2의 사용자가 DEVELOPERS2의 프린터에 접근할 수 있도록 허용하는 규칙을 생성해 문제를 해결할 수 있는데, 이러한 방법은 스위치로는 불가능하다.

라우팅에는 두 가지 유형이 있다.

- 고정 라우팅: 고정 경로는 라우팅 테이블에 수동으로 입력된 경로 정보를 의미한다. 가끔은 고정 경로를 추가해야 할 경우가 있다. 예를 들어, pfSense에 직접 연결되지 않은 네트워크가 있다면, pfSense는 이 네트워크를 목적지로 하는 트래픽을 어디로 보내야 할지 알지 못한다. 고정 경로에만 의존하는 라우터는 내결함성fault-tolerance이 부족하며, 네트워크의 변경을 감지할 수 없다. 이를 해결하고자 나온 방법이 동적 라우팅이다.

- 동적 라우팅: 이름에서 알 수 있듯이, 라우팅 테이블이 동적으로 설정된다. 그리고 이 작업을 수행하기 위해 RIP^{Routing Information Protocol} 혹은 OSPF^{Open Shortest Path First}와 같은 동적 라우팅 프로토콜이 사용된다. 이 프로토콜들은 모두 OSI 모델의 3계층에서 동작한다. 라우팅 프로토콜을 두 가지 범주로 나눌 수 있다.

  - 거리–벡터 라우팅 프로토콜: 라우터는 토폴로지상에서 인접하는 라우터들에게만 변경 사항을 알린다. 경로는 벨먼–포드^{Bellman-Ford} 알고리즘, 포드–펄커슨^{Ford-Fulkerson} 알고리즘, DUAL FSM 등의 알고리즘을 사용해 계산된다. 이 방법은 다른 라우터로의 최단 경로를 계산하는 데 효과적이지만, 계산된 경로 중 일부가 무한 루프가 될 수 있다는 단점이 있다. 다시 말해, 경로에 라우터 자신이 포함되는지 여부를 알 수 있는 방법이 없다. 이 문제를 예방하는 방법으로서 스플릿 호라이즌^{split-horizon}과 포이즌 리버스를 첨가한 스플릿 호라이즌^{split-horizon with poison reverse}이 있다. 스플릿 호라이즌은 라우터로 하여금 경로를 학습했던 라우터에게 다시 경로를 알리지 못하도록 막는 것이다. 따라서 A가 B에 연결돼 있고 B가 A와 C에 모두 연결돼 있다면, B와 C 사이의 연결에 장애가 발생한 경우 B가 C로 향하는 A의 (B를 거치는) 경로를 사용할까봐 걱정할 필요가 없다. A는 이 경로를 B로부터 학습했기 때문이다. 따라서 B와 A 사이의 무한 루프에 패킷이 갇히는 사태(즉 B가 목적지가 C인 패킷을 A로 보내고, A는 패킷을 다시 B로 보내는 상황)를 막을 수 있다. 또 다른 방법인 포이즌 리버스를 첨가한 스플릿 호라이즌에서는 라우터가 경로를 학습했던 라우터로 다시 경

로를 알려주되 경로 메트릭을 무한대로 설정한다. 거리-벡터 프로토콜의 예로는 RIPv1, RIPv2, IGRP^Interior Gateway Routing Protocol 등이 있다.

- ○ 링크-상태 라우팅 프로토콜: 모든 라우터는 인접 라우터뿐만 아니라 네트워크 전체의 연결 가능성을 포함하는 (그래프 형태의) 맵을 구축한다. 그런 다음 각각의 라우터는 다른 라우터와의 최선의 경로를 독립적으로 계산하며, 이렇게 계산된 경로들이 라우팅 테이블을 형성한다. 이 유형의 프로토콜은 거리-벡터 프로토콜에 비해 몇 가지 장점이 있다. 우선 모든 라우터들이 네트워크의 전체 맵을 갖고 있으므로 문제 해결이 훨씬 쉽다. 또한 경로에 포함되는 다른 라우터들의 정보를 알기 때문에 루프가 발생할 가능성이 낮다. 네트워크의 변화도 더 빨리 감지할 수 있다. 하지만 링크-상태 프로토콜에도 몇 가지 단점이 있다. 다른 라우터들로의 경로로 구성되는 데이터베이스를 구축하기 위해 거리-벡터 라우팅 프로토콜보다 많은 메모리와 프로세서 성능이 요구된다(다만, 신중하게 설계함으로써 데이터베이스 크기를 최소화할 수 있다). 또한 데이터베이스 구축 초기에 많은 양의 네트워크 트래픽을 발생시키므로 이 기간 동안에 네트워크 성능이 크게 저하될 수 있다. 링크-상태 라우팅 프로토콜의 예로는 OSPF를 들 수 있다.

동적 라우팅에 사용되는 프로토콜들을 자세히 알아보면 다음과 같다.

- RIP: 가장 오랫동안 사용돼온 거리-벡터 라우팅 프로토콜. 최초 버전 RIPv1은 클래스 기반^classful 라우팅을 사용했으며, 서브넷 정보가 없었기 때문에 모든 서브넷이 동일한 크기여야 했다. 라우터 간의 거리를 홉^hop이라고 부르며, RIPv1은 최대 15홉을 허용했다. 따라서 16홉은 무한대로 간주된다(즉, 도달 불가능한 경로). 라우터 인증도 지원되지 않았으며, 업데이트는 브로드캐스트 패킷을 통해 수행됐다. RIPv2는 여러 가지 측면에서 RIPv1을 개선했으며, 클래스 없는 라우팅^classless routing을 지원하고 멀티캐스트를 사용해 라우팅 테이블을 전송하며 MD5 인증도 도입됐다. 그러나 최대 홉 수는 RIPv1과의 호환

성을 유지하기 위해 15로 유지됐다. 가장 최신의 RIPng^{RIP next generation}는 IPv6를 지원한다.

- OSPF: 링크 상태(켜져 있음, 꺼져 있음, 재시작 등)가 변경된 라우터를 감지하기 위해 네트워크를 모니터링하는 링크-상태 프로토콜이다. 링크-상태 정보를 사용해 네트워크의 토폴로지 맵을 구축한다.

- IGRP: RIP의 한계를 극복하기 위해 시스코^{Cisco}에서 개발한 거리-벡터 프로토콜이다. 최대 홉 수는 255며, 각각의 경로별로 다수의 메트릭이 가능하다. RIPv1과 마찬가지로 클래스 기반 라우팅 프로토콜이므로, 특정 주소 클래스 내의 모든 주소는 동일한 서브넷 마스크를 가져야 한다.

- EIGRP^{Enhanced IGRP}: IGRP를 개선한 프로토콜로서 클래스 없는 라우팅을 지원한다. 또한 라우팅 테이블 전체를 인접 라우터에 보내지 않고, 바뀐 부분만 전송한다. EIGRP는 애초에 상용 프로토콜로서 발표됐지만, 2013년 일부가 공개 표준으로 전환됐다.

- BGP^{Border Gateway Protocol}: AS^{autonomous system} 내에서의 라우팅에 사용되는 거리-벡터 프로토콜. TCP를 전송 프로토콜로서 사용한다.

pfSense를 통한 라우팅 설정

대부분의 경우, pfSense는 투명하게 라우팅을 수행한다. 즉, 로컬 네트워크상의 노드가 로컬 네트워크상의 다른 노드로 패킷을 보내려고 하면 pfSense는 이 네트워크가 pfSense에 직접 연결돼 있는 것처럼 패킷을 전송하고, 로컬 네트워크의 노드가 원격 네트워크로 패킷을 보내려고 한다면 pfSense는 이 패킷을 게이트웨이로 보낸다. 그러나 몇 가지 특수한 경우가 있는데, 바로 이번 절에서 설명할 주제다.

고정 경로

pfSense의 기본 게이트웨이가 아닌 다른 라우터를 통해 도달할 수 있는 로컬 네트워크가 있는 경우, 고정 경로를 설정해야 한다. 이러한 상황의 예로서 LAN 네트워크에 연결된 라우터를 들 수 있다. 다음 다이어그램을 보자.

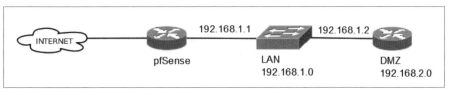

DMZ 라우터는 pfSense 방화벽에 직접 연결돼 있지 않으므로 고정 경로 설정이 필요하다.

이 시나리오에서 LAN 인터페이스의 고정 IP 주소는 192.168.1.1이다. DMZ 라우터가 LAN 스위치에 연결돼 있고, DMZ의 WAN 인터페이스의 IP 주소는 192.168.1.2다. DMZ는 pfSense에 직접 연결돼 있지 않으며 pfSense의 기본 게이트웨이를 통해 DMZ 네트워크에 도달할 수 없으므로, 고정 경로를 정의할 필요가 있다.

192.168.2.0 네트워크에 대한 고정 경로를 설정하려면, 우선 192.168.1.2를 새로운 게이트웨이로서 추가한 후 192.168.1.2를 게이트웨이로 사용하는 새로운 고정 경로를 추가해야 한다. System ➤ Routing의 Gateway 탭에서 Add 버튼을 클릭한다. 게이트웨이 설정 페이지가 열리면, Interface 드롭다운 박스에서 인터페이스를 정확히 선택한다. 게이트웨이가 위치하는 인터페이스와 일치해야 한다(이번 예에서는 LAN). Name 에디트 박스에 이름을 입력하고, Gateway 에디트 박스에 게이트웨이 IP 주소를 입력한다(이번 예에서는 192.168.1.2). Default Gateway 체크박스는 선택하지 않은 채로 두고, Monitor IP 에디트 박스에는 게이트웨이 모니터링을 위한 IP를 입력할 수 있다. 여기에 입력된 IP 주소에 대한 ping 요청에 응답하지 않는 게이트웨이는 다운된 것으로 간주될 것이다. Description 필드에 간단한 설명을 입력한 후 Save를 클릭하고 Routing 설정 페이지에서 Apply Changes 버튼을 클릭한다.

다음으로, Static Routes 탭을 클릭하고 Add 버튼을 클릭해 새로운 고정 경로를 추가하자. Destination network 에디트 박스에 이 고정 경로의 도달 목적지가 될 네트워크를 입력한다(이번 예에서는 192.168.2.0). 인접한 드롭다운 박스에 적절한 CIDR을 선택하는 것도 잊지 말자(이번 예에서는 24). Gateway 드롭다운 박스에서 앞서 생성한 게이트웨이를 선택하고, Description 필드에 설명을 입력한 후 Save 버튼을 클릭한다.

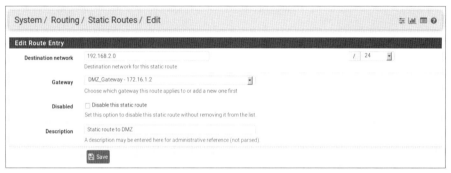

pfSense에서 고정 경로 추가

pfSense는 이제 DMZ 라우터로의 경로를 알 수 있지만, 여전히 문제가 남아있다. LAN 스위치에 어떤 노드가 직접 연결돼 있다고 가정하자. 그리고 이 노드의 IP 주소는 192.168.1.3이라고 가정한다. 지금, 이 노드가 DMZ 라우터상의 어떤 노드와 세션을 생성하려고 한다(목적지 노드의 IP 주소는 192.168.2.3).

LAN 노드의 기본 게이트웨이는 192.168.1.1(LAN 인터페이스의 IP)이므로, DMZ 노드로 향하는 패킷은 pfSense로 먼저 보내지고, 이어서 pfSense는 고정 경로를 사용해 이 패킷을 192.168.1.2 게이트웨이를 통해 DMZ 네트워크로 보낸다. 또 pfSense는 상태 테이블에 이 연결에 대한 항목도 추가한다. DMZ 노드는 LAN 노드로부터의 패킷을 수신한 후 응답을 보내는데, 이 응답 트래픽은 DMZ 라우터의 게이트웨이(192.168.1.2)를 통해 내보내진다. 목적지가 LAN 네트워크상에 있기 때문에, 이 트래픽은 pfSense에 의해 필터링되지 않는다(pfSense는 네트워크 간의 트래픽만을 필터링하며, 네트워크 내부 트래픽은 필터링하지 않기 때문). **따라서**

pfSense의 입장에서는 연결이 완료되지 않았으므로, 상태 테이블에서 이 연결을 가리키는 항목이 삭제되고 LAN 노드와 DMZ 노드 간의 연결은 끊어질 것이다. 다음 그림은 이와 같은 비대칭 라우팅 상황을 보여준다.

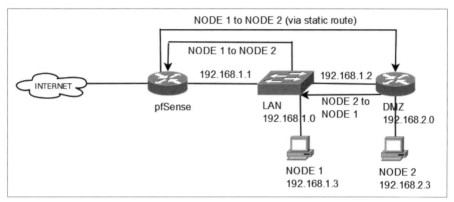

비대칭 라우팅 상황 예시. pfSense는 DMZ 트래픽에 대한 고정 경로가 필요하지만,
DMZ 라우터는 pfSense에 도달하기 위해 고정 경로가 필요하지 않다.

잠재적으로 문제가 발생할 수 있는 또 다른 상황이며, ICMP 리다이렉션을 들 수 있다. ICMP 리다이렉션은 게이트웨이가 목적지 호스트로의 좀 더 직접적인 경로를 알고 있을 때 보내는 것인데, 송신 측 노드가 ICMP 리다이렉션을 허용할 때 라우팅 테이블에 임시로 새로운 경로가 추가된다. 예를 들어, NODE 1이 NODE 2와의 세션을 생성하려고 시도 중인데 이 요청은 기본 게이트웨이(192.168.1.1)를 거쳐서 pfSense 시스템에 도달한다. pfSense는 192.168.1.2를 거치는 NODE 2로의 좀 더 직접적인 경로가 있음을 깨닫고, 좀 더 직접적인 경로를 알려주는 ICMP 리다이렉션을 NODE 1로 보내지만 초기의 TCP SYN 패킷은 고정 경로를 통해 NODE 2로 보내고 이 연결에 대한 상태 테이블 항목을 생성한다. 그러나 NODE 1과 NODE 2 사이의 후속 통신은 모두 192.168.1.2를 통해 이뤄지는데, pfSense는 (이것이 네트워크 내부 트래픽이기 때문에) 이 트래픽을 볼 수 없다. 따라서 앞서 생성된 상태 테이블 항목은 유효 기간 만료로 삭제된다. 만일 세션이 종료되기 전에 NODE 1의 경로를 학습한 ICMP 리다이렉션이 만료된다면 NODE 1은 이후부터 NODE 2로 향하는 패킷들을 pfSense로 보낼 것인데, 새로운 연결을 생성하는 패킷이 아니기 때문에 pfSense는 이 패킷을 거부하며 NODE 1과 NODE 2 사이의 연결은 끊어질 것이다.

이러한 상황에 대처할 수 있는 두 가지 방법이 있다. 첫 번째 방법은 System ➤ Advanced에서 Firewall & NAT 탭을 클릭하고, Firewall Advanced에서 Static route filtering 체크박스를 선택한다. 이 옵션이 켜져 있고 하나 이상의 고정 경로가 정의 돼 있다면, 동일한 인터페이스를 드나드는 트래픽은 pfSense에 의해 검사를 받지 않는다. 앞서 NODE 1과 NODE 2 사이의 트래픽도 동일한 LAN 인터페이스를 드나들기 때문에 마찬가지로 적용된다.

Static route filtering	☐ Bypass firewall rules for traffic on the same interface
	This option only applies if one or more static routes have been defined. If it is enabled, traffic that enters and leaves through the same interface will not be checked by the firewall. This may be desirable in some situations where multiple subnets are connected to the same interface.

이 체크박스를 선택하면 고정 경로 필터링 옵션이 활성화된다.

이 옵션을 사용함으로써 현재 문제를 해결할 수는 있지만, 이와 같은 경우뿐 아니라 트래픽이 동일한 인터페이스를 드나드는 모든 경우에 적용된다는 문제가 남아있다. 좀 더 바람직한 해결책은 고정 경로가 있는 인터페이스에만 규칙이 적용되는 것이다. 이번 예의 경우 두 개의 규칙을 생성해야 하는데, 하나는 고정 경로가 통과하는 인터페이스상의 규칙이고 다른 하나는 응답 트래픽을 처리하는 유동 규칙이다.

첫 번째 규칙을 만들려면, Firewall ➤ Rules에서 고정 경로가 지나가는 인터페이스의 탭을 클릭한다(이번 예에서는 LAN). Action 드롭다운 박스는 Pass로 설정하고 Protocol 드롭다운 박스는 TCP로 설정한다. Source는 Interface 드롭다운 박스에 설정된 것(LAN net)과 일치해야 하는데, 이 인터페이스를 통해 패킷을 주고받을 때만 상태가 문제를 일으키기 때문이다. Destination 드롭다운 박스에서 Single host or aliases를 선택하고, 인접한 에디트 박스에서 고정 경로 게이트웨이의 IP 주소(이번 예제에서는 192.168.1.2)를 지정한다. Extra options 섹션으로 스크롤한 후 Show Advanced 버튼을 클릭한다.

Advanced 섹션에서는 TCP Flags 옵션을 Any Flags로 설정한다(즉, TCP 플래그의 설정 여부에 관계없이 규칙이 적용된다). State type 드롭다운 박스에서는 Sloppy를 선택한다(응답 트래픽에 덜 엄격한 상태 검사를 한다). 설정이 끝나면 Save 버튼을 클릭한다. 확실히 적용되도록 이 규칙은 방화벽 규칙 테이블의 맨 위에 위치해야 한다.

State type을 Sloppy로 설정하는 방화벽 규칙을 생성

다음으로, 응답 트래픽에 대한 규칙을 작성해야 한다. Floating 탭을 클릭하고, Add 버튼을 클릭한다. Action 열이 Pass로 설정돼 있는지 확인하고, Interface 리스트 박스에는 조금 전에 규칙을 생성할 때 선택했던 것과 동일한 인터페이스(이번 예제에서는 LAN)가 선택돼 있는지 확인한다. Direction 드롭다운은 out으로 설정하고, Protocol은 TCP로 설정해야 한다. 이번에도 역시 Extra Options로 스크롤한 후 Show Advanced 버튼을 클릭하고, 스크롤을 내려서 TCP Flags를 Any Flags로, State type을 Sloppy로 설정한다. 모든 설정 작업이 끝나면 Save를 클릭하고 Floating Rules 설정 페이지에서 Apply Changes 버튼을 클릭한다. 이제 양방향의 트래픽을 모두 처리하는 규칙 생성이 완료됐다.

지금까지의 설정에도 불구하고 아직 잠재적인 문제가 남아있다. 고정 경로를 설정하고 LAN과 DMZ 간 트래픽의 비대칭 특성을 고려한 규칙을 적절히 추가하고 나면, 두 네트워크의 노드들은 서로 연결할 수 있어야 한다. 그러나 실제로는 DMZ상의 노드가 인터넷에 접근을 시도할 때 실패할 가능성이 높다. 왜냐하면 기본값인 allow LAN to any 규칙은 출발지가 LAN net인 트래픽에만 동작하기 때문이다. 이러한 결과가 여러분의 의도일 수도 있지만(즉 DMZ상의 노드가 인터넷에

접근하지 못하도록 하기 위함), 만일 그렇지 않고 인터넷 접근을 허용하고 싶다면 allow LAN to any 규칙에서 임의의 출발지가 허용되도록 Source 설정을 변경해야 한다.

방화벽 뒤의 공개 IP 주소

내부 인터페이스에 하나 이상의 공개 IP 주소가 있는 시나리오는 꽤 자주 토론의 대상이 된다. 이 시나리오에서는 적어도 두 개의 공개 IP 주소가 존재하는데, 하나는 방화벽의 WAN 인터페이스에서 쓰이고 다른 하나는 내부 인터페이스에서 쓰인다. 좀 더 일반적으로는 서브넷 전체가 여러분에게 할당되는 경우가 많은데, 이번 절에서 설명하는 설정 과정은 단일 IP 주소가 할당됐든 서브넷이 할당됐든 관계없이 적용될 수 있다. 이 설정은 4단계로 구분된다.

1. WAN 설정

2. 내부 인터페이스 설정

3. 아웃바운드 NAT 설정

4. 방화벽 규칙 설정

ISP로부터 다수의 공개 IP를 부여받았다고 가정하자. ISP로부터 임대 중인, 인터넷에 직접 연결된 라우터의 IP, pfSense의 WAN 인터페이스용 IP, 그리고 여덟 개의 IP로 이뤄진 주소 블록(그중에서 여섯 개를 사용 가능)이며, 주소 블록의 IP 주소들은 네트워크 내부의 인터페이스에서 사용할 수 있다. IP 목록은 다음과 같다.

IP 주소	설명
192.0.10.10	ISP 라우터의 IP 주소
192.0.10.11	pfSense WAN 인터페이스의 IP 주소
192.0.20.0/29	내부 인터페이스의 공개 IP 주소들

우선 WAN 인터페이스를 설정하기 위해 Interfaces ➤ WAN으로 이동한다. WAN 인터페이스는 인터넷에 직접 연결돼 있는 경우도 있지만, ISP가 제공하는 라우터를 통해 연결되는 경우가 더 많다. 이때 이 라우터의 IP 주소가 WAN 게이트웨이의 IP 주소가 된다. ISP가 pfSense의 WAN 인터페이스에 IP 주소를 할당했다면, 설정 유형으로 Statuc IPv4(IPv6 주소일 경우는 Static IPv6)를 선택하고, 에디트 박스에 할당된 IP 주소를 입력한다. IPv4 Upstream gateway(또는 IPv6 Upstream gateway)에 업스트림 라우터의 IP 주소를 지정한다. 아직 업스트림 라우터를 게이트웨이로 추가한 적이 없다면 Add a new gateway 버튼을 사용해야 할 것이다. 이 버튼을 누른 후에는 대화 상자에 필요한 정보들을 입력하자.

다음으로, 내부 인터페이스를 설정해야 한다. 내부 인터페이스를 아직 추가하지 않은 상태라면 Interfaces ➤ (assign)의 Available network ports 드롭다운 박스에서 사용 가능한 인터페이스를 선택하고, 드롭다운 박스 우측의 Add 버튼을 클릭해 인터페이스를 추가한다. 인터페이스의 이름(예를 들면 OPT1)을 클릭해 설정을 시작할 수 있다. 인터페이스가 이미 추가돼 있다면 설정 페이지로 바로 이동한다.

공개 IP 주소들을 위한 OPT1 인터페이스 설정

인터페이스 설정 페이지에서는 우선 Enable interface 체크박스를 선택하고, Description 에디트 박스에서 인터페이스의 이름을 선택적으로 변경할 수 있다. 설정 유형은 Static IPv4나 Static IPv6 또는 둘 다로 설정하고, 적절한 에디트 박스에 ISP가 지정한 공개 IP 주소를 입력하자. 이번 예에서는 192.0.20.1/29가 된다. 따라서 /29 서브넷을 할당받았으며, 여섯 개의 IP 주소($2^3 - 2 = 6$)를 사용 가능하다. 이 인터페이스에 하나의 IP 주소가 할당되며, 나머지 다섯 개의 주소는 공개 IP 주소가 필요한 내부 호스트에서 사용 가능하다. 설정이 끝나면 페이지 하단의 Save 버튼을 클릭하고 페이지가 새로고침되면 Apply Changes 버튼을 클릭한다.

다음 단계는 아웃바운드 NAT 설정이다. 기본적으로 내부 인터페이스의 아웃바운드 트래픽은 WAN IP로 변환되므로, 이 동작을 비활성화해야 한다. 이렇게 하려면 Firewall ➤ NAT에서 Outbound 탭을 클릭한다. General Logging Options에서 Manual Outbound NAT rule generation 라디오 버튼을 선택하고 Save 버튼을 클릭한다. 이제 매핑을 추가, 편집, 삭제할 수 있다. Mappings 탭에서 공개 IP 주소가 할당된 내부 인터페이스용으로 자동 생성된 규칙(예를 들면 Autocreated rule- OPT1 to WAN)을 찾고, 이 인터페이스에서의 아웃바운드 트래픽을 WAN IP에 매핑하고 싶지 않으므로 이 규칙을 삭제한다. 그런 다음 NAT 페이지에서 Apply Changes를 클릭한다.

마지막 단계는 방화벽 규칙 설정이다. 내부 인터페이스의 공개 IP에 연결하고자 하는 인터넷상의 사용자는 WAN 인터페이스를 통해 들어올 것이므로, 최소한 트래픽이 하나 이상의 공개 IP로 전달되도록 허용하는 규칙을 WAN 인터페이스상에 작성해야 한다. 예를 들어 여러분이 현재 192.0.20.2에서 웹 서버를 호스팅하고 있다면, Action을 Pass로, Protocol을 TCP로, Source를 any로 설정하고 Destination을 Single host or aliases로 설정하면서 출발지 주소를 192.0.20.2로 설정하며, Port는 80으로 설정한다. 내부 인터페이스용의 규칙들도 작성하는 것이 좋다. 예를 들어 로컬 네트워크에 대한 접근은 차단하고, WAN 인터페이스에 대한 접근은 허용해 인터넷 연결을 허용하는 규칙을 생성하면 좋을 것이다. 원한다면 이것보다 제한적인 규칙을 만들 수도 있다(예를 들면 포트 80에서 아웃바운드 연결만 허용).

동적 라우팅

pfSense는 동적 라우팅을 자체적으로 내장하지 않지만, 동적 라우팅 기능을 제공하는 서드파티 패키지들을 이용할 수 있다. 다음 테이블은 이러한 패키지들을 나열하고 있다.

패키지 이름	라우팅 프로토콜
OpenBGPD	BGP
Quagga OSPF	OSPF
라우티드(routed)	RIPv1과 RIPv2

예전에는 Optimized Link State Routing 프로토콜을 패키지로서 사용할 수 있었지만 2.3 버전부터는 지원되지 않는다. 그래도 여전히 pfSense에서는 거리-벡터 프로토콜(OpenBGPD와 라우티드)과 링크-상태 프로토콜(Quagga OSPF)을 모두 사용할 수 있다.

RIP

라우티드 패키지는 실제로는 FreeBSD용 RIP 데몬의 프론트엔드 프로그램이다. pfSense에서 라우티드를 설치하려면 System ➤ Packages로 이동한 후, 테이블에서 routed 항목을 찾아 Add 아이콘을 클릭하고 이어서 Confirm 버튼을 클릭한다. 설치에는 약 2분 정도가 걸린다.

라우티드를 실행하기 위해서는 Services ➤ RIP로 이동한다. 여기서 RIP 데몬을 위한 많은 설정 옵션들을 찾을 수 있다. Enable RIP 체크박스를 선택하면 RIP 데몬이 활성화된다. Interface 리스트박스에서는 RIP가 바인딩할 인터페이스를 선택할 수 있으며, 다른 RIP 지원 라우터들로의 경로를 제공하는 인터페이스는 모두 선택해야 한다. RIP Version 드롭다운 박스에서 RIP 버전 1과 RIP 버전 2 중 하나를 선택할 수 있다. 어느 버전을 선택하든 RIP 데몬은 동작에 문제가 없다. RIPv2 password 에디트 박스에서는 RIPv2 암호를 지정할 수 있다. no_ag 체크박스를 선택하면 RIP 응답 내의 서브넷 병합 기능이 해제되고, no_super_ag 체크박스를 선택하면 슈퍼 네트워크로의 네트워크 병합 기능이 해제된다. 설정이 끝나면 페이지 하단의 Save 버튼을 클릭한다.

라우티드의 설정 페이지

OpenBGPD

OpenBGPD는 BGP를 구현하는 데몬이다. 설치하려면 System ➤ Packages에서 OpenBGPD 항목 옆에 있는 Add 아이콘을 클릭한 후, 그다음 페이지에서 Confirm 버튼을 클릭한다.

OpenBGPD 설정은 Services ➤ OpenBGPD에서 할 수 있다. 다수의 설정 탭을 볼 수 있는데, 우선 Settings 탭에서 Autonomous Systems (AS) Number 에디트 박스에는 로컬 자율 시스템 번호를 설정할 수 있다. Holdtime 에디트 박스에는 인접한 OpenBGPD 라우터로부터 KEEPALIVE나 UPDATE 메시지를 받지 못하는 상황에서 인접 라우터를 활성 상태로 유지하기 위한 시간(초 단위)을 정의할 수 있다.

fib-update 드롭다운 박스에서는 포워딩 정보 베이스^{Forwarding Information Base}(즉, 커널 라우팅 테이블)를 업데이트할지 여부를 선택할 수 있다.

Listen on IP 에디트 박스에는 BGP 데몬이 수신 대기해야 하는 로컬 IP 주소를 지정할 수 있다. 이 필드를 공백으로 두면, BGP 데몬은 모든 IP에 대해 수신 대기할 것이다. Router IP 에디트 박스에는 라우터의 IP를 설정하고(pfSense에 로컬인 주소여야 함), CARP Status IP 에디트 박스에는 CARP 상태를 판단하기 위한 IP 주소를 지정할 수 있다. 이 IP 주소에 해당하는 인터페이스에 대해 라우터의 상태가 BACKUP 상태일 경우, BGP 데몬은 시작되지 않는다. 마지막으로, Networks 에디트 박스에는 AS에 속한 것으로 알려지는 네트워크를 지정할 수 있다. 이 필드를 (inet ➤ inet6) connected로 설정하면 직접 연결된 모든 IPv4 또는 IPv6 네트워크가 알려지고, (inet ➤ inet6) static으로 설정하면 모든 IPv4 또는 IPv6 고정 경로가 알려진다.

OpenBGPD의 Settings 탭

Neighbors 탭에서는 인접 라우터를 추가할 수 있다. 테이블 하단의 Add 버튼을 클릭하면, 다른 라우터를 추가할 수 있다. 설정 페이지가 열리면, Description 에디트 박스에 설명을 입력하고, Neighbor 에디트 박스에는 인접 라우터의 IP 주소를 입력한다. TCP-MD5 key 에디트 박스에는 다른 라우터와 통신하는 데 쓰이는 MD5 키를 입력한다. 다만, 이 키는 시스코 라우터와는 동작하지 않으며, 시스코 라우터의 경우에는 TCP-MD5 password 에디트 박스에 값을 입력해야 한다. Group 드롭다운 박스는 인접 라우터를 BGP 그룹에 추가할 수 있는데, 이러한 그룹은 사전에 Group 탭에서 생성돼 있어야 한다. 마지막으로, Neighbor parameter settings 드롭다운 박스에서는 인접 라우터의 매개변수를 설정할 수 있는데, 이 매개변수들 중 일부는 추가적인 수치 값 설정이 요구된다. 이러한 매개변수의 경우는 Value 에디트 박스가 활성화되며, 매개변수 추가 설정이 끝나면 Add 버튼을 클릭한다. 이런 식으로 둘 이상의 매개변수를 추가할 수 있다. 설정이 모두 끝나면 Save 버튼을 클릭한다.

Groups 탭에서는 인접 라우터들을 포함하는 그룹을 정의할 수 있다. 그룹을 추가하려면 테이블 하단의 Add 버튼을 클릭한다. 설정 페이지가 열리면, Name 에디트 박스에 이름을 입력하고 Remote AS 에디트 박스에는 이 그룹의 AS를 입력한다. Description 에디트 박스에 간단한 설명을 입력할 수 있으며, 마지막으로, 변경 사항을 저장할 수 있는 Save 버튼과 변경 사항을 취소하기 위한 Cancel 버튼이 있다.

Raw config 탭에서는 bgpd.conf 파일을 수동으로 편집할 수 있다. 여기서 주의할 것이 있다. bgpd.conf에 변경한 내역은 Settings, Neighbor, Groups 탭에서 설정한 것보다 우선적으로 적용된다. 페이지 하단에 두 개의 버튼이 있는데, Save 버튼은 bgpd.conf를 저장하고 Cancel 버튼은 변경을 취소한다. 마지막으로, Status 탭에서는 OpenBGP 데몬 실행과 관련된 정보들을 볼 수 있다.

Quagga OSPF

pfSense에 링크-상태 라우팅 기능을 추가하는 또 다른 방법은 Quagga OSPF 를 설치하는 것이다. OSPF를 구현하는 이 패키지도 다른 패키지들과 마찬가 지로 System ➤ Packages에서 설치할 수 있다. 하지만 패키지 설명 문서에 포함 된 경고에 따르면, Quagga OSPF는 OpenBGPD와 동일한 위치에 설치되므로 둘 다 설치하면 문제가 일어날 수 있다. 따라서 Quagga OSPF가 설치돼 있으면 OpenBGPD를 설치하지 말아야 하고, OpenBGPD가 설치된 상태에서 Quagga OSPF를 설치하려면 먼저 OpenBGPD를 제거해야 한다.

설치가 끝나면 Services ➤ Quagga OSPFd에서 설정을 시작하자. 첫 번째 탭은 Global Settings다. Master password 에디트 박스에는 제브라^{Zebra}와 OSPFd 데몬의 암호를 입력해야 한다. Logging 체크박스를 선택하면 OSPF 정보가 syslog에 기 록된다. Log Adjacency Changes 체크박스를 선택하면 OSPF 데몬은 syslog에 인 접 라우터의 변경도 기록한다. Router ID 에디트 박스는 이 라우터의 ID를 지정하 는 곳인데, 라우터 ID는 점으로 구분된 10진수 형식$^{dotted-decimal\ format}$으로 입력된 다(예를 들면 1.1.1.1).

Quagga OSPFd의 Global Settings 탭

라우터 ID는 일반적으로 점으로 구분된 10진수 표기법으로 표기되지만 실제 IP 주소는 아니다. 또한 이 표기법으로 라우터 ID를 표기하는 것은 선택 사항이다.

Area 에디트 박스는 OSPFd 영역을 입력하는 곳이다. OSPF 영역은 자체적으로 링크-상태 데이터베이스를 보유하는 단위다. 라우터 ID와 마찬가지로 IPv4의 점으로 구분된 10진수 형식으로 표기되는 것이 보통이지만 꼭 그래야 하는 것은 아니다.

Disable FIB updates 체크박스를 선택하면 라우터가 스텁stub 라우터로 전환된다. 스텁 라우터는 자율 시스템(AS) 내에서만 경로 알림을 수신한다.

Redistribute connected subnets를 선택하면 연결된 네트워크들이 재배포되고, Redistribute default route 체크박스를 선택하면 pfSense로의 기본 경로가 재배포된다. Redistribute static을 선택하면 Quagga 고정 경로를 사용하고 있는 경우 고정 경로가 재배포되며, Redistribute Kernel을 선택하면 커널 라우팅 테이블이 재배포되는데 pfSense 고정 경로를 사용하고 있는 경우 반드시 이 옵션을 선택해야 한다.

SPF Hold Time 필드는 SPF 유보 시간(밀리초 단위)을 지정할 수 있다. 이 값은 일련의 2회 최단-경로-우선shortest-path-first 계산 사이의 최소 시간을 의미하는데, 기본값은 5초다. SPF Delay 필드는 SPF 대기 시간을 밀리초 단위로 지정할 수 있는데, 이 값은 링크-상태 데이터베이스의 업데이트를 수신한 후 최단 경로 우선 계산을 새로 시작하기까지의 시간을 가리킨다. 기본값은 1초다.

RFC 1583 compatible 체크박스를 선택하면 AS 외부 경로에 대한 결정이 RFC 1583에 근거해서 내려진다. RFC 1583 호환성을 고려하지 않는 경우에는 메트릭 비용에 관계없이 언제나 영역 내부 경로가 항상 영역 간 경로보다 선호된다. 반면에 RFC 1583 호환성을 사용하면 OSPF는 비용 기반으로 경로를 학습한다.

그다음 섹션에서는 특정 영역에 대한 규칙을 생성할 수 있으며, 이 규칙은 달리 설정된 재배포 옵션들보다 우선적으로 적용된다. 라우팅될 서브넷, 영역 ID를 지정해야 하며, 각 항목별로 재배포 및 승인을 비활성화할 수 있다. Add 버튼을 클릭하면 항목이 추가된다. 마지막으로 CARP Status IP 에디트 박스에는 CARP 상태를 판단하기 위해 사용되는 IP 주소를 지정할 수 있으며, OpenBGPD에서의 같은 이름의 설정과 비슷하다. 즉, 지정된 IP 주소가 BACKUP 상태면 OSPF는 비활성화된다. 설정이 모두 끝나면 Save 버튼을 클릭한다.

Interface Settings 탭에서는 OSPF 데이터를 송수신할 인터페이스를 지정한다. 테이블 아래의 Add 버튼을 클릭해 새로운 인터페이스 추가를 시작하자. Interface Settings 페이지에서는 다수의 설정을 볼 수 있는데, Interface 드롭다운 박스에서는 참여 인터페이스를 지정할 수 있고, Network Type 드롭다운에서는 이 인터페이스의 OSPF 네트워크 유형을 지정할 수 있는데 선택 가능한 옵션은 다음과 같다.

- Broadcast: 대규모 라우터에서 OSPF 데이터를 사용할 수 있는 가장 효율적인 방법이다. 이 모드에서 OSPF를 실행하기 위해서는 DR[Designated Router]과 BDR[Backup Designated Router]을 지정해야 하고, DR과 BDR에 포함되지 않은 라우터들은 모두 인접 라우터가 된다. 이렇게 함으로써 인접 라우터의 수가 과도하게 증가하지 않도록 방지한다.
- Non-Broadcast: OSPF 데이터를 수신할 수는 있지만, 다른 라우터에 제공할 수 없는 라우터가 된다.
- Point-to-Multipoint: OSPF 데이터를 점대점 네트워크들의 집합으로 보낸다. DR이나 BDR을 정할 필요가 없다.
- Point-to-Point: 한 번에 하나의 라우터로 OSPF 데이터를 전송한다.

Non-Broadcast와 Point-to-Multipoint는 OSPF가 공식적으로 지원하는 두 가지 모드에 해당된다(RFC 2328에 정의돼 있다). 반면에 Broadcast와 Point-to-Point 모드는 시스코가 (브로드캐스트가 아닌) NMBA 네트워크에서 사용하기 위해 고안한 것이다.

Metric 에디트 박스에는 OSPF 인터페이스의 비용을 입력할 수 있고, Area 에디트 박스에는 이 인터페이스의 영역을 지정할 수 있다. Description 에디트 박스에 간단한 설명을 입력할 수 있고, Interface is Passive 체크박스를 선택하면 이 인터페이스에서 OSPF 패킷의 송신과 수신을 막음으로써 인터페이스가 스텁 네트워크처럼 보이게 한다. Accept Filter 체크박스를 선택하면 OSPF 데몬은 이 인터페이스 서브넷에 대한 경로를 라우팅 테이블에 추가하지 않게 되며, 이는 다중 WAN 환경에서 유용할 수 있다. Enable MD5 password 체크박스를 선택하면 이 인터페이스에서 MD5 암호를 사용할 수 있으며, 그다음 필드에서 암호를 지정해야한다.

Router Priority 에디트 박스에서 DR 결정 시의 라우터 우선순위를 지정할 수 있으며 기본값은 1이다. Hello Interval 에디트 박스에서는 Hello 발견 패킷이 전송되는 간격을 (초 단위로) 지정할 수 있으며 기본값은 10초다. Retransmit Interval 에디트 박스에는 재전송 간격을 초 단위로 지정할 수 있으며 기본값은 5초다. 마지막으로 Dead Timer 에디트 박스에는 데드 타이머를 지정할 수 있는데, 이 값은 OSPF가 인접 라우터가 아직 살아있는지 여부를 확인하는 간격으로서 기본값은 40초다. 그리고 변경 사항을 저장하는 Save 버튼과 변경 사항을 취소하는 Cancel 버튼이 있다.

OpenBGPD와 마찬가지로 Raw Config 탭에서 OSPF 설정 파일을 수동으로 편집할 수 있다. 마지막으로 Status 탭에서는 실행 중인 OSPF 데몬에 대한 정보를 확인할 수 있다.

정책 라우팅

정책 라우팅policy routing은 정책 기반 라우팅이라고도 부르며, 목적지 네트워크가 아닌 다른 기준을 바탕으로 라우팅이 이뤄지는 것을 의미한다. 이때 다양한 기준이 사용될 수 있는데, 출발지 네트워크, 출발지 또는 목적지의 주소나 포트, 프로토콜, 패킷 크기 등 다양하다. 기본적으로, 방화벽 규칙의 기준이 될 수 있으면 정책 라우팅의 기준으로도 사용될 수 있다. 특정 기준에 따라 트래픽을 특정 WAN 인터페이스로 보내는 다중 WAN 설정에서 자주 사용되지만, 그 밖의 상황에서도 정책 라우팅을 사용하기도 한다.

이전 장들에서 트래픽을 기본 게이트웨이가 아닌 다른 게이트웨이로 보내는 규칙을 만들었던 적이 있었다. 이 기능을 사용하면 정책 라우팅을 구현할 수 있다. 설정 방법은 다음과 같이 요약할 수 있다.

1. 하나 이상의 대체 게이트웨이를 생성한다.

2. 특정 기준(즉, 정책)을 지정하는 방화벽 규칙을 작성한다.

3. 이 규칙이 적용될 트래픽이 보내질 게이트웨이를 선택한다.

예를 들어 어떤 다중 WAN 환경이 있다고 가정하자. WAN이 기본 게이트웨이며, WAN2는 보조 인터넷 연결을 위한 게이트웨이 역할을 한다. WAN2는 LAN 네트워크에서 RTP^{Real-Time Transfer Protocol}를 사용해 동영상 스트리밍을 하기 위한 용도로 사용하고자 한다. 동영상 스트리밍 클라이언트는 항상 포트 554를 사용해 동영상을 전송하며, UDP만 사용된다. 또 RTP 세션을 모니터링하기 위해 RTCP^{RealTime Control Protocol}를 포트 555에서 사용할 것이지만, 이 트래픽은 라우팅을 변경하지 않아도 된다.

우선 System ➤ Routing으로 이동해 (Gateway 탭에서) WAN2가 게이트웨이로 설정돼 있는지 확인한다. 예전에 게이트웨이 그룹을 설명할 때도 언급했지만, 업스트림 DHCP 서버에서 IP 주소를 가져오는 WAN 유형 인터페이스는 자동으로 게이트웨이로 설정돼 있다. 만일 설정돼 있지 않다면 Add 버튼을 클릭해 WAN2 게이트웨이를 생성해야 한다. Interface 드롭다운을 WAN2로 설정하고, Gateway 에디트 박스에 이 인터페이스의 IP 주소를 입력해야 한다. 또한 Name 필드에 이름을 입력하고, Description 필드에 간략한 설명을 입력한 후 모든 설정 작업이 완료되면 Save를 클릭하고 Routing 설정 페이지에서 Apply Changes를 클릭한다.

다음으로 Firewall ➤ Rules에서 LAN 탭을 클릭한다. 다수의 인터페이스에서 양방향으로 정책 라우팅을 구현해야 한다면 유동 규칙을 작성하는 것이 바람직하다. 하지만 지금 우리는 단일 인터페이스상에서 트래픽을 한쪽 방향으로만 리다이렉션할 것이므로 유동 규칙을 만들지 않을 것이다. LAN 탭에서 Add 버튼을 클릭해 새로운 규칙을 작성하기 시작하자.

규칙 설정 페이지가 열리면, Action 열을 Pass로, Interface를 LAN으로 유지한다. Protocol은 UDP로 변경하고, 트래픽의 출발지가 LAN 네트워크이므로 Source 드롭 다운 박스에서는 LAN net을 선택한다. Destination port range는 554로 설정한다.

일치 기준 설정이 끝났으니, 이제 게이트웨이를 선택해야 한다. Show Advanced 버튼을 클릭한 후 아래로 스크롤해 Advanced Options 섹션에서 밑에서 세 번째에 있는 Gateway 옵션을 찾는다. 드롭다운 박스에서 WAN2 게이트웨이를 선택하고, 트래픽 셰이핑이 설정돼 있다면 Ackqueue/Queue를 사용해 트래픽을 우선순위가 높은 대기열에 할당할 수도 있다. 나중에 참조하기 위해 Description 필드에 설명을 입력하고(예를 들면, 동영상 스트리밍 클라이언트를 위한 정책 라우팅), Save 버튼을 클릭한다. 규칙 설정 페이지에 돌아오면, 새롭게 생성된 규칙이 테이블에서 allow LAN to any 규칙보다 위에 보이는지 확인한다. 그렇지 않다면 마우스 드래그를 통해 앞으로 이동한 후, Apply Changes 버튼을 클릭한다. 이제 동영상 스트리밍 클라이언트를 위한 정책 라우팅을 구현했다.

WAN2를 기본 게이트웨이로 설정

이것은 정책 라우팅의 한 가지 예일 뿐이다. 실제 운영 환경에서는 정책 라우팅을 다양하게 응용할 수 있다. 예를 들면, 다른 라우터에 웹 캐시 프락시를 두고 포트 80과 443을 사용하는 모든 HTTP 및 HTTPS 트래픽을 이 라우터로 보내는 것을 들 수 있다. 또한 이번 절의 예제에서는 pfSense를 사용해 정책 라우팅을 구현하는 방법을 보여줬지만, 실제 시나리오에서는 정책 기반 라우팅을 인식할 수 있는 3계층 스위치로 구현하는 경우가 많다.

pfSense를 통한 브리징

경우에 따라서는 두 개 이상의 인터페이스를 결합해 하나의 브로드캐스트 도메인을 구성할 수 있다. pfSense 라우터의 두 개 포트가 동일한 스위치상에 존재하는 것처럼 동작하되, 인터페이스들 간의 트래픽 제어를 위해 방화벽 규칙이 사용되는 것이다. 브리징을 통해 이러한 설정을 수행할 수 있지만, 브리징을 사용할 때는 루프가 발생하지 않도록 주의해야 한다. 앞서 언급했듯이 브리지에서 루프를 방지하는 방법은 STP를 사용하는 것인데, (pfSense도 포함해) 관리형 스위치와 라우터를 통해 구현할 수 있다.

주의할 것은, 현재 버전의 pfSense에서는 브리징된 인터페이스들이 그렇지 않은 인터페이스와 완전히 똑같이 취급된다는 점이다. 따라서 방화벽 규칙은 브리지를 구성하는 각각의 인터페이스들에 들어오는 트래픽에 적용된다. 과거 버전의 pfSense에서의 기본 설정은 브리지에 대해 필터링이 꺼져 있었으며, 동작하게 하려면 활성화해야 했다. 반면에 현재 버전에서는 브리지에서의 필터링을 선택적으로 비활성화하는 방법이 없으며, 유일한 방법은 System ➤ Advanced에서 Disable Firewall 체크박스를 선택하는 것이다. 이렇게 하면 모든 패킷 필터링이 비활성화된다.

pfSense에서 두 개의 내부 인터페이스를 브리징하는 것은 쉬운 일이지만 몇 가지 해결해야 할 문제가 있다.

- 하나의 인터페이스에는 IP 주소가 있고(기본 인터페이스), 다른 하나의 인터페이스에는 IP 주소가 없다(브리지로 연결된 인터페이스).
- DHCP 서버는 기본 인터페이스에서만 실행되고, 브리징된 인터페이스에서는 실행되면 안 된다.
- DHCP 트래픽을 허용하기 위해 브리징된 인터페이스에 방화벽 규칙을 만들어야 한다.

브리지로 인터페이스 연결

pfSense에서 인터페이스를 브리징하려면, Interfaces ➤ (assign)에서 Bridges 탭을 클릭한다. 이 탭에는 현재 설정돼 있는 브리지들을 포함하는 테이블이 있다. 새로 브리지를 추가하기 위해 테이블 하단의 Add 버튼을 클릭한다.

Bridges 설정 페이지가 열리면, Member Interfaces 리스트박스에서 최소한 두 개의 인터페이스를 선택해야 한다. 바로 브리징될 인터페이스들이다. Description 에디트 박스에 간단한 설명을 입력할 수 있다.

Bridges 설정 페이지. 일부 고급 설정이 보인다.

브리지 설정은 인터페이스 선택만으로 끝날 수도 있지만, Show Advanced 버튼을 클릭하면 고급 옵션들이 표시되며 상당수는 스패닝 트리에 관한 것이다. Cache size 에디트 박스에 브리지 주소 캐시의 크기를 설정할 수 있으며, 기본 크기는 2,000 항목이다. Cache expire time 에디트 박스에서는 주소 캐시 항목의 타임아웃 시간을 (초 단위로) 설정할 수 있다. 이 필드가 0으로 설정되면 주소 캐시 항목은 결코 만료되지 않으며, 기본값은 1,200초다.

다음 설정은 **Span Port** 리스트박스다. 스팬 포트로 설정된 인터페이스는 브리지에서 수신된 프레임들의 복사본을 전송하며, 네트워크 트래픽 모니터링에 유용한 기능이다. 여기서 설정되는 인터페이스는 브리지를 구성하는 인터페이스와 같을 수 없다는 점에 주의하자.

다음은 **Edge Ports** 리스트박스다. 에지 포트는 하나의 브리지에만 연결된 포트를 의미한다. 따라서 네트워크에서 브리지로 인한 루프가 만들어지지 않고, 포워딩 상태로 곧바로 전환할 수 있다. **Auto Edge Ports** 리스트박스에 선택된 포트들은 에지 상태를 자동으로 감지하며, 브리징된 인터페이스들의 기본 설정이다.

PTP Ports 리스트박스는 선택된 인터페이스들을 점대점 링크로 설정하는데, 인터페이스가 포워딩 상태로 곧바로 전환해야 할 경우 필요한 설정이다. **Auto PTP Ports** 리스트박스에서는 전이중$^{full\text{-}duplex}$ 링크 상태를 확인함으로써 pfSense가 점대점 상태를 자동으로 감지할 인터페이스들을 선택한다. 브리징된 인터페이스들의 기본 설정이다.

Sticky Ports 리스트박스에서는 인터페이스를 고정 상태로 표시할 수 있다. 이렇게 설정된 인터페이스에서 동적으로 학습한 주소 항목은 캐시에 일단 저장되면 고정된 값으로 취급된다. 따라서 학습된 주소가 다른 인터페이스에 나타나더라도, 고정 값으로 취급되는 항목은 결코 캐시에서 제거되거나 대체되지 않는다. 마지막으로, **Private Ports** 리스트박스에서 선택된 인터페이스들은 비공개 인터페이스로 표시된다. 그리고 역시 비공개로 지정된 다른 인터페이스에게 트래픽을 전달하지 않는다.

스패닝 트리를 사용하려면, 어느 STP를 사용할지 선택해야 한다. pfSense가 현재 지원하는 STP 프로토콜은 다음과 같다.

- STP: 앞에서 설명한 것처럼, 원조 STP는 2계층 브리지 네트워크에 스패닝 트리를 만들고 스패닝 트리의 일부가 아닌 링크를 비활성화함으로써 트리 상의 임의의 두 개 노드 사이에 하나의 경로만 남긴다. 이 프로토콜은 IEEE

802.1D로 표준화됐으며, 비교적 단순한 프로토콜임에도 불구하고 토폴로지 변경에 응답하는 데 1분 정도의 시간이 걸린다.

- RSTP^{Rapid Spanning Tree Protocol}: IEEE에서 802.1w로 표준화된 RSTP는 토폴로지 변경에 걸리는 수렴 시간을 초 단위로 단축시키지만, 대신에 다소 복잡성이 증가한다. STP에서 브리지 포트의 역할이 세 개(루트, 지정, 비활성화)였던 데 반해, RSTP에서는 두 개(대체, 백업)가 추가돼 총 다섯 개가 된다(대체 브리지는 루트 브리지에 대체 경로를 제공하고, 백업 브리지는 세그먼트에 대한 백업 또는 이중화 경로를 제공). 이렇게 늘어난 역할의 개수와 더불어 스위치 포트 상태의 수가 세 개(폐기, 학습, 전달)로 줄어든 덕분에 수렴 시간이 단축되는 효과를 얻는다.

RSTP/STP 섹션에서 STP 옵션들을 설정할 수 있다. 이 섹션 바로 위에는 Enable RSTP/STP 체크박스가 있으며, 이 체크박스를 선택해야 프로토콜을 활성화할 수 있다. 프로토콜을 선택할 수 있는 Protocol 드롭다운 박스가 있고, 이어서 STP Interfaces 리스트박스에서 STP/RSTP가 활성화될 인터페이스를 선택할 수 있다. Valid time 필드에서 스패닝 트리 설정의 유효 기간을 지정할 수 있으며, Forward time 필드에서는 RSTP 또는 STP가 활성화된 경우 패킷 전달의 대기 시간을 지정할 수 있다. Valid time과 Forward time의 기본값은 각각 20초와 30초다. Hello Time 필드에서는 (STP 모드가 실행 중일 때) STP 설정 메시지 브로드캐스팅 간격을 설정할 수 있다. Priority 필드는 브리지의 우선순위를 입력할 수 있고, Hold count 필드는 제한이 걸리기 전에 전송될 패킷의 수를 나타낸다.

마지막에 보이는 일련의 에디트 박스들은 각 인터페이스들의 스패닝 트리 우선순위를 설정한다. 0부터 240까지 (16만큼 증가하면서) 설정할 수 있으며 기본값은 128이다. 각 인터페이스의 경로 비용도 설정할 수 있다. 기본적으로 경로 비용은 링크의 속도로부터 계산되지만, 원한다면 1부터 200000000 범위에서 수동으로 설정할 수 있다. 0으로 설정하면 기본 설정대로 동작한다. 설정이 모두 끝나면 Save 버튼을 클릭하고 Bridges 설정 페이지에서 Apply Changes를 클릭한다.

아직 수행하지 않았다면, 브리지 연결된 인터페이스에서 DNS를 비활성화해야 한다. Services ➤ DHCP Server(또는 DHCPv6 Server/RA)에서 브리지 연결된 인터페이스의 탭을 클릭하고, Enable 체크박스의 선택이 해제돼 있는지 확인한 후 Save 버튼을 클릭한다. 이렇게 하면 DHCP는 제대로 동작을 계속할 것이다.

브리지 연결된 인터페이스상에서 DHCP 트래픽을 허용하기 위한 방화벽 규칙을 만드는 것도 잊어서는 안 된다. Firewall ➤ Rules에서 브리지 연결된 인터페이스의 탭을 클릭한 후 Add 버튼을 클릭한다. 일반적으로 Source 필드는 네트워크 또는 IP 주소로 설정된다. 하지만 DHCP는 특별한 경우에 속하는데, 클라이언트가 아직 IP 주소를 가지고 있지 않기 때문이다. 따라서 Source 필드에 0.0.0.0으로 설정하고(Source 드롭다운 박스에서는 Single host or alias 선택), 포트는 68로 설정한다. Destination 필드를 255.255.255.255로 설정하고, 포트는 67로 설정한다. Protocol 드롭다운 박스에서 UDP를 선택하고, Action 드롭다운 박스는 Pass로 설정돼 있는지 확인한다. 이어서 Save 버튼을 클릭한 다음 Firewall 설정 페이지에서 Apply Changes를 클릭한다. 새로 생성된 규칙이 규칙 목록의 맨 위에 있는지 확인한다. 이렇게 규칙이 추가되고 나면, 브리지로 연결된 세그먼트에 속한 클라이언트들은 DHCP 임대를 수신할 수 있다.

특별한 이슈

브리지 연결된 인터페이스들은 그렇지 않은 인터페이스와 다소 다르게 동작하며, 따라서 브리지로 할 수 없는 작업이 있다. 또 pfSense의 기능이 브리징 설정에서 제대로 동작하도록 수정이 필요할 수도 있다.

종속 포털의 경우, 종속 포털이 사용하는 인터페이스 모두에 IP가 필요하다. 이 IP 주소는 포털의 콘텐츠를 제공하는 데 사용되며, 브리지 연결된 인터페이스에는 IP 주소가 없기 때문에 종속 포털은 이러한 구성에서는 동작할 수 없다.

브리지 연결된 인터페이스들은 다중 WAN 설정에서도 문제가 발생할 수 있다. 브리징된 인터페이스상의 노드는 pfSense가 아닌 다른 게이트웨이를 사용할 수 있으므로, 이러한 노드의 기본 게이트웨이에 해당하는 라우터가 이 노드로부터 생성된 트래픽을 보낼 수 있는 유일한 장치이기 때문이다. 그러나 다음과 같은 경우에는 다중 WAN이 pfSense 방화벽 환경에서 동작할 수 있다.

- 브리징된 인터페이스상의 노드들이 기본 방화벽으로서 pfSense를 사용한다.
- 다중 WAN은 브리징되지 않은 인터페이스에서만 사용되고 있다.

CARP도 브리징 설정에서 제대로 동작하지 않는데, 그 이유는 다음과 같다. 두 개의 방화벽(하나는 마스터, 다른 하나는 백업)을 갖는 표준 CARP 설정에서 두 개의 방화벽은 모두 내부 인터페이스(예를 들면 LAN과 OPT1)용 스위치에 연결된다. 이렇게 해도 각각의 스위치로의 경로는 노드별로 하나만 존재하기 때문에 문제는 없다. 두 개의 네트워크 세그먼트는 브리지 연결을 통해 하나의 커다란 네트워크로 합쳐지는데, 각 인터페이스용 스위치들 간에 두 개의 경로가 만들어지면 루프가 형성된다. 예를 들어, 루프가 없는 CARP 설정에서 LAN상의 어떤 노드가 OPT1상의 어떤 노드에 대한 (마스터 방화벽을 거치는) 경로를 하나 갖고 있다고 하자. 이때 두 인터페이스가 연결되면 OPT1으로의 경로는 두 개가 된다(마스터 방화벽상의 브리지와 백업 방화벽상의 브리지).

인터페이스의 스위치가 관리형 스위치인 경우, 관리형 스위치에 STP 또는 RSTP를 구현함으로써 좀 더 CARP 루프를 효과적으로 처리할 수 있다. 그러나 관리형 스위치가 아니라면 루프를 막을 방법이 없으며, 루프는 네트워크에 장애를 일으킬 수 있다.

브리지 연결된 인터페이스에서 CARP를 다음과 같은 방법으로 함께 사용할 수 있지만 그다지 우아한 방법은 아니다. 순서는 다음과 같다.

1. 일반적인 CARP를 설정할 때와 마찬가지로 마스터 방화벽과 백업 방화벽을 설정하되, 방화벽의 인터페이스 지정이 모두 똑같도록 설정한다. 그리고 브리징된 인터페이스에도 그대로 이어져야 한다. 다시 말해, 브리지도 똑같이 복사돼야 한다.

2. 관리형 스위치를 사용하고 있다면, STP/RSTP를 사용해 마스터 방화벽에 스위치를 연결하는 포트가 백업 방화벽에 스위치를 연결하는 포트보다 높은 우선순위를 갖도록 한다. 포트 설정이 완료되면, 마스터 방화벽의 포트가 트래픽을 전달하고 백업 파이어의 포트가 트래픽을 차단하고 있는지 확인한다.

3. 또 다른 방법은 스크립트를 사용해 MASTER로 지정된 방화벽의 브리지만 동작하도록 하는 것이다. carp0 인터페이스에서 `ifconfig` 명령을 실행하고 `grep` 등의 명령을 사용해 출력의 내용을 검사해 수행할 수 있다. 스크립트를 설치한 후, cron 데몬을 사용해 스크립트를 자동 실행할 수 있다. 페일오버가 발생할 때 가능한 한 매끄럽게 동작하게 하려면 실행 주기를 매우 짧게(예를 들면 60초) 실행하는 것이 좋다.

4. devd를 사용해 실제로 CARP 상태 전이가 발생한 상황을 포착하는 방법도 사용할 수 있다. CARP 상태 전이가 감지될 때마다 브리지가 켜지거나 꺼지도록 마스터 방화벽과 백업 방화벽의 /etc/devd.conf를 편집하는 것이다.

위와 같은 방법들을 자세히 설명하는 것은 이 책의 범위를 벗어난다. 공식 pfSense 포럼의 http://forum.pfsense.org/index.php/topic,4984.0.html 게시물에서 자세하게 설명된 방법을 찾을 수 있다.

브리징 예제

브리징 예제로서, pfSense를 사용해 LAN 인터페이스와 OPT1 인터페이스를 연결해보자. 또 다운스트림 라우터들이 있다고 가정하고, 루프를 방지하기 위해 두 인터페이스에서 RSTP를 실행할 것이다. LAN1이 기본 인터페이스가 되고, OPT1이 브리징되는 인터페이스가 된다. LAN 인터페이스의 IP 주소를 172.16.1.1, 서브넷 주소를 172.16.0.0으로 가정하고, DHCP 서버는 LAN에서 실행되고 있다고 가정한다.

우선 Services ➤ DHCP Server로 이동한 후 OPT1에서 DHCP를 비활성화하기 위해 Enable 체크박스를 해제하고 Save 버튼을 클릭한다. 이제 브리지를 생성하기 위해 Interfaces ➤ (assign)에서 Bridges 탭을 클릭한다. 그리고 Add 버튼을 클릭해 새 브리지 추가를 시작한다.

지금 LAN과 OPT1을 연결하고 있으므로, Member Interfaces 리스트박스에서 이 두 개의 인터페이스를 선택한다. Description 에디트 박스에는 간략한 설명을 입력한다(예를 들면 LAN to OPT1 Bridge). 단순한 브리지를 생성하는 경우에는 이것으로 설정이 끝나지만, 지금 우리는 브리징된 인터페이스에서 RSTP를 실행하고자 하므로 Show Advanced 버튼을 클릭하고 스크롤을 내려서 Enable RSTP 체크박스를 선택한 후, RSTP/STP 섹션에서 Protocol 드롭다운의 설정을 RSTP로 유지한다. STP Interface 리스트박스에서 LAN과 OPT1을 선택하고, 지금 스패닝 트리 계산 시 OPT1보다 LAN 포트에 높은 우선순위를 부여하고자 하므로 아래로 스크롤해 LAN path cost를 1로 설정하고 OPT1을 1000으로 설정한다. 이러한 설정이 모두 끝나면 Save 버튼을 클릭하고, Bridges 설정 페이지에서 Apply Changes를 클릭한다.

브리지 설정이 끝났으므로 이제 DHCP 트래픽을 허용하기 위해 OPT1 인터페이스에 방화벽 규칙을 작성하자. Firewall ➤ Rules로 이동하고 나서 OPT1 탭을 클릭한 후 Add 버튼을 클릭한다. Rules 설정 페이지가 열리면, Protocol을 UDP로 설정하고 Source 드롭다운 박스에서 Single host or alias를 선택한 후 에디트 박스에는 0.0.0.0을 입력한다. Display Advanced 버튼을 클릭하고, Source port range 에디트 박스에 68을 입력한다. Destination에도 Single host or alias를 선택하고 에디트 박스에 255.255.255.255를 입력한다. Destination port range 에디트 박스에는 67을 입력한다. 간단한 설명(예를 들면 DHCP 트래픽 허용)을 입력하고 Save 버튼을 클릭한 후 Rules 설정 페이지에서 Apply Changes 버튼을 클릭한다.

새로 생성된 규칙이 OPT1 인터페이스에 대한 규칙 목록의 맨 위에 있는 것만 확인하면 모든 설정은 끝난다. 이제 OPT1에 연결된 클라이언트는 LAN상에 위치하는 DHCP 서버로부터 172.16.0.0 서브넷상의 주소를 수신할 수 있을 것이다.

라우팅과 브리징 관련 문제 해결

라우팅과 브리징의 기초를 배우고 네트워크에서 실제로 구현하기 시작하면, 원인을 알기 어려운 문제에 직면하는 상황은 거의 피할 수 없다. 이번 절에서는 라우팅과 브리징에 관련된 문제 해결 방법들을 소개한다.

Diagnostics ➤ Routes에서 확인할 수 있는 pfSense 라우팅 테이블은 어떤 경로가 존재하는지, 경로가 어떻게 설정됐는지, 경로가 얼마나 사용됐는지 알아내기에 가장 좋은 출발점이다. 이 테이블은 IPv4 경로와 IPv6 경로로 구분되며, 각 항목마다 여러 개의 열로 구성된다. Destination은 경로의 목적지고, Gateway는 경로가 거치는 게이트웨이며, Use는 경로가 사용된 횟수고, Mtu는 최대 전송 단위, Netif는 게이트웨이의 인터페이스, Expire는 경로가 만료됐는지 여부(ICMP 리다이렉션과 같은 임시 경로의 경우 만료 상태일 수 있음)다. 또 Flags 열은 이 경로에 설정된 플래그들을 알려준다. netstat man 페이지에서 이 플래그들의 전체 목록과 그 의미를 볼 수 있는데, 그중 널리 쓰이는 것은 다음과 같다.

- U = RTF_UP: 경로를 사용할 수 있음
- G = RTF_GATEWAY: 중개자에 의한 전달이 필요함
- H = RTF_HOST: 호스트 항목
- S = RTF_STATIC: 수동으로 추가된 항목

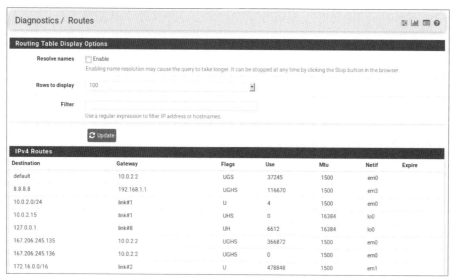

Diagnostics / Routes							

Routing Table Display Options

Resolve names	☐ Enable	
	Enabling name resolution may cause the query to take longer. It can be stopped at any time by clicking the Stop button in the browser.	
Rows to display	100	▾
Filter		
	Use a regular expression to filter IP address or hostnames.	

🔁 Update

IPv4 Routes

Destination	Gateway	Flags	Use	Mtu	Netif	Expire
default	10.0.2.2	UGS	37245	1500	em0	
8.8.8.8	192.168.1.1	UGHS	116670	1500	em3	
10.0.2.0/24	link#1	U	4	1500	em0	
10.0.2.15	link#1	UHS	0	16384	lo0	
127.0.0.1	link#8	UH	6612	16384	lo0	
167.206.245.135	10.0.2.2	UGHS	366872	1500	em0	
167.206.245.136	10.0.2.2	UGHS	0	1500	em0	
172.16.0.0/16	link#2	U	478848	1500	em1	

pfSense 라우팅 테이블

고정 라우팅과 동적 라우팅 중에서 먼저 고정 라우팅을 다루기로 한다. 앞서 고정 경로를 설명하면서 사용했던 예제 네트워크를 사용할 것이다. 이 예제에서는 서브넷 주소가 192.168.2.0인 DMZ 네트워크가 있고, DMZ는 LAN 네트워크에 연결돼 있었다. 또 서브넷 주소가 192.168.3.0이고 pfSense에 직접 연결된 OPT1 네트워크도 있다고 가정하자. 따라서 LAN과 OPT1 네트워크 모두 pfSense가 알고 있으며, 반면에 DMZ 네트워크는 고정 경로(DMZ 라우터의 IP 주소 192.168.1.2가 게이트웨이 주소로 설정돼 있음)를 통해서만 pfSense에 알려져 있다. 현재 IP 주소가 192.168.2.10인 DMZ 네트워크의 노드는 IP 주소가 192.168.3.10인 OPT1의 노드와 세션을 시작할 수 없다.

우선 인터페이스가 종료[shutdown] 모드이거나 잘못 설정된 것과 같이 원인이 명백한 가능성을 고려해야 한다. 192.168.2.10부터 시작하자. 라우터의 WAN IP 주소는 192.168.1.2이고 LAN 측 IP 주소(LAN 네트워크의 주소와 혼동하면 안 됨)는 192.168.2.1이다. 따라서 192.168.2.10의 기본 게이트웨이는 192.168.2.1이어야 한다. 실제로 그렇게 설정돼 있는지 확인하고, 그렇지 않으면 변경해야 한다.

그다음으로는 라우터와 연결이 잘 되고 있는지 확인하기 위해 192.168.2.10에서 192.168.2.1로 ping을 실행한다. ping 요청이 실패하면 라우터가 고장 났거나 잘 못 설정됐을 가능성이 높다. 그러나 정상적으로 응답을 받는다면 다른 원인을 찾 아야 한다.

traceroute 명령(윈도우에서는 tracert)을 사용해 192.168.3.10으로의 경로를 추 적할 수 있다. 이 명령어는 복잡한 네트워크 구성에서는 유용한 해결책이지만, 예 제 네트워크는 매우 간단하기 때문에 LAN 주소(192.168.1.1)에 ping을 보내는 것 만으로도 충분하다. 응답이 돌아오지 않는다면 다음과 같은 몇 가지 원인을 생각 할 수 있다.

- LAN 인터페이스가 다운됐거나 잘못 설정됐다.
- DMZ로의 고정 경로가 잘못 설정돼 pfSense는 응답을 어디로 보내야 할지 모르거나 잘못된 곳으로 보낸다.

첫 번째 원인을 제거하기 위해서는 pfSense에서 192.168.1.2로 ping을 시도해보 자(웹 GUI의 Diagnostics ➤ Ping에서 할 수 있다). 이렇게 해서 라우터에 응답이 돌아 온다면, LAN 인터페이스가 정상 실행 중임을 의미하며 pfSense에서 DMZ 라우 터로의 경로가 존재하고 있음이 증명된다. 그러나 pfSense에서 192.168.1.2로는 ping이 성공하지만 192.168.2.1이나 192.168.2.10에는 실패한다면, DMZ 네트워 크로의 고정 경로가 잘못 설정된 것이 원인일 가능성이 높다.

그러나 192.168.2.10에서 pfSense 방화벽에 도달할 수 있다면, 우리는 OPT1 인터페이스에 문제가 있는 것은 아닌지 고려할 필요가 있다. pfSense에 서 192.168.3.10으로 ping이 성공한다면 OPT1은 정상 실행 중인 것이고 192.168.2.10이 도달하고자 하는 노드와도 연결 가능하다는 것을 의미한다. 만일 ping이 실패한다면 문제가 OPT1 네트워크에 있다고 말할 수 있다.

그런데 만일 192.168.2.10에서 pfSense로 ping이 성공하고 pfSense에서 192.168.3.10으로 ping이 성공한다면 어떻게 된 것일까? 이 경우에는 두 개의 노드가 모두 pfSense와 연결 가능하며 DMZ 네트워크로의 고정 경로가 올바르게 설정돼 있음이 증명되는 것이다. 그러나 이것은 네트워크 간 트래픽이고, 따라서 방화벽 규칙이 적용된다는 것에 주의하자. Firewall ➤ Rules에서 LAN 탭을 클릭한다(DMZ 트래픽이 LAN 인터페이스를 통해 들어오므로). 문제의 원인이 바로 여기에서 발견된다. allow LAN to any 규칙 허용은 출발지가 LAN 서브넷인 트래픽만 통과를 허용한다. DMZ 트래픽은 이 조건과 일치하지 않기 때문에 규칙은 적용되지 않으며, 따라서 OPT1으로의 트래픽이 통과할 수 없었던 것이다. 따라서 이 규칙을 수정해 LAN 인터페이스로부터의 트래픽을 출발지에 관계없이 통과하도록 허용하거나, DMZ 네트워크(192.168.2.0)로부터의 트래픽 통과를 허용하는 규칙을 새로 만들어야 한다.

여러분의 현실에서 접하는 네트워크 구성은 지금 다룬 예제 네트워크보다 더 복잡할 수도 있지만, 기본적인 문제 해결 기법은 동일하다. 분할 정복divide-and-conquer 접근법을 사용하는 것이다. ping과 traceroute는 우리의 친구며, 시스코 스위치를 사용 중이라면 다음의 명령행 도구들도 사용할 수 있다.

- showip route: 이 명령은 최소한 다음 홉hop을 보여주며, 추가로 경로 메트릭, 총 대기 시간, 신뢰성 등의 정보를 제공한다.
- howip interface brief: 이 명령은 라우터 인터페이스의 상태 정보를 요약해서 보여준다.
- showcdp neighbors: 이 명령은 CDPCisco Discovery Process 중에 발견된 인접 장치들의 정보를 보여준다. 이 명령에 세부 옵션을 추가하면 네트워크 주소, 프로토콜, 대기 시간, 소프트웨어 버전 등의 정보도 볼 수 있다.

네트워크가 점점 복잡해지면 고정 경로의 한계가 드러나며, 동적 라우팅과 같은 좀 더 세련된 해결책을 찾게 된다. 그러나 동적 라우팅은 그 자체만으로도 새로운 문제를 일으킬 수 있다. 고정 경로와 마찬가지로, 게이트웨이 설정이 잘못됐거나 포트가 다운된 것과 같은 명백한 원인부터 우선적으로 고려해야 한다. 또 흔히 접하는 원인은 라우터들 간에 연결은 가능하지만 그중 일부 라우터(또는 라우터의 특정 포트)가 다른 라우터들이 사용 중인 라우팅 프로토콜을 사용하도록 설정돼 있지 않은 경우다.

또한 네트워크 규모가 커지면서 라우팅 테이블을 유지하고 동적 경로를 계산하기 위해 라우터에 좀 더 많은 CPU와 RAM이 필요해지기도 한다. 이 문제는 네트워크에 적합한 하드웨어를 선택하거나 장비를 업그레이드함으로써 해결할 수 있다.

이보다 자주 발생하는 문제가 바로 루프 문제다. 루프는 STP나 RSTP를 실행 중임에도 발생할 수 있다. 잘못 설정됐거나 장애가 발생한 스위치로 인해 네트워크가 제 기능을 하지 못할 수 있기 때문이다. 모든 장치에서 동일한 버전의 STP가 실행 중인지 확인하고(원조 STP나 RSTP 어느 것도 좋지만 둘이 동시에 사용돼서는 안 됨), 이 부분에 대한 확인이 끝나면 다른 원인으로 넘어갈 수 있다. 최근에 스위치가 다운된 적이 있었다면, 스패닝 트리를 새로 계산하는 간격이 너무 긴 것이 원인일 수 있다. 또 변경 사항 반영이 느린 것이 문제일 수도 있다. 어떤 스위치가 다운됐음에도 다른 모든 라우터들이 이 사실을 제대로 알고 있지 못하면, 스패닝 트리 구축이 지연된다.

라우팅 프로토콜 버전 간의 호환성 부족이 원인일 경우도 있다. 예를 들어 RIPv2는 RIPv1과 하위 호환되지만, 다른 라우팅 프로토콜들도 과거 버전과 하위 호환될 것이라고 보장할 수는 없다. 따라서 동일한 프로토콜의 서로 다른 버전을 실행 중이라면 호환 여부를 설명 문서에서 확인해야 한다.

인터페이스를 브리지로 연결함으로써 다양한 문제가 발생할 수 있다.

- 브리지가 트래픽을 전달하지 못하거나 간헐적으로만 전달할 수 있다.
- 이와 반대로 중복 트래픽이 네트워크에 넘칠 수 있다.
- 브리지를 추가한 후 네트워크가 불안정해지고 pfSense가 중지될 수도 있다.

브리지가 트래픽을 전달하지 못하고 있다면, 브리지가 제대로 생성되지 않았거나 혹은 생성은 됐지만 그중 하나 또는 둘 다 인터페이스가 비활성화 상태일 수 있다. 방화벽 규칙이 브리지를 구성하는 인터페이스들 간의 트래픽에 적용돼서 트래픽을 차단하고 있을 가능성이 있으며, 따라서 브리지를 구성하는 인터페이스의 방화벽 규칙을 검사해야 한다.

브리지가 간헐적으로 트래픽을 전달하는 경우에는 여러 가지 원인을 생각할 수 있다. 예를 들면, STP가 브리지에서 실행 중인데 네트워크 토폴로지 변경이 너무 잦아서 스패닝 트리가 지속적으로 재계산되는 것이 원인일 수 있다. 또한 전기 공급이 끊겨서 장비가 순간적으로 멈추는 경우도 있다. 아무리 짧은 단전이라도 브리지 전달 대기 시간은 최소 15초 늘어난다.

트래픽이 네트워크에 넘쳐난다면 그 원인은 거의 틀림없이 루프 때문이다. 이 문제를 해결하는 방법 중 하나는 루프가 발생한 위치를 직접 알아내서 연결을 끊는 것이다. 물론 STP나 RSTP를 실행하는 것이 더 바람직하지만, 앞서 고정 경로에 관한 문제 해결 방법을 논의할 때 설명한 것처럼 이 프로토콜들을 실행함으로써 예기치 못한 문제가 발생할 수도 있다.

네트워크가 불안정하거나 pfSense가 정지된 경우에는 원격 관리용으로 브리지 인터페이스를 사용하는 것이 원인일 수 있다. 혹은 사용자가 파일 공유와 같은 필수 네트워크 서비스를 브리지 인터페이스에 의존하는 것이 원인일 때도 있다. 아니면 브리지 인터페이스 중 일부에 하드웨어 장애가 있을 수도 있다.

네트워크 인터페이스들을 브리지로 연결하는 것은 일반적으로 바람직한 방법이 아니다. 특히 좀 더 우아하고 간단한 해결책이 있다면 더욱 그렇다. 그러나 기초적인 문제 해결 기법들을 동원함으로써 브리지로 연결된 인터페이스를 제대로 동작시킬 수 있을 것이다.

요약

이번 장에서는 브리징과 라우팅에 대한 기초 개념을 우선 소개했다. 브리징과 라우팅은 개념적으로 다르지만, 비슷한 목적으로 사용될 때가 많다는 점에 주목했다. 후반부에 언급했듯이 비슷한 문제를 일으킬 수 있는데, 예를 들어 루프는 브리지와 고정/동적 경로 모두에서 발생하는 문제다. 고정 라우팅과 동적 라우팅을 모두 다뤘으며, 동적 라우팅 기능을 추가하기 위해 pfSense에서 사용할 수 있는 패키지들을 살펴봤다. 또한 브리징으로 인해 pfSense의 기능에 문제를 일으킬 수 있는 사례들을 설명했고, 라우팅과 브리징에 관련된 문제 해결 기법들도 다뤘다.

이번 장에서 세 개의 패키지를 배웠지만, 이것은 pfSense의 기능을 향상시킬 수 있는 서드파티 패키지들의 일부에 지나지 않는다. 다행히, 다음 장에서는 패키지만 집중적으로 소개할 예정이다. 어떤 패키지들을 사용할 수 있는지, 그리고 패키지 덕분에 여러분의 삶이 얼마나 편해질 수 있는지 폭넓게 설명할 것이다.

9

패키지를 통한
pfSense 기능 확장

지금까지 패키지를 통해 pfSense의 기능을 확장하는 방법을 몇 차례 소개했다. 예를 들어, OpenVPN 클라이언트 내보내기 유틸리티를 사용해 OpenVPN 클라이언트 설정을 쉽게 할 수 있었고, 라우티드^{routed} 패키지를 사용해 pfSense에서 동적 라우팅을 구현할 수 있었다. 하지만 이것들은 pfSense에서 사용할 수 있는 수많은 패키지들의 일부에 지나지 않는다. pfSense에서 사용할 수 있는 패키지는 다음과 같은 범주들로 나눌 수 있다.

- 유틸리티: 대부분 리눅스 배포판에서 이미 제공하는 기능이지만, 그럼에도 불구하고 장애 해결에 많은 도움이 될 수 있다. 예를 들어 8장에서 cron 유틸리티를 사용해서 브리지와 CARP 설정 시 루프를 제거하는 방법을 설명한 적이 있다. 이러한 리눅스 명령행 유틸리티들은 대부분 간단한 기능을 수행한다. 예를 들어 Service_Watchdog은 pfSense에서 중지된 서비스를 모니터링하고 재시작할 수 있다. arping, cron, sudo와 같은 패키지들이 모두 유틸리티 범주에 속한다.

- 네트워크 모니터링: 네트워크 사용 정보 수집이 주목적이다. 예를 들어, 하루 종일 페이스북에서 살고 있는 사용자나 토렌트를 통해 다운로드하느라 대

역폭의 90%를 점유 중인 사용자를 찾을 수 있다. darkstat, RRD_Summary, softflowdare 등이 이 범주에 속한다.

- 침입 탐지 및 방지: 네트워크 활동을 모니터링하고 악의적(또는 잠재적으로 악의적인) 활동을 탐지하는 네트워크 보안 유틸리티다. 네트워크 관리자에게 그러한 활동을 알리기만 하는 것도 있고, 악의적인 공격을 막기 위한 조치(예를 들면 IP 주소 차단)를 취하는 것도 있다. nmap, 스노트Snort, 수리카타suricata 등의 패키지가 이 범주에 속한다.
- 프락시: 특정 사이트를 차단하거나 웹 페이지를 캐시에 저장하는 기능을 제공한다. 스팸 필터링 기능을 제공하는 것도 있다. pfBlocker, 스퀴드Squid, 스퀴드가드SquidGuard 등이 이에 속한다.
- 기타: 위 범주들에 해당하지 않는 것 전부다. freeradius2(RADIUS 프로토콜 구현), HAproxy(추가적인 부하 분산 기능 제공), LADVD(링크 계층 알림 송수신) 등을 들 수 있다.

이번 장에서 pfSense에 사용 가능한 패키지를 모두 소개하는 것은 불가능하므로, 중요한 패키지 위주로 설명할 것이다. 이 장의 내용은 다음과 같다.

- 기본적으로 고려할 사항
- 패키지 설치 방법
- 널리 쓰이는 패키지
- 기타 패키지들

기본적으로 고려할 사항

많은 경우에 패키지 설치로 인해 pfSense 시스템에 나쁜 영향을 미칠까봐 걱정할 필요는 없다. 하지만 그래도 업무상 중요한 시스템에 패키지를 설치할 때는 주의할 사항이 있다. 우선 설치하고자 하는 패키지가 어떤 기술을 바탕으로 하는지 알고 있으면 도움이 된다. 예를 들어, 동적 프로토콜의 일반적인 동작 원리와

RIPv1 및 RIPv2 프로토콜의 동작 원리를 모르고 라우티드^{routed} 패키지를 설치하는 것은 바람직한 일이 아니다.

또한 패키지를 추가하면 시스템의 자원이 추가로 소비된다는 사실을 인지해야 한다. arping이나 cron과 같은 간단한 패키지는 특별한 고려 없이도 pfSense 시스템에 부담 없이 설치할 수 있지만, 이것은 예외적인 경우다. 예를 들어 프락시 서버를 설치 및 설정하려면 캐시에 저장된 웹 페이지를 위한 디스크 공간이 필요할 것이다. 그리고 많은 패키지들이 CPU 자원을 요구한다. 동적 라우팅 프로토콜은 경로를 계산하기 위해 많은 CPU 자원을 필요로 하며, 침입 탐지 시스템 또한 마찬가지다. 최초 pfSense 시스템 구매 시에 이러한 패키지 설치를 예상하지 못했다면, 추가적인 사양 업그레이드가 필요할 수 있다.

자원 사용을 고려하지 않고 패키지를 설치 및 사용하면 다음과 같은 부정적인 결과가 발생할 수 있다.

- CPU 자원이 과도하게 사용돼 pfSense 시스템의 속도가 거의 기어가듯이 느려진다.
- 디스크 공간이 완전히 소모돼 DHCP 서버가 동작을 멈추고 DHCP 임대가 불가능해진다.
- 디스크 공간이 부족하기 때문에 pfSense를 업데이트할 수 없다.
- 심지어 디스크 공간/CPU 자원 부족으로 인해 pfSense 시스템이 사용 불가능 상태가 되고, 결국 재설치할 수밖에 없다.

위와 같은 현상은 업무용 시스템에서 당연히 피해야 할 일이므로, 패키지 설치 및 설정 시에는 분명한 주의가 필요하다.

새로 설치할 패키지가 기존의 pfSense 기능 및 패키지들과 어떻게 영향을 주고받을지도 고려해야 한다. 예를 들어, 일부 패키지는 다른 패키지와 동일한 위치에 설치되므로 함께 사용될 수 없다(OpenBGPD와 Quagga OSPF를 기억해보라). 현재 방화벽 규칙을 사용 중일 경우 프락시 설치로 인해 결과가 달라질 수 있으며, 차단될 것으로 생각한 트래픽이 허용되는 경우도 발생할 수 있다. 나중에 스퀴드를 소개하면서 이런 사례를 다룰 것이다.

패키지 설치 방법

웹 GUI를 사용해 패키지를 설치하려면 System ➤ Package Manager를 열고 Available Packages 탭을 누른다. 이 탭에서 현재 사용 가능한 패키지들이 나열된 테이블을 볼 수 있으며, 페이지 상단의 검색 창에 패키지 이름의 일부 또는 설명의 일부를 입력해 원하는 패키지를 찾을 수 있다. 그 옆의 드롭다운 박스에서는 이름, 설명, 아니면 둘 다를 검색할 수 있다.

테이블 내의 각 항목에는 Name, Version, Description이라는 세 개의 열이 있다.

- Name: 패키지의 이름. (존재할 경우) 패키지의 공식 웹사이트로 연결된다.
- Version: 패키지의 현재 버전. (존재할 경우) 패키지 프로젝트의 깃허브[GitHub] 저장소에 연결된다.
- Description: 패키지에 대한 간략한 설명으로서 메모 혹은 경고가 포함돼 있다. 이 열에는 Package Dependencies라는 섹션이 있는데, 이 패키지의 의존 관계들이 나열돼 있다(모든 패키지는 자체적으로 의존하고 있으므로 적어도 하나의 항목은 들어있다). 각각의 항목마다 www.freshports.org로의 링크가 있으며, 추가적인 정보를 확인할 수 있다.

특정 패키지를 설치하려면, 해당 패키지를 테이블에서 찾아 설명 우측에 있는 Install 버튼을 클릭한다. Confirm 버튼을 포함하는 새로운 페이지가 나타날 것이다. 이 버튼을 클릭해서 설치할 것임을 재확인하면, 패키지 설치가 시작된다. 대부분의 패키지는 설치에 몇 분도 걸리지 않는다.

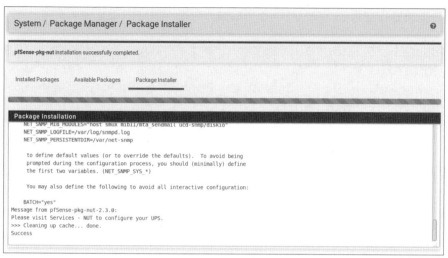

명령행에서 패키지를 설치할 수도 있다. 명령 프롬프트에서 다음과 같이 입력한다.

pfSsh.php playback installpkg "패키지 이름"

이렇게 입력하면 다음과 같이 화면에 출력된다.

Starting the pfSense developer shell...

Installing package "패키지 이름"... **Done.**

웹 GUI만큼 패키지 설치 현황에 관한 피드백을 많이 보여주지는 않지만 설치에는 아무 문제가 없으며, 동시에 다수의 패키지를 설치하는 스크립트를 작성해 자동화할 수 있다는 장점이 있다. 명령행에서 특정 패키지를 제거하려면 다음과 같이 입력한다.

pfSsh.php playback uninstallpkg "패키지 이름"

사용 가능한 패키지를 나열하려면 다음과 같이 입력한다.

pfSsh.php playback listpkg

다음 화면은 명령 프롬프트에서 스퀴드 패키지를 설치하는 것을 보여준다.

```
[2.3.2-DEVELOPMENT][root@pfSense.thewookie.dyndns.org]/root: pfSsh.php playback
installpkg "pfSense-pkg-squid"

Starting the pfSense developer shell....

Installing package "squid"... Done.
[2.3.2-DEVELOPMENT][root@pfSense.thewookie.dyndns.org]/root:
```

명령 프롬프트에서 스퀴드 설치

패키지 설치가 끝나면 패키지 관리자의 Installed Packages 탭에 나타난다. 이 탭에서 각 패키지 항목은 Available Packages 탭에서와 비슷하지만 몇 가지 차이가있다.

- Name 열에서는 이름 왼쪽에 아이콘이 있다. 체크 모양의 아이콘은 패키지가 최신 버전임을 나타내고, 화살표 아이콘은 패키지를 업데이트할 수 있음을 나타낸다(이 화살표 아이콘을 클릭하면 패키지가 업데이트된다).
- Actions 열에는 몇 가지 옵션이 있다. 휴지통 아이콘을 클릭하면 패키지가 제거되고, 화살표 아이콘을 클릭하면 패키지가 재설치되며, (존재할 경우) 소문자 i 아이콘을 클릭하면 패키지의 공식 웹사이트로 이동해 자세한 정보를 볼수 있다.

널리 사용되는 패키지들

pfSense 2.3이 출시되면서 많은 패키지들이 삭제되거나 지원 대상에서 제거됐다. 제거된 패키지들의 목록은 pfSense 공식 사이트의 http://doc.pfsense.org/index.php/2.3_Removed_Packages에서 확인할 수 있다. 그중에서 중요한 패키지들은 다음과 같다.

- HAVP antivirus: 더 이상 관리되지 않는다. 안티바이러스 지원은 스퀴드를 이용할 수 있다.
- ntop: ntopng가 있으므로 더 이상 지원되지 않는다.

- olsrd: 더 이상 관리되지 않는다.
- Sarg: lightauid가 있으므로 더 이상 지원되지 않는다.
- spamd: 더 이상 관리되지 않는다.
- Zabbix-2 agent, Zabbix-2 proxy: Zabbix LTS가 있으므로 더 이상 지원되지 않는다.

이번 절에서 소개할 패키지들은 여전히 존재할 뿐 아니라, 가장 널리 사용되는 pfSense 패키지들 중 하나다.

스퀴드

스퀴드^{Squid}는 원래 유닉스 계열 운영체제(리눅스, FreeBSD 등)에서 데몬으로 실행되도록 설계된 웹 프락시다. 버전 1.0.0은 1996년 7월 발표됐으며, 현재는 수많은 다양한 유닉스 변형 운영체제에서 실행될 수 있다. 또한 클라이언트 측 캐시(클라이언트가 웹 페이지나 다른 콘텐츠를 저장할 수 있음)나 역방향 프락시로도 사용될 수 있다. 역방향 프락시로 사용되는 경우, 서버 측에서 다수 웹 서버의 페이지를 저장하기 위해 사용된다.

프락시 서버는 전화 접속으로 인터넷을 주로 사용하던 시절에는 꽤 널리 사용됐다. 그 이유는 기껏해야 56kbps 인터넷 연결 속도로 원격 웹사이트에서 페이지를 가져오는 것보다 로컬 복사본을 찾는 것이 훨씬 더 빠르기 때문이다. 하지만 광대역 인터넷 연결이 보편화되면서 프락시 서버의 활용도는 예전 같지 않게 됐다. 인터넷 연결 속도가 충분히 빠르다면, 프락시 서버에서 로컬 복사본을 찾는 것이 오히려 더 오래 걸릴 수 있다. 그 이유는 프락시를 통해 웹 페이지를 요청할 때 어떤 일이 발생하는지 생각해보면 분명히 알 수 있다. 먼저, 프락시에 웹 페이지 요청이 도착한다. 그러면 프락시는 로컬 캐시에 저장된 것보다 최신 버전의 웹 페이지가 존재하는지 확인해야 한다. 만일 최신 버전이 발견되면 해당 페이지를 검색해 캐시에 저장한 후 클라이언트로 보내고, 그렇지 않으면 로컬 캐시에 있는 복사본을 보낸다.

원격 웹 페이지가 업데이트된 경우, 페이지 검색에 더 많은 시간이 필요하다는 것은 분명하다. 결국은 원격 웹 서버에 페이지를 요청하는데, 프락시가 없었더라도 그렇게 했겠지만 프락시 때문에 한 단계 더 수행 과정이 추가됐기 때문이다. 하지만 설령 페이지가 업데이트되지 않았더라도 역시 페이지 업데이트 여부를 확인해야 하므로 추가 오버헤드가 발생한다. 따라서 웹 프락시를 사용하는 것이 웹사이트에 직접 접근하는 것보다 느릴 때가 많다.

그러나 웹 프락시 사용이 유리할 수 있는 상황도 있다. 네트워크상의 25명의 사용자가 동시에 어떤 웹 페이지를 요청한다고 가정하자(교실에서 이런 경우가 자주 발생한다. 또는 여러 명의 사용자들이 동시에 어떤 제품의 온라인 설명서를 읽는 경우도 그렇다). 프락시가 없다면 동일한 웹 페이지에 대해 25개의 개별 요청으로 대역폭이 낭비된다. 그러나 웹 프락시에 저장된 로컬 복사본이 있다면 인터넷 속도가 아닌 LAN 속도로 네트워크 대역폭을 소비하지 않고 사용자들에게 해당 페이지를 보낼 수 있다.

스쿼드를 설정하려면 우선 패키지를 설치한 후 Services ➤ Squid Proxy Server로 이동한다. 이 페이지에는 10개의 탭이 있는데, 기본이 되는 것은 General 탭이며 이 탭에서 스쿼드를 실행할 수 있다. Enable Squid Proxy 체크박스는 프락시의 활성화 여부를 제어하며, 선택하면 스쿼드가 활성화된다. Keep Settings/Data 체크박스를 선택하면, 패키지가 재설치돼도 설정과 데이터가 그대로 보존된다. Proxy Interfaces 리스트박스에서 프락시 서버가 바인딩할 인터페이스를 선택할 수 있으며, Proxy Port 에디트 박스에서 프락시 서버가 수신 대기할 포트를 지정할 수 있는데 기본값은 3128이다. ICP Port 에디트 박스에서는 프락시 서버가 인접 캐시 간에 ICP 질의를 주고받는 포트를 지정할 수 있는데, 기본적으로 이러한 질의는 허용되지 않는다. Allow Users on Interface 체크박스를 선택하면, Proxy Interfaces 리스트박스에서 선택된 인터페이스에 연결된 사용자들이 프락시를 사용할 수 있다. Resolve DNS IPv4 First 체크박스는 DNS IPv4 검색을 우선적으로 허용한다.

General   Remote Cache   Local Cache   Antivirus   ACLs   Traffic Mgmt   Authentication   Users   Real Time   Sync

Squid General Settings

Enable Squid Proxy	☒ Check to enable the Squid proxy. Note: If unchecked, ALL Squid services will be disabled and stopped.
Keep Settings/Data	☒ If enabled, the settings, logs, cache, AV defs and other data will be preserved across package reinstalls. Note: If disabled, all settings and data will be wiped on package uninstall/reinstall/upgrade.
Proxy Interface(s)	LAN WAN2 WAN loopback The interface(s) the proxy server will bind to. Note: Use CTRL + click to select multiple interfaces.
Proxy Port	3128 This is the port the proxy server will listen on. (Default: 3128)
ICP Port	 This is the port the proxy server will send and receive ICP queries to and from neighbor caches. Leave this blank if you don't want the proxy server to communicate with neighbor caches through ICP.
Allow Users on Interface	☒ If checked, the users connected to the interface(s) selected in the 'Proxy interface(s)' field will be allowed to use the proxy. There will be no need to add the interface's subnet to the list of allowed subnets.
Patch Captive Portal	**This feature was removed** - see Bug #5594 for details! If you were using this feature, double-check '/etc/inc/captiveportal.inc' content for sanity.

스퀴드의 General 탭

버전 1.1.9부터 스퀴드는 ICMP RTT를 측정해 캐시 누락을 전달할 최선의 위치를 선택하는 기능을 지원한다. 그러나 Disable ICMP 체크박스를 선택하면 ICMP pingerhelper가 비활성화되므로, 대신에 ICP 응답 시간을 사용해 캐시 누락을 전달할 위치를 결정하게 된다. 마지막으로, Use Alternate DNS Servers for the Proxy Server 에디트 박스에서는 pfSense의 DNS 전달자/변환자로 구성된 서버 이외의 다른 DNS 서버를 지정할 수 있다.

Transparent HTTP Proxy 체크박스를 선택하면 pfSense는 추가 설정 없이도 포트 80을 목적지로 하는 모든 요청을 스퀴드 프락시 서버에 전달한다. 그리고 Transparent Proxy Interface(s) 리스트박스에서는 이런 식으로 요청을 가로챌 인터페이스를 선택할 수 있다. Bypass Proxy for Private Address Destination 체크박스를 선택하면, 사설 주소 공간(10.x.x.x, 172.16.x.x ~ 172.31.x.x, 192.168.x.x)에 속한 주소로 트래픽을 전달하지 않는다. Bypass Proxy for These Source Addresses 에디트 박스를 사용하면, 프락시 서버가 사용되지 않을 출발지 IP 주소, 네트워크, 호스트 이름, 앨리어스를 지정할 수 있다. 여기에 지정된 호스트들은 방화벽을 직접 통과할 수 있다. The Bypass Proxy for These Destination IPs 에디트 박스에는 프락시 서버가 사용되지 않을 목적지 IP 주소, 네트워크, 호스트 이름, 앨리어스를 지정할 수 있다.

그다음 섹션은 SSL Man In the Middle Filtering이다. HTTPS/SSL Interception 체크박스를 선택하면 SSL 필터링이 활성화된다. 이 옵션을 사용하지 않으면 앞서 투명Transparent 모드를 선택했더라도 포트 443 트래픽이 필터링되지 않는다. SSL Interception Interface 리스트박스는 어느 인터페이스에서 SSL 요청을 가로챌지 선택할 수 있고, SSL Proxy Port 에디트 박스에서는 프락시가 SSL을 가로채기 위해 수신 대기할 포트를 지정할 수 있으며, CA 드롭다운 박스에서는 SSL 가로채기가 활성화돼 있을 때 사용될 인증 기관을 선택할 수 있다. 연결 시에 SSL 오류가 일어나지 않도록 하려면, SSL을 필터링하려는 컴퓨터에 CA 인증서를 신뢰할 만한 루트 CA로서 설치해야 한다. SSL Certificate Daemon Children 에디트 박스에는 SSL 인증서 데몬 자식의 최초 개수를 지정할 수 있는데, 부하가 많이 걸리는 환경에서는 이 값을 늘려야 한다. Remote Cert Checks 리스트박스는 SSL 트래픽에 대해 어느 원격 SSL 인증서로 검사할지 선택할 수 있다. 마지막으로 Certificate Adapt 리스트박스는 최종 사용자가 서버 인증서를 신뢰할지 여부를 결정할 수 있도록 SSL 인증서 정보를 사용자에게 전달한다.

Enable Access Logging 체크박스를 선택하면 접근 로그가 활성화된다. 물론 디스크 공간을 사용하므로, 디스크 공간이 충분하지 않으면 이 기능을 사용하지 말아야 한다. Log Store Directory 에디트 박스에는 로그를 저장할 위치를 지정할 수 있으며, Rotate Logs 에디트 박스에서는 로그 파일이 보관될 기간(일 단위)을 선택할 수 있다. 기본적으로 이 옵션은 비활성화돼 있다. Log Pages Denied By SquidGuard 체크박스를 선택하면 스퀴드에 의해 거부된 페이지가 로그에 포함된다.

페이지의 다음 섹션은 Headers Handling, Language and Other Customizations다. 이 섹션에는 오류 페이지에 표시될 호스트 이름과 이메일 주소, HTTP 헤더와 HTML 오류 페이지에서 스퀴드 버전 문자열을 숨기는 기능 등이 포함된다(이 기능은 어느 버전의 스퀴드가 사용 중인지 최종 사용자가 알지 못하게 할 때 유용하다).
Show Advanced 버튼을 누르면 몇 가지 고급 옵션을 볼 수 있다. Integration 리스
트박스에서는 스퀴드가드SquidGuard 등의 패키지에 추가된 옵션을 추가할 수 있다.
Custom ACLS (Before Auth) 리스트박스는 인증 ACL(접근 제어 목록)을 처리하기 전
에 설정에 추가돼야 할 커스텀 옵션들을 넣을 수 있다. 반면에 Custom ACLS (After
Auth)에 들어있는 옵션들은 ACL 처리 이후에 실행된다.

다른 탭들도 몇 가지 설정 옵션들을 포함하고 있다. Remote Cache 탭은 원격 프
락시 서버를 지정함으로써 네트워크 대기 시간을 줄이고 이중화 효과를 볼 수 있
다. Add 버튼을 클릭하면 원격 서버에 대한 설정 정보를 추가할 수 있는데, 원격
캐시는 계층적으로 설정될 수 있다. 캐시 계층 구조의 세 개 옵션은 다음과 같다.

- Parent: 먼 거리에 위치하는 캐시(예를 들면 ISP의 캐시)
- Sibling: Parent보다 가까운 캐시. 둘 이상을 지정할 수 있으며 스퀴드는 이 캐
  시들에 동시에 질의한다.
- Multicast: 캐시의 멀티캐스트 주소를 설정함으로써 네트워크 트래픽을 줄일
  수 있다.

Parent와 Sibling의 차이는 다소 모호하다는 점에 주의하자. 스퀴드는 둘 이상
의 캐시에 질의할 때 순서대로 각 캐시를 질의하는 것이 아니고 한꺼번에 모
든 ICP 질의를 보낸다. 그리고 가장 빨리 응답하는 캐시로부터 페이지를 가져온
다. Sibling 캐시로부터 응답을 받지 못했을 때는 Parent 캐시로 이동하기 때문에
Parent로서 지정되는 캐시의 역할이 중요하다. Parent 캐시로부터도 응답이 없으
면, 스퀴드는 원래의 서버로 직접 질의하려고 시도한다.

캐시 요청의 효율성을 높이기 위해 멀티캐스트를 사용할 수 있다. 유니캐스트(일
대일one-to-one 통신)나 브로드캐스트(하나의 서브넷상에서 전체 대상one-to-everyone 통신)
와 달리, 멀티캐스트 패킷은 일대다one-to-many 방식이며, 브로드캐스트 패킷과 달
리 여러 네트워크 세그먼트를 돌아다닐 수 있다. 다수의 캐시가 사용되는 시나리

오에서 유용하게 쓰일 수 있는데, 예를 들어 네 개의 캐시가 있다면 웹 페이지가 캐시에 들어있는지 알기 위해 일반적인 경우 네 개의 캐시에 전부 질의하느라 대역폭이 낭비된다. 그러나 멀티캐스트 주소를 설정하면 호스트는 멀티캐스트 주소를 목적지로 해서 하나의 패킷만 보내면 된다. 이 패킷이 로컬 서브넷에 도달하면, 각각의 캐시는 응답할 수 있으며, 이로 인해 네트워크 사이의 트래픽이 상당히 감소한다.

어떤 캐시를 선택할지 결정할 때 다음의 옵션들도 선택할 수 있다.

- Default: ICP 질의에 응답하는 첫 번째 피어가 사용된다.
- Round-robin: 단순한 부하 분산 방법. 각각의 캐시별로 카운터가 관리된다. 카운터가 가장 낮은 캐시가 사용된다(사용되는 캐시에 대한 카운터의 값은 증가한다).
- Weighted-round-robin: Parent 캐시는 라운드로빈 방식으로 사용되며 각 캐시별로 카운터가 관리된다. 하지만 RTT가 낮은 캐시에 더 큰 가중치가 부여된다.
- CARP: 8장에서 설명한 프로토콜과 혼동하면 안 된다. 이 CARP는 Cache Array Routing Protocol을 의미한다. 요청받은 URL을 해시 함수에 입력해 값이 큰 숫자들을 생성한다. 이 숫자들은 모두 특정한 범위 내의 값이며, 이 값을 캐시의 개수로 나눔으로써 해시 값에 기반해 여러 캐시 중 하나로 요청을 보낼 수 있다.
- Userhash: CARP와 비슷하지만, 이번에는 클라이언트의 `proxy_auth` 또는 `ident` 사용자 이름을 기반으로 해시가 수행된다.
- Sourcehash: 해시 함수가 클라이언트의 출발지 IP를 입력으로서 사용한다.
- Multicast-siblings: 피어가 멀티캐스트 유형이면 이 옵션을 사용할 수 있다.

이 페이지에서는 ICP Settings 섹션에도 중요한 설정들이 들어있다. ICP Port 에디트 박스에는 ICP 프로토콜로 업스트림 프락시에 연결할 포트를 지정할 수 있다. 기본값은 7로서 ICP 통신을 비활성화한다. ICP Options 드롭다운 박스에서는 설정 중인 캐시의 ICP 모드를 선택할 수 있다.

- no-query: 이 캐시에서 원격 캐시로 ICP 질의를 허용하지 않는다.
- multicast-responder: 설정 중인 피어는 멀티캐스트 그룹의 멤버
- closest-only: `ICP_IP_MISS` 응답이 돌아오면(즉, 요청된 페이지가 캐시에 없음), `CLOSEST_PARENT_MISSes`(RTT가 가장 낮은 Parent)만 전달하고 `FIRST_PARENT_MISSes`(가장 빠른 가중 RTT)는 전달하지 않는다.
- background-ping: 드물게 인접 캐시에만 ICP 질의를 보낸다.

Local Cache 탭은 이름에서 알 수 있듯이 로컬 방화벽에서의 캐시 설정을 제어한다. Cache Replacement Policy 드롭다운 박스에서는 다음의 여러 정책 중에서 하나를 선택할 수 있다.

- LRU[Least Reently Used]: 가장 오랫동안 사용하지 않은 항목을 교체한다.
- Heap GDSF[Greedy Dual Size Frequency;]: 크기가 큰 객체보다 작은 객체를 우선적으로 유지한다.
- Heap LFUDA[Least Frequently Used with Dynamic Aging]: 크기에 관계없이 자주 요청받는 객체를 유지한다. 따라서 크기가 큰 객체로 인해 작은 객체가 캐시에 들어오지 못할 수 있다.
- Heap LRU: 힙에서 LRU를 구현한 알고리즘

이 페이지에는 하드디스크의 캐시 크기를 제어하는 옵션, 캐시의 위치, 캐시 교체가 발생하는 임계값(캐시에서 특정 항목을 제거하기 위해 캐시 교체 정책이 호출되는 지점) 등의 설정도 들어있다. 하드디스크 캐시 시스템을 선택할 수도 있으며, 원한다면 캐시의 내용을 모두 지울 수도 있다.

Antivirus 탭에서는 ClamAv(Clam 안티바이러스)와 스쿼드를 함께 사용할 수 있다. Clam AV는 GNU GPL 라이선스를 따르는 무료 오픈소스 안티바이러스 프로그램이며, Enable 체크박스를 선택하면 ClamAV가 활성화된다. Client Forward Options 드롭다운 박스에서는 ClamAV로 전달될 클라이언트 정보를 선택할 수 있으며, Enable Manual Configuration 드롭다운 박스에서는 수동 설정 모드를 선택할 수 있는데, 이 모드에서 ClamAV는 이 탭의 설정을 무시하고 그 대신에 설정 파일 (squidclamav.conf, c-icap.conf, c-icap.magic, freshclam.conf, clamd. conf)을 따른다. 이 설정 파일들은 페이지를 아래로 스크롤해 Show Advanced 버튼을 클릭하면 편집할 수 있다.

Redirect URL 에디트 박스에서는 바이러스가 발견됐을 때 사용자에게 보여줄 URL을 지정할 수 있다. 아무 URL도 지정하지 않으면 Squid/pfSense 웹 GUI의 기본 오류 URL이 사용된다. Google Safe Browsing 체크박스를 선택하면 구글 안전 브라우징이 활성화된다. 구글 안전 브라우징 데이터베이스에는 피싱 사이트나 악성 코드의 출처로 의심되는 웹사이트들의 정보가 들어있다. 다만 이 옵션을 사용하면 상당한 양의 RAM이 소비된다는 점은 주의하자. Exclude Audio/Video Streams 체크박스를 선택하면 스트리밍되는 음악 및 동영상 파일에서의 바이러스 검색이 비활성화된다.

ClamAV Database Update 업데이트 드롭다운 박스에서는 데이터베이스 업데이트 간격을 선택할 수 있는데, 구글 안전 브라우징을 사용 중이라면 간격을 1시간으로 설정해야 한다. 또한 Update AV 버튼을 클릭하면 지금 즉시 데이터베이스를 업데이트할 수 있다. cron 데몬을 사용해 업데이트 스케줄을 정할 수도 있다. Regional ClamAV Database Update Mirror 드롭다운 박스에서는 가까운 지역에 위치하는 데이터베이스 미러를 선택할 수 있다. 마지막으로, Optional ClamAV Database Update Servers 에디트 박스에서는 추가로 ClamAV 데이터베이스를 지정할 수 있다(세미콜론으로 구분한다).

ACL 탭은 스퀴드에 대한 ACL(접근 제어 목록)을 설정할 수 있다. Allowed Subnets 리스트박스에는 프락시 사용이 허용되는 서브넷을 입력할 수 있다. General 탭의 Proxy Interfaces 리스트박스에 지정된 인터페이스들은 서브넷을 추가할 필요가 없지만, 이 인터페이스들의 서브넷 이외에도 추가하고 싶다면 바로 여기서 추가할 수 있다.

Unrestricted IPs 리스트박스에는 제한을 받지 않는 IP 주소와 네트워크를 추가할 수 있다. 여기에 추가되는 항목들은 ACL 탭에 지정된 접근 제어 지시문의 영향을 받지 않는다. Banned Hosts Address 리스트박스에서는 프락시 사용이 허용되지 않는 IP 주소와 네트워크를 입력할 수 있다. Whitelist 리스트박스에는 사용자가 접근할 수 있는 도메인을 입력하고, 반대로 Blacklist 리스트박스에는 사용자가 접근할 수 없는 도메인을 입력할 수 있다. Block User Agents 에디트 박스에는 프락시 사용자에 의해 차단될 사용자 에이전트를 입력할 수 있는데, 네트워크상의 사용자가 특정 소프트웨어(예를 들면 토렌트 클라이언트)를 사용하지 못하도록 금지할 때 유용하다. Block MIME Types (Read Only) 리스트박스에서는 프락시 사용자에 의해 차단될 MIME 타입을 입력할 수 있으며, 무엇보다도 자바스크립트^JavaScript 차단에 유용하다.

그다음 섹션은 Squid Allowed Ports다. ACL Safe Ports 에디트 박스에는 트래픽 통과가 허용되는 포트를 추가할 수 있는데, 기본적으로 허용되는 포트들은 21, 70, 80, 210, 280, 443, 488, 563, 591, 631, 777, 901, 1025-65535다. ACL SSL Ports 에디트 박스에서는 SSL 연결이 허용되는 포트를 지정할 수 있는데 기본값은 443과 563이다.

Traffic Mgmt 탭에서는 사용자의 대역폭 소비를 어느 정도 제어할 수 있다. Maximum Download Size 및 Maximum Upload Size 에디트 박스에서 각각 최대 다운로드 및 업로드 크기를 (KB 단위로) 설정할 수 있다. 특히 흥미로운 것은 페이지의 마지막 부분에 있는 Squid Transfer Quick Abort Settings 섹션이다. 기본적으로 스퀴드는 다운로드가 거의 끝난 상태에서 중단된 경우 다운로드를 재시도한다. 하지만 어떤 경우에는 이것이 바람직하지 않을 수 있으며(예를 들면 링크 속도가 느린 경우), 사용자의 반복적인 다운로드 요청과 중단으로 인해 파일 디스크립터와 대역폭이 여기에 묶여버리는 결과를 낳을 수 있다. 하지만 이 섹션의 매개변수를 잘 설정하면, 전송이 계속되거나 중단되는 상황을 제어할 수 있다. 여기서 설정할 수 있는 값들은 Finish transfer if less than x KB remaining^{x KB 미만 남은 경우 전송을 종료}, Abort transfer if more than x KB remaining^{x KB 이상 남은 경우 전송을 중단}, Finish transfer if more than x% finished^{x% 이상 종료된 경우 전송을 종료}다.

기본적으로 프락시 사용자는 인증할 필요가 없지만, 만일 인증이 필요하다면 Authentication 탭에서 설정할 수 있다. Authentication Method 드롭다운 박스에서 인증이 이뤄지는 형태를 선택할 수 있는데, 기본값은 None이지만 Local(스퀴드를 통한 인증), LDAP, RADIUS, Captive Portal, NT Domain도 가능하다. Subnets That Don't Need Authentication 리스트박스에서는 프락시 접근 시에 인증을 요구받지 않는 서브넷을 지정할 수 있다.

Authentication 탭에서 인증 방법을 Local로 선택한 경우, Users 탭에서 사용자를 입력해야 한다. Add 버튼을 클릭해 사용자 추가를 시작하자. Username, Password, 그리고 간단한 설명을 입력할 수 있는 Description 필드가 있다.

Real Time 탭에서는 현재 실행 중인 스퀴드에 대한 정보를 볼 수 있으며, 구체적으로는 접근 로그, 캐시 로그, 스퀴드가드^{SquidGuard} 로그, ClamAV 로그를 볼 수 있다. Filtering 섹션의 옵션을 사용해 로그를 필터링할 수도 있다. 표시될 라인의 수를 지정할 수 있으며, String filter 에디트 박스에 정규 표현식을 입력해 결과를 필터링할 수도 있다.

Sync 탭을 사용하면, 다른 방화벽과 스퀴드 프락시를 XMLRPC로 동기화할 수 있다. Enable Sync 드롭다운 박스에는 세 개의 옵션이 있다.

- Do not sync this package configuration: 기본값이다. 동기화가 수행되지 않는다.
- Sync to configured system backup server: CARP 백업 방화벽(또는 방화벽들)과 동기화한다.

- Sync to host(s) defined below: 동기화를 수행할 호스트를 지정할 수 있다.

Sync Timeout 드롭다운에서는 XMLRPC 타임아웃 시간을 선택할 수 있다(기본 값은 250초). Replication Targets 섹션에서는 동기화할 호스트의 IP 주소, 호스트 이름, 포트를 지정할 수 있으며, Replication Protocol(HTTP 또는 HTTPS)과 Admin Password도 지정할 수 있다. Add 버튼을 클릭해 호스트를 추가할 수 있으며, Enable 체크박스를 선택하면 복제가 실행된다.

스퀴드와 관련된 이슈

스퀴드는 널리 쓰이고 유용한 패키지지만, 몇 가지 신경 쓸 문제들도 있다. 우선 스퀴드의 ACL은 바인딩된 인터페이스에 정의된 어떤 규칙보다도 우선한다. 예를 들어, 현재 특정 웹사이트에 대한 접근을 차단하는 규칙이 있다고 LAN에 정의돼 있다고 가정하자. 이후 스퀴드를 설치하고 ACL(블랙리스트를 포함)을 전혀 설정하 지 않은 상태로 LAN에 바인딩되도록 설정한다면, 이제 이 사이트에 대한 접근이 차단되지 않는다. 스퀴드가 활성화됨으로 인해 사이트를 차단하는 방화벽 규칙 이 있음에도 불구하고 해당 웹사이트에 대한 접근이 가능해지는 것이다.

물론, Services ➤ Squid Proxy Server에서 ACL 탭을 클릭하고 Blacklist 리스트박스 에 웹사이트를 추가하면 문제는 해결될 수 있다. Blacklist 리스트박스는 정규 표 현식도 허용하므로, 와일드카드를 통한 지정도 가능하다. 스퀴드는 다수의 웹사 이트를 더 쉽게 차단할 수 있기 때문에 문제가 되지 않는다고 생각할 수도 있다. 하지만 몇 개의 웹사이트를 차단하는 것만이 목적이라면, 굳이 프락시 서버를 실 행하는 오버헤드를 감수할 필요 없이 방화벽 규칙을 사용하는 것이 더 나은 해결 책이라고 말할 수도 있다. 앨리어스를 사용해 다수의 웹사이트를 차단할 수도 있 고, 유동 규칙을 사용해 여러 인터페이스에서 해당 웹사이트들을 차단할 수도 있 기 때문이다.

역방향 프락시 서버로서의 스퀴드

앞에서 언급했듯이 스퀴드는 역방향 프락시 서버로 사용할 수 있다. 이때 스퀴드는 하나 이상의 웹 서버의 콘텐츠를 저장함으로써 서버의 부하를 감소시킨다. 역방향 프락시 서버를 설정하려면 Services ➤ Squid Reverse Proxy로 이동한다. 몇 개의 탭이 있지만, 기본은 General 탭이다.

이 탭의 첫 번째 설정은 Reverse Proxy Interfaces 리스트박스로서, 역방향 프락시가 바인딩될 인터페이스를 하나 이상 선택할 수 있다. 역방향 프락시가 원격 사용자에게 콘텐츠를 서비스하는 것이 목적이므로, 대부분의 경우 WAN(또는 WAN 유형 인터페이스)을 선택하면 된다. User Defined Reverse Proxy IPs에서는 스퀴드가 바인딩될 사용자 정의 IP를 지정할 수 있다. 또 External FQDN 에디트 박스에는 WAN IP 주소의 외부 정식 도메인 이름을 지정해야 한다. HTTP 트래픽과 HTTPS 트래픽 모두에 대해 역방향 프락시로 사용할 수 있지만, 그렇게 하려면 각각 활성화해줘야 한다. 즉, Enable HTTP Reverse Proxy와 Enable HTTPS Reverse Proxy를 각각 선택해야 한다. 기본값인 80과 443이 아닌 다른 포트를 HTTP과 HTTPS에 지정할 수도 있다.

Squid Reverse Proxy Server 페이지의 General 탭 설정

역방향 프락시와 함께 사용될 웹 서버를 최소한 하나 지정해야 한다. Web Servers 탭을 클릭하고 Add 버튼을 클릭하자. 설정 페이지에서는 웹 서버 식별 시에 사용될 이름(Peer Alias), 웹 서버의 IP 주소(Peer IP), 포트(Peer Port), 프로토콜(Peer Protocol) 등을 설정할 수 있다. Peer Description 에디트 박스에 간단한 설명을 입력할 수도 있다. 그리고 Enable This Peer 체크박스를 선택해야 역방향 프락시 설정에서 사용 가능하게 된다.

동일 웹사이트를 다수의 웹 서버가 서비스 중인 경우, Mappings 탭에서 이 서버들을 하나의 그룹으로 묶을 수 있다. Mappings를 클릭한 다음 Add 버튼을 클릭한다. Group Name에 스퀴드에서 사용될 식별자를 입력한다. 그런 다음 Peers 리스트박스에서 이미 정의돼 있는 피어를 하나 이상 선택한다. URI^Uniform Resource Identifier 에디트 박스에는 이 그룹과 일치하는 정규 표현식을 지정한다. 예를 들어 *.mydomain.com이라고 입력하면, www.mydomain.com, subdomain. mydomain.com, old.mydomain.com의 트래픽을 Peers 리스트박스에 지정된 피어들로 보낼 것이다. Group Description 에디트 박스에 간단한 설명을 입력할 수 있다.

하나 이상의 도메인을 다른 URL로 리다이렉션해야 한다면, Redirects 탭에서 설정할 수 있다. Redirects 탭으로 이동한 후 Add 버튼을 클릭하면 리다이렉션 설정 페이지가 열린다. 리다이렉션에 대한 스퀴드의 식별자(Redirect Name), 리다이렉션될 프로토콜^Redirect Protocol(HTTP, HTTPS, 또는 둘 다 선택 가능)을 설정해야 한다. Blocked Domain 에디트 박스에서 리다이렉션될 도메인을 입력하는데, 두 개 이상의 도메인을 추가하려면 에디트 박스에서 도메인을 입력한 후 Add 버튼을 클릭하는 작업을 리다이렉션될 도메인의 개수만큼 반복한다. 모든 트래픽을 리다이렉션하는 것이 아니고 특정 경로(들)만 리다이렉션하고 싶다면, Path Regex 에디트 박스에 정규 표현식을 입력한다. 도메인만 일치시키려면 ^/$를 입력한다. URL to Redirect To 에디트 박스에 트래픽이 리다이렉트될 URL도 입력해야 한다. Redirect Description 에디트 박스에 간단한 설명을 입력할 수도 있다.

Real Time 탭과 Sync 탭은 앞서 설명한 Squid Proxy Server 페이지에서의 설정들과 거의 비슷하기 때문에 여기서는 자세히 설명하지 않겠다. 다만, Real Time 탭에서는 역방향 프락시 로그의 실시간 데이터를 볼 수 있고 Sync 탭에서는 역방향 프락시 서버와 CARP 백업 방화벽(들) 또는 임의의 사전 정의된 호스트와의 XMLRPC 동기화를 수행할 수 있다.

스퀴드가드

여러분에게 필요한 기능이 고속 URL 필터와 리다이렉터뿐이라면, 스퀴드 대신에 스퀴드가드^{SquidGuard}를 설치하는 것을 고려할 만하다. 스퀴드가드를 사용해 사용자 정의 블랙리스트를 작성하거나 서드파티 블랙리스트를 사용할 수 있다. 또 스케줄링 기능을 제공하므로 특정 시간 동안만 사이트를 차단하거나 허용할 수 있다.

스퀴드가드가 이미 설치된 상태라면, Services ➤ SquidGuard Proxy Filter에서 기본 탭인 General Settings 탭으로 이동하자. Enable 체크박스를 선택하면 스퀴드가드가 활성화된다. Apply 버튼을 클릭해야 변경된 설정이 적용된다.

스퀴드가드의 General Settings 페이지. 이미 활성화돼 있다.

네트워크에서 현재 LDAP^{Lightweight Directory Access Protocol}이 실행 중이라면 Enable LDAP Filter 체크박스를 선택해 LDAP 검색 기능을 활성화할 수 있다. LDAP DN 필드에 LDAP의 고유 이름^{Distinguished Name}을 지정하고, LDAP DN password 필드에는 암호를 지정한다. LDAP 버전(2 또는 3)도 선택할 수 있다. Logging options 섹션에도 다양한 로깅 설정이 있다.

Clean Advertising 옵션을 선택하면, 어떤 차단된 이미지가 있을 경우 (기본 설정인 차단 페이지가 아니라) 내용이 비어있는 GIF 이미지가 표시된다. Blacklist options 섹션에서는 Blacklist Proxy 에디트 박스에 프락시를 지정할 수 있으며, Blacklist URL 에디트 박스에는 블랙리스트의 경로를 지정할 수 있다. 이 블랙리스트 파일은 tar와 gzip으로 압축된 파일이어야 한다(blacklist.tar.gz). 그리고 블랙리스트를 사용하려면 Blacklist 체크박스를 선택해야 한다.

Blacklist 탭에서는 블랙리스트를 지정할 수 있다. 이 탭에서의 설정들이 동작하려면, 그 전에 General Settings 탭에서 블랙리스트를 이미 활성화해둔 상태여야 한다. 에디트 박스에 블랙리스트 파일의 FTP 또는 HTTP 경로를 입력한 다음 Download 버튼을 클릭한다. Restore Default 버튼을 사용해 기본 블랙리스트로 되돌릴 수 있다.

Common ACL 탭은 접근 제어 목록을 설정하는 곳이다. Target Rules 에디트 박스는 스퀴드가드의 동작을 제어하는 규칙을 입력하는 곳이며, Target Rules List 옆의 플러스 아이콘을 클릭한 후 허용 혹은 차단할 규칙을 모두 선택한다. Proxy Denied Error Field에 메시지를 추가할 수 있는데, 이 메시지는 어떤 자원에 대한 접근을 프락시가 차단할 때 나타난다. Use SafeSearch engine 체크박스를 선택하면 구글, 야후, 빙^{Bing}과 같은 검색 엔진의 보호 모드를 활성화해 성인용 콘텐츠 접근을 제한할 수 있다. Log 체크박스를 선택해야 ACL에 대한 로깅이 활성화된다.

Groups ACL 탭에서는 사용자별로 서로 다른 ACL을 정의할 수 있다. 새로운 규칙을 만들기 위해 이 탭에서 Add 버튼을 클릭하자. Disable 체크박스를 선택하면

ACL 규칙이 비활성화된다. Name 에디트 박스에 이름을 입력하고, Order 드롭다운 박스에는 ACL의 새 위치를 선택한다(ACL은 최초 일치 기준으로 적용된다). Client 리스트박스에 클라이언트의 IP 주소, 네트워크, 도메인을 입력할 수 있으며, 작은 따옴표로 사용자 이름을 묶어서 특정 사용자 이름을 지정할 수도 있다. General Settings 탭에서 LDAP 필터를 활성화해둔 상태라면 여기서 LDAP 검색어를 입력할 수도 있다. Time 드롭다운 박스에서는 Times 탭에서 최소한 하나의 시간을 정의한 것이 있다면 그중 하나를 선택할 수 있다. Target rules 하위 섹션에서는 Target rules List를 클릭하고 각각의 범주별로 allow 또는 deny를 설정한다.

Do not allow IP-Addresses in URL 체크박스를 선택하면, 사용자가 FQDN 대신 사이트의 IP 주소를 사용해 ACL을 우회하는 것을 막을 수 있다. Redirect Mode 드롭다운 박스에서는 어떤 사용자가 차단된 사이트에 접근하려고 시도할 때 어떤 작업을 수행할지 선택할 수 있다. 몇 가지 옵션이 있는데, 오류 페이지로 리다이렉션하거나(아래의 리스트박스에 간단한 오류 메시지를 입력할 수 있다.), 오류 페이지의 외부 URL을 입력할 수도 있다. Ext url을 선택하면 해당 사용자는 리스트박스에 지정된 사이트로 이동될 것이다. Group ACL 탭에도 Common ACL 탭과 마찬가지로 SafeSearch 옵션이 있다.

Target categories 탭에서는 필터링할 사이트들의 목록을 정의할 수 있다. 이 목록을 생성하려면 해당 탭으로 이동한 후 Add 버튼을 클릭한다. 도메인 목록과 URL 목록을 입력할 수 있으며, Regular Expression 리스트박스에 정규 표현식을 입력할 수도 있다. 또 Redirect Mode를 선택할 수도 있다.

Time 탭에서는 다양한 시간 범위를 정의할 수 있다. 여기서 정의된 시간대는 Group ACL 탭에서 ACL이 호출되는 시간을 선택할 때 사용할 수 있다. 시간대는 특정 기간 내에서 주 단위, 혹은 요일별로 호출되도록 정의할 수 있으며, 특정 날짜를 지정할 수도 있다.

Rewrites 탭에서는 어느 URL이 다른 URL로 리다이렉션될지 정의할 수 있다. 그리고 여기서 정의된 규칙을 Common ACL 탭과 Groups ACL 탭에서 사용할 수 있다. 재정의 규칙을 새로 만들려면 Rewrites 탭에서 Add 버튼을 클릭한다. Rewrite rules 하위 섹션에서는 규칙의 이름을 입력한 후, 규칙이 어떻게 동작할지 정의할 수 있다.

- Target URL regular expression: 이 필드에는 사용자가 방문하고자 하는 원래 URL이 들어있다. 정규식이 포함될 수도 있다.
- Replace to URL: 이 필드에는 대체 URL, 즉 원래 URL 대신에 사용자에게 보이는 URL이 포함된다.
- Opt.: 이 드롭다운 박스는 규칙의 옵션들을 제어한다. no case는 대소문자를 구분하지 않는다는 것을 의미한다. 예를 들어 URL이 www.myexample.com인 경우 WWW.MyExample.Com에도 적용된다. no case+redirect는 대소문자를 구별하지 않으며 대체 URL로 리다이렉션된다는 것을 의미한다.

Add 버튼을 클릭하면, 하나의 재정의 ACL에 다수의 규칙을 추가할 수 있다. Log 체크박스를 선택하면 이 ACL 항목에 대한 로깅이 활성화되며, 마지막으로 Description 필드에 간략한 설명을 입력할 수 있다.

Log 탭과 XMLRPC Sync 탭은 스퀴드의 해당 탭들과 거의 비슷하므로 여기서는 자세히 다루지 않는다. 다만, Log 탭에서는 로그 파일뿐만 아니라 프락시 설정 파일과 필터 설정 파일도 볼 수 있다(하지만 편집은 불가능하다). XMLRPC Sync 탭에서는 CARP 페일오버 그룹이나 임의로 정의된 호스트와 동기화할 수 있다.

라이트스퀴드

라이트스퀴드^{LightSquid}는 웹 기반의 스퀴드 프락시 트래픽 분석기로서, 접근 로그를 분석하고 사용자 및 그룹 보고서를 생성할 수 있다. 펄^{Perl}을 사용하므로 가벼우며(데이터베이스가 필요하지 않음) 추가적인 자원을 거의 필요로 하지 않는다.

라이트스퀴드를 사용하려면 몇 가지 전제 조건이 있다. 우선 당연하게도 스퀴드가 미리 설치돼 있어야 한다. 또한 스퀴드 패키지 설정에서 접근 로깅이 활성화돼 있어야 한다. 그렇지 않으면 라이트스퀴드가 분석할 데이터가 생성되지 않기 때문이다. 또한 스퀴드가 투명Transparent 프락시로 설정돼 있지 않다면, General 탭의 Interfaces 리스트박스에 설정된 인터페이스 중에 루프백loopback 인터페이스가 포함돼야 한다.

Web Service Settings 섹션에서 LightSquid Web Port를 설정할 수 있으며(기본 포트는 7445), LightSquid Web SSL 체크박스를 선택하면 SSL을 통해 접근해야 한다. 사용자 이름과 암호를 입력할 수 있으며, 그 밖에 두 개의 링크가 존재하는데 하나는 라이트스퀴드의 메인 웹 페이지를 여는 링크고 다른 하나는 스퀴드 사용자에 대한 실시간 정보를 제공하는 systat를 여는 링크다.

Report Template Settings 섹션에는 보고서 서식을 지정할 수 있는 옵션들이 포함돼 있다. Language 드롭다운 박스에서 언어를 선택할 수 있고(10개 언어를 지원한다.), Report Template 드롭다운 박스에서는 네 개의 템플릿 중 하나를 선택할 수 있으며, Bar Color 드롭다운 박스에서는 막대의 색상을 선택할 수 있다.

Reporting Settings and Scheduler 섹션에서는 다양한 보고서 옵션을 설정할 수 있다. IP Resolve Method 드롭다운에서는 IP를 호스트 이름으로 변환할 때 시도해야 하는 방법을 선택할 수 있다. 기본값은 DNS로서 DNS에서 찾지만, Squid AUTHNAME, NetBIOS name 등의 다른 옵션도 있다. 아예 IP 주소 변환을 하지 않도록 선택할 수도 있다.

Skip URL(s) 리스트박스에 들어있는 URL에 대해서는 통계 보고를 생략한다. Refresh Scheduler 드롭다운 박스에서는 라이트스퀴드에서의 데이터 리프레시 간격을 지정할 수 있다. 만일 가장 최신의 데이터가 필요하다면 Refresh 버튼을 클릭한다. 그러면 스퀴드의 access.log 파일에서 곧바로 내용을 불러올 것이다. Refresh Full 버튼은 별도로 보관 중인 것을 포함해 접근 로그에 있는 모든 항목을 불러온다.

pfBlockerNG

pfBlockerNG^{pfBlocker Next Generation}는 국가별로, IP 범위별로 차단할 수 있는 비교적 새로 나온 패키지다. Countryblock과 IPblocklist의 기능이 합쳐진 패키지로서, 스팸의 주요 진원지에 해당되는 국가들을 신속하게 차단할 수 있기 때문에 이메일 서버를 운영할 때 매우 유용하다. 또 주요 차단 목록을 웹에서 무료로 구할 수 있으므로 여러분이 직접 차단 목록을 만들 필요가 없다.

pfBlockerNG를 설치한 후에는 GeoIP2 데이터베이스를 업데이트하기 위해 geoipupdate를 실행해야 한다. 이 데이터베이스는 국가, 대략적인 위치 등의 정보를 제공하며, 실행 방법은 콘솔 또는 Diagnostics ➤ Command Prompt에서 다음과 같이 입력한다.

```
/usr/local/bin/geoipupdate.sh
```

pfBlockerNG 구성을 시작하려면 Firewall ➤ pfBlockerNG로 이동한다. 여러 개의 탭이 보이는데, 그중에서 기본은 General 탭이다. 첫 번째 설정은 Enable pfBlockerNG로서 이 체크박스를 선택하면 pfBlockerNG가 활성화된다. Keep Settings 체크박스를 선택하면 재설치 또는 업그레이드 이후에도 기존의 설정이 유지된다(즉, 이 옵션을 선택하지 않으면 기존 설정이 지워진다). CRON Settings 드롭 다운 박스에서는 MaxMind 인터페이스가 업데이트되는 간격을 선택할 수 있다.

Global Logging 체크박스를 선택하면 방화벽 규칙의 활동이 로그에 기록된다. Disable Maxmind Updates를 선택해 월별로 업데이트되는 국가 데이터베이스의 업데이트를 비활성화할 수 있으며, Download Failure Threshold 드롭다운 박스에서는 하루에 허용되는 최대 다운로드 실패 횟수를 설정할 수 있다. 마지막으로, Logfile Size 드롭다운 박스에서 로그 파일의 라인 개수를 설정할 수 있다.

Inbound Firewall Rules 리스트박스에서는 인바운드 규칙이 어느 인터페이스에 적용될지 인터페이스를 선택할 수 있다. 주로 WAN을 선택하며, 옆에 있는 드롭다운 박스에서는 인바운드 규칙이 적용될 때 수행할 작업을 선택할 수 있는데 대부분의 경우 Block으로 설정할 것이다. Outbound Firewall Rules 리스트박스에서는 아웃바운드 트래픽이 차단될 인터페이스를 하나 이상 선택할 수 있다. 네트워크의 사용자가 차단 목록에 들어있는 IP 주소에 연결하지 못하도록 설정하려면 여기서 LAN을 선택하고, 필요하다면 그 밖의 내부 인터페이스도 선택할 수 있다. 인접한 드롭다운 박스에서 아웃바운드 규칙이 적용될 때 수행할 작업을 선택할 수 있으며, 대부분의 경우 기본값인 Reject가 무난하다. 차단 중인 사이트에 연결을 시도하는 사용자에게 특정한 메시지가 보일 것이다.

OpenVPN Interface 체크박스를 선택하면 OpenVPN에 대한 자동 규칙이 추가된다. Floating Rules 체크박스를 사용하면 자동 규칙이 Floating Rules 탭에서 생성되며, 자동 규칙이 하나의 위치에 있도록 보장할 수 있다. Rule Order 드롭다운 박스에서는 규칙의 배치 순서를 선택할 수 있는데, pfBlocker 규칙이 다른 규칙들보다 우선한다.

Update 탭에서는 pfBlockerNG의 업데이트 관련 설정을 할 수 있다. Update Settings 섹션에는 Status라는 하위 섹션이 존재하는데, 이 섹션은 cron이 pfBlocker 데이터베이스를 다음에 언제 업데이트할지 알려준다. 지금 바로 업데이트를 실행하고 싶다면 Force Options 섹션을 이용할 수 있다. 이 섹션에는 세 개의 옵션이 있는데, Update는 지금 바로 업데이트하고 Cron은 업데이트하되 cron 작업으로서 실행하며 Reload는 규칙을 새로 불러오기만 한다. Reload를 선택하면 다시 All, IP(IP 범위), DNSBL(블랙리스트) 중에서 하나를 선택할 수 있다. 업데이트가 수행될 때 Log 섹션에서 로그를 볼 수 있다.

Country 탭에서는 스팸의 주요 진원지에 해당되는 국가들을 신속하게 차단할 수 있다. 상위 20개의 스팸 진원지 국가 목록이 있으며, IPv4용과 IPv6용이 별도로 있다. Ctrl(국가 하나만 선택할 때) 또는 Shift(다수의 국가를 동시에 선택할 때) 키를 이용해 국가 선택을 편리하게 할 수 있다. List Action 드롭다운 박스에서는 선택된 국가들로부터 받은 트래픽을 어떻게 처리할지 선택할 수 있다. Disabled, Deny,

Permit, Match, Alias 중에서 선택할 수 있는데, Deny, Permit, Match는 다시 세 개의 옵션이 있으며 인바운드 연결, 아웃바운드 연결, 또는 둘 다 중에서 선택할 수 있다. Alias는 이 규칙이 적용되는 트래픽의 앨리어스를 만들고 싶을 때 선택할 수 있다.

이 페이지에는 Advanced Inbound Firewall Rule Settings와 Advanced Outbound Firewall Rule Settings라는 두 개의 섹션이 추가로 존재한다. 이 섹션들은 다른 방화벽 규칙에서와 유사한 옵션들을 설정할 수 있는데, 예를 들어 Custom Protocol 드롭다운 박스는 이 드롭다운 박스에 지정된 프로토콜의 트래픽에만 규칙이 적용되도록 설정한다. Custom DST Port와 Custom Destination 필드에는 실제 포트와 IP 주소가 아니라 앨리어스를 사용해야 한다.

특정 국가를 선택하려면, pfBlockerNG의 그 국가가 속한 대륙 탭(Africa, Asia, Europe, North America, Oceania, South America)을 클릭하고 페이지 상단의 리스트박스에서 해당 국가를 선택한다. List Actions 드롭다운 박스에서 Permit 옵션 중 하나를 선택해 해당 국가를 허용할 수도 있다. 이 페이지의 옵션은 Country 탭에서와 동일하다. Proxy and Satellite 탭에서는 트래픽에 규칙이 적용될 프락시 또는 위성 공급자를 선택할 수 있다.

공개돼 있는 차단 대상 IP 주소 목록의 URL을 지정하면 자동으로 다운로드되고 이후부터 주기적으로 업데이트된다. 이 기능을 사용하려면 DNSBL 탭으로 이동한다. Enable DNSBL 체크박스를 클릭하면 DNS 차단 목록이 활성화되며, DNSBL Virtual IP 필드에는 가상 IP를 입력할 수 있다. 이때 수신 대기 포트 및 SSL 수신 대기 포트도 입력할 수 있다. DNSBL이 어떤 인터페이스에서 수신 대기할지도 선택할 수 있는데, 기본값은 LAN이며 여기서 선택되는 인터페이스는 로컬 인터페이스여야 한다. 또한 DNSBL Firewall Rule 체크박스를 선택하면, 인접한 리스트박스에서 선택된 인터페이스의 트래픽이 DNSBL Virtual IP에 설정된 가상 IP에 접근할 수 있도록 허용하는 유동 방화벽 규칙을 만들 수 있다.

Alexa Whitelist 섹션에서는 알렉사^{Alexa}의 상위 100만 사이트 목록을 허용할 수 있다. 우선 Enable Alexa 체크박스를 선택하고, 이 목록의 일부만 허용하고 싶으면 number of AlexaTop Domains to Whitelist 드롭다운 박스에서 1,000부터 100만 사이의 값을 선택한다. Alexa TLD Inclusion 리스트박스에서는 최상위 도메인^{Top-Level Domain}을 선택할 수 있으며, 기본값은 .com, .net, .org, .ca, .co, .io다. Custom Domain Suppression 섹션에서는 화이트리스트(허용 목록)에 URL을 입력할 수 있다.

DNSBL Feed 탭에서는 블랙리스트 추가 및 설정이 이뤄진다. 이 탭을 클릭한 후 Add 버튼을 클릭하자. 각각의 항목마다 DNS GROUP Name을 입력해야 하며, Description에 설명을 입력할 수도 있다. DNSBL 하위 섹션에서는 Format(Auto 또는 rsync), State(ON, OFF, HOLD, FLEX)를 선택할 수 있다. Source를 반드시 지정해야 하는데, URL 또는 로컬 파일을 지정하면 된다. Header/Label 필드에는 고유한 식별자를 입력한다. Add 버튼을 클릭한 후 또다시 새로운 항목을 추가함으로써 두 개 이상의 블랙리스트를 추가할 수 있다.

블랙리스트에 오른 항목에 어떤 조치를 취할지 선택할 수 있는 List Action 드롭다운 박스가 있다. Update Frequency 드롭다운 박스에서는 목록 파일을 다운로드할 주기를 선택할 수 있으며, Weekly(Day of the Week) 드롭다운 박스에서는 어느 요일에 업데이트할지 선택할 수 있는데 Update Frequency에서 Weekly를 선택한 경우에만 필요하다. Enable Alexa Whitelist 체크박스를 선택할 경우, 원래대로라면 차단돼야 할 사이트가 알렉사 화이트리스트상에 존재하기 때문에 허용된다. Custom Block List 섹션에 사용자 지정 도메인 이름 차단 목록을 추가할 수 있다.

DNSBL EasyList 탭에서는 하나 이상의 EasyList 피드를 pfBlockerNG 설정에 추가할 수 있다. EasyList 피드는 광고 서버 및 추적기 목록을 제공하며, 이 목록을 방화벽 수준에서 차단하는 데 유용하다. 두 가지 중에서 선택할 수 있다.

- EasyList w/o Elements: 요소 숨기기가 없는 EasyList. 요소 숨기기는 웹 페이지 내에서 과거에 광고가 포함돼 있던 섹션을 숨기는 기능이다.
- EasyPrivacy: 모든 형태의 추적을 제거하는 선택적 필터 목록이다.

EASYLIST Adservers, EASYLIST Adult Adservers, EASYLIST trackers 등 서로 다른 차단 범주를 선택할 수도 있다. 목록 업데이트 빈도를 선택할 수 있으며, 이 목록을 필터링해 알렉사의 상위 사이트 목록에 표시되도록 할 수도 있다.

IPv4와 IPv6 탭에서는 필터링될 IP 주소 혹은 IP 주소 범위를 추가할 수 있다. IPv4 또는 IPv6 탭에서 Add 버튼을 클릭하면 된다. 모든 항목은 이름을 가져야 하며, Alias Name 필드에서 지정하면 된다. 이렇게 설정된 목록은 URL로 접근할 수도 있고, 로컬로 접근할 수 있다.

Reputation 탭에서는 IP 범위별로 반복적으로 문제를 일으킨 노드를 검색할 수 있다. 어떤 서브넷에 이러한 노드들이 충분히 많다면 개별 IP 주소가 아니라 서브넷 전체가 차단된다. 이 알고리즘에서 서브넷은 항상 /24 범위다. Enable Max 체크박스를 선택하면 반복적으로 문제를 일으킨 노드를 검색할 수 있다. [Max] Settings 드롭다운 박스에서는 하나의 IP 범위 내에서 허용되는 문제 노드의 최대 개수를 선택할 수 있는데, 기본값은 5이며 최대 50까지 지정할 수 있다.

pMax 및 dMax를 사용하면 반복적인 문제 노드에 대한 추가 분석을 수행할 수 있다. pMax는 서브넷에서 반복적인 문제 노드를 찾을 때 특정 국가를 제외하지 않지만 dMax는 특정 국가를 제외할 수 있다. Country Code Settings 섹션에서는 특정 국가에서 반복적인 문제 노드를 무시할 수 있다.

Alerts 탭에서는 경고를 확인할 수 있고, 얼마나 많은 수의 경고가 표시돼야 할지 제어할 수 있다. Alert Settings 섹션에서 Deny, DNSBL, Permit, Match 항목들이 몇 개나 표시될지 제어할 수 있는데, 기본값은 각각 25, 5, 5, 5다. Alert Filter 섹션에서는 날짜, 출발지 IP, 목적지 IP, 출발지 포트, 목적지 포트, 프로토콜 등의 기준에 따라 결과를 필터링할 수 있다.

Logs 탭과 Sync 탭은 스퀴드 및 스퀴드가드에서의 해당 탭들과 유사하다. Logs 탭에서는 로그를 볼 수 있으며, Sync 탭에서는 CARP 백업 노드 또는 지정된 호스트와의 XMLRPC 동기화를 수행할 수 있다.

pfBlockerNG 패키지를 설치하면 pfSense의 대시보드에 pfBlockerNG 위젯이 나타난다. 이 위젯은 pfBlockerNG 동작을 요약해서 보여주며, 각 앨리어스의 정보, 앨리어스로 차단된 사이트의 수(Count), 앨리어스에 의해 차단된 패킷의 수(Packet), 앨리어스의 최근 업데이트 시간(Updated) 등을 확인할 수 있다.

ntopng

ntopng는 네트워크 트래픽을 모니터링하기 위한 컴퓨터 소프트웨어다. ntop이 개선된 것으로서(ntopng는 ntop Next Generation을 의미한다.) 거의 모든 유닉스 플랫폼, 윈도우, 맥 OS X용으로 ntop 버전이 존재한다. ntop의 네트워크 트래픽 모니터링은 구체적으로 다음의 기능을 포함한다.

- 다양한 기준으로 트래픽을 정렬할 수 있다(IP 주소, 포트, 프로토콜 등).
- 주요 송신자와 수신자를 식별할 수 있다.
- 트래픽 흐름flow 보고서를 제공한다.
- 트래픽 통계를 저장한다.
- 호스트 위치를 파악하고, 호스트 위치를 기반으로 보고서를 보여준다.

이와 같은 기능들을 웹 화면으로 모두 제공하며, 자원도 그리 많이 사용하지 않는다. 즉 CPU와 메모리 사용량이 많지 않다. 최근에 ntopng 패키지는 컴파일되지 않기 때문에 pfSense의 패키지 목록에서 제거됐지만, pfSense 2.3의 설명서에 따르면 곧 패키지 목록에 다시 나타날 것이라고 한다.

ntopng를 설정하려면 Diagnostics ➤ ntopng Settings로 이동한다. ntopng가 동작하려면 Enable ntopng 체크박스를 반드시 선택해야 한다. Keep Data/Settings 체크박스를 선택하면 패키지 재설치나 업그레이드 후에도 기존의 설정이나 그래프,

트래픽 데이터가 보존된다(반대로, 이 체크박스를 선택하지 않으면 모두 지워진다). 이 페이지에서도 관리자 암호를 입력할 수 있다.

ntopng 설정 페이지

Interfaces 리스트박스에서는 ntop이 정보를 수집할 인터페이스를 선택할 수 있다. DNS Mode 드롭다운 박스에서는 이름 변환 방법을 선택할 수 있는데, 기본값은 Decode DNS responses and resolve local numeric IPs only지만, All IP, No IP, Do not decode DNS responses를 선택할 수도 있다. IP 주소의 위치 정보를 GeoIP로부터 가져올 수 있으며, 이 데이터를 업데이트하려면 Update GeoIP Data 버튼을 클릭한다.

Local Network 드롭다운 박스는 ntopng가 로컬 네트워크를 정의하는 방법을 결정한다. Consider all RFC1918 networks local을 선택하면 로컬 주소 공간의 모든 IP가 로컬로 간주되며, 그 밖에 Consider selected interface networks local이나 Consider only LAN interface local을 선택할 수도 있다. Historical Data Storage 체크박스를 선택하면 과거 데이터도 저장되지만 많은 디스크 공간을 필요로 한다. Delete (Historical) Data 버튼을 사용하면 과거 데이터를 삭제할 수 있으며, 마지막으로

Disable Alerts 체크박스를 체크하면 ntopng에 의해 생성된 모든 경고가 비활성화된다.

ntopng 활성화 및 설정이 끝난 후에 **Access ntopng** 탭을 클릭하면, pfSense 방화벽의 포트 3000으로 이동하고 ntopng 웹 GUI가 열린다.

Active Flows 페이지에는 현재 세션에 대한 정보가 표시되는데, (알고 있는 경우) 애플리케이션, 4계층 프로토콜(TCP 또는 UDP), 클라이언트 IP 주소, 서버 IP 주소, 연결 기간 등이 포함된다. **Breakdown** 열에서는 현재 세션의 트래픽이 클라이언트 측과 서버 측에 각각 얼마나 많은지 그림으로 보여준다. 마지막으로, **Bytes** 열은 세션이 생성된 이후 지금까지 전송된 데이터의 양을 알려준다.

Top Flow Talkers 페이지에는 네트워크에서 많은 트래픽을 생성 중인 로컬 및 원격 IP 주소를 보여준다. 또 많이 사용되는 애플리케이션 계층 프로토콜을 표시하는 그래프도 있다.

Local Hosts Matrix 필드는 서로 연결돼 있는 로컬 호스트들이 무엇이고 그로 인해 얼마나 많은 트래픽이 생성되는지 표시한다. 마지막으로, **Host Page**는 로컬 인터페이스에 대한 자세한 사항, 즉 IP 주소, MAC 주소, 인터페이스에서 송수신한 트래픽 총량 등을 제공한다.

Nmap

Nmap은 Network map의 약자며, 컴퓨터 네트워크에서 호스트와 서비스를 검색하기 위해 네트워크의 맵(지도)을 작성한다. 이는 네트워크 보안 감사 용도로 널리 사용되지만, 일상적인 관리 작업에도 유용하다. Nmap을 실행하면 검색된 목록이 출력되는데, 구체적인 출력 내용은 실행 시 사용된 옵션에 따라 다소 다르지만 항상 포함되는 것은 관심 대상 포트, 해당 포트에서 실행 중인 서비스, 그리고 포트의 상태(열려 있음, 필터링됨, 닫혀 있음, 필터링되지 않음)다. 포트 상태는 다음과 같이 정의된다.

- Open: 포트가 열려 있다는 것은 어떤 애플리케이션이 이 포트에서 수신 대기 중임을 의미한다. 즉, 연결 요청이 오기를 기다리고 있다.
- Filtered: 포트가 방화벽에 의해 차단 중이다. 열려 있을 수도, 닫혀 있을 수도 있지만, 어느 경우인지 알 수 없다.
- Closed: 이 포트에서 수신 대기 중인 애플리케이션이 없다.
- Unfiltered: Nmap의 검색에 포트가 응답은 하지만, Nmap은 포트가 열려 있는지 닫혀 있는지 알 수 없다.

Nmap을 사용하려면, Diagnostics ➤ NMap으로 이동한다. IP or Hostname 에디트 박스에 검색하고자 하는 IP 주소 또는 호스트 이름을 입력하고, Interface 드롭다운 박스에서는 출발지 인터페이스를 선택한다. Scan Method 드롭다운 박스에서는 포트 검색 방식을 선택할 수 있는데, 옵션은 다음과 같다.

- SYN: 널리 알려진 사실이지만, TCP 연결이 생성되기 위해서는 3-방향 핸드셰이크를 거쳐야 한다. 이것은 클라이언트가 보내는 SYN 패킷으로 시작된다. 그러면 서버는 SYN 패킷이 수신됐다는 확인 응답(SYN-ACK)을 보내고, 이에 클라이언트는 서버가 응답할 필요가 없는 확인 메시지로 응답한다. 이와 같이 Nmap은 처음에 SYN 패킷을 보낸다. 그리고 SYN/ACK 응답(또는 SYN 패킷)을 받으면, 열려 있는 포트로 간주한다. 반면에 RST(재설정) 응답을 받으면 닫혀 있는 포트로 분류한다. 아무 응답도 받지 못하면 필터링되는 포트로 분류된다.
- TCP connect(): 버클리 소켓^{Berkeley Sockets} API(FreeBSD에서 사용하는 API)를 통해 TCP의 connect() 명령을 실행한다. SYN 검색보다 속도가 느리며, 로그에 잘 기록된다.
- Ping: 검색 목적지 포트로 ping 요청을 보낸다.
- UDP: 모든 검색 목적지 포트에 UDP 패킷을 전송한다. 경우에 따라서는 프로토콜의 특수한 페이로드도 전송된다. 특정 프로토콜과 연계돼 있는 포트일 경우 일반적으로 응답 속도가 높아진다는 장점이 있다. 원격 호스트는 UDP

패킷으로 응답하거나 혹은 응답하지 않는다. 응답이 수신되면 열려 있는 포트는 분류되고, 응답이 없으면 포트는 열려 있거나 필터링되는 것으로 분류된다.

- CMP port unreachable 오류가 수신되면 닫혀 있는 포트로 분류되지만, 그 밖의 다른 ICMP 오류일 경우는 필터링되는 것으로 분류된다. UDP를 통한 검색의 문제점은 TCP를 사용할 때보다 시간이 오래 걸린다는 점이다. 열려 있는 UDP 포트는 응답하는 경우가 거의 없는데(UDP가 상태 비저장stateless 프로토콜이라는 점을 기억하자.), 이런 이유로 Nmap은 타임아웃 시간이 지나도 응답을 받지 못하면 패킷이 전송 중에 손실된 것이 아닌지 확인하기 위해 UDP 패킷을 다시 보낸다. 포트가 닫혀 있거나 필터링되고 있으며 ICMP 오류가 반환되면, 이 응답은 비교적 빨리 돌아오겠지만 일부 운영체제는 일정 기간 내의 ICMP 응답 횟수를 제한한다. 하지만 그럼에도 불구하고 보안 감사 시에는 UDP 검색을 포함시키는 것이 좋다.

- ARP: 로컬 호스트 검색 시에 선호된다. 대부분의 경우 로컬 호스트에는 ARP^{Address Resolution Protocol} 요청을 보내는 것이 IP 기반 검색보다 빠르고 신뢰도도 높기 때문이다. 특별히 ARP를 사용하지 않는 다른 이유가 없다면, 로컬 네트워크에서는 ARP를 사용해야 한다.

Nmap의 명령행 옵션에 해당하는 체크박스들이 있다.

- –P0: 검색 전에 호스트에 ping을 시도하지 않는다. 일부 네트워크에서는 방화벽을 통한 ICMP 에코 요청/응답을 허용하지 않는데, 이러한 네트워크를 검색하는 경우에는 Nmap 네트워크 검색 프로세스의 일부분이더라도 이 단계를 건너뛸 수 있다.

- –sV: 서비스 버전을 식별하고자 시도한다. 이 옵션을 사용하면, Nmap은 TCP 또는 UDP 포트가 검색됐을 때 버전을 탐지하기 위해 해당 포트와 통신하며 현재 실행 중인 것이 무엇인지 알아내려고 시도한다. 서비스 프로토콜(예를 들면 FTP, SSH, HTTP 등), 애플리케이션 이름(예를 들면 Apache), 버전 번호, 기타 세부 정보 등이 포함된다.

- **-O**: 운영체제 탐지를 활성화한다. TCP/IP 핑거프린팅을 통한 원격 호스트 식별을 활성화한다(네트워크 스택을 조사하고, 알려져 있는 OS 핑거프린트 데이터베이스와 비교해 호스트의 운영체제가 무엇인지 알아낸다).

Nmap 페이지에 보이는 옵션은 Nmap 전체 옵션의 극히 일부일 뿐이다. Nmap 페이지의 옵션만으로 충분할 수도 있지만, 가급적 Nmap 문서를 한번 읽는 것이 좋다. 이 페이지에서 호출할 수 없는 Nmap 옵션들은 SSH를 통해 콘솔에 로그인하거나 Diagnostics ➤ Command Prompt를 통해 명령행으로 실행할 수 있다.

 완전한 Nmap 문서는 Nmap의 공식 사이트(http://nmap.org)에서 찾을 수 있다. 또 간단한 웹 검색을 통해서도 Nmap 사용에 관한 수많은 기사와 문서들을 찾을 수 있다.

기타 패키지들

지금까지 소개한 패키지들만큼은 아니어도 꽤 대중적이면서 유용하기 때문에 그냥 지나칠 수 없는 패키지들이 있다. 그중 일부를 소개하면 다음과 같다.

스노트

스노트Snort는 오픈소스 네트워크 침입 방지 및 침입 탐지 시스템이다. 무엇보다도, 실시간 트래픽 분석과 패킷 로깅이 특징이다. 다음과 같은 세 개의 모드로 실행될 수 있다.

- 패킷 스니핑 모드: 이 모드에서는 네트워크를 오가는 트래픽을 가로채기만 한다. 와이어샤크Wireshark와 유사하게 동작한다.
- 패킷 로깅 모드: 이 모드는 네트워크 트래픽 디버깅에 유용하다. 패킷이 디스크에 기록된다.

- 네트워크 침입 차단 모드: 이 모드에서는 네트워크 트래픽을 모니터링하고, 사용자 정의 규칙과 비교해 분석한다. 그리고 규칙에 기반해 특정 작업을 수행할 수 있다.

스노트는 침입 탐지에 사용할 수 있는 규칙을 자체적으로 제공한다. 이러한 규칙은 비용을 지불해 구매할 수도 있고, 무료로 커뮤니티 규칙을 얻을 수도 있다. 비용을 지불하지 않아도 Snort.org에 계정을 만들고, 등록돼 있는 사용자 규칙 패키지를 다운로드할 수 있다.

 스노트에 대한 포괄적인 설명은 이 책의 범위를 벗어난다. 사용자 매뉴얼은 무려 266페이지에 달하며, 이 매뉴얼은 https://s3.amazonaws.com/snort-org-site/production/document_files/files/000/000/100/original/snort_manual.pdf에서 확인할 수 있다.

스노트를 설치한 후 Services ➤ Snort로 이동해 설정을 시작할 수 있다. Global Settings 탭에서 체크박스들을 선택하면 규칙을 다운로드할 수 있다. Enable Snort VRT 체크박스를 선택하면 무료 사용자 규칙 또는 유료 가입자 규칙을 다운로드하고, Enable Snort GPLv2 체크박스를 선택하면 커뮤니티 규칙(무료 규칙)을 다운로드할 수 있다. Enable ET Open 체크박스를 체크하면 오픈소스 버전의 ETEmerging Threats 규칙을 다운로드할 수 있으며, Enable ET Pro를 선택하면 ET Pro 규칙을 다운로드할 수 있는데 이것은 ET Pro 계정이 있어야 한다.

스노트는 Open AppID 플러그인과 함께 사용할 수 있다. 이 플러그인은 애플리케이션 사용을 탐지, 모니터링, 관리할 수 있는데, 이 플러그인을 사용하고자 한다면 Sourcefire Open AppID detector 프로그램을 다운로드하고 Enable OpenAppID 체크박스를 선택하면 된다. Open AppID는 2014년 2월 발표된 이후, 현재 1,500개 이상의 애플리케이션을 탐지할 수 있다.

Rules Update Settings 섹션에서는 언제 규칙이 업데이트될지 제어할 수 있다. 자동 업데이트를 사용하려면 Update Interval 드롭다운 박스에서 NEVER가 아닌 다른 옵션을 선택해야 한다. Update Start Time 에디트 박스에 업데이트 시작 시간을 지정할 수도 있다. 또한 더 이상 사용되지 않는 규칙 범주를 GUI에서 숨기고 설정에서 제거하는 옵션도 있다(Hide Deprecated Rules Categories).

General Settings 섹션의 Remove Blocked Hosts Interval 드롭다운 박스에서는 호스트가 차단되는 기간을 선택할 수 있다. Remove Blocked Hosts 체크박스를 선택하면 패키지 제거 시에 스노트에 의해 추가된 차단 호스트들이 모두 지워진다. 반면에 Remove Blocked Hosts Interval을 선택하면 패키지 제거 후에도 스노트 설정이 유지된다. 마지막으로, Startup/Shutdown Logging 체크박스를 선택하면 스노트가 시작 및 종료될 때 자세한 메시지가 시스템 로그에 기록된다.

이러한 설정을 모두 끝내고 Update 탭을 클릭하면 어떤 규칙이 활성화돼 있는지 확인할 수 있다. Update Your Rule Set 섹션에는 두 개의 버튼이 있는데, Update Rules 버튼은 현재 활성화돼 있는 규칙 패키지의 새로 게시된 업데이트를 자동으로 확인하고 적용한다. Force Update 버튼은 MD5 해시를 0으로 만들어서 전체 규칙 패키지를 다운로드한다. View Log page를 클릭하면 로그 파일을 볼 수 있고, Clear Log는 로그를 모두 지울 수 있다.

 과거에는 7계층 트래픽 셰이핑이 pfSense의 트래픽 셰이퍼에 포함돼 있었지만, pfSense 공식 웹사이트의 공지에 따르면 버전 2.2.x에서 문제가 발생해 현재 버전 2.3에서는 제거된 상태다. 대신에 스노트를 사용할 수 있다. 스노트는 응용 계층의 프로토콜을 식별할 수 있으므로 7계층 트래픽도 식별할 수 있다.

스노트는 인터페이스 단위로 설정할 수 있다. Snort Interfaces 탭에서 인터페이스를 설정할 수 있다. 여기서 Add 탭을 클릭해 새 인터페이스를 추가할 수 있다. (Interface 드롭다운에서) 트래픽을 들여다볼 인터페이스를 선택한 후, 경고 메시지가 생성된 호스트를 자동으로 차단할지 여부를 선택할 수 있다(Block Offenders 체크박스). Search Method 드롭다운 박스에서는 패턴 비교 알고리즘을 선택할 수 있는데, 기본 알고리즘은 AC-BNFA^{AhoCorasick Binary NFA}지만, 다른 것도 선택할 수 있으며 그중 일부는 더 많은 자원을 요구하기도 한다.

Split ANY-ANY 체크박스를 체크하면 ANY-ANY 포트 그룹을 별도로 분리할 수 있다. ANY-ANY 규칙은 모든 주소 및 포트와 일치하는 규칙이며, 예를 들면 다음과 같다.

```
alerttcp any any -> 192.168.1.0/24 53
```

위 문장은 192.168.1.0 서브넷의 모든 호스트의 포트 53에 연결을 시도하는 모든 IP 주소와 포트에 대해 경고를 발생시킨다. 스노트의 기본 동작은 ANY-ANY 포트 그룹이 아닌 것에 ANY-ANY 포트 규칙을 추가하는 것이다. 따라서 패킷당 하나의 규칙과만 비교될 수 있다. 그러나 이러한 동작을 중지시킴으로써(즉, ANY-ANY 규칙을 다른 포트 그룹에 넣지 않음으로써) 메모리 사용량을 크게 절약할 수 있다. 다만, 패킷당 두 번의 비교가 필요하다는 단점은 있다.

Choose the Networks Snort Should Inspect and Whitelist 섹션에서는 허용될 홈 네트워크 및 외부 네트워크를 선택할 수 있다. Alert Suppression and Filtering 드롭다운 박스에서 억제 또는 필터 목록을 지정할 수도 있다. 마지막으로 Advanced Configuration Pass-Through 리스트박스에서는 추가로 매개변수를 지정할 수 있다.

Iface Categories 탭에서는 인터페이스가 처음 시작될 때 불러올 규칙 세트를 선택할 수 있다. 지금까지 다운로드됐거나 생성된 모든 규칙 세트는 여기서 볼 수 있다. 또한 이 탭에서는 자동 플로우빗^{flowbit} 변환을 활성화할 수 있다(플로우빗은 TCP 세션 중의 트래픽 흐름의 상태를 추적하는 데 쓰이는 것이며, 자동 플로우빗 변환은 file-identify.rules를 사용하지 않는 오래된 규칙을 새로운 포맷으로 자동으로 변환하는 기능이다).

Iface Rules 탭에서는 개별 규칙 단위로 활성화 여부를 설정할 수 있다. 디코더 규칙, 전처리 규칙, 민감 데이터 규칙 중에서 선택할 수 있으며, 여러분이 직접 정의했던 규칙을 활성화 및 비활성화할 수도 있다. Iface Variables 탭에서는 규칙 내에서 사전 정의된 변수들의 값을 정의할 수 있다.

Iface Preprocs 탭은 전처리 설정들을 제어하는 곳이다. 가장 중요한 두 개의 설정은 Enable Performance Stats 체크박스와 Protect Customized Preprocessor Rules 체크박스로서, Enable Performance Stats 체크박스를 선택하면 이 인터페이스에 대한 성능 통계를 자동으로 생성한다. Protect Customized Preprocessor Rules 체크박스를 선택하면, 자동으로 수행되는 Snort VRT 규칙 업데이트로 인해 다른 전처리 규칙이 덮어 써지는 사태를 막을 수 있다.

Iface Barnyard2 탭에서는 인터페이스상에서 Barnyard2를 활성화하고 설정할 수 있다. Barnyard2는 스노트의 Unified2 바이너리 출력 파일을 위한 스풀러^{spooler}로서, 네트워크 트래픽을 놓치지 않도록 다른 프로세스에 의해 파싱되는 데이터를 디스크에 효율적으로 기록하기 위한 것이다. Enable Barnyard2 체크박스는 이 인터페이스에서 Barnyard2를 활성화하며, 다른 옵션들도 추가적으로 설정해야 한다. Unified2 Log Limit 드롭다운 박스에서는 Unified2 로그 파일의 크기를 제한할 수 있으며, 그 밖에 MySQL 데이터베이스 인스턴스에 경고를 기록하도록 설정하는 옵션도 있다(다만 이 경우 데이터베이스에 로그인하기 위한 자격이 필요하다). 로컬 또는 원격 syslog 수신자에 경고를 기록하기 위한 옵션도 존재한다.

Iface IP Rep 탭에서는 인터페이스에서 IP 평판 목록 사용을 활성화 및 설정할 수 있다. 앞서 'pfBlockerNG' 절에서도 설명했듯이, IP 평판은 어떤 서브넷의 IP 주소들로부터 충분한 수의 경고가 발생하면 해당 서브넷 전체를 차단하는 목적으로 사용될 수 있다. Enable IP Reputation 체크박스를 선택해 IP 평판 목록 사용을 활성화할 수 있으며, Memory Cap 필드에서는 IP 평판 목록에 대해 지원되는 최대 메모리를 MB 단위로 설정할 수 있다. IP 평판 목록을 추가하거나 업로드하려면 Snort 메뉴에서 IP Lists 탭을 클릭한다.

Iface Logs 탭에서는 인터페이스에 대한 로그 파일을 볼 수 있다. Log File to View 드롭다운 박스에서 로그 파일 중 하나를 선택할 수 있는데, 선택된 로그 파일이 있을 경우 Log Contents 섹션에 해당 파일의 내용이 표시된다.

Alerts 탭에서는 인터페이스별로 경고 메시지를 볼 수 있다. Interface to Inspect 드롭다운 박스에서 인터페이스를 선택할 수 있으며, 인접한 에디트 박스에서는 라인 개수를 지정할 수 있다. Auto-refresh view 체크박스를 선택하면 새로 경고가 생성될 때 자동으로 페이지가 업데이트되며, Download 버튼을 클릭하면 경고 로그를 다운로드할 수 있고 Clear 버튼을 클릭해 로그를 지울 수도 있다. Blocked 탭에서는 스노트에 의해 차단된 호스트들을 볼 수 있다. 이 페이지에 표시될 차단된 호스트의 개수를 선택할 수 있으며(기본값은 500), 페이지의 내용을 자동으로 새로 고치는 Refresh 체크박스가 있다. Download 버튼을 클릭하면 차단된 호스트 목록을 다운로드할 수도 있다.

Pass List 탭에서는 화이트리스트(허용 목록)를 생성할 수 있다. 이 탭을 클릭하고 Add 버튼을 클릭하면 허용 목록이 생성되는데, 이 목록에 포함될 항목들을 선택할 수 있는 IP 주소 체크박스들이 있다. 구체적으로는 Local Network, WAN Gateway, WAN DNS Server, Virtual IPs, VPN addressed 등이다. 또 앨리어스도 목록에 추가할 수 있다.

Suppress 탭에서는 비슷한 방식으로 억제 목록을 정의할 수 있다. 이 탭에서 Add 버튼을 클릭하고, 목록의 이름과 설명을 입력한 후 적절한 리스트박스에 억제 규칙을 추가하면 된다. 이때 규칙들은 스노트의 포맷을 따라야 한다.

SID Mgmt 탭에는 옵션이 하나뿐이다. Enable Automatic SID State Management 체크박스를 사용하면, 설정 파일에 지정된 기준을 사용해 규칙 상태 및 내용을 자동으로 관리할 수 있다. 이 옵션을 활성화하면, SID Management Configuration Files 섹션에 표시될 일련의 설정 파일들이 생성되며, 여기서 설정 파일들을 추가, 업로드, 다운로드할 수 있다(설정 파일은 다운로드 아이콘을 통해 개별적으로 다운로드할 수도 있고, Download 버튼을 사용해 하나의 gzip 아카이브로 다운로드할 수도 있다). 이 섹션에서 설정 파일을 추가하거나 삭제할 수도 있다. SID 파일 활성화, 비활성화, 수정 중에서 선택해야 하는데, 아무것도 기본적으로 선택돼 있지 않다. 대부분의 경우, 각각에 대해 별도의 파일을 생성한 다음에 해당 드롭다운 박스에 이를 지정해야 할 것이다. SID State Order 드롭다운 박스는 어떤 파일이 먼저 실행되는지 결정하며, SID 파일을 비활성화 또는 활성화한다. 선택한 설정 파일로부터 규칙을 재구축하려면 Rebuild 버튼을 선택한다.

Log Mgmt 탭에서는 다수의 로그 설정을 제어할 수 있다. Remove Snort Logs on Package Uninstall 체크박스를 선택하면, 패키지 제거 시에 스노트 로그 파일도 제거된다. Auto Log Management 체크박스는 Log Directory Size Limit 섹션과 Log Size and Retention Limits 섹션에서 지정했던 매개변수에 근거해 로그 파일을 자동으로 관리할 수 있다. Log Directory Size Limit 에디트 박스는 로그 디렉터리의 크기에 엄격한 제한을 적용하고, Log Size and Retention Limits 에디트 박스에서는 개별 로그의 크기를 제어할 수 있다.

Sync 탭은 기본적으로 스퀴드에서와 동일하다. 설정을 XMLRPC를 통해 동기화할 수 있으며, 동기화 목적지는 CARP 페일오버 그룹의 일부이거나 임의로 정의된 노드일 수 있다. 또한 Replication Targets 하위 섹션에 적절한 정보를 입력한 후 Add 버튼을 클릭하는 작업을 반복해 두 개 이상의 복제 목적지를 선택할 수 있다.

수리카타

수리카타Suricatag 패키지로 Snort VRT 규칙과 ETOpen 또는 ETPro 규칙을 모두 사용할 수 있다. 스노트 규칙은 약간의 예외를 제외하고 수리카타와 호환되며, 수리카타 역시 Barnyard2를 지원한다. 웹 GUI도 스노트와 비슷하다(설치 후 Services ➤ Suricata에서 볼 수 있다).

그러나 스노트에서는 볼 수 없는 기능들도 다수 제공하고 있다. 인터페이스를 추가하면 몇 개의 옵션들이 나타나는데, 그중에서 Iface App Parsers 탭은 4계층 프로토콜 및 7계층 프로토콜 탐지를 쉽게 제어할 수 있는 옵션들을 포함하고 있다. 스노트에서는 사용할 수 없는 플로우 및 스트림 설정들도 (Iface Flow/Stream 탭 아래에) 있다. 따라서 스노트와 수리카타 모두 네트워크 침입 탐지/방지에 적합하지만, 미리 장단점을 따져본 후에 무엇을 설치할지 결정하는 것이 좋다.

HAProxy

HAProxy는 TCP 및 HTTP 기반 애플리케이션을 위한 무료 오픈소스 부하 분산 소프트웨어이자 프락시다. 이 프로그램은 빠르고 효율적이라는 명성을 얻었으며, 수많은 대규모 웹사이트에서 사용되고 있다. 최신 버전에는 네이티브 SSL 지원, HTTP/1.1 압축, 동적 ACL 지원 등의 기능이 포함돼 있다.

HAProxy 설정은 Services ➤ HAProxy에서 할 수 있다. 기본 탭은 Frontend며, 부하 분산을 위해 HAProxy를 사용하려면 우선 프론트엔드와 백엔드부터 설정해야 한다. 프론트엔드를 추가하기 위해 Add 버튼을 클릭한 후, Name 필드에 이름을 입력하고 Description 필드에는 설명을 입력할 수 있다. Status는 Active와 Disabled 중에서 설정할 수 있다.

External Address 하위 섹션에서는 프론트엔드의 IP 주소, 그리고 클라이언트가 연결할 IP 주소(수신 대기할 주소)를 지정한다. 대부분의 경우 WAN 주소로 설정하겠지만, 방화벽의 어떤 인터페이스도 가능하며 드롭다운 박스에서 any를 선택해 사용자 정의 주소를 지정할 수도 있다. 또한 포트도 지정해야 한다. 둘 이상의 포트를 지정할 수 있는데, 예를 들어 포트 80과 8080에서 모두 HTTP 연결을 수신할 것이라면 80 또는 8080을 지정할 수 있다. HTTPS 연결을 허용할 것이라면 SSL Offloading 체크박스를 선택하는 것이 좋다. Advanced 에디트 박스에서는 추가 매개변수를 지정할 수 있는데, 특히 두 개 이상의 수신 주소를 추가할 수 있다. 아래쪽 화살표를 클릭하면 새로운 항목을 추가할 수 있다. 또한 프론트엔드가 수신할 수 있는 최대 연결 개수를 Max connections 에디트 박스에서 입력하고, Type 드롭다운 박스에서 HAProxy가 수행할 처리 유형을 지정할 수 있다.

그다음 섹션에서는 접근 제어 목록과 기본 백엔드를 추가할 수 있다. Access Control list 하위 섹션에서는 ACL의 이름Name과 비교 조건Expression을 지정할 수 있고, Actions 하위 섹션에서는 다른 동작을 사용하거나 수행할 백엔드를 선택할 수 있다. Default Backend 드롭다운 박스에서 기본 백엔드를 선택할 수도 있다.

그다음 할 일은 하나 이상의 백엔드를 설정하는 것이다. Backend 탭을 클릭한 후 Add 버튼을 클릭한다. 백엔드 풀의 이름을 입력한 후 백엔드 서버에 정보를 입력해야 한다. Server 목록 테이블에 항목을 추가할 때는 아래쪽 화살표를 클릭한다. Name 필드에 이름을, Address 필드에는 IP 주소를 입력하고, Port 필드에 포트를 입력한다. 백엔드에서 SSL을 사용 중이라면 SSL 체크박스도 선택해야 한다. Weight 에디트 박스에 가중치를 입력할 수도 있다. 0부터 256 사이의 숫자며, 높을수록 가중치가 높다. 가중치가 0인 서버는 새로운 트래픽을 전혀 받지 못하며, 기본값은 1이다.

Balance 하위 섹션에는 부하 분산 알고리즘을 위한 옵션들이 있다. None을 선택하면, Advanced 섹션에 여러분이 직접 정의하는 부하 분산 설정을 기록할 수 있다. Round robin은 서버들이 가중치가 높은 순으로 차례대로 사용된다. Static round robin은 고정적이라는 점을 제외하고는 라운드로빈과 동일하며, 실행 중에 서버의 가중치를 변경해도 효과가 없다(다만, 단순 라운드로빈에서도 효과가 없을 가능성이 높다. HAProxy 패키지는 실행 중 가중치 변경을 지원하지 않기 때문이다). 다만 이 옵션은 단순 라운드로빈보다 오버헤드가 약간 적은 것으로 알려져 있다. Least Connections 옵션을 사용하면, 현재 연결 개수가 가장 적은 서버로 연결이 이뤄진다. 그다음 두 개의 옵션은 해싱 알고리즘과 관련이 있다. Source 옵션을 사용하면, 출발지 IP 주소가 현재 실행 중인 서버의 총 가중치로 나눠져서 새로운 요청을 받을 서버가 결정된다. HTTP 백엔드에서만 사용할 수 있는 Uri 옵션은 ? 앞의 URI 부분 또는 (Allow using whole URI 체크박스가 선택돼 있는 경우) 전체 URI를 해시 함수에 넣고, 이렇게 얻은 값을 실행 중인 서버의 총 가중치로 나눠서 결정한다.

Access control lists and actions에서는 ACL을 추가할 수 있다. Name 필드는 ACL

파일의 이름을 입력하는 곳이고, Expression 드롭다운 박스는 비교 조건을 지정하는 곳이다(예를 들면 Host starts with:). Value 에디트 박스에서는 비교할 호스트 이름 또는 URL을 지정한다(정규 표현식도 가능하다). 표현식/값 조합에 지정된 조건을 반전시키기 위해 Not 체크박스를 선택할 수 있다. 예를 들어, Expression이 Host starts with:이고 Value가 myexample.com 호스트일 때 Not 체크박스가 선택되면, 호스트 이름이 myexample.com으로 시작하지 않을 때만 비교가 수행될 것이다. Actions 테이블에서는 ACL 비교 시에 수행할 작업을 지정할 수 있다. Action 드롭다운 박스에서 작업을 선택하고, Condition acl names 에디트 박스에서 ACL 파일 이름을 선택할 수 있다.

프론트엔드 및 백엔드 설정이 모두 끝난 후에는 Settings 탭을 클릭하고 페이지 상단의 체크박스를 클릭해 HAProxy를 활성화한다. Maximum connections 에디트 박스에서 프로세스당 최대 동시 연결 수를 설정할 수도 있다. XMLRPC 동기화를 위해 별도의 Sync 탭이 있었던 다른 패키지들과는 달리, HAProxy의 CARP 설정은 Settings 탭에 존재한다. CARP Monitor 드롭다운 박스에서 CARP 모니터를 활성화하면 마스터 방화벽에서만 HAProxy를 실행할 수 있는 반면, 페이지 하단의 HAProxy Sync 체크박스를 사용하면 보조 CARP 방화벽과 동기화할 수 있다. 다른 패키지들과는 달리, 임의의 호스트에 XMLRPC 동기화를 수행하는 옵션은 없는 것으로 보인다.

요약

이번 장에서는 pfSense에서 사용할 수 있는 주요 패키지 중 일부를 다뤘다. pfSense 2.3 버전에서 많은 패키지가 제거됐으며, 지원이 중단된 패키지도 많아서 가용 패키지의 개수가 줄어들었다. 그러나 여전히 남아있는 패키지들은 네트워크 보안에 매우 유용하다. 가장 폭넓게 설명한 범주는 프락시와 네트워크 침입 방지/탐지 시스템이었으며, 이 범주에 사용되는 패키지들은 매우 광범위하게 사용되고 있다. 그러나 이번 장에서 소개된 패키지들이 여러분의 요구 사항을 만족시키지 못하더라도 별 문제가 되지는 않는다. pfSense의 패키지 목록에서 여러분의 필요에 맞는 패키지를 찾을 수 있을 것이기 때문이다.

마지막 장에서는 컴퓨터 네트워크의 생성 및 관리에 필수적임에도 불구하고, 자주 간과되는 주제인 문제 해결 방법을 집중적으로 설명한다.

10
pfSense 문제 해결

네트워크를 구현하거나 관리하다 보면 어느 시점에서는 반드시 고장이 발생한다. 문제의 원인은 사람의 실수일 수도 있고(예를 들면 잘못된 설정), 하드웨어 장애 또는 소프트웨어의 버그일 수도 있다. 이러한 상황에서는 여러분의 문제 해결 능력이 시험대에 오르게 된다. 이번 장의 목적은 바로 이러한 문제 해결 기술을 개선하는 데 도움을 주기 위한 것이다. 이 장에서 다룰 내용은 다음과 같다.

- 문제 해결의 기초
- pfSense 문제 해결 도구
- 문제 해결 시나리오

pfSense 이전에 일반적인 네트워크 문제를 해결하는 절차에 대해 우선 설명한다. 네트워크 문제 해결에 이미 익숙하다면 이 부분은 건너뛰어도 좋다.

문제 해결의 기초

효과적으로 네트워크 문제를 해결하려면 여러 단계의 접근 방식이 필요하다. 이러한 단계들은 문제 해결을 위한 틀의 일부로서, 문제 해결에 소요되는 시간을 줄이는 데 도움이 된다.

- 문제를 식별한다: 우리는 스스로 문제의 정확한 범위를 알고 있다고 생각하지만, 실제로는 정보 수집, 현황 식별, 그리고 (가능할 경우) 사용자 질문 등의 작업이 필요할 때가 많다. 문제가 둘 이상이라면 그 사실을 분명히 인식하고 있어야 각각의 문제에 개별적으로 접근할 수 있다. 최종 사용자가 가장 좋은 정보 제공원일 때도 있다. 예를 들어 평소 정상적으로 시스템이 어떤 식으로 동작했는지 사용자에게 물어서 알아낸 후 문제가 발생한 현재의 모습과 어떻게 다른지 비교할 수 있다. 가능하다면 문제를 재현하고, 문제가 발생한 곳을 주변과 격리시킨다.

- 가능성 높은 원인을 공식화한다: 하나의 문제가 다수의 원인으로 발생할 수 있지만, 정보 수집과 기존 상식을 통해 상당수의 잠재적 원인을 제거할 수 있다. 가장 확실해 보이는 원인이 정확한 원인이고, 가장 쉬운 해결책을 우선적으로 고려하는 것이 합리적인 접근법일 때가 많다. 하지만 초기의 추정이 틀려서 다른 원인을 고려해야 할 경우도 얼마든지 있음을 명심해야 한다.

- 공식화된 원인을 테스트한다: 원인에 대한 공식화가 끝나면, 이제 이 이론이 맞는지 확인해야 한다. 이론이 확인되면 다음 단계로 넘어갈 수 있다. 그렇지 않다면 다른 이론을 공식화해야 한다.

- 계획을 수립한다: 정확한 원인을 찾아냈다고 판단되면, 이제 실행 계획을 수립해야 한다. 대규모 네트워크 환경에서 문제를 해결할 때 특히 이 단계가 중요하다. 솔루션을 구현하기 위해 시스템을 일정 기간 오프라인 상태로 만들어야 할 때가 많으며, 여러분은 오프라인 상태가 지속될 시간을 결정해야 한다. 상당수 조직은 시스템을 오프라인으로 전환하기 위한 공식 또는 비공식 절차를 갖고 있으며, 주로 비업무 시간에 작업을 예약하는 형태로 이뤄진다. 어떤 방식으로든 일단 계획이 수립되면 솔루션을 구현할 수 있어야 한다.

- 솔루션을 구현한다: 네트워크를 올바른 방법으로 변경하고 나면, 솔루션을 테스트하는 과정을 거쳐야 한다. 솔루션을 테스트하지 않고도 솔루션이 동작했다고 가정할 수 없으며, 심지어 초기의 결과만으로 완전히 신뢰할 수 없어서 솔루션이 제대로 동작하는지 다시 테스트해야 할 수도 있다.

- 시스템 기능을 검증한다: 가끔은 하나의 문제를 해결한 솔루션으로 인해 다른 문제가 발생할 때가 있다. 따라서 솔루션이 성공적이었다고 결론짓기 전에, 전체 시스템 기능을 검증하는 것이 중요하다. 실제로, 네트워크에 변경이 가해졌다면 어떤 식으로든 네트워크에 영향을 미쳤을 것이라고 가정하는 것이 좋다.

- 문제와 솔루션을 문서화한다: 솔루션을 문서화한다는 것은 문제 해결 과정 중에 취해진 모든 단계를 기록하는 것을 의미한다. 실패와 성공을 모두 문서화함으로써 미래에 시간을 절약할 수 있으며, 특히 큰 조직에서는 솔루션을 처음 구현한 사람의 기록을 보관함으로써 나중에 조직의 누군가가 이에 대해 궁금할 때 많은 도움이 될 수 있다.

최초에 문제를 보고한 사람이 최종 사용자라면, 문제 해결 후 그 사용자에게 피드백을 제공하는 것도 필요하다. 이러한 피드백은 사용자들이 장래에도 문제를 자발적으로 보고하도록 장려할 뿐만 아니라, 애초에 문제를 회피할 수 있는 방법에 대한 정보도 제공할 수 있다.

문제의 원인을 찾아내는 방법 중 하나는 7계층 OSI 모델을 바탕으로 문제가 발생한 계층을 특정하는 것이다.

- 물리 계층: 손상됐거나 더러운 케이블 혹은 단말, 높은 수준의 신호 감쇠 및 불충분한 케이블 대역폭 등이 포함된다. 또한 무선 인터페이스 또는 액세스 포인트의 오동작도 해당된다.

- 데이터 링크 계층: MAC 주소 설정 오류, VLAN 설정 오류, 최적화되지 않은 VLAN 성능 등이 포함된다. 또한 부적절한 L2TP 또는 OSPF 설정 등의 프로토콜 문제도 포함된다.

- 네트워크 계층: 파손 혹은 결함을 갖고 있는 네트워크 장치, 잘못 설정된 장치, 최적화되지 않은 장치 설정, 인증 문제, 충분하지 않은 네트워크 대역폭 등이 포함된다.
- 전송 계층: TCP 및 UDP 프로토콜과 관련된 문제들이 포함된다.
- 세션/프레젠테이션/애플리케이션 계층: 애플리케이션 및 애플리케이션 계층 프로토콜(예를 들면 FTP나 SMTP)과 관련된 문제들이 포함된다.

자주 접하는 네트워크 문제

네트워크의 세계에서 매우 자주 만나게 되므로, 이번 절에서 설명하지 않고 넘어갈 수 없는 몇 가지 이슈들이 있다. 지금부터 소개하는 내용들은 다른 것들보다 문제의 원인일 가능성이 높으므로, 문제 해결 시에 우선적으로 고려돼야 한다.

잘못된 서브넷 마스크 또는 게이트웨이

이 문제는 매우 간단하다. 호스트에 지정된 서브넷 마스크가 네트워크의 서브넷 마스크와 일치하지 않으면, 이 호스트는 네트워크와 통신할 수 없다. 서브넷 마스크 설정을 찾는 것은 매우 쉽다. 최신 버전의 윈도우의 경우, **설정 ➤ 네트워크 연결**로 이동한 후 현재 사용 중인 네트워크 어댑터를 마우스 오른쪽 버튼으로 클릭한 후 속성을 선택한다. 설치된 프로토콜을 표시하는 리스트박스가 나타나며, 사용 중인 버전에 따라 인터넷 프로토콜 버전 6 또는 인터넷 프로토콜 버전 4로 스크롤한 다음 속성 버튼을 클릭한다. 그러면 서브넷 마스크 설정을 볼 수 있다.

리눅스에서도 서브넷 마스크를 쉽게 찾을 수 있다. 예를 들어 우분트^{Ubuntu} 또는 민트 리눅스^{Mint Linux}에서는 작업 표시줄 오른쪽 끝에 있는 트레이의 네트워크 아이콘을 클릭한다(유선 연결인 경우 두 개의 서로 연결된 케이블, 무선 연결인 경우 여러 개의 곡선 모양). 그러면 네트워크 연결 대화 상자가 시작된다. 현재 연결(예를 들면, 유선 연결 1)을 찾은 후 더블 클릭한다. 그러면 연결 설정을 변경할 수 있는 편집 대화 상자가 열린다. IPv4 Settings 또는 IPv6 Settings 탭을 클릭해 서브넷 마스크를 찾을 수 있다.

민트 리눅스에서 게이트웨이 설정

서브넷 마스크를 제대로 설정하면 네트워크 내부 통신은 가능하지만, 게이트웨이 설정이 누락됐거나 잘못 설정돼 있으면 다른 네트워크와는 통신할 수 없다. 따라서 게이트웨이 설정도 확인해야 하는데, 대부분 서브넷 마스크와 동일한 위치에서 설정되기 때문에 그리 찾기 어렵지 않을 것이다.

잘못된 DNS 구성

DNS[Domain Name System]는 호스트 이름을 IP 주소로 변환하는 방법을 제공한다. DNS 서버가 전혀 지정되지 않은 경우 호스트는 DNS 서비스를 이용할 수 없고, 올바른 DNS 서버가 지정되지 않은 경우(예를 들면 기본 DNS 서버의 주소가 정확하지 않은 경우) DNS 변환이 너무 오래 걸려서 인터넷 회선이 실제로 느린 것처럼 느껴질 수 있다.

DNS 설정이 잘못됐음을 알 수 있는 방법은 다음과 같다. 어떤 사이트의 IP 주소로 ping 요청을 보내면 응답이 돌아오지만, 호스트 이름으로 똑같이 ping 요청을 보내면 unknown hostname 등의 오류가 표시된다. 이러한 오류가 반환되면, 반드시 DNS 설정을 먼저 호스트에서, 그다음에는 방화벽에서 확인해야 한다.

IP 주소 중복

네트워크상의 모든 IP 주소는 고유해야 하며, 네트워크 카드, 라우터, 액세스 포인트가 모두 포함된다. 어떤 네트워크 장치가 LAN에 연결돼 있으면 이 장치의 IP 주소는 LAN에서 고유해야 하며, 인터넷에 연결돼 있으면 인터넷에서 고유해야 한다. 중복 IP 주소가 존재하면 중복 IP 주소가 존재함을 알리는 오류 메시지가 수신될 뿐 아니라 심지어 중복 IP 주소를 갖는 장치가 네트워크에 연결하지 못하기도 한다.

IP 주소 할당이 DHCP 서버에 의해 관리되는 DHCP와 할당 가능한 주소의 수가 더 많은 IPv6를 사용하면 분명히 중복 IP 주소가 발생할 가능성이 크게 줄어든다. 중복 주소 문제는 IP 주소가 고정적으로 할당된 IPv4 네트워크에서 발생할 가능성이 크다.

네트워크 루프

8장에서 언급했듯이, 두 개의 네트워크 장치 사이에는 하나의 경로만 있어야 한다. 두 개 이상의 경로가 있을 경우 이로 인해 발생하는 루프로 인해 네트워크를 마비시킬 브로드캐스트 폭풍이 발생할 수 있다. 특히 다수의 인터페이스들이 브리지로 연결된 네트워크에서 이 문제가 특히 중요하다. 루프를 방지하는 방법 중 하나는 수동으로 네트워크 포트를 설정하면서 각각의 장치로 향하는 경로는 하나만 존재하도록 하는 것이다. 그러나 좀 더 나은 방법은 STP^{Spanning Tree Protocol} 또는 이를 개선한 RSTP^{Rapid Spanning Tree Protocol} 등의 프로토콜을 사용하는 것이다. 루프가 발생할 수 있는 또 다른 상황은 수동 설정 오류 혹은 자동 경로 탐지 실패 등으로 인해 라우팅 테이블의 정보가 잘못된 경우다. 이러한 오류는 물리적 루프와 마찬가지로 네트워크를 빠른 시간 내로 못 쓰게 만들기 때문에 금세 탐지되는 경우가 많다.

라우팅 문제

8장에서는 pfSense에서 고정 경로를 설정하는 방법을 설명했다. 고정 경로로 인해 네트워크에서 문제가 발생하기 쉬운데, 네트워크 토폴로지의 변경으로 인해 기존의 고정 경로가 올바르지 않은 경로가 되기 때문이다. 따라서 네트워크 변경시에 고정 경로가 있는 경우에는 변경으로 인해 고정 경로에 미치는 영향을 신중히 고려해야 한다.

포트 설정

기본적으로 pfSense는 라우터의 WAN 측 포트를 모두 차단한다. 따라서 원격 사용자가 로컬 호스트의 포트에 연결을 시도할 경우, 이 사용자는 차단당한다. 로컬 호스트의 포트에 대한 연결을 허용하려면 이 포트로 향하는 트래픽을 호스트로 전달하는 포트 포워딩 규칙이 있어야 하며, 로컬 호스트가 연결돼 있는 네트워크에도 이러한 트래픽을 허용하는 규칙이 정의돼 있어야 한다(pfSense는 NAT 포트 포워딩 시에 이를 허용하는 방화벽 규칙을 자동 생성하는 옵션이 있기 때문에 한 번에 설정을 마칠 수 있다).

블랙홀

가끔, 목적지에 도달하지 못했다는 어떠한 징후도 없이 네트워크 트래픽이 사라지는 상황이 발생하기도 한다. 이러한 오류는 네트워크 트래픽을 모니터링해야만 발견할 수 있으며, 이런 상황을 가리켜 블랙홀이라고 한다.

블랙홀에 해당하는 시나리오 중 하나는 다운된 상태의 호스트에 할당된 IP 주소, 혹은 아예 호스트에 할당되지 않은 IP 주소에 연결을 시도할 때 발생한다. TCP에는 연결 실패 시 출발지 호스트에 이를 알리는 메커니즘이 존재하지만, 가끔 패킷이 그냥 사라지는 경우가 있다. 또 비연결 프로토콜인 UDP 등의 프로토콜을 사용하는 경우에는 출발지 호스트에 IP 주소가 유효하지 않음을 알릴 수단이 없다.

MTU^{Maximum Transmission Unit} 블랙홀도 자주 발생하는 상황 중 하나다. 이 문제는 MTU 패킷이 네트워크에서 허용되는 최대 MTU 크기보다 크고, IP 헤더에 DF^{Don't Fragment} 플래그가 설정된 경우에 발생한다. 이때 이 패킷의 크기보다 MTU 값이 작게 설정된 장치들은 이 패킷을 버린다. 이 문제를 해결하는 방법은 PMTUD^{Path MTU Discovery}가 네트워크의 모든 장치에서 실행되도록 하는 것이다. PMTUD는 Fragmentation Needed라는 ICMP 메시지를 되돌려 보내서, 문제를 일으키고 있는 장치의 MTU 크기를 줄이도록 함으로써 문제를 해결한다. 그러나 보안상의 이유로 일부 네트워크 장치들은 ICMP 메시지를 차단하며, 이 경우 블랙홀은 결국 발생하게 된다. TCP의 3-방향 핸드셰이크는 정상적으로 완료되지만, 데이터가 전송되기 시작하면 MTU 크기 불일치로 인해 연결이 멈춰버릴 것이기 때문이다.

이 문제를 해결할 수 있는 한 가지 방법은 RFC 4821 버전의 PMTUD를 사용하는 것이다. 이 버전에서는 TCP 또는 다른 프로토콜을 사용해 점진적으로 패킷의 크기를 증가시키면서 문제를 탐지한다. 또 다른 해결책은 모든 TCP 연결의 MSS^{Maximum Segment Size}를 이더넷의 기본값인 1500보다 작은 값으로 변경하는 것이다.

물리적 문제

문제 원인 중에는 케이블과 관련된 경우가 의외로 많다. 가정과 사무실에서 사용되는 가장 일반적인 형태의 네트워크 케이블은 UTP^{Unshielded Twisted Pair}며, 광섬유 케이블은 비용이 많이 든다. UTP 케이블 연결은 다양한 형태의 간섭에 취약한데, 그중 하나가 누화^{crosstalk}로서, 한 케이블의 신호가 다른 케이블로 흘러들어 가는 현상이다. 이것은 두 개의 케이블이 서로 너무 가깝게 붙어있을 경우 종종 발생한다. NEXT^{Near End Crosstalk}는 발신 데이터 전송이 수신 전송으로 누출되는 것이고, FEXT^{Far End Crosstalk}는 전송 라인의 다른 쪽 끝에 있는 송신 스테이션이 수신 회선으로 누출되는 것이다. 누화를 최소화하는 방법으로 가장 좋은 것은 고품질의 UTP 케이블을 구입하는 것이다. 이러한 케이블에서 트위스트 페어는 매우 단단히 꼬여 있으며, 꼬인 횟수가 많을수록 누화가 적게 발생한다.

EMI도 신호 강도를 감소시킬 수 있다. 컴퓨터 모니터와 형광 조명은 모두 전자기장을 발생시키는데, 이로 인해 UTP 네트워크 케이블에 문제가 일어날 수 있다. 휴대전화 등의 물체에서 발생하는 RFI^{Radio Frequency Interference}도 문제가 될 수 있다. 이 문제에 대한 해결책은 이러한 장치들로부터 멀리 네트워크 케이블을 배치하는 것이다.

케이블이 너무 길면 약해질 수 있다. 카테고리 5와 카테고리 6 UTP 케이블의 최대 길이는 100미터라는 점을 기억하자. 네트워크 문제가 (항상 그런 것이 아니라) 간헐적으로 발생하고 케이블이 너무 길다면, 이것이 문제의 원인일 수 있다. 케이블을 줄이는 것이 불가능하다면, 중계기^{repeater}를 설치해 문제를 해결할 수 있다.

지금까지 설명한 모든 문제를 피하는 방법으로서 광섬유 케이블을 고려할 수 있다. 전자 신호가 아니라 빛을 사용하기 때문에 누화, EMI, 감쇠 등 지금까지 논의했던 문제들이 발생하지 않는다. 광섬유 케이블은 보안 측면에서도 우수하다. 데이터 신호에 접근하려면 물리적으로 광섬유에 접촉해야 하는데, 이것은 쉬운 일이 아니기 때문이다.

하지만 안타깝게도 광섬유 케이블은 비싸기 때문에 상당수의 조직에서 실제로 사용하기 어렵다. 또 대부분의 전자 장비와 호환되지 않으며, 특별히 호환되는 네트워크 장비를 구입해야 한다. 따라서 광섬유 케이블은 인터넷, WAN, MAN^{Metropolitan Area Network}을 위한 매체로서 지속적으로 중요한 역할을 담당하겠지만, 가까운 시일 내에 소규모 네트워크에 커다란 영향을 미치지는 못할 것이다.

pfSense 문제 해결 도구

pfSense는 네트워크의 기능과 관련된 수많은 정보와 데이터를 제공하며, 이러한 정보와 데이터는 네트워크 문제를 해결할 때 매우 유용하다. 가장 먼저 찾게 되는 것의 하나가 바로 로그이므로, 로그를 보는 방법부터 시작하자.

시스템 로그

시스템 로그에 접근하려면 Status ➤ System Log로 이동한다. 이 섹션에는 여러 개의 탭이 있지만 기본은 System 탭이다. 다만, 다른 하위 범주(예를 들면 Firewall이나 DHCP)별로도 해당 활동과 관련된 로그 항목을 볼 수 있는 별도의 탭이 있다. 이를 통해 특정 범주의 로그 활동을 좀 더 쉽게 찾을 수 있으며 System 탭의 구성이 간소화돼 있다. System 탭 자체적으로도 General, Gateway, Routing, DNS Resolver, Wireless 등의 하위 범주로 구분돼 있다.

pfSense에서 로그는 가용 디스크 공간을 초과하지 않도록 저장된다. 바이너리 순환 로그 파일 포맷으로 돼 있는데, 로그 파일의 크기는 고정되며 최대 50개의 항목을 저장한다. 최대 개수에 도달하면, 이전 로그 항목을 최신 로그 항목으로 겹쳐 쓴다. 이렇게 제거되는 로그를 보관하기 위해서는 syslog를 사용해 다른 서버로 복사할 수 있다.

Advanced Log Filter				

Last 50 General Log Entries. (Maximum 50)

Time	Process	PID	Message
Jun 19 07:00:00	php		[pfBlockerNG] Starting cron process.
Jun 19 07:00:00	php		[pfBlockerNG] No changes to Firewall rules. skipping Filter Reload
Jun 19 08:00:00	php		[pfBlockerNG] Starting cron process.
Jun 19 08:00:00	php		[pfBlockerNG] No changes to Firewall rules. skipping Filter Reload
Jun 19 09:00:00	php		[pfBlockerNG] Starting cron process.
Jun 19 09:00:00	php		[pfBlockerNG] No changes to Firewall rules. skipping Filter Reload
Jun 19 09:09:11	check_reload_status		updating dyndns WAN_DHCP
Jun 19 09:09:11	check_reload_status		Restarting ipsec tunnels
Jun 19 09:09:11	check_reload_status		Restarting OpenVPN tunnels/interfaces
Jun 19 09:09:11	check_reload_status		Reloading filter
Jun 19 09:09:14	xinetd	23114	Starting reconfiguration
Jun 19 09:09:14	xinetd	23114	Swapping defaults
Jun 19 09:09:14	xinetd	23114	readjusting service 6969-udp
Jun 19 09:09:14	xinetd	23114	Reconfigured: new=0 old=1 dropped=0 (services)
Jun 19 09:09:27	php-fpm	76391	/rc.newipsecdns: IPSEC: One or more IPsec tunnel endpoints has changed its IP. Refreshing.
Jun 19 09:09:27	php-fpm	76391	/rc.newipsecdns: WARNING: Setting i_dont_care_about_security_and_use_aggressive_mode_psk option because a phase 1 is configured using aggressive mode with pre-shared keys. This is not a secure configuration.
Jun 19 09:09:27	check_reload_status		Reloading filter
Jun 19 09:09:29	xinetd	23114	Starting reconfiguration

pfSense에서 볼 수 있는 시스템 로그

위 그림의 샘플 로그에서 알 수 있듯이, General 탭에는 pfBlocker, VPN 터널, 동적 DNS 등 다양한 서비스들의 로그 항목이 포함돼 있다. 기본적으로는 시간순으로 배열돼 있지만, Settings 탭에서 Forward/Reverse Display 체크박스를 사용함으로써 배열 순서를 시간 역순으로도 표시할 수 있다. 페이지 상단에는 Advanced Log Filter 섹션이 있다(이 섹션은 섹션 제목의 오른쪽 끝에 있는 플러스(+) 아이콘을 클릭하면 확장된다). 이 섹션에서는 시간, 프로세스, PID(프로세스 ID), 표시 항목의 수(기본값은 50), 로그 항목에 포함된 메시지 등을 기준으로 로그 항목들을 필터링할 수 있다. 표시 항목의 수를 제외하고 나머지 필드들에는 정규식도 포함할 수 있다. Apply Filter 버튼을 클릭하면 필터링이 적용된다.

Settings 탭에서 다양한 로그 설정들을 제어할 수 있다. 앞서 로그 항목의 시간대별 표시 순서를 제어할 수 있는 Forward/Reverse Display에 대해서는 이미 설명한 바 있다. GUI Log Entries 에디트 박스에서는 GUI에 표시되는 로그 항목의 수를 제어할 수 있다(하지만 실제 로그 파일의 항목 수를 제어할 수는 없다). 그다음 옵션인 Log file size (Bytes) 에디트 박스에서는 로그 파일의 크기를 변경할 수 있다. 기본값은 약 500KB다. 약 20개의 로그 파일이 존재하므로, 기본적으로 로그 파일용으로 디스크 공간은 약 10MB가 되는 셈이다. 로그 파일당 50개 이상의 항목을 저장하고 싶다면 이 값을 늘려도 된다. 하지만 주의할 것은, 이 값을 늘리면 로그 파일들의 크기가 증가하기 때문에 가용 디스크 공간이 충분한지 확인해야 한다는 점이다. 예를 들어 이 값을 1,048,576(즉, 1MB)로 지정하면, 사용되는 디스크 공간의 크기는 총 20MB가 되며 각 로그에 100개의 항목이 포함될 것이다.

다음 섹션은 Log firewall default blocks다. Log packets matched from the default block rules in the ruleset을 선택하면, 암시적으로 적용되는 기본 블록 규칙에 의해 차단된 패킷이 로그에 기록된다. 기본적으로 다른 네트워크와의 트래픽은 모두 차단된다. 다른 규칙에서 트래픽을 명시적으로 허용하지 않고 있으며 이 옵션이 설정돼 있다면, 이렇게 차단된 트래픽이 로그에 기록되는 것이다. 반대로 log packets matched from the default pass rules in the ruleset을 선택하면, 암시적으로 적용되는 기본 통과 규칙에 의해 허용된 패킷이 로그에 기록된다. 하지만 일반적으로는 통과된 트래픽을 굳이 로그에 기록할 필요가 없기 때문에 이 옵션은 기본적으로 선택돼 있지 않다. Log packets blocked by 'Block Bogon Networks' rules와 Log packets blocked by 'Block Private Networks' rules 체크박스를 선택해도 역시 해당하는 규칙들에 의해 차단된 패킷이 로그에 기록된다.

Web Server Log 체크박스를 선택하면, pfSense GUI나 종속 포털에서 발생한 웹서버 프로세스의 오류가 기본 시스템 로그에 나타난다. Raw Logs 체크박스를 선택하면 로그는 파서^{parser}에 의해 해석되지 않고 그대로 표시된다. 이러한 원시 로그 파일은 읽기가 힘들지만, 파서에 의해 해석된 로그에는 포함되지 않는 세부 정보를 제공하므로 문제 해결에 도움이 될 수 있다.

다음 옵션은 Where to show rule descriptions 드롭다운 박스다. 이 설정을 사용하면 방화벽 로그에 적용된 규칙에 대한 설명을 표시할 수 있다. 선택 가능한 옵션은 다음과 같다.

- Don't load descriptions: 기본값이다. 설명을 표시하지 않는다.
- Display as column: 적용된 방화벽 규칙이 별도의 열에 표시된다.
- Display as second row: 적용된 방화벽 규칙이 해당 로그 항목의 아래에 표시된다.

Local Logging 체크박스를 선택하면 로그 파일이 로컬 디스크에 기록되지 않는다. Reset Log Files 버튼을 클릭하면 모든 로컬 로그 파일이 지워지고 빈 로그로 초기화된다. 이때 DHCP 데몬도 다시 시작된다. 설정이 모두 끝나면 로그 파일을 지우기 전에 Save 버튼을 클릭해야 한다.

다음 섹션은 Remote Logging Options다. Enable Remote Logging 체크박스를 선택하면 원격 syslog 서버로 로그 메시지가 전송된다. 이 옵션을 선택하면 새로운 옵션들이 나타나는데, Source Address 드롭다운 박스에서는 syslog 데몬이 바인딩될 IP 주소를 선택할 수 있으며, pfSense 시스템의 각 인터페이스(WAN과 LAN 인터페이스 포함)와 localhost 중에서 선택할 수 있다. 이러한 옵션들을 선택할 경우 원격 syslog 서버들은 모두 IP 유형(IPv4 또는 IPv6)이어야 한다. IPv4와 IPv6 syslog 서버를 혼용하고 싶다면 Default (any)를 선택해 모든 인터페이스에 바인딩하면 된다. 또한 여기서 선택된 인터페이스에서 IP 주소를 찾을 수 없으면, syslog 데몬은 모든 주소에 바인딩된다.

IP Protocol 드롭다운 박스에서는 Source Address 드롭다운 박스에 지정된 주소의 IP 유형을 선택할 수 있다. 만일 여기서 선택한 유형의 IP 주소가 발견되지 않으면 자동으로 다른 유형이 시도될 것이다. Remote log servers 에디트 박스에서는 최대 세 개까지 syslog 서버의 IP 주소와 포트를 지정할 수 있다. 마지막으로, Remote Syslog Contents 체크박스를 사용해 syslog 서버로 전송될 이벤트를 선택할 수 있다. 주의할 것은 pfSense로부터 syslog 메시지를 수신할 원격 서버에 syslog 데몬이 설정돼 있어야 한다는 점이다. 모든 설정이 끝나면 Save 버튼을 클릭한다.

대시보드

pfSense 대시보드에서도 많은 정보를 수집할 수 있다. 대시보드는 Status ➤ Dashboard에서 볼 수 있다(웹 GUI에 로그인하면 처음으로 보이는 것이 대시보드다). 대시보드에는 가동 시간, CPU 사용량, 메모리 사용량, 실행 중인 버전, 업그레이드 가능 여부 등 pfSense 시스템에 대한 많은 정보가 포함돼 있다. 대시보드는 버전 2.3에서 모습이 크게 바뀌었다. General Settings에서 표시될 열의 개수를 선택할 수 있으며, 웹 브라우저의 너비를 조정하면 대시보드가 하나의 열로 조정되므로 왼쪽 및 오른쪽으로 스크롤할 필요가 없어졌다. 인터페이스 현황, 인터페이스들의 속도 및 IP 주소를 표시하는 Interfaces 위젯도 추가됐다. 제목 표시줄의 오른쪽에 있는 플러스(+) 아이콘을 클릭해 위젯을 페이지에 추가할 수 있다. 게이트웨이, 트래픽 그래프, CARP 상태, 부하 분산 상태를 보여주는 위젯들이 추가됐고, 상당수 패키지들이 자체 위젯을 갖게 됐다. 대시보드는 몇 초마다 업데이트되므로 Reload 버튼을 누를 일이 거의 없다.

Interfaces

Status ➤ Interfaces에서 인터페이스들의 상태에 대한 정보를 볼 수 있다. 모든 인터페이스에 관한 정보를 볼 수 있으며, 특히 다음 정보를 확인할 수 있다.

- 인터페이스의 장치 이름(예를 들면 fxp0, em1 등)
- 인터페이스 상태 (up 또는 down)
- 인터페이스의 MAC 주소
- IP 주소, 서브넷 마스크, (WAN 유형 인터페이스의 경우) 게이트웨이
- 통과 및 차단된 송수신 패킷 수
- 오류 및 충돌 횟수

DHCP를 통해 IP 주소를 받도록 설정된 인터페이스일 경우(WAN 유형 인터페이스는 대부분 이렇다.), 이 페이지에서 DHCP 임대를 갱신할 수 있다.

Services

대부분의 시스템 및 패키지 서비스들의 상태를 Status ➤ Services 페이지에서 볼 수 있다. 이 페이지에서는 서비스의 이름(Service), 간단한 설명(Description), 서비스의 실행 중 여부(Status)를 나열하는 테이블을 볼 수 있다. 또 Actions 열이 있으며 어떤 아이콘을 클릭하면 정지 상태의 서비스를 시작하거나 실행 중인 서비스를 재시작/정지할 수도 있다. 일반적으로는 이런 식으로 서비스를 제어할 일이 없지만, 문제 해결 상황에서는 유용하게 쓰일 수도 있다.

Services 테이블의 일부(전부는 아님) 항목에는 다음과 같이 세 개의 아이콘이 추가로 표시된다.

- **Related settings**: 세 개의 슬라이더처럼 보이는 아이콘이다. 서비스의 설정 페이지로 연결된다.
- **Related status**: 막대그래프처럼 보인다. 많은 서비스들이 Status 메뉴에 자체 페이지가 있는데, 이럴 경우 그 페이지로 연결된다.

- Related log entries: 등록증처럼 보이는 아이콘이다. Status ➤ Log에 자체 탭이 있는 서비스일 경우 그 페이지로 연결된다.

Monitoring

System ➤ Monitoring에서는 pfSense 시스템의 실시간 동작과 관련된 유용한 데이터들을 볼 수 있다. 이 페이지에는 두 개의 섹션이 있는데, 하나는 대화식 그래프 ^{Interactive Graph}고, 다른 하나는 그래프 정보 요약^{Data Summary}이다. 이 페이지에서는 특히 프로세스별 CPU 사용량 비율 정보를 확인할 수 있다.

- User util.: 사용자 관련 프로세스
- Nice util.: 좋은 (우선순위가 낮은) 프로세스
- System util.: Nice가 아닌 시스템 프로세스
- Interrupt: 시스템 인터럽트

프로세스의 총합을 나타내는 열도 있다. 각 항목마다 최소, 최대, 평균 CPU 사용 비율이 표시된다.

Traffic Graphs

각 인터페이스의 트래픽 그래프를 Status ➤ Traffic Graph에서 볼 수 있다. Interface 드롭다운 박스에서는 어떤 인터페이스에 대해 그래프를 생성할지 지정할 수 있으며, 그래프 옆의 테이블에 표시되는 정보는 (Sort by 드롭다운 박스의 설정에 따라) 수신 대역폭 또는 송신 대역폭 기준으로 내림차순으로 정렬된다. Filter 드롭다운 박스에서는 로컬 트래픽만 혹은 원격 트래픽만 표시되도록 설정할 수 있는데, 기본값은 All이다. Display 드롭다운 박스에서는 Host Name or IP 열에 무슨 정보가 표시될지 선택할 수 있다. IP 주소, 호스트 이름, 설명, FQDN^{Fully Qualified Domain Name} 등을 선택할 수 있다.

Firewall states

방화벽 상태에 대한 정보가 문제 해결에 유용할 때가 자주 있다. pfSense 웹 GUI 및 콘솔에서 방화벽 상태를 보는 방법은 여러 가지다.

States

States 테이블은 Diagnostics ➤ States에서 볼 수 있다. 이 테이블의 각 항목은 인터페이스, 프로토콜, 트래픽의 방향, 소켓 상태, 교환된 패킷 및 바이트의 개수 등 다양한 정보를 제공한다. State Filter 섹션의 옵션을 사용하면 인터페이스 또는 정규식 기준으로 상태 테이블의 항목들을 필터링할 수 있으며, Reset States 탭을 클릭해 (필요하다면) 상태 테이블의 기존 내용을 모두 지울 수 있다.

States summary

개별 항목에 대한 정보가 아니라 상태 정보의 전반적 개요만 필요하다면, Diagnostics ➤ States Summary가 도움이 된다. 여기서는 출발지 IP, 목적지 IP, IP당 총계, IP 쌍 기준으로 상태 정보를 확인할 수 있다. 이 페이지는 IP 주소의 상태가 비정상적인지 확인하는 데 유용하다.

pfTop

pfTop은 웹 GUI(Diagnostics ➤ pfTop)와 콘솔(콘솔 메뉴의 9)에서 모두 접근할 수 있다. pfTop은 상태 테이블과 각 상태에서 사용되는 대역폭의 총량을 실시간으로 보여준다. 콘솔에서 pfTop을 사용 중일 때 q를 입력하면 종료되며 콘솔 메뉴로 돌아간다.

콘솔에서 pfTop을 실행 중인 모습

pfTop의 열 제목들은 대부분 무엇을 의미하는지 쉽게 이해할 수 있다. 예를 들어, 기본 설정 시에 보이는 열 제목은 PR, D, SRC, DEST, STATE, AGE, EXP, PKTS, BYTES 순서다.

여기서 PR은 프로토콜을 나타내며, D는 방향(in과 out)을 나타낸다. SRC와 DEST는 출발지와 목적지를 나타낸다. AGE는 생성된 후 얼마나 오랜 시간이 경과했는지를 나타내며, EXP는 언제 만료될지를 나타낸다. PKTS는 해당 규칙에 의해 처리된 패킷의 수를, BYTES는 바이트의 수를 나타낸다.

STATE는 클라이언트: 서버 형식으로 연결 상태를 나타낸다. 80열 테이블에 모두 표시할 수 없기 때문에 pfTop은 1:0과 같은 정수 형식을 사용하는 것이다. 숫자가 의미하는 것은 다음과 같다.

숫자	상태
0	TCP_CLOSED
1	TCP_LISTEN
2	TCP_SYN_SENT
3	TCP_SYN_RECEIVED

(이어짐)

숫자	상태
4	TCP_ESTABLISHED
5	TCP_CLOSE_WAIT
6	TCP_FIN_WAIT_1
7	TCP_CLOSING
8	TCP_LAST_ACK
9	TCP_FIN_WAIT_2
10	TCP_TIME_WAIT

예를 들어, 1:0은 클라이언트 측의 상태가 TCP_LISTEN이고 서버 측의 상태가 TCP_CLOSED임을 나타낸다.

웹 GUI에서 pfSense를 사용할 때의 장점 중 하나는 필요에 맞게 출력을 변경하기가 매우 쉽다는 것이다. View 드롭다운 메뉴에서 출력 표시 방법을 선택할 수 있으며, 선택할 수 있는 옵션들은 다음과 같다.

- label: LABEL 열은 어느 규칙이 호출되고 있는지, 그리고 이 규칙에 의해 처리되는 패킷과 바이트의 수, 그리고 상태를 나타낸다.
- long: 프로토콜, 출발지, 목적지, 게이트웨이, 상태, 각 항목의 생성 이후 경과 시간을 보여준다.
- queue: 트래픽 셰이퍼가 설정돼 있는 경우 대기열별로 구분해서 결과가 표시된다.
- rules: 가장 오른쪽 열에는 현재 호출되고 있는 규칙을 표시하고, 각각의 규칙과 관련된 상태의 수도 표시한다.

Sort by 드롭다운 박스에서 몇 개의 범주(예를 들면 바이트, 경과 시간, 목적지 주소, 출발지 주소 등)를 기준으로 내림차순으로 정렬할 수 있다. Maximum # of States 드롭다운 박스에서는 페이지에 표시되는 상태의 개수를 제어할 수 있다.

콘솔에서 pfTop을 실행하면 대화식 모드로 실행된다. 다시 말해, 터미널에서 명령을 읽고 그 명령에 따라 동작한다. 문자는 입력되는 즉시 처리되며, 문자가 처리된 직후에 화면이 업데이트된다.

대화식 모드에서 사용할 수 있는 모든 명령들의 목록과 pfTop 명령행 옵션에 대해서는 pfTop의 man 페이지를 참조한다.

tcpdump

네트워킹 문제를 해결할 때 가장 효과적인 방법은 패킷 캡처(패킷 스니핑sniffing이라고도 함)다. 패킷을 캡처하는 방법 중 하나가 pfSense에 기본적으로 설치되는 명령행 도구인 tcpdump를 사용하는 것이다. tcpdump는 패킷 캡처와 분석에 사용되는 명령행 유틸리티로서, 세부 정보를 화면에 표시하거나 파일에 저장할 수 있으며 패킷 캡처를 위해 libpcap 라이브러리를 사용한다.

패킷 캡처의 결과는 어떤 인터페이스의 트래픽을 캡처하느냐에 따라 달라진다. 따라서 여러분은 어떤 인터페이스의 트래픽을 캡처할지 신중히 선택해야 하며, 경우에 따라서는 다수의 인터페이스에서 동시에 트래픽을 캡처해야 할 때도 있다. tcpdump를 사용하려면 인터페이스의 기본 장치 이름을 사용해야 한다. 기본 장치 이름이 기억나지 않는다면, 웹 GUI의 경우 Interfaces ➤ (assign)에서 확인할 수 있다. 콘솔 메뉴에서는 나열된 인터페이스별로 장치 이름을 보여주는 별도의 열에서 확인할 수 있다. 또한 콘솔 셸에서 다음 명령을 실행해 확인할 수도 있다.

`tcpdump -D`

그다음 어떤 인터페이스에서 tcpdump를 실행하려면 다음과 같이 입력한다.

`tcpdump -interface_name`

여기서 `interface_name`은 장치 이름이다(예를 들면 `fxp0`, `em1` 등). 만약에 아무 옵션 없이 `tcpdump`를 실행하면 모든 인터페이스의 패킷이 캡처된다.

tcpdump를 실행하면 출발지 및 목적지의 호스트 이름이 표시되는 것을 볼 수 있다. 기본적으로 tcpdump는 IP 주소에 대해 DNS 조회를 수행하기 때문에 tcpdump 실행으로 인해 상당량의 DNS 트래픽이 발생할 수 있다.

기본적으로 tcpdump는 Ctrl+C가 눌릴 때까지 계속 실행되지만, c 옵션을 사용하면 캡처되는 패킷의 수를 제한할 수 있다.

```
tcpdump -c 10
```

예를 들어 이렇게 실행하면 tcpdump는 10개의 패킷을 캡처한 다음 실행을 중지한다. 패킷별로 최대 캡처 크기의 기본값은 64K지만, 헤더의 내용만 알면 충분할 때가 많다. 이럴 때 s 옵션을 사용해 캡처된 패킷의 크기를 제한할 수 있다.

```
tcpdump -s 96
```

예를 들어 이렇게 실행하면 패킷의 처음 96바이트까지만 캡처된다.

tcpdump는 추후에 분석 가능하도록 패킷 캡처 파일을 pcap 형식으로 저장할 수 있다. 이 기능은 특히 와이어샤크^Wireshark나 기타 다른 그래픽 네트워크 프로토콜 분석기를 실행하는 컴퓨터에서 이 파일을 불러오고 싶을 때 유용하다. 출력을 파일로 저장하려면 다음과 같이 w 옵션을 사용한다.

```
tcpdump -w filename
```

다만 이렇게 w 옵션을 줘서 실행하면, 평소와 달리 화면상에 프레임이 표시되지 않는다는 것에 주의하자.

기본적으로 tcpdump가 실행되면 네트워크 인터페이스는 무차별 모드로 전환된다. 이 모드에서는 MAC 주소로 전송되는 프레임뿐만 아니라 네트워크 연결상의 모든 프레임이 표시된다. 최근의 네트워크 환경에서 이것은 거의 문제가 되지 않는데, 대부분의 네트워크가 스위치를 사용하므로 인터페이스는 자신이 수신해야 하는 트래픽만 수신하기 때문이다. 그러나 네트워크상에 허브가 설치돼 있다면, tcpdump를 무차별 모드로 실행함으로써 아무 관심도 없는 트래픽이 대량으로 캡처될 수 있다. 무차별 모드가 아닌 모드에서 tcpdump를 실행하기 위해서는 옵션을 사용하며, 이렇게 함으로써 패킷을 캡처 중인 인터페이스로 향하는 트래픽에 집중할 수 있다.

-v 플래그를 사용해 tcpdump의 출력에 포함되는 정보의 밀도를 제어할 수 있다. 이 플래그는 파일에 저장되는 tcpdump 출력의 내용에는 아무런 영향을 미치지 않으며, 오직 화면에 출력될 때만 적용된다. -v 외에도 vv 또는 vvv 플래그를 사용할 수도 있으며, 개수가 늘어날수록 화면에 출력되는 정보가 자세해진다. 이 세 개의 옵션과 파일 기록을 지시하는 w 옵션을 함께 사용하면, tcpdump는 10초마다 캡처된 패킷의 수를 표시할 것이다.

-e 옵션을 사용하면 802.1Q VLAN 태그 정보, 패킷의 출발지 및 목적지의 MAC 주소도 표시된다.

tcpdump의 출력 결과에 패킷 시퀀스 번호가 포함돼 있음에 주목하자. 동일한 출발지/목적지로부터의 다수 패킷을 표시할 때, 그중에서 첫 번째 패킷은 시퀀스 번호가 크지만 그 이후의 패킷들은 시퀀스 번호가 작아진다. 이것은 화면 표시를 효율적으로 하기 위해 상대 순서 번호를 사용하기 때문이다. 실제 시퀀스 번호로 보려면 S 플래그를 사용한다.

tcpdump를 좀 더 간략하게 보고 싶다면 웹 GUI의 tcpdump 페이지를 사용할 수 있다. Diagnostics ➤ Packet Capture로 이동한 후, Interface 드롭다운 박스에서 패킷을 캡처할 인터페이스를 선택한다(모든 인터페이스에서 캡처하는 옵션은 없는 것 같다). Promiscuous 체크 상자를 선택하면 무차별 모드가 활성화된다. Address Family 드롭다운 박스에서는 IPv4 패킷, IPv6 패킷 또는 둘 다 선택할 수 있으며, Protocol 드롭다운 박스에는 여러 개의 옵션이 있는데 선택 가능한 것은 Any(모든 패킷을 캡처한다.), ICMP, Exclude ICMP, ICMPv6, Exclude ICMPv6, TCP, Exclude TCP, UDP, Exclude UDP, ARP, Exclude ARP, CARP, Exclude CARP, pfsync, Exclude pfsync, ESP, Exclude ESP 등이다.

Host Address 에디트 박스에서 출발지 또는 목적지의 IP 주소 또는 서브넷을 (CIDR 표기법으로) 지정할 수 있다. tcpdump는 어느 필드에서든 지정된 주소를 찾을 것이다. 앞에 !를 붙이면 IP 주소를 반전시킬 수 있다. 즉, 해당 IP 주소를 제

외한 나머지 주소에서 찾는다. 두 개 이상의 IP 주소 또는 CIDR 서브넷을 지정할 수 있는데, 쉼표를 사용하면 논리 AND, 파이프(|)를 사용하면 논리 OR이 수행된다. 이 필드를 공백으로 남겨두면, 다른 설정에서 지정된 기준을 만족하는 모든 패킷이 출발지 또는 목적지 IP 주소와 상관없이 캡처된다.

Port 에디트 박스에 어떤 포트를 지정하면, tcpdump는 여기에 지정된 포트를 찾으며 만일 이 필드를 비워두면 tcpdump가 포트를 특별히 구분하지 않는다. Packet Length 에디트 박스에서는 캡처될 패킷의 바이트 수를 지정할 수 있다. 기본값은 0인데, 이 경우 프레임 전체가 캡처된다. Count 에디트 박스에서는 tcpdump가 취할 패킷의 수를 지정할 수 있는데 기본값은 100이다. 0으로 지정하면 tcpdump가 패킷 캡처를 계속한다.

Level of detail 드롭다운 박스는 패킷이 캡처됐을 때 여러분이 Stop을 누른 후 표시될 세부 정보의 수준을 제어한다. 선택 가능한 옵션은 Normal, Medium, High, Full이다. 무엇을 선택하더라도, 패킷 캡처 완료 후 다운로드를 선택했을 때 생성되는 패킷 캡처 파일의 내용에는 영향을 미치지 않는다.

Reverse DNS Lookup 체크박스를 선택하면 tcpdump는 모든 IP 주소에서 역 DNS 조회를 수행한다. 앞서 명령행 옵션을 설명할 때 언급했듯이, DNS 역방향 조회를 수행하면 상당한 DNS 트래픽이 발생하고 이로 인한 지연을 피할 수 없기 때문에 일반적으로는 권장되지 않는다. 모든 설정이 끝났으면 Start 버튼을 클릭한다.

Start를 클릭하면, 페이지 하단에 Packet capture is running이라는 메시지가 표시되고, Start 버튼이 Stop 버튼으로 바뀐다. Stop 버튼을 클릭하면, 페이지 하단에 Packets Captured 리스트박스가 나타나며 그 안에는 캡처된 패킷들의 정보가 표시된다. Level of Detail 에디트 박스의 값을 변경하고 View Capture를 클릭해 화면 내용을 업데이트함으로써 표시되는 정보의 수준을 변경할 수 있다. 마지막으로, Download Capture 버튼을 클릭해 패킷 캡처를 저장할 수 있다. 확장자가 cap인 파일로서 저장되며, 와이어샤크 등의 네트워크 프로토콜 분석기에서 열어볼 수 있다.

tcpflow

tcpdump와 마찬가지로, 네트워크 패킷의 내용을 실시간으로 볼 수 있다. tcpdump가 프로토콜 정보와 패킷 캡처에 적합하다면, tcpflow는 두 개의 호스트 사이에서 실제로 데이터가 어떻게 흐르는지 보는 데 적합하다. tcpflow와 tcpdump 간의 중요한 차이점 중 하나는 tcpdump가 기본적으로 콘솔에 출력을 표시하는 반면, tcpflow는 기본적으로 파일에 출력을 기록한다는 점이다. tcpflow의 출력을 콘솔에 표시하려면 c 옵션을 사용할 수 있다. tcpflow의 구문은 tcpdump와 매우 유사하다. 예를 들어보자.

```
tcpflow -i fxp0 -c host 172.16.1.2 and port 80
```

이 문장은 출발지 또는 목적지가 172.16.1.2 포트 80인 fxp0 인터페이스상의 패킷을 캡처한다. 다음은 tcpflow에서 사용할 수 있는 몇 가지 옵션이다.

옵션	설명	대응되는 tcpdump 옵션
-bmax_bytes	max_bytes 바이트까지만 캡처한다.	-c
-c	콘솔에 표시한다.	없음(기본값)
-ddebug_level	디버그 수준	
-iiface	iface 인터페이스로부터의 패킷을 캡처한다.	-i
-p	무차별 모드에서 실행하지 않는다.	-p
-r file	tcpdump의 w 옵션으로 생성된 파일에서 패킷을 읽어들인다.	-r
-s	출력을 표시하거나 저장하기 전에 표시 불가능한 문자들을 모두 "." 문자로 변환한다.	없음
-v	표시 수준 제어(-d 10과 동일)	-v

ping, traceroute, netstat

ping, traceroute, netstat는 원격 호스트에 도달 가능한지 테스트하고 라우팅 정보 및 네트워크 연결 정보를 제공하는, 오래전부터 사용돼온 명령행 유틸리티다. 네트워크 테스트 시에 많은 네트워크 엔지니어들이 가장 먼저 사용하는 도

구들이기도 하며, 네트워크 문제를 해결할 때 그 가치를 증명할 때가 많다. ping
과 traceroute는 웹 GUI에서도 사용할 수 있지만 일반적으로는 콘솔에서 사용
된다.

ping

ping의 목적은 출발지 호스트에서 목적지 호스트로 보내진 메시지의 RTT[Round-Trip Time](왕복 시간)을 측정해 출발지 호스트에게 다시 알리는 것이다. ICMP 프로토
콜을 사용하며, 목적지 호스트에 ICMP 에코 요청 패킷을 보내고 ICMP 에코 응답
이 돌아오기를 기다린다. 다음 화면은 리눅스에서 ping을 실행했을 때의 일반적
인 출력이다.

```
                              Terminal
user@user-VirtualBox ~ $ ping -c 10 google.com
PING google.com (167.206.145.49): 56 data bytes
64 bytes from 167.206.145.49: icmp_seq=0 ttl=57 time=11.112 ms
64 bytes from 167.206.145.49: icmp_seq=1 ttl=57 time=18.449 ms
64 bytes from 167.206.145.49: icmp_seq=2 ttl=57 time=18.932 ms
64 bytes from 167.206.145.49: icmp_seq=3 ttl=57 time=17.847 ms
64 bytes from 167.206.145.49: icmp_seq=4 ttl=57 time=12.325 ms
64 bytes from 167.206.145.49: icmp_seq=5 ttl=57 time=10.854 ms
64 bytes from 167.206.145.49: icmp_seq=6 ttl=57 time=12.973 ms
64 bytes from 167.206.145.49: icmp_seq=7 ttl=57 time=16.351 ms
64 bytes from 167.206.145.49: icmp_seq=8 ttl=57 time=12.255 ms
64 bytes from 167.206.145.49: icmp_seq=9 ttl=57 time=20.017 ms
--- google.com ping statistics ---
10 packets transmitted, 10 packets received, 0% packet loss
round-trip min/avg/max/stddev = 10.854/15.112/20.017/3.368 ms
user@user-VirtualBox ~ $
```

가장 먼저 보고되는 것은 수신된 패킷의 크기다. 기본 크기는 56바이트지만,
ICMP ECHO_REQUEST 패킷은 ICMP 헤더로서 8바이트를 추가로 포함하므로 실제
로는 64바이트가 보고되는 것이다. 그다음은 목적지 IP 주소다. 기본적으로 ping
은 호스트 이름이 아니라 그 호스트 이름에 해당되는 IP 주소로 표시한다.

icmp_seq 필드는 ICMP 패킷들의 순서를 나타낸다. ping은 패킷을 수신하자마자 보고하며, 반드시 패킷의 전송 순서와 수신 순서가 똑같지는 않지만 네트워크가 정상적으로 동작 중이라면 일반적으로는 순서가 똑같을 것이다. ttl은 time to live의 약자로서, 목적지까지 가는 과정 동안 거치는 라우터를 지날 때마다 1씩 감소된다. 패킷이 도착하기도 전에 TTL 필드가 0이 되면 ICMP 오류(ICMP Time Exceeded)가 되돌아간다. 리눅스에서 이 값의 기본 설정은 64다. 마지막으로, 마지막 필드에는 각 패킷의 RTT가 보고되며 현재 연결의 대기 시간을 측정하는 데 쓰일 수 있다.

모든 패킷의 결과 보고가 완료되면 ping은 이 세션의 종합 통계를 보고한다. 송수신된 패킷의 수, 손실된 패킷의 비율 등이 보고된다. 마지막 줄에서는 RTT의 최솟값, 평균값, 최댓값, 그리고 표준 편차를 볼 수 있다.

ping에 관해 주의할 사항은 상당수의 방화벽들이 ICMP 트래픽을 차단하도록 설정돼 있기 때문에 이러한 방화벽 뒤에 있는 호스트는 ping을 사용할 수 없다는 점이다. 사실, pfSense도 기본적으로 ping 트래픽을 차단하므로, 방화벽의 다른 쪽에 위치하는 호스트에서 이쪽 호스트로 ping이 가능하려면 이러한 트래픽이 허용되도록 명시적인 설정을 해줘야 한다. 그럼에도 불구하고, ICMP 트래픽 차단을 하는 네트워크에 ping을 보내야 할 때가 종종 있는데, 이런 경우에는 대부분의 방화벽에서 차단될 가능성이 별로 없는 TCP 또는 UDP 사용 유틸리티를 이용해 패킷을 전송할 수 있다. 이러한 유틸리티 중 하나가 tcpping이며, ping과 유사한 구문을 사용한다. 로컬 호스트에 ping을 수행할 때는 ARP[Address Resolution Protocol] 요청을 사용해 IP 주소를 알아내는 arping을 사용할 수 있다.

tcpping을 설치하려면, 먼저 tcptraceroute를 설치한 후 tcptraceroute를 사용하는 스크립트인 tcpping을 설치해야 한다. tcptraceroute는 시스템에서 바로 설치할 수 있다. 데비안(Debian), 우분투(Ubuntu), 민트 리눅스(Mint Linux)를 사용 중이라면 콘솔에서 다음과 같이 입력한다.

```
sudo apt-get install tcptraceroute
```

CentOS, 레드햇 엔터프라이즈(Redhat Enterprise)를 사용 중일 때는 다음과 같다.

```
sudo yum install tcptraceroute
```

이제 tcpping을 설치해야 한다. wget 명령을 사용해 다음을 입력한다.

```
$ cd /usr/bin
$ sudowget http://www.vdberg.org/~richard/tcpping
```

또한 chmod를 사용해 tcpping의 권한을 설정해야 한다.

```
$ sudochmod 755 tcpping
```

tcpping에서 사용할 수 있는 명령행 옵션들의 목록은 다음과 같이 확인할 수 있다.

```
tcpping help
```

이러한 주의 사항에도 불구하고, ping 유틸리티는 다음과 같은 다양한 상황에서 문제 해결에 유용하게 쓰일 수 있다.

- 두 개의 호스트 사이에 네트워크 연결이 있는지 확인할 수 있다.
- 허용 범위를 넘는 패킷 손실이 발생하고 있는지 판단하는 데 도움이 된다. 두 개의 호스트 간에 연결이 존재하지만 패킷 손실률이 지속적으로 높다면, 네트워크 성능은 의심의 여지없이 저하된다.
- 두 개 호스트 간의 대기 시간 측정에 유용한 도구다.

세 번째로 든 상황의 사례로서, 널리 알려진 호스트(예를 들면 google.com) ping을 실행한 후 다양한 네트워크 환경에서 대기 시간을 측정해볼 수 있을 것이다. 예를 들어 광대역 연결, DSL 연결, 모바일 연결, VPN을 통한 연결 등 다양한 환경에서 측정할 수 있다.

앞서, 리눅스에서 ping 명령을 실행하면서 c 플래그를 사용했었다. 이 플래그는 전송되는 패킷 수를 제한한다. 이 플래그를 사용하지 않을 경우, 콘솔에서 Ctrl+C

가 눌릴 때까지 계속해서 패킷이 전송된다. 이 플래그는 ping에서 사용할 수 있는 수많은 플래그 중의 하나일 뿐이며, 다음 테이블은 널리 사용되는 ping 옵션들을 보여준다.

옵션	설명	윈도우 버전에서의 옵션
-c count	count 개수만큼의 ECHO_RESPONSE 패킷을 수신한 후에 실행 중지	-n count
-D	DF 비트를 설정	-f
-f	수신된 패킷을 바로 내보냄(조심해서 사용할 것)	없음
-i wait	패킷을 전송하기 전에 wait 초만큼 대기	없음
-m ttl	패킷별로 ttl을 설정	-I ttl
-S source_addr	발신 패킷의 출발지 주소로 source_addr을 사용. ping 패킷이 발송되는 IP 주소가 아닌 다른 IP 주소로 보이게 하는 데 유용(다만, 해당 호스트의 IP 주소들 중 하나여야 함)	-S source_addr
-s packetsize	전송될 바이트의 수(기본값은 56)	-l packetsize
-t timeout	수신된 패킷의 개수에 관계없이 ping이 종료될 타임아웃 값을 (초 단위로) 지정	없음
-v	세부 정보 표시. ECHO_RESPONSE 패킷이 아닌 다른 ICMP 패킷도 표시됨	없음

이 테이블이 ping의 모든 옵션을 보여주는 것은 아니다. 완전한 목록은 ping의 man 페이지를 참고하자. 윈도우 명령 프롬프트에서 ping을 실행할 때도 출력되는 내용은 비슷하지만, 약간 다른 점이 있다.

- 기본적으로 모든 패킷이 아니라 네 개의 패킷만을 보낸다. 패킷을 계속 보내려면 옵션을 사용한다. 패킷의 개수를 지정하려면 count 옵션을 사용한다.
- 기본 패킷 크기가 32바이트다.
- 요약 정보에 표준 편차가 표시되지 않는다.

이런 점들을 제외하면 윈도우에서의 ping 동작은 리눅스에서와 유사하지만, 명령행 옵션의 개수는 약간 적은 것 같다. 앞의 테이블에는 윈도우에서 동일하게 동작하기 위한 ping 플래그들이 나열돼 있다.

웹 GUI에서 ping을 호출할 수도 있다. 우선 Diagnostics ➤ Ping으로 이동한다. Hostname 에디트 박스에서 ping을 수행할 호스트 이름 또는 IP 주소를 지정하고, IP Protocol 드롭다운 박스에서는 IPv4 또는 IPv6 프로토콜을 지정할 수 있다. Source Address 드롭다운 박스에서 ping의 출발지 주소를 설정할 수 있으며, 마지막으로 Maximum number of pings 에디트 박스에서는 최대 ping 시도 횟수를 설정할 수 있는데 기본값은 3이다. 모든 설정이 완료되면 Ping 버튼을 클릭한다.

traceroute

traceroute(윈도우에서는 tracert)는 IP 네트워크에서 사용할 수 있는 네트워크 진단 도구로서, 패킷이 지나가는 경로를 표시하고 각 단계(홉hop이라고 함)별로 발생한 전송 지연을 표시한다. 각 홉별로 RTT가 기록되며, 각 홉에서의 평균 시간의 합이 바로 연결 수립에 걸린 총시간의 측정 기준으로서 사용된다. 기본적으로, traceroute는 최종 결과뿐만 아니라 각 홉의 결과도 출력한다. traceroute는 세 개의 패킷을 보내며, 세 개 모두가 손실되는 현상이 두 번 이상 반복되지 않는 한 계속 진행한다. 세 개의 패킷이 두 번 이상 손실된 경우 연결이 끊긴 것으로 간주되므로 경로에 대한 평가는 불가능하다.

```
C:\>tracert google.com
Tracing route to google.com [167.206.252.99]
over a maximum of 30 hops:

  1    <1 ms    <1 ms     1 ms  pfSense.localdomain [192.168.2.1]
  2    16 ms    22 ms    18 ms  pfSense.localdomain [192.168.2.1]
  3     9 ms     8 ms     9 ms  67.59.248.125
  4    11 ms    10 ms    11 ms  ool-4353f894.dyn.optonline.net [67.83.248.148]
  5    14 ms     9 ms    24 ms  65.19.119.159
  6     8 ms    12 ms     9 ms  167.206.252.99

Trace complete.

C:\>
```

윈도우 명령 프롬프트에서의 traceroute 사용 예

traceroute는 윈도우 명령 프롬프트에서는 바로 사용할 수 있지만(다만 tracert로 실행해야 함), 리눅스 배포판에는 대부분 기본 설치돼 있지 않다. 하지만 독립

형 패키지(traceroute) 또는 inetutils 유틸리티의 일부(inetutils-traceroute)로서 포함돼 있으므로 손쉽게 설치할 수 있다. traceroute의 출력은 비교적 간단하다. 첫 번째 열에는 홉의 수가 표시된다. 마지막 열에는 호스트/라우터의 IP 주소와 (존재할 경우) 호스트 이름이 표시된다. 가운데의 세 개 열은 전송된 세 개 패킷 각각의 RTT를 표시한다.

traceroute를 실행할 때 필수로 입력해야 하는 매개변수는 목적지 호스트의 호스트 이름 또는 IP 주소뿐이다. 그러나 다음 테이블과 같이 다양한 옵션들을 함께 사용할 수 있다.

옵션	설명
`-e`	방화벽 회피 모드. UDP, UDP-lite, TCP, SMTP 프로토콜에 대해 고정된 목적지 포트를 사용
`-ffirst_ttl`	최초에 발신되는 패킷에 대한 ttl 설정
`-F`	DF 비트 설정
`-d`	소켓 수준의 디버깅을 활성화
`-I`	UDP 데이터그램 대신 ICMP ECHO를 사용
`-M first_ttl`	발신되는 패킷들에 사용되는 ttl 값을 설정
`-P proto`	발신되는 패킷들에 사용되는 프로토콜을 proto로 설정. 현재 지원되는 값은 UDP, UDP-Lite, TCP, SCTP, GRE, ICMP
`-ssrc_addr`	발신되는 패킷의 주소를 현재 발신되고 있는 인터페이스의 IP 주소가 아닌 다른 주소 src-addr로 강제 설정(다만 src-addr이 이 호스트의 인터페이스 중 하나의 주소여야 함)
`-S`	각각의 홉에서 응답되지 않은 패킷의 개수를 요약해서 출력
`-v`	세부 출력(수신된 ICMP 패킷들을 모두 출력)
`-w`	응답을 수신하기까지 대기할 시간을 설정(기본값은 5초)

이번 테이블에는 앞서와 달리 윈도우에서 동일한 기능을 수행하는 옵션을 포함시키지 않았는데, 리눅스에서 사용할 수 있는 옵션 중에서 윈도우 버전에서 사용 가능한 것이 거의 없기 때문이다. 다른 프로토콜을 사용해야 하는 경우 P 옵션을 사용할 수 있으며, TCP 패킷을 보내는 tcptraceroute라는 유틸리티도 있다(리눅스에서 사용할 수 있다).

웹 GUI에서도 traceroute를 호출할 수 있다. Diagnostics ➤ Traceroute로 이동하자. Hostname 에디트 박스에 호스트 이름 또는 IP 주소를 입력하고, IP Protocol 드롭다운 박스에서 프로토콜(IPv4 또는 IPv6)을 선택한다. Source Address 드롭다운 박스에서 출발지 주소를 선택할 수 있으며, Maximum number of hops 드롭다운 박스에서 네트워크 홉의 최대 개수를 설정할 수 있다(기본값은 18이며, 최대 20까지 가능하다). Reverse Address Lookup 체크박스를 선택해 DNS 조회를 활성화할 수 있고, 마지막으로 Enable ICMP 사용 체크박스를 선택해 traceroute에서 사용될 프로토콜을 UDP에서 ICMP로 변경할 수 있다. 모든 설정이 끝나면 Traceroute 버튼을 클릭한다.

netstat

netstat는 시스템의 네트워크 연결 상황에 대한 다양한 통계를 표시하는 네트워크 유틸리티다. 수신 및 발신 연결, 라우팅 테이블, 기타 다양한 네트워크 통계를 표시한다. 리눅스에서는 현재 netstat 대신에 (iproute2 패키지에 속하는) dss를 사용하도록 권장되고 있다. 하지만 리눅스 배포판에 따라서는 여전히 netstat을 사용할 수 있다.

netstat을 아무 명령행 옵션 없이 실행하면 각각의 네트워크 프로토콜별로 활성 상태의 소켓 목록이 표시된다. 리눅스에서는 활성 상태의 유닉스 도메인 소켓 목록도 표시된다. 출력 결과는 다수의 열로 구성되는데, Proto는 프로토콜을 의미하며 6은 IPv6 사용을 나타낸다. Recv-Q는 소켓 버퍼로부터 아직 복사되지 않은 패킷의 수고, Send-Q는 전송됐으나 아직 ACK 응답을 받지 못한 패킷의 수를 나타낸다. Local Address는 로컬 측의 IP 주소/호스트 이름 및 포트를 나타내며, External Address는 원격 측의 IP 주소/호스트 이름 및 포트를 나타낸다. 마지막으로 State는 소켓의 상태를 나타내는데, 값이 비어있을 수도 있다. RAW에 상태가 없고 일반적으로 UDP에서는 상태 개념이 없기 때문이다.

활성 유닉스 도메인 소켓의 경우, 활성 인터넷 연결 아래에는 보이지 않는 열들이 있다. RefCnt는 참조 횟수를 의미하는데, 이 소켓을 통해 연결된 프로세스의 수를 나타낸다. Flags 열은 연결 혹은 비연결 소켓에서 사용되는 플래그들을 포함하는데, SO_ACCEPTION(ACC로 표시됨), SO_WAITDATA(W), SO_NOSPACE(N) 등이 해당된다. Type 열은 소켓 접근의 유형을 나타낸다. DGRAM은 소켓이 데이터그램(비연결connectionless) 모드임을 나타내고, STREAM은 스트림(연결) 소켓임을 나타낸다. RAW는 원시 소켓을 나타내며, State 열은 여러 상태 중 하나를 나타내는데 FREE는 소켓이 할당되지 않았음, LISTENING은 소켓이 연결 요청을 수신 대기 중, CONNECTING은 소켓이 연결 수립 중, CONNECTED는 소켓이 이미 연결돼 있음, DISCONNECTING은 소켓의 연결이 끊어지고 있음을 나타낸다. I-Node와 Path 열은 소켓에 연결된 프로세스를 나타내는 파일 객체의 inode와 경로를 보여준다.

ping이나 traceroute처럼 netstat도 많은 수의 명령행 옵션이 있다. 다음 테이블은 그중에서 유용한 것들을 소개하고 있다.

옵션	설명	윈도우 버전에서의 옵션
-faddress_family	특정 address_family로 표시를 제한한다(예를 들어 inet, inet6, unix 등).	없음
-p protocol	특정 protocol로 표시를 제한한다(예를 들어 tcp, udp, icmp 등).	-p protocol
-r	라우팅 테이블의 내용을 표시	-r
-rs	라우팅 통계를 표시	없음
-n	주소와 포트를 변환하지 않고, 그냥 숫자로 표시	-n
-W	주소 길이가 너무 길어서 열에 다 표시되지 않더라도 주소의 일부를 자르지 않는다.	없음

문제 해결 시나리오

네트워크 문제 해결 시나리오를 깊이 다루는 것은 이 책의 범위를 벗어나지만, 네트워크 관리자의 입장에서 자주 발생하는 문제점들과 그 원인을 언급하고 넘어가는 것이 유익할 것 같다. 이러한 문제들은 대부분 잠재적 원인이 다양하기 때문에 섣불리 결론을 내리기 전에 충분히 정보를 수집해야 한다.

사용자가 웹사이트에 연결할 수 없음

최종 사용자 입장에서 가장 흔하게 발생하는 문제일 경우가 많다. 사용자가 특정 웹사이트에 접근할 수 없다고 알려오며, 지속적으로 동일한 오류 메시지가 표시되는 경우다. 문제 원인에 관한 정보를 수집하기 전에는 다음 원인들 중 무엇이 진짜 원인인지 결론을 내리기가 어렵다.

- 사용자 오류
- 컴퓨터 설정 문제
- 네트워크 연결 문제
- 인터넷 접근에 사용되는 라우터 또는 모뎀 문제
- 인터넷 또는 특정 웹사이트 문제

만일 인터넷이나 특정 웹사이트와 관련된 것이라면 여러분의 통제를 벗어나는 문제다. 하지만 다른 문제들은 여러분의 통제 영역에 속할 가능성이 높으며 여러분이 직접 통제할 수는 없더라도 조직의 지원 부서로 전달해서 해결할 가능성이 높다.

흔히 볼 수 있는 '서버를 찾을 수 없음' 오류 메시지

이번 장의 첫 번째 절에서는 문제 해결에 관한 일반적인 절차를 설명하면서, 문제 파악과 정보 수집에 많은 시간을 할애해야 한다고 강조했었다. 예를 들어 사용자에게 오류 메시지가 무엇이었는지 질문하고, 사용자가 기억하지 못한다면 문제를 재현할 수 있는지 요청해야 한다. 그래서 사용자가 해당 사이트에 다시 접근해 위 그림과 같은 '서버를 찾을 수 없음^{Server Not Found}' 오류 페이지를 확인할 수 있을 것이다.

이 오류 메시지는 여러 가지 원인으로 인해 발생할 수 있다. 사용자가 연결 시도 중인 웹 서버가 다운됐을 수도 있고, 사용자의 인터넷 연결이 끊어졌거나 DNS 조회가 실패한 것이 원인일 수도 있다. 또 사용자가 프락시를 사용 중인데 프락시 설정이 잘못 설정돼서 그럴 수도 있다. 문제의 원인을 좁히기 위해서는 하나씩 후보군에서 제거하는 절차를 거쳐야 하며, 가장 광범위한 문제부터 시작하는 것이 바람직하다.

사용자의 인터넷 연결이 끊어진 것이 원인이라고 추정하고, 이것부터 시작한다고 가정하자. 대부분의 조직은 공유 인터넷 연결을 사용하므로, 최종 사용자의 시스템은 라우터에 연결되고 라우터가 ISP에 연결된 형태를 띠고 있다. pfSense가 설치돼 있다면 라우터는 모뎀이나 임대 전화선에 연결돼 있을 가능성이 높다. 이 때 발생할 수 있는 문제들은 다음과 같다.

- 라우터의 ISP 연결, 혹은 ISP의 인터넷 연결에 문제가 있을 수 있다. 이러한 문제는 여러분의 통제 범위를 벗어나므로 ISP에 문제를 알리는 것 이외에는 별로 할 수 있는 일이 없다.
- 네트워크에 문제가 있을 수 있다. 네트워크 케이블이 손상됐거나 스위치 또는 라우터가 잘못 설정됐을 수 있다. 이러한 문제로 인해 영향을 받는 사용자의 수는 잘못 동작하고 있는 구성 요소가 무엇이냐에 따라 다르다. 예를 들어 사용자의 컴퓨터와 스위치 사이의 손상된 케이블은 해당 사용자에게만 영향을 미치지만, 고장 난 스위치는 수많은 사용자에게 영향을 줄 것이다.
- 사용자의 컴퓨터가 문제의 원인일 수 있다. 네트워크 카드, 네트워크 소프트웨어 또는 컴퓨터의 네트워크 설정에 문제가 있는 것이다. 이 경우 문제는 해당 컴퓨터에만 국한된다.

우리의 예제 시나리오에서는 라우터가 문제의 원인인 것 같지는 않다. 라우터가 잘못 동작하고 있다면 다수의 사용자들이 동일한 문제를 보고했을 것이기 때문이다. 그렇지만 라우터 문제 여부를 확인하는 것은 쉬운 일이기 때문에 잠재적인 문제 후보군에서 라우터를 제거하기 위해 일단 라우터 문제 여부를 확인할 필요가 있다. 라우터를 테스트하는 가장 간단한 방법은 동일한 인터넷 연결을 공유하는 별도의 컴퓨터에서 인터넷 사이트에 접근을 시도하는 것이다. 이 과정을 통해 문제의 원인을 좁히고, 이제 사용자, 컴퓨터, 웹사이트 접근 방법, 컴퓨터와 스위치 또는 라우터 간의 연결 등 다른 잠재적 원인에 집중할 수 있다.

하지만 다른 컴퓨터를 통해서도 인터넷에 접근할 수 없음이 밝혀진다면, 문제는 달라진다. 여러분과 사용자 모두가 인터넷 접근 시 사용하는 구성 요소가 손상된 것일 수 있으며, 이것은 스위치일 수도 있고, 케이블 또는 다른 구성 요소일 수도 있으며, 심지어 라우터 혹은 라우터와 ISP 간의 연결일 수도 있다. 라우터와 ISP 사이의 연결이 문제라면, 여러분의 통제를 벗어난 문제일 가능성이 매우 높다. 모뎀이 오동작하는 경우에도, ISP로부터 받아놓은 예비 모뎀이 없다면 그저 ISP로부터의 지원을 기다릴 수밖에 없다. ISP 네트워크에 속한 하드웨어나 소프트웨어의 문제라면 거의 절대적으로 ISP에 의존해야 할 것이다. 하지만 여러분의 네트워크에 속한 장비에 문제가 있는 경우라면 잠재적 원인을 좁혀나가는 과정을 계속 진행해야 한다.

스퀴드와 같은 프락시를 통해 웹에 접근하는 것이 문제의 원인일 수 있다. 이것이 의심된다면 일시적으로 프락시를 비활성화해 문제가 해결되는지 확인할 수 있다. 프락시를 비활성화했더니 인터넷에 접근할 수 있다면, 프락시는 문제의 원인 중 적어도 하나일 것이다. 여전히 접근할 수 없다면 다른 곳에서 원인을 계속 찾아야 한다.

문제의 원인을 사용자 또는 사용자의 컴퓨터까지 좁혔어도, 여전히 범위를 좁히는 과정은 계속돼야 한다. 사용자에게 다른 웹사이트에도 접근해보도록 요청하자. 만일 다른 인터넷 웹사이트에는 정상적으로 연결된다면 네트워크, 라우터, 인터넷 연결은 모두 올바르게 동작하고 있는 것이다. 따라서 문제는 해당 웹사이트가 다운됐거나 사용자로 인한 오류 때문일 것이다.

다른 인터넷 웹사이트에도 정상적으로 연결되지 않는다면, 다른 클라이언트 애플리케이션을 열어서 인터넷 연결을 시도하도록 사용자에게 요청해야 한다. 인터넷 사이트에 직접 연결되는 애플리케이션이라면 뭐든지 좋다. 이메일 클라이언트 또는 FTP 클라이언트도 무방하다. 사용자가 다른 클라이언트 애플리케이션을 사용해 인터넷에 연결할 수 있으면, 해당 컴퓨터의 브라우저 소프트웨어의 문제일 수 있다. 그러나 사용자가 인터넷에 전혀 연결할 수 없다면, 사용자 컴퓨터가 인터넷 접근 시 사용하는 구성 요소 중에 무엇이 문제인지를 찾아내야 한다.

가능한 원인 중에 하나는 사용자 컴퓨터의 DNS 설정 오류다. 호스트는 DNS 서버를 사용해 호스트 이름을 IP 주소로 변환하는데, 사용자의 컴퓨터에 설정된 하나 이상의 DNS 서버의 설정이 유효하지 않다면 이름 변환이 실패한다. 이 장의 앞부분에서 언급했듯이, DNS 문제를 탐지하는 한 가지 방법은 호스트 이름이 아닌 IP 주소로 ping 명령어를 실행하는 것이다. IP 주소로 ping을 실행하면 성공하는데 호스트 이름으로 시도할 때는 실패한다면, DNS 설정이 문제의 원인일 가능성이 매우 높다. 이런 경우에는 사용자로 하여금 컴퓨터의 DNS 설정을 확인하도록 요청하면 된다. 대부분의 경우 사용자 컴퓨터는 라우터로부터 DNS 서버의 주소를 가져올 수 있으므로, (최신 윈도우 버전의 경우) DNS 서버 주소 자동으로 받기 체크박스를 클릭하기만 해도 문제가 해결될 수 있다. 다른 운영체제에서도 이와 동일한 역할을 하는 설정을 쉽게 찾을 수 있다.

DNS 설정에서도 문제를 찾을 수 없다면, 또 다른 설정을 확인해야 한다. 게이트웨이 설정이 정확하지 않으면 사용자는 로컬 서브넷에만 접근할 수 있을 것이다. 사용자로 하여금 동일 네트워크상의 호스트에 ping을 실행하게 하고, 이어서 원격 네트워크상의 호스트에 ping을 실행하게 해서 그 결과가 어떻게 다른지 확인하도록 요청할 수 있다. 사용자가 로컬 네트워크에는 접근할 수 있지만 다른 네트워크에는 접근할 수 없다면, 네트워크 설정의 문제일 가능성이 높다. 그러나 로컬 호스트에 대한 ping 실행도 실패했다면 문제는 컴퓨터 하드웨어일 수 있다.

네트워크 카드의 문제가 의심된다면, 사용자에게 루프백 주소(127.x.x.x)를 ping 하도록 요청한다. 루프백 주소에 대한 ping 실행이 실패한다면, 네트워크 카드 드라이버를 재설치해야 하며 심지어 네트워크 카드 자체가 손상된 것일 가능성이 있다. 하지만 루프백 주소에 대한 ping 실행이 성공했다면 네트워크 카드는 정상 동작 중일 가능성이 높으며, 그 대신 사용자의 컴퓨터와 허브 사이의 케이블 연결 상태를 확인하는 것이 좋다.

문제 식별이 끝나면, 앞으로의 작업 계획을 수립할 필요가 있다. 문제로 인해 괴로움을 겪고 있는 사용자들은 가급적 빨리 해결해달라고 재촉하기 마련이며, 이 때문에 바로 문제 해결 절차에 착수하기 쉽다. 그러나 해결책을 적용함으로써 많은 사용자에게 영향을 미칠 수 있기 때문에 미리 사용자에게 알리는 과정이 필요하며, 여러분이 속한 조직에 이러한 상황에 대처하는 매뉴얼이 있다면 이를 따르는 것이 좋다. 항상 그렇듯이, 조치를 취하고 난 후에는 시스템의 정상 기능 여부를 확인하고 수행한 작업을 문서화하는 것이 바람직하다.

지금까지의 설명에서도 알 수 있듯이 겉으로는 간단해 보이는 문제가 수많은 잠재 원인을 가질 수 있다. 그럼에도 불구하고 문제를 식별하고, 정보를 수집하고, 이론을 구성하고, 테스트하는 등의 앞서 설명했던 문제 해결 과정을 거침으로써 다양한 가능성들을 제거하고 실제 원인에 도달할 수 있다.

VLAN 설정 문제

이번 절의 마지막은 네트워크 문제의 구체적 사례와 그 해결 방법을 보여주는 것으로 마무리한다. 현재 네트워크에 TP-Link TL-SG108E 스위치가 설치돼 있으며, 이 스위치를 사용해 두 개의 VLAN을 설정하고자 한다. VLAN 설정 방법을 다양하게 고민한 끝에, 다음과 같이 설정하기로 결정했다.

- 각각의 VLAN에 세 개의 포트가 할당된다(TL-SG108E는 여덟 개의 포트를 갖고 있으므로, 여섯 개의 포트가 VLAN에 할당되고 두 개의 포트는 트렁크 포트로서의 역할을 한다).
- DEVELOPERS VLAN에 192.168.10.x 네트워크가 할당된다. 또 다른 VLAN (ENGINEERING)에는 192.168.20.x가 할당된다.
- DEVELOPERS VLAN의 VLAN ID는 10이고, ENGINEERING VLAN의 VLAN ID는 20이다(즉, VLAN ID는 네트워크 주소의 세 번째 옥텟과 일치한다).

802.1q VLAN을 설정하고자 하므로 TP-Link의 Easy Smart Configuration 유틸리티를 실행하고, 사이드바 메뉴에서 VLAN을 선택한 후 802.1q 메뉴를 선택했다. 기본 VLAN으로 1을 설정하고, 포트 3부터 5를 VLAN ID 10에, 포트 6부터 8을 VLAN ID 20으로 지정했다. **Apply** 버튼을 클릭한 후에는 pfSense에서 설정 작업을 계속했다. 두 개의 VLAN을 생성한 후 각각에 대해 인터페이스를 설정하고, 인터페이스들에서 DHCP 서버를 활성화했다. 그리고 스위치는 VLAN의 상위 인터페이스에 연결됐다.

모든 것이 예상대로 동작했다면, VLAN 포트 중 하나에 컴퓨터를 연결했을 때 VLAN ID로 지정된 포트에서 트래픽이 발신돼야 한다. pfSense는 VLAN ID가 패킷의 ID와 일치하는 VLAN에 대해 DHCP 임대 주소를 할당해야 한다. 하지만 불행히도 DHCP 임대 할당이 일어나지 않았고 VLAN 포트에 연결된 컴퓨터는 네트워크에 접근할 수 없었다.

pfSense에서 DHCP 및 VLAN 설정을 확인했지만 아무 문제도 발견할 수 없었으므로, 나는 스위치 구성 유틸리티로 눈을 돌렸다. PVID(포트 VLAN ID) 설정을 위한 별도의 페이지가 존재했으며, PVID는 포트의 기본 VLAN ID를 의미한다. 그리고 이 페이지에서 포트 3-5는 기본 VLAN ID 10, 포트 6-8은 기본 VLAN ID 20으로 지정하고, 포트 1과 2는 기본 VLAN ID를 1로 그대로 뒀다. Apply 버튼을 클릭한 후, VLAN 테스트에 사용 중인 컴퓨터에서 이더넷 연결을 비활성화하고 다시 활성화했다. 그러나 여전히 DHCP 임대 주소가 할당되지 않았고 네트워크 연결도 불가능했다.

설정을 다시 확인했는데, 명백히 틀린 것은 찾을 수 없었지만 Port Based VLAN 옵션에서 VLAN ID가 1부터 8까지만 허용되는 것을 발견했다. 다른 명백한 해결책을 찾지 못했기 때문에, VLAN ID를 낮은 숫자로 지정해보기로 결정했다. 그래서 DEVELOPERS VLAN ID는 2로, ENGINEERING VLAN ID는 3으로 변경했다.

스위치에 연결된 컴퓨터에서 연결을 비활성화한 후 다시 활성화했더니, 컴퓨터에 DHCP 임대 주소가 할당되고 다른 네트워크에 접근할 수 있었다. 따라서 VLAN ID를 낮은 숫자로 설정하면 문제가 해결되는 것처럼 보였지만, 정말로 PVID 설정이 문제였는지 확신할 수 없었다. 그래서 모든 포트에 대해 PVID를 1로 설정하고 다시 테스트해봤다. 그랬더니 동일한 문제가 다시 발생했다(즉 DHCP 주소 할당이 실패하고 네트워크 연결 불가능).

결국, 이 스위치에서 802.1q VLAN 태그 기능을 제대로 사용하려면 두 개의 PVID가 모두 설정돼야 하고 VLAN ID는 1부터 8 사이의 값이어야 한다는 결론을 얻었다. VLAN ID를 높은 값으로 설정했을 때 시스템이 정상적으로 동작하지 않는 것을 확인하고 이를 문서화했다.

여기서 내가 사용한 접근 방법으로부터 어떤 결론을 얻을 수 있을까? 나는 애초에 정보 수집에 좀 더 많은 시간을 할애했어야 했다. 이 스위치를 설정해보는 것이 처음이었기 때문에, 나는 스위치 설정 문제라고 가정했고 결과적으로 이는 올바른 가정이었다. 그럼에도 불구하고, 가능한 원인에 대한 이론을 공식화하고, 이론을 테스트한 후 해결책이 발견될 때까지 반복하는 과정은 커다란 도움이 됐다. 또한 해결책을 찾은 것이 이 과정의 끝이 아니라는 것을 기억해야 한다. 해결책을 구현해야 하고, 시스템이 정상 동작하는지 확인해야 하며, 결과를 문서화해야 한다.

요약

이번 장에서는 문제 해결의 기초를 설명했으며, 특히 모든 문제 해결 시나리오에서 사용할 수 있는 기본적인 단계들을 설명했다. 또 자주 발생하는 네트워킹 문제를 소개하고, 유용하게 쓸 수 있는 주요 문제 해결 도구들도 설명했다. 마지막으로, 현실적인 문제 해결 시나리오를 소개했다.

이번 장에서 다룬 내용은 네트워크 문제 해결을 수박 겉핥기식으로 다룬 것에 불과하므로, 더 많이 알고 싶다면 관련 서적이나 온라인 형태로 셀 수 없이 많은 자료들이 있으니 참고한다. 물론, 실제 경험만큼 중요한 것은 없으며, 네트워크를 구축하고 관리하면서 많은 지식을 쌓을 수 있다. 문제 해결 기술을 습득하면 pfSense를 완벽히 파악하는 것에 그치지 않고 일반적으로 네트워크를 이해하는 데 큰 도움이 될 것이다.

찾아보기

에이콘출판의 기틀을 마련하신 故 정완재 선생님 (1935–2004)

pfSense 마스터

네트워크 및 보안 담당자를 위한 고급 방화벽 구축

인 쇄 | 2017년 4월 21일
발 행 | 2017년 4월 28일

지은이 | 데이빗 지엔타라
옮긴이 | 이 정 문

펴낸이 | 권 성 준
편집장 | 황 영 주
편 집 | 나 수 지
          조 유 나
디자인 | 박 주 란

에이콘출판주식회사
서울특별시 양천구 국회대로 287 (목동 802-7) 2층 (07967)
전화 02-2653-7600, 팩스 02-2653-0433
www.acornpub.co.kr / editor@acornpub.co.kr

한국어판 ⓒ 에이콘출판주식회사, 2017, Printed in Korea.
ISBN 978-89-6077-988-4
ISBN 978-89-6077-210-6 (세트)
http://www.acornpub.co.kr/book/pfSense-master

이 도서의 국립중앙도서관 출판시도서목록(CIP)은 서지정보유통지원시스템 홈페이지(http://seoji.nl.go.kr)와
국가자료공동목록시스템(http://www.nl.go.kr/kolisnet)에서 이용하실 수 있습니다.(CIP제어번호: CIP2017009206)

책값은 뒤표지에 있습니다.